河北省高等学校人文社科基地研究成果

河北上市公司财务发展报告 (2016)

Financial Development Report on Listed Company in Hebei (2016)

申富平　袁振兴　等/著

河北经贸大学金融与企业创新研究中心
河北经贸大学上市公司财务评价研究所
合作成果

社会科学文献出版社
SOCIAL SCIENCES ACADEMIC PRESS (CHINA)

《河北上市公司财务发展报告》
课　题　组

负责人　申富平　袁振兴

成　员　李桂荣　刘海云　郑秀杰　徐一民　和丽芬

前　言

直接融资和间接融资的比例关系，反映了一国金融市场结构。资本市场是直接融资的高效平台。股票交易所市场是多层次资本市场的压舱石，也是宏观经济运行的晴雨表，不仅可以吸引长期投资，还可以为其他资本市场提供定价基准和风险管理工具。中国股票市场经过20多年的发展取得了不菲成绩。截至2015年12月底，中国上市公司数量2827家，总市值531304.2亿元，流通市值417925.4亿元。2015年，中国上市公司股票成交总金额2550538.29亿元。中国股票交易市场日益壮大，有力支持了经济社会发展，为建立现代企业制度、构建现代金融体系、推动多种所有制经济共同发展做出了重要贡献。

针对资本市场仍处在“新兴加转轨”阶段，直接融资比重偏低等问题，党的十八届三中全会《中共中央关于全面深化改革若干重大问题的决定》提出了健全多层次资本市场体系这一战略任务。伴随证券市场的快速发展，市场竞争越来越激烈，各省市及地区间资本市场发展不平衡现象愈加显现。对于某一省份或地区而言，其上市公司数量、规模体现了该区域在全国配置资源的能力，以及该地区社会经济的发展质量和结构。因此，针对地区上市公司的发展状况进行研究，分析差异，对于提高中国整体上市公司的管理水平和经营质量，促进各地市场经济的协调均衡发展和市场资源的有效配置有着重要的现实意义。

在此背景下，河北省高等学校人文社科基地河北经贸大学金融与企业创新研究中心和河北经贸大学上市公司财务评价研究所确定了以河北经贸大学申富平教授为课题总负责人、会计学院院长袁振兴教授具体负责的《河北上市公司财务发展报告（2016）》课题组研究团队。经过一年多的深入研究，课题组终于完成了相关研究。本书以河北上市公司作为具体研究对象，从公司融资、投资、营运能力、业绩及社会责任履行情况几个方面，分析河北上市公司最近5年的发展状况，并对其最近年度的具体融资、投资、营运能力、业绩及社会责任履行情况进行详细研究，探求河北上市公司各项财务活动状况及发展水平，并力求在以下方面有所突破：其一，全面分析河北上市公司的财务现状及其发展，涵盖融资、投资、营运能力、业绩等现状及最近5年以来的发展趋势；其二，补充河北上市公司社会责任履行情况的全面分析评价，为政府公共治理提供依据；其三，以“总—分”形式构建全书框架，总报告、分报告各成体系，同时整合成为一个全面的财务发展报告，便于阅读者分类抽取信息；其四，立足河北上市公司与全国A股上市公司的数据比较，为河北上市公司的进一步发展提供先进水平依据。本报告有助于阅读者了解河北上市公司的总体经营水平，判别这些公司未来的努力方向，并为上市公司的研究者提供数据资料。

全书共包括一个总报告和五个分报告，分别为：总报告，河北上市公司财务发展总报告；分报告一，河北上市公司融资发展报告；分报告二，河北上市公司投资发展报告；分报告三，河北上市公司营运能力发展报告；分报告四，河北上市公司业绩发展报告；分报告五，河北上市公司社会责任发展报告。本书由申富平负责整体设计，各部分撰写分工如下：总报告由李桂荣、申富平共同撰写；分报告一由袁振兴、申富平共同撰写；分报告二由徐一民撰写；分报告三由刘海云撰写；分报告四由和丽芬撰写；分报告五由郑秀杰撰写。王志莹、曹佳伟参与了总报告的数据搜集与整理工作，张磊、焦士影、贾文韬、余自瑾、奚燕参与了分报告一的数据搜集与整理工作。本书中所使用数据均为公开数据，来源于国泰安数据库、万德数据库以及上交所、深交所公布的上市公司年报。

由于我们的水平有限，加之刚刚开始该方面研究，书中难免存在缺陷，盼广大读者予以批评和指正。今后我们将持续专注于该领域的研究。

作　者

2016年12月

目 录

总报告

河北上市公司财务发展总报告

一　河北上市公司发展概况

（一）河北上市公司发展历程

1994年1月3日，河北威远（证券代码：600803，现名“新奥股份”）在上海证券交易所上市，成为河北省第一家上市公司。1994年1月14日，华北制药（证券代码：600812）在上海证券交易所上市，成为河北省第二家上市公司。1996年，国际大厦（证券代码：000600，现名“建投能源”）、冀东水泥（证券代码：000401）等7家公司先后在深圳证券交易所和上海证券交易所上市。1997年，保定天鹅（证券代码：000687，现名“华讯方舟”）等6家公司上市。1998年1月，乐凯胶片（证券代码：600135）、邯郸钢铁（证券代码：600001）上市；当年共4家企业上市，其中，邯郸钢铁于2009年12月因合并退市，石劝业、耀华玻璃、石炼化分别于2010年、2010年、1997年变更注册地。1999年7月，河北宣工（证券代码：000923）等4家公司上市。截至1999年末，河北省上市公司数量累计达到23家。

2000~2004年，随着股市的低迷，河北省公司上市速度进入一个低谷期，每年新上市的公司仅1~3家：2000年，沧州大化（证券代码：600230）等3家公司上市；2001年2月，天威保变（证券代码：600550，现名“保变电气”）上市，当年河北省新上市公司仅此1家；2002年，老白干酒（证券代码：600559）等3家公司上市（其中承德钒钛、太行水泥已分别于2009年12月29日、2011年2月18日退市）；2003年，三友化工（证券代码：600409）等3家公司上市；2004年，开滦股份（证券代码：600997）等3家公司上市。

2004年1月31日，国务院出台《关于推进资本市场改革开放和稳定发展的若干意见》（简称“九条意见”），其中明确提出逐步建立满足不同类型企业融资需求的多层次资本市场体系、分步推进创业板市场建设、完善风险投资机制、拓展中小企业融资渠道的要求。据此，深圳证券交易所为了鼓励自主创新，专门设置了中小型公司聚集板块——中小企业板（以下简称“中小板”）。2004年2月10～12日，全国证券期货监管工作会议召开。时任中国证监会主席尚福林明确提到：“2004年在深圳证券交易所设立中小盘股板块。”2004年5月，经国务院批准，中国证监会批复同意深圳证券交易所在主板市场内设立中小板块。此后，一批符合条件的成长型、处于创业阶段的企业纷纷登陆中小板。河北省的公司也不例外：2005年，晶源电子（证券代码：002049，现名“同方国芯”）在深圳证券交易所中小板上市，成为河北省第一家在中小板上市的公司。作为一家专业的集成电路设计公司，同方国芯是目前国内最大的集成电路设计上市公司。2007年，沧州明珠（证券代码：002108）和荣盛发展（证券代码：002146）2家公司在中小板上市，其中荣盛发展成为河北省首家通过首次公开募股（Initial Public Offerings，IPO）上市的房地产企业。2009年8月，博深工具（证券代码：002282）上市，成为石家庄市第一家登陆A股市场的民营企业。2010年1月，巨力索具、龙星化工、天业通联和华斯股份等4家公司在中小板上市。

2009年10月30日，中国创业板正式上市，首批上市的企业有28家。2010年，河北省有4家公司先后在创业板上市：恒信移动（证券代码：300081）、建新股份（证券代码：300107）、晨光生物（证券代码：300138）和先河环保（证券代码：300137）。其中，2010年5月20日上市的恒信移动系河北省第一家在创业板上市的公司，建新股份是全国精细化行业首家在创业板上市的公司，先河环保为中国环境监测仪器行业首家上市公司。与此同时，河北省上市公司再次登陆主板市场。2010 年 7 月 5 日，唐山港（证券代码：601000）在上海证券交易所上市交易。中小板、主板、创业板三板出击，2010 年河北省共有 9 家公司上市，成为自 1994 年以来上市公司数量最多的一年。

2008 年 6 月，河北省政府将唐钢集团、邯钢集团、承德钒钛集团组建成河北钢铁集团。之后，该集团启动了以唐钢股份为平台、吸收合并邯钢股份和承德钒钛股份整合钢铁主业的工作。2010 年 1 月 20 日，唐钢股份（证券代码：000709）发布公告，公司换股吸收合并邯郸钢铁和承德钒钛工作完成，公司全称由“唐山钢铁股份有限公司”变更为“河北钢铁股份有限公司”，股票简称变更为“河北钢铁”。重组后的河北钢铁规模在国内排名仅次于宝钢股份，成为国内第二大钢铁企业。

2011 年，庞大集团（证券代码：601258）、以岭药业（证券代码：002603）、常山药业（证券代码：300255）、长城汽车（证券代码：601633）等 4 家公司先后在主板、中小板、创业板、主板上市。2012 年 7 月，石中装备（证券代码：002691）在中小板上市。2014 年 1 月 23 日，汇金股份（证券代码：300368）和汇中股份（证券代码：300371）2 家公司同时在创业板上市，使河北省上市公司数量累计达到 56 家。

2015 年，河北省又有 3 家公司在创业板上市，首发上市的 3 只股票融资 6.43 亿元，其中，四通新材首发融资 2.97 亿元，乐凯新材首发融资 1.36 亿元，通合科技首发融资 2.10 亿元。截至 2015 年 12 月 31 日，河北辖区上市公司 52 家，占全国上市公司总数的 1.85%，居全国第 14 位；上市公司总市值 8038.34 亿元，占全国的 1.51%，居全国第 14 位；总股本 774.96 亿股，占全国的 1.51%，居全国第 12 位。

1990 ~ 2015 年，河北省境内每年 IPO 公司数量（A 股）及其占当年全国（沪深股市）IPO 公司的比例见表 0 - 1。

另外，自 1994 年石药集团在香港联合交易所上市起，截至 2015 年 12 月 31 日，河北省先后有 19 家公司赴香港上市；2007 年，中国太阳能电池龙

表 0－1　1990～2015 年河北省 IPO 公司数量及其占全国的比例

单位：家，%

年份	IPO 公司数量		占比	年份	IPO 公司数量		占比
	全国	河北省			全国	河北省	
1990	8	0	0	2004	100	3	3.00
1991	5	0	0	2005	15	1	6.67
1992	40	0	0	2006	66	0	0
1993	129	0	0	2007	126	2	1.59
1994	107	2	1.87	2008	77	0	0
1995	28	0	0	2009	99	1	1.01
1996	206	7	3.40	2010	349	9	2.58
1997	209	6	2.87	2011	282	4	1.42
1998	104	4	3.85	2012	155	1	0.65
1999	97	4	4.12	2013	2	0	0
2000	133	2	1.50	2014	125	2	1.60
2001	75	1	1.33	2015	223	3	1.35
2002	71	3	4.23	合计	2898	55	2.00
2003	67	3	4.48				

注：本表统计的 2000 年河北省 IPO 公司未包括仅发行 B 股的南江 B。

数据来源：国泰安 CSMAR 数据库。

头企业——晶澳太阳能有限公司在美国纳斯达克证券交易市场上市，成为河北省首家在美上市公司。截至 2015 年 12 月 31 日，河北省在境外上市的公司共有 24 家。

（二）2015年末河北上市公司基本情况

1. 境内上市公司基本情况

截至 2015 年 12 月 31 日，河北省上市公司数量累计为 59 家，其中 1 家公司同时发行 A 股和 B 股（东旭光电，证券代码 000413；东旭 B，证券代码 200413），1 家公司仅发行 B 股（南江 B，证券代码 200160），3 家因合并退市，3 家公司因变更注册地而不再属于河北省的上市公司。按照上市时间先后统计，具体情况见附表 1。

截至2015年12月31日，河北省与全国各省（自治区、直辖市）上市公司（A股）数量比较见表0－2。

表0－2　2015年末全国各省（自治区、直辖市）上市公司（A股）数量对比

单位：家，%

排名	省份	上市公司数量	占全国的比例
1	广东	422	15.03
2	浙江	299	10.65
3	江苏	275	9.80
4	北京	265	9.44
5	上海	219	7.80
6	山东	159	5.66
7	四川	103	3.67
8	福建	98	3.49
9	安徽	88	3.14
10	湖北	86	3.06
11	湖南	81	2.89
12	辽宁	73	2.60
12	河南	73	2.60
14	河北	52	1.85
15	新疆	43	1.53
15	陕西	43	1.53
17	重庆	42	1.50
17	天津	42	1.50
19	吉林	39	1.39
20	山西	37	1.32
21	江西	35	1.25
21	广西	35	1.25
21	黑龙江	35	1.25
24	云南	30	1.07
25	海南	28	1.00
26	甘肃	27	0.96
27	内蒙古	25	0.89
28	贵州	20	0.71
29	宁夏	12	0.43
29	西藏	11	0.39
31	青海	10	0.36
	合计	2807	—

数据来源：Wind数据库。

由表0－2可以看到，截至2015年12月31日，河北省仅有52家A股上市公司，占全国2807家的1.85%，上市公司数量在全国排第14位。而2015年，河北省实现地区生产总值29806.1亿元，在全国排第7位。可见，河北省上市公司数量在全国的排名与其地区生产总值在全国的排名不匹配。这也从一个侧面反映出河北省上市公司不仅数量少，而且质量不高，对地方经济发展的贡献不足。

值得说明的是，截至2015年12月31日，石劝业、石炼化和耀华玻璃等3家上市较早的公司因股权转让、重组等原因被其他省份的控股股东控制，并变更注册地，不再属于河北省的上市公司。具体情况见表0－3。

表0－3　原河北省上市公司注册地变更情况

证券代码	原公司名称	原公司注册地	上市时间	现公司名称	现公司注册地	变更注册地时间
600892	石劝业	河北省石家庄市	1996－03－15	宝诚股份	广东省深圳市	2010－06－30
600716	耀华玻璃	河北省秦皇岛市	1996－07－02	凤凰股份	江苏省南京市	2010－01－26
000783	石炼化	河北省石家庄市	1997－07－31	长江证券	湖北省武汉市	2007－12－27

上述3家公司变更的具体情况如下。

（1）石劝业

石家庄劝业场股份有限公司是河北省第一家向社会公开募集股份设立的商业股份制公司，1996年3月在上海证券交易所上市交易，证券简称“石劝业”，证券代码600892。

1997年2月，河南思达科技集团有限公司受让石家庄劝业场股份有限公司发起人石家庄市桥东区城市开发建设公司持有的1492.7万股公司股份（占公司总股本的29.56%），成为公司第一大股东及控股股东。

2000年3月，湖南大学百泉科技发展有限责任公司受让河南思达科技集团股份有限公司持有的1492.7万股公司股份（占公司总股本的29.56%），成为公司第一大股东及控股股东。2001年6月，更名为湖北湖大科技教育发展股份有限公司（证券简称“湖大科教”）。

2003 年 6 月，中国华星汽车贸易集团有限公司（2008 年 3 月更名为中国华星氟化学投资集团有限公司，简称“华星氟化学”）受让原湖南大学百泉科技发展有限责任公司（2002 年 8 月更名为深圳市百泉科技发展有限责任公司）持有的 1492.7 万股公司股份（占公司总股本的 29.56%），成为该公司第一大股东及控股股东。

2010 年 4 月 29 日，华星氟化学与深圳市钜盛华实业发展有限公司（简称“钜盛华公司”）签订了《股份转让协议》，向钜盛华公司转让持有的公司有限售条件流通股份 1190.4142 万股，占公司总股本的 18.86%；同时作为本次股权转让的组成部分，华星氟化学将一并转让收回股改代垫股份 44.2108 万股的权利和对公司的债权 11172.99 万元。2010 年 6 月 17 日，上述股份完成过户登记。钜盛华公司第一大股东的控股股东为深圳市宝能投资集团有限公司，2010 年 7 月 9 日起，钜盛华公司更名为宝诚投资股份有限公司（证券简称“宝诚股份”），证券代码不变。

（2）耀华玻璃

1996 年 6 月 17 日，经中国证券监督管理委员会证监发审字〔1996〕74 号、〔1996〕75 号文批准，耀华玻璃首次向社会公众公开发行人民币普通股（A 股）。耀华玻璃股票于 1996 年 7 月 2 日在上海证券交易所上市，股票代码 600716，主营玻璃、工业技术玻璃及其制品、不饱和聚酯树脂及玻璃钢制品的生产销售，开展国内、国外合资、合作经营和补偿贸易等，自产产品和技术的出口业务，以及所需原辅材料、机械设备、零配件及相关技术的出口。公司控股股东一直为中国耀华玻璃集团公司。

2009 年 9 月 29 日，中国证券监督管理委员会发布《关于核准秦皇岛耀华玻璃股份有限公司重大资产重组及向江苏凤凰出版传媒集团有限公司发行股份购买资产的批复》（证监许可〔2009〕1030 号），核准耀华玻璃重大资产重组及向江苏凤凰出版传媒集团有限公司发行股份购买相关资产。重组完成后，公司控股股东变更为凤凰集团。2010 年 2 月 8 日，经上海证券交易所核准，公司股票简称由“ST 耀华”变更为“ST 凤凰”，股票代码不变。2010 年 4 月 2 日，经上海证券交易所核准，公司股票简称由“ST 凤凰”变更为“凤凰股份”。

（3）石炼化

1997年7月，中国石油化工股份有限公司批准，采用局部改制的形式进行资产重组，募集发起设立石家庄炼油化工股份有限公司（简称“石炼化”），在河北省工商行政管理局登记注册，独家发起人为中国石化集团石家庄炼油厂，注册资本为72000万元，于深圳证券交易所上网定价向社会公开募集资金68880万元。公司主要从事炼油、化工、化纤的技术研发和生产工作。中国石化集团石家庄炼油厂持有该公司股份60000万股，占股份总额的83.3%，为石炼化的绝对控股股东，而中国石油化工股份有限公司又是中国石化集团石家庄炼油厂的母公司，因此中国石化是公司的实际控制人。

长江证券股份有限公司（简称“长江证券”）的前身为湖北证券公司，注册地位于湖北武汉，2000年经中国证监会核准，通过公司增资扩股而发展成为综合性证券公司。2007年12月，长江证券通过借壳石炼化实现上市。2007年12月5日，根据中国证监会《关于核准石家庄炼油化工股份有限公司定向回购、重大资产出售暨以新增股份吸收合并长江证券有限责任公司的通知》（证监公司字〔2007〕196号），长江证券股份有限公司设立；2007年12月19日，公司完成迁址、变更法人代表等工商登记手续。2007年12月27日，石炼化正式更名为长江证券，证券代码不变。

2.境外上市公司基本情况

在境内上市的同时，河北省还有一批公司走出去，到境外资本市场上市。截至2015年12月31日，河北省共有24家在境外上市的公司。具体见附表2。

二　河北上市公司分布情况

（一）2015年末河北境内上市公司分布情况

1.河北境内上市公司行业分布

截至2015年12月31日，河北省53家上市公司（包括仅发行B股的南江 B）中，制造业有 40 家，占 75.47%，由此可见河北省产业结构的特点。另外 13 家公司的行业分布为：批发和零售业 4 家；房地产业 3 家；电力、热力、燃气及水生产和供应业 2 家；农林牧渔业 1 家；采矿业 1 家；交通运输、仓储和邮政业 1 家；综合类 1 家。具体行业分布见表 0－4。

表 0－4　2015 年末河北省上市公司行业分布

证券代码	证券简称	行业大类	细分行业
000937	冀中能源	采矿业	煤炭开采和洗选业
600149	廊坊发展	综合类	综合类
601000	唐山港	交通运输、仓储和邮政业	水上运输业
600965	福成五丰	农林牧渔业	畜牧业
000958	东方能源	电力、热力、燃气及水生产和供应业	电力热力生产和供应业
000600	建投能源		
600340	华夏幸福	房地产业	房地产业
200160	南江 B		
002146	荣盛发展		
000408	金谷源	批发和零售业	批发业
601258	庞大集团		零售业
300081	恒信移动		
000889	茂业通信		
002459	天业通联	制造业	专用设备制造业
300368	汇金股份		
002691	冀凯股份		
000923	河北宣工		
000856	冀东装备		
300371	汇中股份		仪器仪表制造业
300137	先河环保		
300138	晨光生物		农副食品加工业
600803	新奥股份		化学原料和化学制品制造业
600722	金牛化工		
600409	三友化工		
600230	沧州大化		
600135	乐凯胶片		
300446	乐凯新材		
300107	建新股份		
002442	龙星化工		

续表

证券代码	证券简称	行业大类	细分行业
000687	华讯方舟	制造业	化学纤维制造业
600812	华北制药		医药制造业
300255	常山药业		
002603	以岭药业		
300428	四通新材		有色金属冶炼和压延加工业
600155	宝硕股份		橡胶和塑料制品业
002108	沧州明珠		
601633	长城汽车		汽车制造业
600480	凌云股份		
600550	保变电气		电气机械和器材制造业
600482	风帆股份		
300491	通合科技		
002494	华斯股份		皮革毛皮羽毛及其制品和制鞋业
600997	开滦股份		石油加工、炼焦和核燃料加工业
000158	常山股份		纺织业
002049	同方国芯		计算机通信和其他电子设备制造业
000413	东旭光电		
002282	博深工具		通用设备制造业
600559	老白干酒		酒饮料和精制茶制造业
000848	承德露露		
002342	巨力索具		金属制品业
000778	新兴铸管		
000401	冀东水泥		非金属矿物制品业
000709	河北钢铁		黑色金属冶炼和压延加工业

2. 河北境内上市公司板块分布

截至2015年12月31日，河北省共有18家公司在沪市A股上市，14家公司在深市A股上市，2家公司在深市B股上市（其中，东旭光电同时在深市A股上市），10家公司在中小板上市，10家公司在创业板上市。具体板块分布见表0－5和图0－1。

表 0－5　2015 年末河北省上市公司板块分布

证券代码	证券简称	所属板块
600803	新奥股份	沪市 A 股
600812	华北制药	
600722	金牛化工	
600135	乐凯胶片	
600155	宝硕股份	
600149	廊坊发展	
600230	沧州大化	
600550	保变电气	
600559	老白干酒	
600409	三友化工	
600480	凌云股份	
600340	华夏幸福	
600997	开滦股份	
600965	福成五丰	
600482	风帆股份	
601000	唐山港	
601258	庞大集团	
601633	长城汽车	
000600	建投能源	深市 A 股
000401	冀东水泥	
000408	金谷源	
000413	东旭光电	
000687	华讯方舟	
000709	河北钢铁	
000778	新兴铸管	
000848	承德露露	
000889	茂业通信	
000856	冀东装备	
000923	河北宣工	
000937	冀中能源	
000958	东方能源	
000158	常山股份	
200413	东旭 B	深市 B 股
200160	南江 B	

续表

证券代码	证券简称	所属板块
002049	同方国芯	中小板
002108	沧州明珠	
002146	荣盛发展	
002282	博深工具	
002342	巨力索具	
002442	龙星化工	
002459	天业通联	
002494	华斯股份	
002603	以岭药业	
002691	冀凯股份	
300081	恒信移动	创业板
300107	建新股份	
300138	晨光生物	
300137	先河环保	
300255	常山药业	
300368	汇金股份	
300371	汇中股份	
300428	四通新材	
300491	通合科技	
300446	乐凯新材	

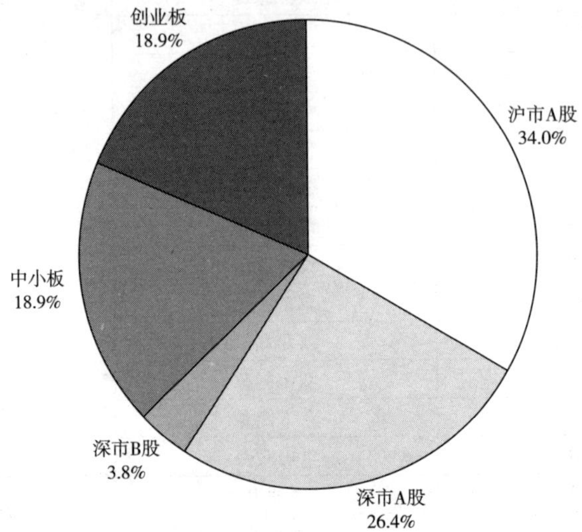

图 0－1　2015 年末河北省上市公司板块分布

3. 河北上市公司地区分布

截至2015年12月31日，河北省53家上市公司（包括仅发行B股的南江B）分布在全省11个地级市，其中石家庄市15家，保定市10家，唐山市8家，沧州市5家，廊坊市4家，邯郸市3家，秦皇岛市、邢台市和承德市各2家，衡水市和张家口市各1家。具体分布见表0－6。石家庄、保定、唐山集中了河北省上市公司总数的62%，而张家口和衡水分别仅有1家上市公司，可见河北省上市公司区域性分布差异较大。

表0－6　2015年末河北省上市公司地区分布

单位：家

数量排名	地区	上市公司数量	证券简称
1	石家庄市	15	建投能源　河北钢铁 东方能源　华北制药 新奥股份　以岭药业 先河环保　博深工具 汇金股份　常山药业 恒信移动　冀凯股份 东旭光电　常山股份 通合科技
2	保定市	10	乐凯胶片　长城汽车 风帆股份　凌云股份 保变电气　华讯方舟 宝硕股份　巨力索具 乐凯新材　四通新材
3	唐山市	8	三友化工　冀东水泥 汇中股份　开滦股份 同方国芯　庞大集团 冀东装备　唐山港
4	沧州市	5	沧州明珠　沧州大化 金牛化工　建新股份 华斯股份
5	廊坊市	4	华夏幸福　廊坊发展 荣盛发展　福成五丰

续表

数量排名	地区	上市公司数量	证券简称
6	邯郸市	3	新兴铸管　金谷源 晨光生物
7	秦皇岛市	2	茂业通信　天业通联
7	邢台市	2	冀中能源　龙星化工
7	承德市	2	承德露露　南江 B
10	衡水市	1	老白干酒
10	张家口市	1	河北宣工
合计		53	

4. 河北上市公司股权结构及股权性质

从股权结构来看，截至 2015 年 12 月 31 日，河北省 52 家 A 股上市公司（不含仅发行 B 股的南江 B）中，控股股东性质为国有的有 23 家，占 44%；控股股东为民营企业或自然人的有 29 家，占 56%，具体见图 0－2。

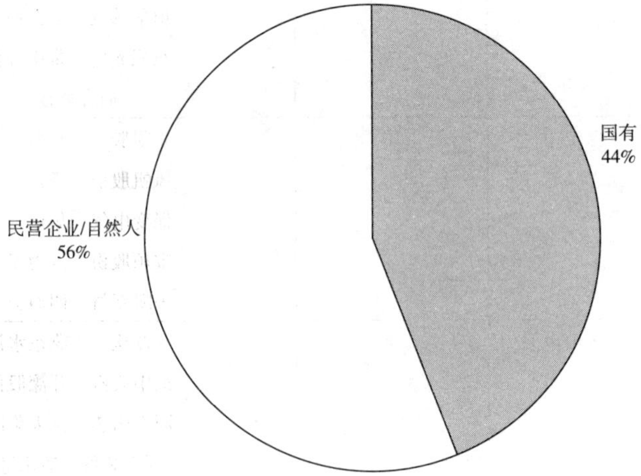

图 0－2　2015 年末河北省上市公司股权结构分布

截至 2015 年 12 月 31 日，河北省 52 家 A 股上市公司控股股东名称、持股比例、股份性质等具体情况见表 0－7。

表 0－7　2015 年末河北省上市公司控股股东及股权性质

单位：%

序号	证券代码	证券简称	控股股东名称	控股股东持股比例	股份性质	所有权性质
1	000158	常山股份	石家庄常山纺织集团有限责任公司	27.32	流通 A 股	国有
2	000401	冀东水泥	冀东发展集团有限责任公司	37.48	流通 A 股	国有
3	000600	建投能源	河北建设投资集团有限责任公司	67.21	国有法人股，流通 A 股	国有
4	000709	河北钢铁	邯郸钢铁集团有限公司	37.93	国有法人股，流通 A 股	国有
5	000778	新兴铸管	新兴际华集团有限公司	45.38	流通 A 股	国有
6	000856	冀东装备	冀东发展集团有限责任公司	41.52	国有法人股	国有
7	000923	河北宣工	河北宣工机械发展有限责任公司	35.54	流通 A 股	国有
8	000937	冀中能源	冀中能源集团有限责任公司	44.12	国有法人股，流通 A 股	国有
9	000958	东方能源	中国电力投资集团公司	38.05	国有法人股	国有
10	002049	同方国芯	同方股份有限公司	41.38	境内法人持有股份	国有
11	600135	乐凯胶片	中国乐凯集团有限公司	34.07	流通 A 股	国有
12	600149	廊坊发展	廊坊市投资控股集团有限公司	13.28	流通 A 股	国有
13	600230	沧州大化	沧州大化集团有限责任公司	51.24	流通 A 股	国有
14	600409	三友化工	唐山三友碱业（集团）有限公司	39.98	国有法人股，流通 A 股	国有
15	600480	凌云股份	北方凌云工业集团有限公司	33.96	流通 A 股	国有
16	600482	风帆股份	中国船舶重工集团公司	30.52	国有法人股，流通 A 股	国有
17	600550	保变电气	中国兵器装备集团公司	33.47	国有法人股，流通 A 股	国有
18	600559	老白干酒	河北衡水老白干酿酒（集团）有限公司	28.85	流通 A 股	国有
19	600722	金牛化工	冀中能源股份有限公司	56.04	国有法人股，流通 A 股	国有
20	600812	华北制药	冀中能源集团有限责任公司	36.93	国有法人股	国有
21	600997	开滦股份	开滦（集团）有限责任公司	56.72	流通 A 股	国有

续表

序号	证券代码	证券简称	控股股东名称	控股股东持股比例	股份性质	所有权性质
22	601000	唐山港	唐山港口实业集团有限公司	43.48	流通A股	国有
23	300446	乐凯新材	中国乐凯集团有限公司	30.61	流通A股	国有
24	000408	金谷源	北京路源世纪投资管理有限公司	19.68	流通A股	民营
25	000413	东旭光电	东旭集团有限公司	21.64	境内法人持有股份	民营
26	000687	华讯方舟	深圳市华讯方舟科技有限公司	29.80	境内法人持有股份	民营
27	000848	承德露露	万向三农集团有限公司	40.68	流通A股	民营
28	000889	茂业通信	中兆投资管理有限公司	33.46	境内法人持有股份，流通A股	民营
29	002108	沧州明珠	河北沧州东塑集团股份有限公司	30.25	境内法人持有股份，流通A股	民营
30	002146	荣盛发展	荣盛控股股份有限公司	34.04	流通A股	民营
31	002282	博深工具	陈怀荣、吕桂芹、任京建、程辉和张淑玉	54.67	境内自然人持有股份，流通A股	民营
32	002342	巨力索具	巨力集团有限公司	20.03	流通A股	民营
33	002442	龙星化工	刘江山	36.26	境内自然人持有股份，流通A股	民营
34	002459	天业通联	深圳市华建盈富投资企业（有限合伙）	36.39	境内法人持有股份	民营
35	002494	华斯股份	贺国英	33.58	境内自然人持有股份，流通A股	民营
36	002603	以岭药业	河北以岭医药集团	33.37	流通A股	民营
37	002691	冀凯股份	河北冀凯实业集团有限公司	64.5	境内法人持有股份	民营
38	600155	宝硕股份	新希望化工投资有限公司	39.29	境内法人持有股份，流通A股	民营
39	600340	华夏幸福	华夏幸福基业控股股份公司	68.88	流通A股	民营
40	600803	新奥股份	新奥控股投资有限公司	30.97	境内法人持有股份	民营
41	600965	福成五丰	福成投资集团有限公司	47.78	流通A股	民营
42	601258	庞大集团	庞庆华	21.03	流通A股	民营
43	601633	长城汽车	保定创新长城资产管理有限公司	56.04	流通A股	民营

续表

序号	证券代码	证券简称	控股股东名称	控股股东持股比例	股份性质	所有权性质
44	300081	恒信移动	孟宪民	31.91	境内自然人持有股份,流通A股	民营
45	300107	建新股份	朱守琛	39.83	境内自然人持有股份,流通A股	民营
46	300137	先河环保	李玉国	13.86	境内自然人持有股份,流通A股	民营
47	300138	晨光生物	卢庆国	18.73	境内自然人持有股份,流通A股	民营
48	300255	常山药业	高树华	31.94	境内自然人持有股份,流通A股	民营
49	300368	汇金股份	石家庄鑫汇金有限公司	35.48	境内法人持有股份	民营
50	300371	汇中股份	张力新	37.88	境内自然人持有股份	民营
51	300438	四通新材	臧氏家族	74.26	流通A股	民营
52	300491	通合科技	贾彤颖、马晓峰和李明谦	53.51	流通A股	民营

注：1. 证券名称为截至2015年12月31日的名称。2. 本表数据截至2015年12月31日。3. 本表上市公司排序为：先国有，再民营；在国有和民营两类中，再按照深市主板—深市中小板—沪市主板—深市创业板排序；同一板块内部按照证券代码序号排序。

（二）2015年末河北境外上市公司分布情况

1. 河北境外上市公司市场分布

从市场分布（见表0-8）来看，24家境外上市公司中，19家在香港联合交易所上市，占79.17%；4家在美国上市，占16.67%；另外还有1家在新加坡上市，占4.17%。可见，香港一直是河北省上市公司境外上市的首选之地，在河北省企业境外上市中占据主导地位。2007年，随着晶澳太阳能有限公司和英利绿色能源控股有限公司先后在纳斯达克证券交易所和纽约证券交易所上市，河北省企业赴美上市的大门打开，此后又有2家企业成功在美国上市，美国成为河北省企业境外上市的第二大市场。而自从2005年立中车轮集团有限公司在新加坡证券交易所上市以后，最近10年河北省没有其他企业再次到新加坡上市。另外，与全国情况相比，目前河北省尚无企业到英国伦敦另类投资市场和德国法兰克福市场上市。24 家境外上市公司中，仅长城汽车股份有限公司同时在上海证券交易所和香港联合交易所上市，即同时发行 A + H 股。

表 0 – 8　2015 年末河北省境外上市公司市场分布

单位：家，%

上市地	中国香港	美国	新加坡
上市公司数量	19	4	1
占比	79.17	16.67	4.17

注：长城汽车股份有限公司同时发行 A + H 股。

2. 河北境外上市公司行业分布

从行业分布（见表 0 – 9）来看，河北省境外上市的企业主要集中在医药制造、新能源开发与利用、钢铁等河北省传统优势行业，以及近年来活跃的房地产行业。近年来，又新增了金融服务等第三产业。

表 0 – 9　2015 年末河北省境外上市公司行业分布

单位：家

行业	数量	行业	数量
制药	3	电子制造	1
房地产	3	公用事业	1
新能源	3	工业机械	1
钢铁	3	通信业	1
汽车制造	2	林业	1
建筑机械	2	其他制造业	1
金融	1	交通运输业	1

3. 河北境外上市公司上市时间分布

从时间分布（见表 0 – 10）来看，河北省第一家赴境外上市的企业是石药集团，1994 年在香港联合交易所上市。2002 年以前，河北省在境外上市的企业仅此一家。2007～2009 年，河北省赴境外上市的 3 家企业均在美国上市，未新增在香港市场上市的公司。2010 年以后，香港再次成为河北省企业赴境外上市的首选地，2010～2015 年河北省每年均新增 2 家在香港联合交易所上市的公司。而河北省在美国上市的公司主要集中在 2007～2010 年，2011 年以来未曾有企业在美国上市。

表 0－10　2015 年末河北省境外上市公司上市时间分布

单位：家

上市年份	数量	上市年份	数量
1994	1	2005	2
1995	0	2006	1
1996	0	2007	2
1997	0	2008	0
1998	0	2009	1
1999	0	2010	3
2000	0	2011	2
2001	0	2012	2
2002	1	2013	2
2003	1	2014	2
2004	2	2015	2

4. 河北境外上市公司总部所在地分布

从地区分布（见表 0－11）来看，河北省境外上市公司总部所在地分布在 8 个地市，其中石家庄最多，有 8 家，占河北省境外上市公司的 1/3；其次是保定和廊坊，分别有 6 家和 4 家；而沧州、衡水、承德三地无一家在境外上市的企业。从总体上看，河北省境外上市公司地区分布比较集中，位列前三名的石家庄、保定、廊坊三个城市囊括了境外上市公司总数的 75%。

表 0－11　2015 年末河北省境外上市公司总部所在地分布

单位：家，%

地区	石家庄	保定	廊坊	邢台	唐山	邯郸	张家口	秦皇岛	沧州	衡水	承德
数量	8	6	4	2	1	1	1	1	0	0	0
占比	33. 33	25. 00	16. 67	8. 33	4. 17	4. 17	4. 17	4. 17	0	0	0

5. 河北境外上市公司注册地分布

从注册地分布（见表0－12）来看，河北省24家境外上市公司中仅有4家在境内注册，而在境外注册的有20家。其中在“避税天堂”英属开曼群岛注册的最多，有15家，占河北省境外上市公司总数的62.50%，另外还有1家公司在百慕大注册。显然，注册地的选择主要考虑的是税收因素。结合附表2可以看到，公司注册地和总部所在地一致的有4家，即保定的长城汽车股份有限公司、石家庄的新天绿色能源股份有限公司、秦皇岛的秦皇岛港股份有限公司和保定的河北省东方造纸有限公司。

表0－12　2015年末河北省境外上市公司注册地分布

单位：家，%

注册地	开曼群岛(英属)	中国内地	中国香港	美国	百慕大	新加坡
数量	15	4	2	1	1	1
占比	62.50	16.67	8.33	4.17	4.17	4.17

三　河北上市公司融资情况

（一）融资规模

1. 股票与债券融资规模

截至2015年底，河北省上市公司发行股票融资累计额占全国上市公司发行股票融资累计额的比重为3.13%，河北省IPO融资累计额占全国的比例也较小，5年平均占比仅为1.51%。河北省上市公司债券融资累计额占全国上市公司债券融资累计额的0.70%，新增债券融资额占全国的比例为2.53%。自2012年开始，河北省的债券融资累计额环比增长率始终低于全国水平。无论是发行股票融资额还是债券融资额，河北省占全国的比例都很低，说明河北省证券市场的融资能力弱，甚至说非常弱，在全国配置资源的能力有限，与其地区生产总值在全国的排名不匹配。所以，河北省应加大证券融资力度，制定资本市场融资战略，提高在全国配置资源的能力，以促进本省社会经济的发展。

在四个不同的市场板块中，河北省上市公司70%以上的股票融资集中在深市A股和中小板两个市场，债券融资集中在沪市A股和深市A股两个市场。河北省上市公司在创业板市场极少融资，说明河北省传统产业在资本市场的融资较多，而高新技术企业的融资能力较弱，吸引风险投资的能力不强。所以，河北省应加大对高新技术企业上市的扶持，以促进本省产业结构的转型。

上市公司股票和债券融资主要集中在第一、二产业，包含农林牧渔业，批发和零售业，制造业，综合类，交通运输、仓储和邮政业，采矿业，电力、热力、燃气及水生产和供应业等8个行业。制造业股票融资最多，房地产业债券融资最多。从融资地域上看，股票融资和债券融资主要集中在石家庄市、唐山市、保定市和邯郸市。这说明河北省上市公司融资涉及的行业极不均衡，缺乏新兴产业的上市公司，其上市公司融资行为易受到产业政策的影响，形成融资中的政策性风险。河北省上市公司地区分布不平衡是由当地经济发展的情况和资源禀赋导致，极易形成产业结构不平衡和不合理，不符合社会经济发展的趋势，而过多的融资投入这些行业又会加剧这种趋势。所以，河北省应发展和扶持新兴行业，推动社会经济结构调整。

2. 银行借款融资规模

河北省上市公司银行借款融资余额总体呈上升趋势，上市公司对银行的负债水平不断提高。截至2015年底，石家庄市和廊坊市上市公司银行借款融资余额合计占河北省上市公司银行借款融资余额的66.52%。从环比增长率来看，5年保持持续增长的为廊坊市。从分行业来看，截至2015年底，河北省上市公司有银行借款融资余额的行业有采矿业，电力、热力、燃气及水生产和供应业，房地产业，交通运输、仓储和邮政业，批发和零售业，制造业等6个行业。其中，制造业的银行借款融资余额最多，其次是房地产业，最少的是农林牧渔业。

以上表明，河北省上市公司银行借款融资延续了股票融资和债券融资地区、行业的不平衡性。在河北省社会经济发展过程中，河北省上市公司银行借款融资与股票融资和债券融资没有形成互补优势，缺乏宏观调控资源配置的战略规划。所以，河北省应该制定符合省情的银行信贷政策，引导企业行为，进而以市场化方式调整和优化产业结构。

3. 商业信用融资规模

截至2015年底，河北省上市公司商业信用融资余额为3436.82亿元，占全国的比例为2.66%。从环比增长率来看，2011~2015年，河北省上市公司商业信用融资余额增长率总体上高于全国。在河北省上市公司中，商业信用融资余额最多的是制造业，其次是房地产业，最少的是综合类。河北省商业信用融资余额占全国商业信用融资余额比例最高的是房地产业，其次是批发和零售业，最低的是综合类。

以上表明，河北省企业之间的债权债务比较多，具有产生“三角债”的风险，不利于实体经济整体风险的降低。所以，河北省要强调企业资本结构的优化。

4. 自我积累融资规模

截至2015年底，河北省上市公司自我积累融资余额累计增长率是91%，全国上市公司的累计增长率是101%；河北省自我积累融资余额最多的是保定市，名列第二、第三和第四的地市是石家庄市、廊坊市和唐山市。5年保持持续增长的有保定市、石家庄市和廊坊市。分行业来看，截至2015年底，河北省上市公司自我积累融资余额占全国的比例比较高的行业是房地产业、制造业和农林牧渔业，最低的是综合类。综合类占比5年来一直为负值，房地产业是5年内占比均为正值的行业中占比上升幅度最大的行业。批发和零售业、制造业的趋势比较平稳。

以上表明，河北省上市公司的自我积累能力低于全国水平，可持续增长能力弱，地区和行业发展不均衡。所以，河北省应提高企业创造利润的能力，找准企业利润增长点，提高可持续发展能力。

（二）融资结构

1. 河北省与全国融资结构对比

2011～2015年，河北省债券融资余额/总资产、商业信用融资余额/总资产和自我积累融资余额/总资产三个指标值逐年增加。其中，融资余额占总资产比例均值最高的是商业信用融资余额，均值最低的是债券融资余额。银行借款余额/总资产指标值逐年减少，股票融资累计额/总资产指标值比较平衡。需要注意的是，IPO融资累计额/总资产指标值在5年间却出现了下降趋势，说明河北省新增股票融资能力下降。河北省与全国融资余额结构指标值的走势一致。所以，河北省应继续加大对上市公司的扶持力度。

2. 不同市场板块和行业融资结构情况

从不同市场板块和行业融资结构的数据分析结果来看，所表现出的问题与融资规模中存在的问题一致，这与河北省多年来形成并固化的产业结构、产业发展依赖路径相关。

所以，从整体上看，河北省面临的问题是如何制定科学合理的筹资政策，从而引导企业行为，改善资本结构，实现企业可持续发展；如何制定前瞻性的产业规划，扶持符合产业发展趋势企业走向资本市场，促进本省的产业结构转型。

四　河北上市公司投资情况

（一）投资支出情况

2011～2015年，河北省上市公司用于长期资产投资的支出平均为8.18亿元，高于全国上市公司平均水平11.14%；长期资产投资支出占总资产的比重为6.36%，高于全国5.57%的平均水平。发展趋势上，河北省上市公司投资支出规模和投资支出占总资产的比重大体呈现下降趋势，投资规模从2011年的9.11亿元下降到2015年的6.63亿元，投资支出占总资产的比重从2011年的9.11%下降到2015年的6.63%。

从分行业和分年度来看，河北省上市公司长期资产投资占总资产比重较高的主要分布在交通运输、仓储和邮政业，制造业，电力、热力、燃气及水生产和供应业，采矿业。信息传输、软件和信息技术服务业，房地产业比重低于全国平均水平。农林牧渔业、批发和零售业、综合类行业的投资比重相对于全国平均水平波动较大，各年的长期投资支出水平和比重波动都比较大。2011～2015年，河北省所有行业上市公司的长期投资比重为6.36%，高于全国同期5.57%的平均水平。从投资支出规模上看，制造业、房地产业、批发和零售业的长期投资现金支出绝对规模平均数明显高于全国平均水平，信息传输、软件和信息技术服务业，综合类行业的投资支出数额不足全国平均水平的10%，交通运输、仓储和邮政业，农林牧渔业，电力、热力、燃气及水生产和供应业，采矿业长期投资支出的绝对规模也明显低于全国平均水平。总体而言，河北省上市公司长期资产投资支出规模为81.80亿元，高于全国上市公司73.60亿元的平均水平。

从市场板块来看，河北省主板上市公司的长期资产投资支出规模呈现小幅波动的整体下降趋势。从长期投资支出占总资产的比重来看，2011～2015年，河北省上市公司呈现先扬后抑的走势，2012年最高8.53%。河北省上市公司长期资产投资支出占总资产的比重5年平均水平为5.65%，高于全国平均水平4.60%。中小板市场上，2011～2015年，河北省上市公司长期资产投资平均规模明显低于全国平均水平，仅为全国平均水平的72.5%；河北省上市公司长期资产投资规模呈现波动震荡趋势。2011～2015年，河北省中小板上市公司长期资产投资支出占总资产比重呈现“N”字形下降走势，2012年比重最高，2014年最低，5年总体平均比重为6.88%，略低于全国6.89%的平均水平。创业板市场上，河北省上市公司长期资产投资规模呈现明显下降趋势，平均投资额为全国平均水平的86.21%。在创业板市场，2011～2015年，河北省上市公司和全国上市公司长期资产投资支出占总资产的比重都呈现整体下降的趋势，河北省下降速度更快，由2011年的14.20%（远高于8.43%的全国平均水平），下降到2015年的4.41%（低于

4.84%的全国平均水平)。河北省创业板市场上市公司2011~2015年长期资产投资支出占总资产的比重平均为8.93%，高于6.60%的全国平均水平。

(二)内部投资情况

2011~2015年，河北省上市公司固定资产、无形资产、在建工程、在研无形资产等内部长期资产的投资规模呈现持续增长趋势，平均为63.50亿元，高于全国46.40亿元的平均水平。从内部长期资产投资占总资产的比重来看，2011~2015年，河北省上市公司平均比重为38.18%，高于全国上市公司32.27%的平均水平。

从行业上看，河北省制造业、房地产业、批发和零售业上市公司内部长期资产投资规模远高于全国平均水平，其他行业的规模远低于全国平均水平。从内部长期资产投资占总资产比重来看，河北省交通运输、仓储和邮政业，电力、热力、燃气及水生产和供应业，采矿业，农林牧渔业和制造业上市公司内部长期资产投资比重高于河北省所有上市公司的平均水平，也高于全国同行业的平均水平。

在不同市场板块方面，河北省除了中小板和创业板上市公司内部长期资产投资规模低于全国平均水平，其他板块市场和不同性质控股的上市公司内部长期资产投资规模都高于全国同类平均水平；除中小板市场上市公司内部长期资产投资占总资产的比重略低于全国同类市场平均水平外，其他板块市场和不同性质控股的上市公司内部长期资产投资比重均高于全国平均水平。

固定资产方面，2011~2015年，河北省上市公司固定资产占长期资产的比重平均为82.52%，略高于全国82.34%的平均水平。2012年和2014年，河北省上市公司固定资产占长期资产的比重比全国水平高。河北省上市公司固定资产的平均规模为57.80亿元，高于全国40.70亿元的平均水平。河北省上市公司固定资产占总资产的比重为32.85%，高于全国27.11%的平均水平。河北省上市公司中，制造业、房地产业、批发和零售业的固定资产规模远超全国同行业平均水平，并且由于行业特点不同，不同行业的固定资产规模相差悬殊。河北省中小板和创业板市场上市公司固定资产规模小于全国同板块上市公司平均水平，主板市场上市公司固定资产规模高于全国平均水平。在企业性质上，河北省不论是国有控股的上市公司，还是民营控股的上市公司，其固定资产平均规模都高于全国平均水平。

无形资产方面，2011～2015年，河北省上市公司无形资产的平均规模为5.70亿元，低于全国5.75亿元的平均水平；在研无形资产占全部无形资产的比重平均为3.15%，低于全国3.27%的平均水平。行业方面，河北省采矿业上市公司无形资产的规模最大，达60.50亿元；其次是批发和零售业，综合类的上市公司没有无形资产。

（三）对外投资情况

2011～2015年，河北省的52家上市公司中，每年有32～38家持有对外投资，平均占河北省上市公司总数的75.64%；河北省持有对外投资的上市公司持有的对外投资平均规模为5.34亿元，对外投资规模呈现逐年递增趋势。2011～2015年，河北省上市公司对外投资占总资产的比重平均为3.72%，低于全国5.84%的平均水平，每年持有对外投资的比例相对稳定。

2011～2015年，河北省上市公司的短期投资占总资产的比重平均为1.89%，低于全国2.89%的平均水平。全国持有短期投资上市公司的短期投资比重大致呈现上升趋势，河北省持有短期投资上市公司短期投资比重大致呈“U”形，2014年最低为1.32%。从行业上看，农林牧渔业持有短期投资的规模小于全国同行业平均规模，但是占总资产的比重高于全国同行业平均水平；房地产业、采矿业短期投资规模高于全国同行业平均水平，但是占总资产的比重低于全国同行业平均水平；其他行业不论是短期投资的规模，还是占总资产的比重，均低于全国同行业平均水平。

2011～2015年，河北省上市公司长期投资占总资产的比重平均为3.02%，低于全国4.75%的平均水平。全国持有长期投资上市公司长期投资比重大致呈现稳定略有下降趋势；河北省持有长期投资上市公司长期投资比重2011～2014年呈现上升趋势，2014年最高为3.69%，随后2015年呈现下降之势。从行业来看，电力、热力、燃气及水生产和供应业长期投资的规模小于全国同行业平均水平，但是占总资产的比重高于全国同行业平均水平；制造业长期投资的规模大于全国同行业平均水平，但是占总资产的比重低于全国同行业平均水平；其他行业不论是长期投资的规模，还是占总资产的比重均低于全国同行业平均水平。

河北省有商誉上市公司数量从2011年的17家增长到2015年的25家，占当年河北省上市公司的比重由2011年的36.96%上升到2015年的48.08%。河北省列报商誉公司商誉占总资产的比重前4年低于全国平均水平，2015年高于全国平均水平。河北省和全国上市公司商誉在总资产中的比重呈逐年上升趋势。2015年，河北省列报商誉上市公司的行业分布差异较大，信息传输、软件和信息技术服务业，制造业，批发和零售业，采矿业，房地产业和农林牧渔业均有企业通过并购产生商誉，信息传输、软件和信息技术服务业的茂业通信由于并购了广东长实通信股份有限公司，加之之前并购了北京创世漫道科技有限公司，其商誉占总资产的比重高达51.25%，远高于其他企业，其他行业企业没有商誉。河北省上市公司商誉持有企业的商誉占总资产的比重为7.33%，略高于全国水平。

五　河北上市公司营运情况

（一）营运总体情况

2011~2015年，河北省上市公司流动资产占全国流动资产的比重为2.65%，流动负债占全国流动负债的比重为3.02%，营运资金占全国营运资金的比重为0.20%。河北营运资金占全国的比重显著低于流动资产占全国流动资产的比重，说明河北省上市公司营运资金不足，明显低于全国上市公司平均水平。从流动资产占总资产的比重来看，河北省5年平均约为49%，低于全国3个百分点，总体较为合理；另外从流动负债占总负债的比重来看，河北省5年平均值为78%，低于全国1个百分点，流动负债占总负债比重略低于全国平均水平。

2011～2015年，河北省上市公司应收账款周转天数平均为70.13天，全国上市公司平均值是91.76天，河北省上市公司平均应收账款周转天数比全国上市公司平均数少21.63天；河北省上市公司存货周转天数平均为214.60天，全国上市公司存货周转天数平均为367.36天，河北省上市公司平均存货周转天数比全国上市公司平均数少152.76天；河北省上市公司营业周期的平均天数为282.98天，全国上市公司平均营业周期为447.61天，河北省上市公司平均营业周期比全国上市公司营业周期少164.63天。这说明河北省上市公司资产周转速度较快，营运周期较短。另外河北省上市公司平均流动比率、速动比率和现金比率分别为2.78、2.12、1.12，均略低于全国上市公司平均水平，说明其短期偿债能力略低于全国总体水平。

（二）与全国同行业对比情况

1. 河北省农林牧渔业

对于营运资金，从数据上来看，2011～2015年均为正数，说明企业有较好的营运能力。从流动资产占总资产的比重来看，略低于全国同行业总体水平，但总体较为合理；但是河北省农林牧渔业上市公司流动负债占总负债的比重5年平均为83%，高于全国同行业同比例15个百分点，建议降低河北省流动负债的比率，以降低短期财务风险。2011～2015年，河北省农林牧渔业上市公司平均营业周期为191.32天，全国同行业营业周期平均为395.95天，河北省与全国同行业相比少了204.63天。河北省农林牧渔业上市公司营业周期短的主要原因是存货周转天数较少。从流动比率、速动比率和现金比率来看，除2015年，河北省农林牧渔业各项指标都略低于全国同行业平均水平，说明河北省农林牧渔业上市公司短期偿债能力略有不足，低于全国同行业平均水平。

2. 河北省采矿业

2011～2015年，2013年和2015年河北省采矿业上市公司营运资金都为负数，其他年份虽然为正数，但是金额都非常小，说明企业营运资金不足。2011～2015年，河北省采矿业营业周期的平均天数为69.21天，全国同行业平均营业周期为184.56天，河北省与全国相比少了115.36天。这说明河北省采矿业上市公司营运效率较高。另外从流动比率、速动比率和现金比率来看，河北省采矿业上市公司平均值都显著低于全国同行业平均水平，说明河北省采矿业上市公司短期偿债能力较差。

3. 河北省制造业

2011～2015年，河北省制造业上市公司各年度营运资金都为负数，说明河北省制造业上市公司营运资金不足，但是全国同行业同期营运资金都为正数，说明营运资金不足是困扰河北省制造业的突出问题。2011～2015年，河北省制造业营业周期的平均天数为255.65天，全国同行业营业周期平均值为259.65天，河北省与全国相比仅少了4天。进一步分析发现，河北省制造业上市公司营业周期较短的原因是其应收账款周转天数比全国同行业少，河北省制造业上市公司应收账款回收期较短，所以营运管理水平较高。另外河北省制造业上市公司流动比率与全国基本持平，而速动比率和现金比率都略低于全国同行业平均水平，说明河北省制造业上市公司短期偿债能力与全国同行业相比略低。

按照营业周期对河北省制造业细分行业进行排序，从高到低的排列顺序为：仪器仪表业（436.18天）、专用设备制造业（421.87天）、皮革毛皮羽毛及其制品和制鞋业（331.72天）、计算机通信和其他电子设备制造业（327.76天）、通用设备制造业（319.21天）、橡胶和塑料制品业（274.82天）、电气机械及器材制造业（257.41天）、农副食品加工业（226.45天）、酒饮料和精制茶制造业（214.18天）、医药制造业（188.73天）、化学纤维制造业（182.94天）、黑色金属冶炼及压延加工业（109.83天）、铁路船舶航空航天和其他运输设备制造业（107.26天）、非金属矿物制品业（94.6天）、纺织业（89.59天）、金属制品业（88.42天）、有色冶炼及压延加工业（87.05天）、化学原料及化学制品制造业（74.74天）、石油加工炼焦和核燃料加工业（68.09天）、汽车制造业（54.79天）。

4. 河北省电力、热力、燃气及水生产和供应业

2011～2015年，河北省电力、热力、燃气及水生产和供应业每年的营运资金均为负数，说明河北省电力、热力、燃气及水生产和供应业营运资金不足，而且全国同行业同期营运资金都为负数，说明营运资金不足是困扰全国电气、燃气行业的普遍问题。2011～2015 年，河北省电力、热力、燃气及水生产和供应业上市公司营业周期平均为 73.89 天，全国同行业平均为 119.14 天，河北省低于全国平均水平。另外河北省电力、热力、燃气及水生产和供应业应收账款周转天数、存货周转天数和营业周期都明显低于全国同行业平均水平，说明河北省电力、热力、燃气及水生产和供应业营运效率较高。另外从流动比率、速动比率和现金比率来看，河北省电力、热力、燃气及水生产和供应业都低于全国同行业平均水平，说明河北省电力、热力、燃气及水生产和供应业短期偿债能力低于全国同行业平均水平。

5. 河北省批发和零售业

2011～2015 年，河北省批发和零售业各年度营运资金都为负数，说明其营运资金不足。在全国同行业同期营运资金为正数的情况下，河北省批发和零售业营运资金为负，说明营运资金不足是困扰河北省批发和零售行业的重要问题。2011～2015 年，河北省批发和零售业的营业周期平均为 206.94 天，全国同行业营业周期平均为 162.61 天，河北省比全国多 44.33 天。另外，河北省批发和零售业应收账款周转天数、存货周转天数均略高于全国同行业平均水平，说明河北省批发和零售业整体营运效率不高。另外，与全国同行业的流动比率、速动比率和现金比率相比较，河北省批发和零售业的指标值都略高于全国同行业平均水平，说明河北省批发和零售业与全国同行业相比，偿债能力较强。

6. 河北省交通运输、仓储和邮政业

从数据上来看，河北省交通、运输、仓储和邮政业上市公司营运资金除了 2015 年是正数外，其他年度都为负数，说明河北省交通运输、仓储和邮政业营运资金不足。在全国同行业同期营运资金为负数的情况下，河北省交通运输、仓储和邮政业营运资金也几乎为负，说明营运资金不足是困扰全国交通运输行业的普遍问题。2011～2015 年，河北省交通运输、仓储和邮政业上市公司平均营业周期为 53.51 天，全国同行业上市公司平均营业周期为

186.06 天，河北省交通运输、仓储和邮政业上市公司平均营业周期比全国同行业营业周期少 132.54 天。另外，2011～2015 年，河北省交通运输、仓储和邮政业的应收账款周转天数、存货周转天数和营业周期都低于全国同行业平均水平，说明河北省交通运输、仓储和邮政业营运效率相对较高。另外与全国同行业的流动比率、速动比率和现金比率相比较，河北省交通运输、仓储和邮政业的指标值都略低于全国同行业平均水平，说明河北省交通运输、仓储和邮政业与全国同行业相比，偿债能力较差。

7. 河北省房地产业

对于营运资金，河北省房地产业上市公司 5 年平均为 398.59 亿元，且 5 年均为正数，说明河北省房地产业营运资金较为充足，营业能力较强。2011～2015 年，河北省房地产业上市公司平均营业周期为 1068.00 天，全国同行业平均营业周期为 3861.36 天，河北省房地产业营业周期比全国同行业少 2793.35 天。另外，2011～2015 年，河北省房地产业的应收账款周转天数、存货周转天数均明显低于全国同行业平均水平，尤其是存货周转天数比全国同行业平均水平少 2782.39 天，说明河北省房地产业营运效率相对较高。另外，与全国同行业的流动比率、速动比率和现金比率相比较，除了速动比率外，河北省房地产业上市公司的指标值都略低于全国同行业平均水平，说明河北省房地产业与全国同行业相比，偿债能力较差。

8. 河北省综合类行业

2011～2015 年，河北省综合类上市公司营运资金 5 年数值都为正数，说明企业营运资金较为充足，但是数额极小。2011～2015 年，河北省综合类上市公司平均营业周期为 979.33 天，全国同行业为 542.31 天。河北省综合类上市公司营业周期比全国多 437.02 天。另外，2011～2015 年，河北省综合类上市公司应收账款周转天数、存货周转天数和营业周期都远高于全国同行业平均水平，说明河北省综合类上市公司营运效率相对较低。另外，与全国同行业的流动比率、速动比率和现金比率相比较，河北省综合类上市公司的三项指标值均明显高于全国同行业平均水平，说明河北省综合类上市公司与全国同行业相比，偿债能力较强。

9. 河北省信息传输、软件和信息技术服务业

2011～2014年，在全国营运资金为负数的情况下，河北省信息传输、软件和信息技术服务业营运资金为正值，说明其短期偿债能力较强。河北省信息传输、软件和信息技术服务业应收账款周转天数和存货周转天数以及营业周期都远远低于全国同行业平均水平，说明河北省信息传输、软件和信息技术服务业营运能力较强。但是从流动比率、速动比率和现金比率看，河北省信息传输、软件和信息技术服务业三个指标都低于全国总体水平。

通过研究发现，河北省营运资金占全国的比重显著低于其流动资产占全国流动资产的比重，河北省上市公司营运资金不足，明显低于全国上市公司平均水平。河北省上市公司平均营业周期比全国上市公司营业周期短，河北省上市公司资产周转速度较快，营运效率较高。另外河北省上市公司平均流动比率、速动比率和现金比率均略低于全国上市公司平均水平，短期偿债能力略低于全国总体水平。其中：

（1）通过对河北省各行业的分析发现，河北省除了综合类行业、批发和零售业营业周期高于全国平均水平外，其余均低于全国同行业平均水平，说明河北省总体营运效率较高。

（2）通过对河北省制造业的深入分析发现，河北省制造业流动资产排在前三位的行业分别是黑色金属冶炼及压延加工业（28.67%）、汽车制造业（18.31%）、金属制品业（12.89%），营业周期排在前三位的分别是仪器仪表制造业（436.18天）、专用设备制造业（421.87天）、皮革毛皮羽毛及其制品和制鞋业（331.72天）。这说明传统行业在制造业中占比较大，传统行业运行效率较低，河北省制造业转型升级任务较重。

通过以上分析，建议如下。

（1）提高河北省上市公司偿债能力。通过增加资产中流动资产比率、减少负债筹资特别是流动负债筹资等渠道，优化资产配置，探索多元化筹资结构，从而提高偿债能力尤其是短期偿债能力。

（2）提高河北省上市公司尤其是综合类行业、批发和零售业营运效率。

虽然河北省上市公司营运能力略高于全国总体水平，但是优势并不明显，综合类行业、批发和零售业营运效率甚至低于全国水平。河北省应该通过降低库存量、增加现金销售比例、提高收账速度等，提高上市公司营运能力，提高赢利水平。

（3）优化河北省产业结构。河北省 52 家上市公司中，有 40 家属于制造业。40 家制造业中，资产数额排前三位的分别是黑色金属冶炼及压延加工业、汽车制造业和金属制品业。这些传统行业普遍存在营业周期长、能耗高、污染重等特点。所以，应从优化产业结构开始，经过深度整顿和调整，彻底摆脱“一钢独大”，经济被钢铁“绑架”的局面，使产业结构持续优化。

六　河北上市公司业绩情况

（一）综合业绩情况

河北上市公司 2015 年度整体综合业绩表现一般，业绩优秀的上市公司仅 1 家（乐凯新材），业绩得分平均水平刚刚够中等（均值 53.05 分）。52 家 A 股上市公司中：仅 1 家公司业绩水平优秀（占比 1.92%）；5 家公司业绩水平良好，27 家公司业绩水平中等，6 家公司业绩水平较低，13 家公司业绩水平较差。从各板块情况看，创业板业绩得分最高，主板次之，中小板最低。在河北上市公司所涉及的 9 个行业中，农林牧渔业业绩排名第一，综合类排名最后，制造业排名第六。作为河北上市公司构成主体的制造业上市公司的业绩水平有待提高。

（二）分项业绩情况

从构成综合业绩的赢利能力、资产质量、债务风险、经营增长四个分项业绩看：河北省上市公司四方面业绩均表现较好的公司较少，基本上每个公司都存在一两个方面的短板。四个分项业绩中，赢利能力是综合业绩最有力的支撑，赢利能力好的上市公司基本上综合业绩水平也较高。故要想提升河北省上市公司整体业绩水平，应首先从赢利能力着手，提高公司的获利水平。

从各板块情况看：创业板公司赢利水平最高、债务风险最低、经营增长最快、资产质量较主板稍差；中小板的赢利水平最低、资产质量最差、债务风险居中；主板的赢利水平、债务风险、经营增长均处于中间水平，资产质量最好。因此，中小板公司应着力提升获利水平和资产管理质量，降低债务风险，创业板公司也应关注资产管理问题，而主板公司需注意几个方面均衡发展。

从行业情况看：河北省房地产业上市公司在2015年度实现了资产高速增长和较大利润，但存在资产质量弱化现象，尤其是存在债务风险较高的隐患。信息传输、软件和信息技术服务业上市公司的资产质量较好、债务风险小、资产增长快速，但其赢利能力和赢利水平有待增强。采矿业上市公司赢利能力差、资产管理水平低、债务风险高，存在发展后劲不足的问题。该行业上市公司在当前去产能的大环境下如何保持持续发展，值得思考；综合类行业中的廊坊发展，近两年业绩均为最低，建议认真考虑后续资产重组问题。

（三）市值情况

截至2015年底，河北省上市公司的市值总额为8038.73亿元，平均市值为154.15亿元，在全国各省份中排名分别为第14位、第9位。其中，市值总额排名在全国居中等偏上水平，但是与各省份平均总市值还有较大的差距。这是由于河北上市公司数量不多，公司的市值水平一般；河北上市公司平均市值在全国的排名比市值总额排名靠前，与全国平均水平比较接近。从2011~2015年的个股投资回报率看，河北上市公司与全国上市公司的个股投资回报率近5年均呈上涨趋势，其中2015年河北上市公司个股投资回报率低于全国平均水平，说明河北上市公司的股票价格相对平稳。

七　河北上市公司社会责任情况

社会责任是当今社会企业发展中不可忽视的重要问题。我们首先从整体层面和具体业务层面两个方面构建了由三个层级 40 个具体指标构成的社会责任评价指标体系，然后运用该指标体系对河北省上市公司 2011～2015 年连续 5 年的社会责任履行情况进行了分析和评价，分析结果如下。

（一）社会责任总体情况

2011 年以来，河北省上市公司的社会责任水平逐年提升，得分均值从 2011 年的 44.18 分上升到 2015 年的 47.94 分，但总体得分不高，而且最近两年的增长速度明显低于前几年，2012 年较 2011 年增长 5.61%，而 2015 年较 2014 年仅增长 0.21%。

（二）社会责任具体情况

我们分别从不同层级、不同行业、不同板块、不同区域等角度进行了具体分析。

就第一层级的两个指标而言，整体层面的指标得分明显低于业务层面的指标得分，整体层面各年平均得分在 14 分和 22 分之间，业务层面得分在 56 分和 61 分之间，说明河北省上市公司在具体履行社会责任的业务方面比社会责任制度建设和信息披露方面做的好，典型的“说的不如做得好”。另外，公司官网设置社会责任专栏和披露社会责任报告的比例都很低，2011～2015 年基本上处于 20%～35%，说明河北省上市公司对社会责任的宣传和重视程度普遍不够。

从具体业务层面对河北省上市公司社会责任履行情况进行考察，发现河北省上市公司遵守法规（其他社会责任的主要体现）和维护中小投资者权益情况较好，两者的 5 年均值分别为 89.63 分和 87.84 分，这两项也是 40 个指标中仅有的两个得分超过 80 分的指标；其他几项指标得分都不高，除促进就业与员工责任超过60分外，安全生产责任、产品质量和消费者责任、环保与资源节约责任、公益慈善责任等的得分均在60分以下，其中环保责任得分最低，5年平均得分仅为31.74分。可见，河北上市公司对环保和慈善方面的工作应该更加重视。

从行业分布情况来看，金属制品业、计算机通信和其他电子设备制造业是河北省社会责任表现最好的行业，其5年得分均值分别为71.25分和57.22分；酒饮料和精制茶制造业、零售业则是得分最低的行业，其5年得分均值分别为34.29分和34.25分。

板块方面，主板上市公司的社会责任得分高于非主板，深市主板得分高于沪市主板。深市主板得分为55.65分，沪市主板得分为46.37分，深市主板比沪市主板高20.01%。中小板得分高于创业板，中小板得分为46.28分，创业板得分为41.11分，中小板高出创业板12.60%。

按照区域划分，邢台、唐山、保定三个城市上市公司社会责任得分2011～2014年一直稳居河北省前三名，而承德和衡水上市公司社会责任得分最低。

综合以上评价结果，我们认为，政府应在舆论方面加大力度宣传企业履行社会责任的正能量事件，在制度上向履行社会责任的企业倾斜，鼓励更多企业更好地履行社会责任。从公司自身的角度讲，河北省各上市公司应提高对社会责任的重视程度，充分重视社会责任建设的紧迫性和重要性，积极履行社会责任。尤其要从制度建设和信息披露入手，提高社会责任制度建设水平和信息披露水平，从而更好地带动更多的公司进入积极履行社会责任的行列。

分报告一
河北上市公司融资发展报告

融资是企业采用一定的方式，通过一定渠道筹集资金的行为与过程。其规模和结构不仅影响企业的融资能力，而且影响企业的经营质量。本报告分别从不同的融资渠道研究了2011～2015年河北上市公司融资规模和融资结构的发展状况。本报告以公司的资产负债表项目结构分类为主要依据，结合常见的融资渠道分类标准，将融资分为股票融资、债券融资、银行借款、商业信用和自我积累等五种，分别从全国、行业、市场板块和河北省各地级市的角度，分析了河北上市公司的融资规模和融资结构。

一　河北上市公司融资渠道与规模

（一）河北上市公司发行股票融资规模

1. 河北上市公司发行股票整体融资规模

（1）河北上市公司股票融资规模

本报告从上市公司发行股票融资累计额和上市公司新增股票融资额两个角度描述上市公司股票融资的规模。

上市公司发行股票融资累计额是指截至统计年度12月31日发行股票筹集资金的累计额。它反映了该公司自上市发行股票至统计年度12月31日通过发行股票筹集资金的累计额，包括首发、增发和配股所筹集的资金。

从统计数据（见表1－1、图1－1至图1－4）来看，截至2015年12月31日，全国上市公司发行股票融资累计额为77349.89亿元，河北上市公司发行股票融资累计额为2419.32亿元，占全国上市公司发行股票融资累计额的比重为3.13%。从2011~2015年的发展趋势来看，河北发行股票融资累计额占全国的比重呈上升趋势，但是总体来看所占比重还是很小。2011年占全国的比重最小，为1.92%，最高年份为2015年，为3.13%。从环比数据来看，河北通过公开发行股票筹集资金的环比增长率高于全国，尤其是在2011年爆发式增长后，呈现稳定增长趋势，且一直高于全国环比增长率。

表1-1　河北与全国发行股票融资累计额及其环比增长率

单位：亿元，%

年份	河北				全国				河北发行股票融资占全国的比重	
	发行股票融资累计额		环比增长率		发行股票融资累计额		环比增长率			
	累计额	IPO	累计额	IPO	累计额	IPO	累计额	IPO	累计额	IPO
2011	808.11	370.16	78.70	55.80	41992.24	22925.41	20.53	13.67	1.92	1.61
2012	916.95	373.86	13.47	1.00	46720.06	23969.42	11.26	4.55	1.96	1.56
2013	1085.06	373.86	18.33	0	50778.02	24334.54	8.69	1.52	2.14	1.54
2014	1352.13	381.55	24.61	2.06	59788.03	25121.09	17.74	3.23	2.26	1.52
2015	2419.32	387.98	78.93	1.69	77349.89	28535.11	29.37	13.59	3.13	1.36
合计	6581.57	1887.41			276628.24	124885.57			2.38	1.51

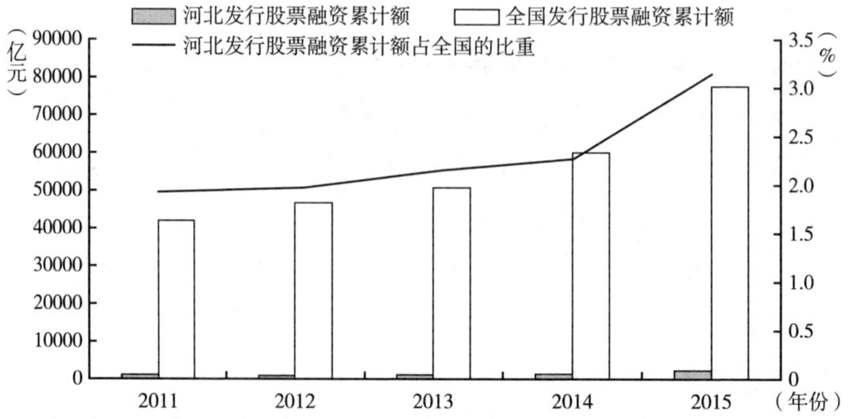

图1-1　2011~2015年河北与全国发行股票融资累计额及比重

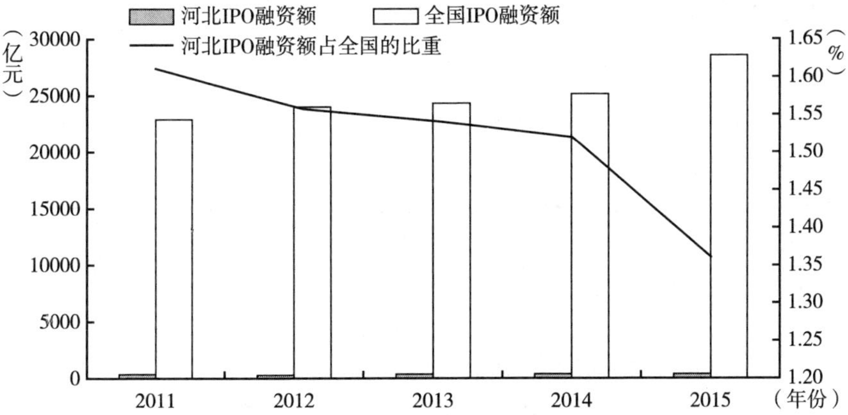

图1－2　2011～2015年河北与全国IPO融资累计额及比重

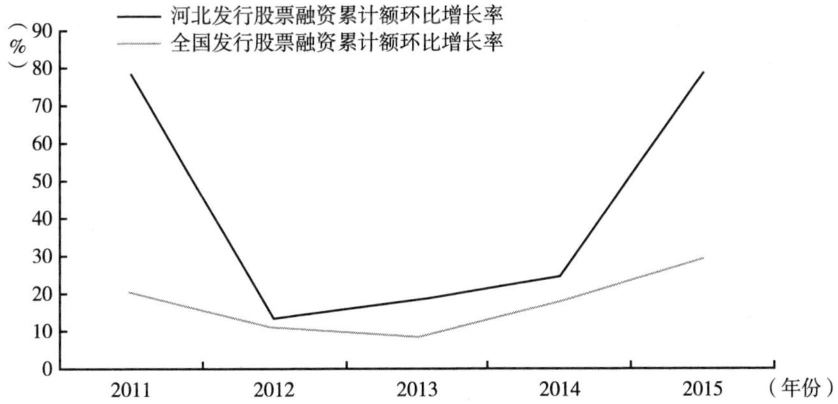

图1－3　2011～2015年河北与全国发行股票融资累计额环比增长率趋势

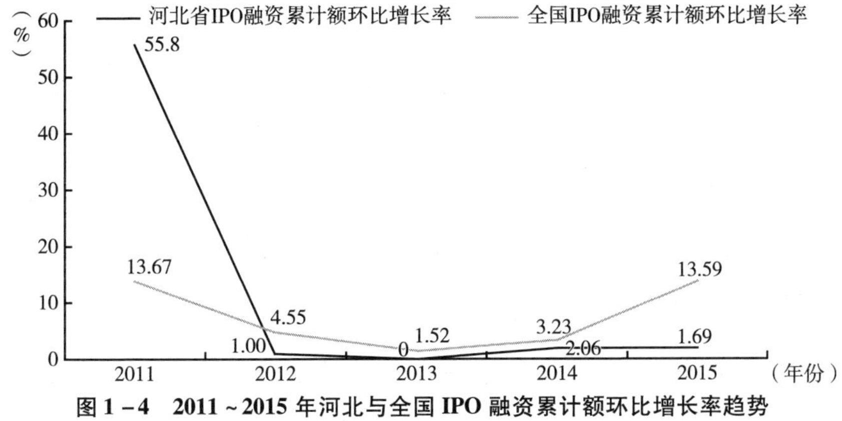

图1－4　2011～2015年河北与全国IPO融资累计额环比增长率趋势

从全国来看，IPO 融资累计额在 2011 年和 2015 年大幅度增长。河北省在 2011 年大幅度增长，以后年度环比增长率出现全体下降趋势。河北省 IPO 累计融资额占全国的比重也较小，最高年度在 2011 年，占比为 1.61%。5 年平均占比仅为 1.51%。

上市公司新增股票融资额是指上市公司在某个年度新发行股票的融资额，反映上市公司当年股票融资的规模，包括 IPO 融资额、配股和增发股票再融资额。

从新增股票融资额的统计数据（见表 1－2、图 1－5 至图 1－8）来看，2011～2015 年全国上市公司新增股票融资额 42601.00 亿元，河北上市公司新增股票融资额为 1967.11 亿元，占全国的 4.62%。从时间维度来看，河北上市公司新增股票融资额在 2015 年最多达到 1067.19 亿元，2012 年最少仅有 108.84 亿元。河北新增股票融资额占全国的比例总体呈增长趋势，各年度的增长幅度波动较大，其中，2012 年占的比例最小，为 2.31%，2015 年占的比例最大，为 6.08%。这种波动可能与中国股票发行制度有关，中国政府会根据股票市场的行情调节股票发行的速度，从而会影响新增股票融资的规模与占比。

表 1－2　河北与全国新增股票融资额及其占比

单位：亿元，%

年份	河北				全国				河北占全国的比重	
	新增股票融资额		环比增长率		新增股票融资额		环比增长率			
	融资额	IPO	融资额	IPO	融资额	IPO	融资额	IPO	融资额	IPO
2011	355.89	132.58	386.19	71.98	7249.94	2756.96	20.56	－44.40	4.91	4.81
2012	108.84	3.70	－69.42	－97.21	4721.23	1044.01	－34.88	－62.13	2.31	0.35
2013	168.11	0	54.46	－100.00	4057.96	365.12	－14.05	－65.03	4.14	0
2014	267.08	7.69	58.87	—	9010.01	786.56	122.03	115.43	2.96	0.98
2015	1067.19	6.43	299.58	－16.38	17561.86	3402.20	94.92	332.54	6.08	0.19
合计	1967.11	150.40			42601.00	8354.85			4.62	1.80

河北上市公司新增股票融资额在 2011 年增长最快，环比增长 386.19%，2012 年出现了负增长，增长率为－69.42%。自 2013 年开始，

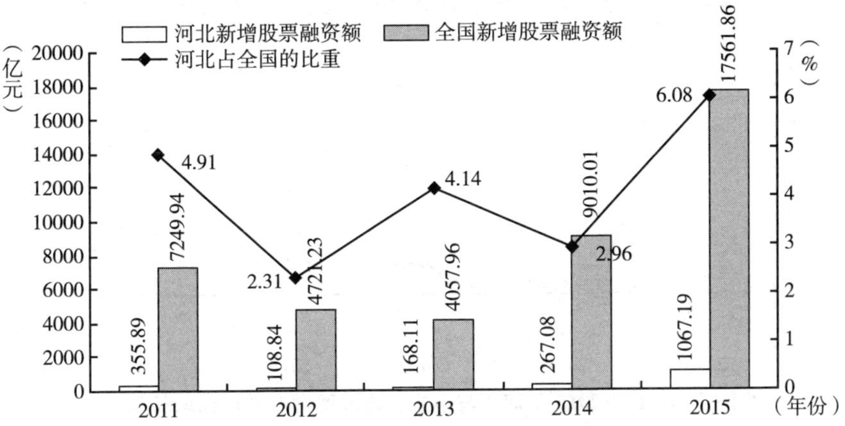

图 1－5　2011～2015 年河北与全国新增股票融资额及其占比趋势

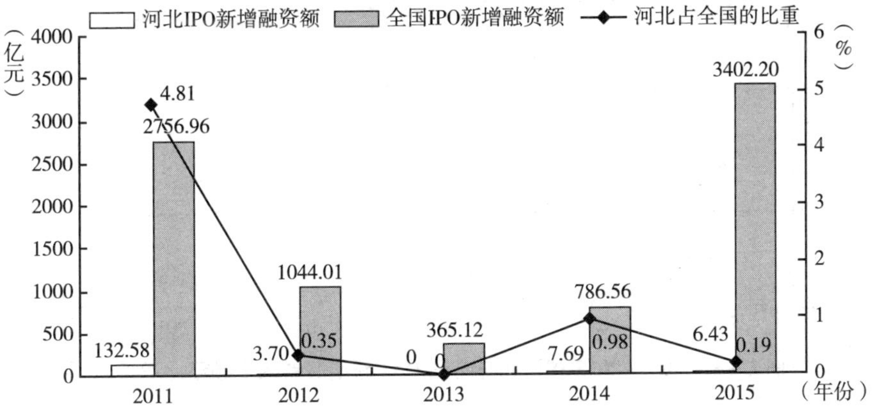

图 1－6　2011～2015 年河北与全国 IPO 新增融资额及其占比趋势

河北新增股票融资额连续增长。全国新增股票融资额在 2014 年增长最快，增长率达 122.03%。

无论是从发行股票融资累计额还是从新增股票融资额来看，河北通过股票市场筹集的资金较少，在全国配置资源的能力有限，甚至可以说非常弱。

全国 IPO 新增融资主要集中在 2014～2015 年，而河北主要集中在 2011 年。河北 IPO 新增融资额占全国 IPO 新增融资额的比例最高出现在 2011 年，为 4.81%，2011～2015 年这 5 年平均占比为 1.80%。

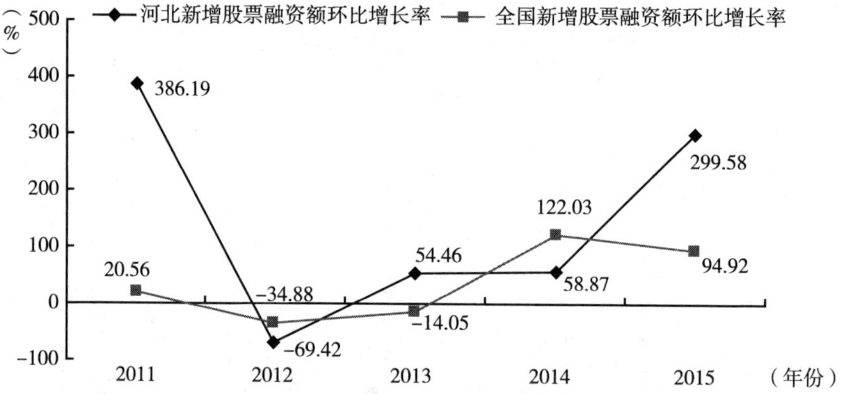

图1－7 2011～2015年河北与全国新增股票融资额环比增长率趋势

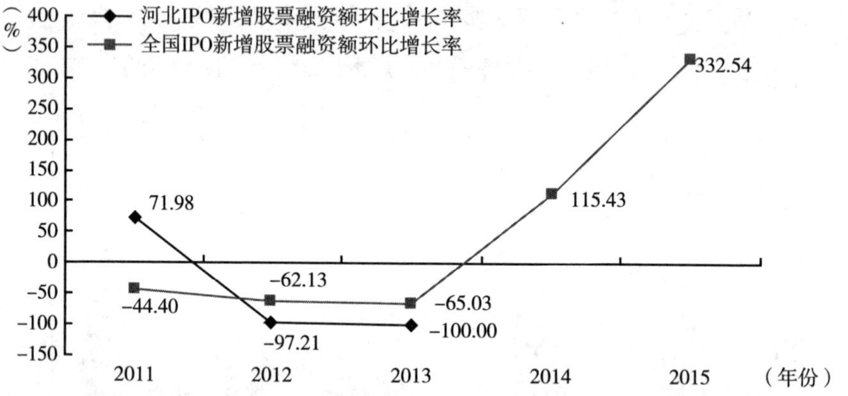

图1－8 2011～2015年河北与全国IPO新增股票融资额环比增长率

（2）河北各地市上市公司股票融资规模

表1－3呈现的是2011～2015年河北各地市上市公司发行股票融资累计额、发行股票融资累计额环比增长率以及发行股票融资累计额占河北上市公司发行股票融资累计额的比例。

截至2015年底，河北上市公司发行股票融资累计额为2419.32亿元，是2011年的2.99倍。各地市发行股票融资累计额最多的是唐山市，为1087.13亿元，是2011年的6.63倍，占河北省上市公司发行股票融资累计额的44.94%。其后依次是石家庄市、邯郸市、保定市，发行股票融资累计额分别是576.10亿元、215.75亿元和197.77亿元，占河北省发行股票融资累计额的比例分别为23.81%、8.92%和8.17%。这4个地市发行股票融资

表 1－3　2011～2015 年河北各地市上市公司发行股票融资累计额及其占比

单位：亿元，%

		2011 年	2012 年	2013 年	2014 年	2015 年
保定市	累计额	118.51	124.31	130.44	144.44	197.77
	占河北省的比例	14.67	13.56	12.02	10.68	8.17
	2015 年与 2011 年相比较，累计增长率 66.88%					
沧州市	累计额	21.56	40.68	40.68	50.72	50.72
	占河北省的比例	2.67	4.44	3.75	3.75	2.10
	2015 年与 2011 年相比较，累计增长率 135.25%					
承德市	累计额	16.35	16.35	16.35	16.35	16.35
	占河北省的比例	2.02	1.78	1.51	1.21	0.68
	2015 年与 2011 年相比较，累计增长率 0					
邯郸市	累计额	87.14	87.14	122.88	215.75	215.75
	占河北省的比例	10.78	9.50	11.32	15.96	8.92
	2015 年与 2011 年相比较，累计增长率 147.59%					
衡水市	累计额	1.74	1.74	1.74	9.94	18.20
	占河北省的比例	0.22	0.19	0.16	0.74	0.75
	2015 年与 2011 年相比较，累计增长率 945.98%					
廊坊市	累计额	43.00	43.00	50.55	65.55	130.86
	占河北省的比例	5.32	4.69	4.66	4.85	5.41
	2015 年与 2011 年相比较，累计增长率 204.33%					
秦皇岛市	累计额	10.79	16.59	16.59	34.05	34.05
	占河北省的比例	1.34	1.81	1.53	2.52	1.41
	2015 年与 2011 年相比较，累计增长率 215.57%					
石家庄市	累计额	283.58	317.13	434.52	478.24	576.10
	占河北省的比例	35.09	34.59	40.05	35.37	23.81
	2015 年与 2011 年相比较，累计增长率 103.15%					
唐山市	累计额	164.06	208.62	209.92	244.71	1087.13
	占河北省的比例	20.30	22.75	19.35	18.10	44.94
	2015 年与 2011 年相比较，累计增长率 562.64%					
邢台市	累计额	59.33	59.33	59.33	90.33	90.33
	占河北省的比例	7.34	6.47	5.47	6.68	3.73
	2015 年与 2011 年相比较，累计增长率 52.25%					
张家口市	累计额	2.05	2.05	2.05	2.05	2.05
	占河北省的比例	0.25	0.22	0.19	0.15	0.08
	2015 年与 2011 年相比较，累计增长率 0					
总计	河北省累计额	808.11	916.95	1085.06	1352.13	2419.32
	2015 年与 2011 年相比较，累计增长率 199.38%					

累计额占河北省的85.84%，而其他7个地市发行股票融资累计额只占河北省的14.16%。发行股票融资累计额的后三位是张家口市、承德市和衡水市，累计额分别为2.05亿元、16.35亿元和18.20亿元，占河北省的比例分别是0.08%、0.68%和0.75%。

与2011年相比，2015年河北省发行股票融资累计额增长率为199.38%。增长率最高的是衡水市，为945.98%；其后是唐山市，为562.64%。由于衡水市起点低，所以其融资额占河北省的比例并没有提升太多。承德市和张家口市发行股票融资累计额增长率为0。这意味着这两个市5年内没有通过股票市场筹集资金。

表1-4呈现的是河北省各地市新增股票融资额和各地市上市公司新增股票融资额占河北省上市公司新增股票融资额的比例。

表1-4　河北省各地市上市公司新增股票融资额及其占河北省的比例

单位：亿元，%

		2011年	2012年	2013年	2014年	2015年	合计
保定市	新增股票融资额	64.03	5.80	6.12	14.00	53.33	143.28
	占河北省新增股票融资额比例	17.99	5.33	3.64	5.24	5.00	
	2011~2015年新增股票融资额合计占河北省的比例						7.28
沧州市	新增股票融资额	0	19.12	0	10.04	0	29.16
	占河北省新增股票融资额比例	0	17.57	0	3.76	0	
	2011~2015年新增股票融资额合计占河北省的比例						1.48
承德市	新增股票融资额	0	0	0	0	0	0
	占河北省新增股票融资额比例	0	0	0	0	0	
	2011~2015年新增股票融资额合计占河北省的比例						0
邯郸市	新增股票融资额	2.87	0	35.74	92.87	0	131.48
	占河北省新增股票融资额比例	0.81	0	21.26	34.77	0	
	2011~2015年新增股票融资额合计占河北省的比例						6.68
衡水市	新增股票融资额	0	0	0	8.20	8.25	16.45
	占河北省新增股票融资额比例	0	0	0	3.07	0.77	
	2011~2015年新增股票融资额合计占河北省的比例						0.84
廊坊市	新增股票融资额	14.04	0	7.55	15.00	65.31	101.91
	占河北省新增股票融资额比例	3.95	0	4.49	5.62	6.12	
	2011~2015年新增股票融资额合计占河北省的比例						5.18

续表

		2011 年	2012 年	2013 年	2014 年	2015 年	合计
秦皇岛市	新增股票融资额	0	5.80	0	17.46	0	23.26
	占河北省新增股票融资额比例	0	5.33	0	6.54	0	
	2011～2015 年新增股票融资额合计占河北省的比例						1.18
石家庄市	新增股票融资额	195.68	33.56	117.39	43.72	97.86	488.21
	占河北省新增股票融资额比例	54.98	30.83	69.83	16.37	9.17	
	2011～2015 年新增股票融资额合计占河北省的比例						24.82
唐山市	新增股票融资额	79.28	44.56	1.30	34.79	842.42	1002.35
	占河北省新增股票融资额比例	22.28	40.94	0.77	13.03	78.94	
	2011～2015 年新增股票融资额合计占河北省的比例						50.96
邢台市	新增股票融资额	0	0	0	31.00	0	31.00
	占河北省新增股票融资额比例	0	0	0	11.61	0	
	2011～2015 年新增股票融资额合计占河北省的比例						1.58
张家口市	新增股票融资额	0	0	0	0	0	0
	占河北省新增股票融资额比例	0	0	0	0	0	
	2011～2015 年新增股票融资额合计占河北省的比例						0
总计	河北省新增股票融资额	355.89	108.84	168.11	267.08	1067.19	1967.11

河北省各地市上市公司 2011～2015 年新增股票融资额共 1967.11 亿元。其中，唐山市新增股票融资总额最多，为 1002.35 亿元，占河北省新增股票融资总额的 50.96%。位于其后的是石家庄市，新增股票融资总额为 488.21 亿元，占河北省新增股票融资总额的 24.82%；保定市新增股票融资总额为 143.28 亿元，占河北省新增股票融资总额的 7.28%；邯郸市新增股票融资总额为 131.48 亿元，占河北省新增股票融资总额的 6.68%。这 4 个地市上市公司新增股票融资额共计 1765.32 亿元，占河北省新增股票融资总额的 89.74%。以上数据表明，河北省股票融资呈现区域性不平衡。

从 2011～2015 年各地市上市公司新增股票融资额占河北省新增股票融资额的比例来看，11 个地市在 5 年内持续新增股票融资的只有保定市、石家庄市和唐山市，廊坊市在 4 个年度内有新增股票融资，邯郸市在 3 个年度内有新增股票融资，沧州市、衡水市和秦皇岛市在两个年度内有新增股票融资，邢台市在 1 个年度内有新增股票融资，承德市和张家口市 5 年内没有新增股票融资。这表明，河北省新增股票融资的可持续性差。

2. 河北省不同板块市场上市公司股票融资规模

在中国，股票市场有沪市A股、深市A股、中小企业板和创业板四个不同的板块市场（本报告没有将B股市场列入其中）。前两者分别在上海证券交易所和深圳证券交易所上市交易，被称作主板市场，指传统意义上的证券市场，是一个国家或地区证券发行、上市及交易的主要场所。中小企业板市场又称中小板市场，是相对于主板市场而言的。有些企业若达不到在主板市场上市的要求，可在中小板市场或创业板上市。中小板市场是创业板的一种过渡，主要服务于发展成熟的中小企业。创业板又称二板市场，主要服务于成长型的、处于创业阶段的企业，特别是那些具有自主创新能力的企业，是主板市场之外的专为暂时无法上市的中小企业和新兴公司提供融资途径和成长空间的证券交易市场，是对主板市场的有效补充，在资本市场中占据着重要的位置。其最大特点就是进入门槛低，运作要求严格，有助于有潜力的中小企业获得融资机会。

中国不同板块市场对拟上市公司在经营时间、财务、股本规模、业务经营和公司管理等方面有不同的要求。也就是说，在不同板块市场上市的公司表现出不同的特点。

表1－5呈现的是2011～2015年河北省不同板块上市公司股票融资累计额、IPO融资累计额及其占全国融资累计额的比例，比例趋势见图1－9、图1－10。

2015年，不同板块上市公司股票融资累计额占河北省的比例分别是：创业板2.56%，沪市A股26.20%，深市A股31.02%，中小板40.22%（见图1－11）。不同板块上市公司股票融资累计额占全国的比例分别是：创业板5.60%，沪市A股56.42%，深市A股21.35%，中小板16.63%（见图1－12）。可见，全国和河北省的上市公司在主板市场上的股票融资额最多，最少的是创业板。从2015年不同板块上市公司股票融资累计额的数据来看，河北省中小板为973.12亿元，其后依次是深市A股750.40亿元、沪市A股633.85亿元、创业板61.95亿元；河北省各板块上市公司股票融资累计额占全国比例最高的是中小板，为7.57%，其后依次是深市A股4.54%、沪市A股1.45%、创业板1.43%（见表1－5）。这与河北省和中

表 1－5　2011～2015 年河北省不同板块上市公司股票融资累计额、IPO 融资累计额及其占全国的比例

单位：亿元，%

		2011 年		2012 年		2013 年		2014 年		2015 年	
		累计额	IPO	累计额	IPO	累计额	IPO	累计额	IPO	累计额	IPO
创业板	河北省	34.07	34.07	34.07	34.07	34.07	34.07	45.24	41.77	61.95	48.20
	全国	1958.90	1970.42	2320.66	2310.39	2367.67	2310.39	2927.94	2532.76	4334.45	2917.92
	河北省占全国比例	1.74	1.73	1.47	1.47	1.44	1.47	1.55	1.65	1.43	1.65
沪市 A 股	河北省	310.98	208.64	370.67	208.64	451.34	208.64	540.52	208.64	633.85	208.64
	全国	27375.87	14775.12	29978.10	15157.66	32237.68	15216.95	36210.71	15559.13	43640.40	16701.62
	河北省占全国比例	1.14	1.41	1.24	1.38	1.40	1.37	1.49	1.34	1.45	1.25
深市 A 股	河北省	374.7	53.73	405.44	53.73	491.57	53.73	641.91	53.73	750.40	53.73
	全国	7089.90	1708.42	8103.23	1708.42	9381.30	2014.24	11993.16	2014.24	16513.61	3716.24
	河北省占全国比例	5.28	3.15	5.00	3.15	5.24	2.67	5.35	2.67	4.54	1.45
中小板	河北省	88.36	73.71	106.76	77.41	108.06	77.41	124.46	77.41	973.12	77.41
	全国	5574.16	4471.45	6318.07	4792.95	6791.37	4792.95	8656.21	5014.96	12861.64	5199.33
	河北省占全国比例	1.59	1.65	1.69	1.62	1.59	1.62	1.44	1.54	7.57	1.49
合计	河北省	808.11	370.15	916.94	373.85	1085.04	373.85	1352.13	381.55	2419.32	387.98
	全国	41998.83	22925.41	46720.06	23969.42	50778.02	24334.53	59788.02	25121.09	77350.10	28535.11
	河北省占全国比例	1.92	1.61	1.96	1.56	2.14	1.54	2.26	1.52	3.13	1.36

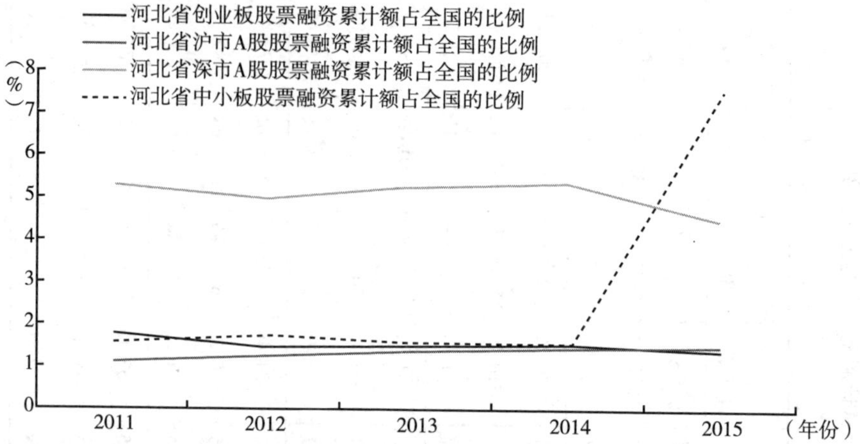

图1－9　2011～2015年河北省不同板块上市公司股票融资累计额占全国的比例趋势

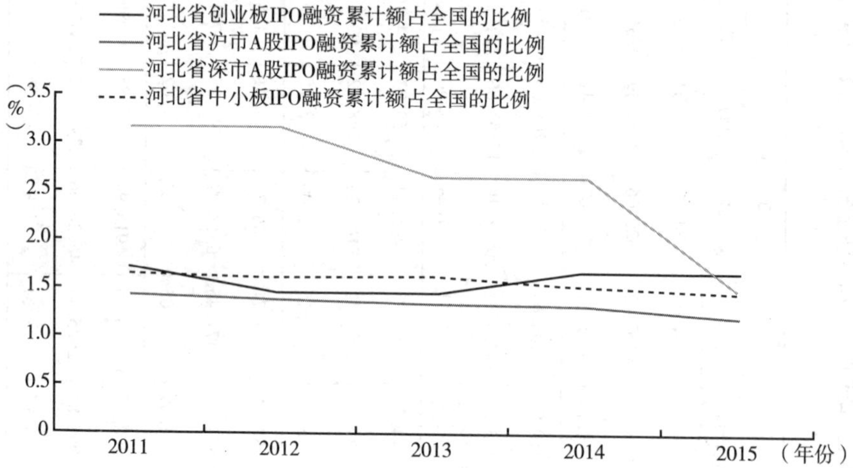

图1－10　2011～2015年河北省不同板块上市公司IPO融资累计额占全国的比例趋势

国的经济发展状况、经济体制改革和各板块市场发展的历史有关。从5年的变化趋势来看，深市A股所占比例2011年有明显上升，2012年稍微下降，2013年、2014年平稳上升，2015年又有所下降。创业板所占比例2011～2013年呈持续下降趋势，2014年有所上升，2015年又有所下降。中小板

2011～2014 年四年来所占比例变化不大，但紫光国芯（股票代码：002049）2015 年增发，使中小板迅速增长。

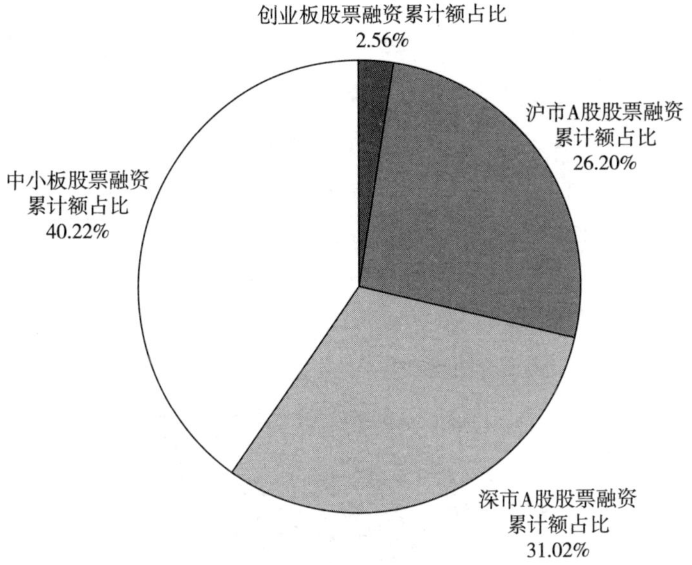

图 1－11　2015 年不同板块上市公司股票融资累计额占河北省的比例

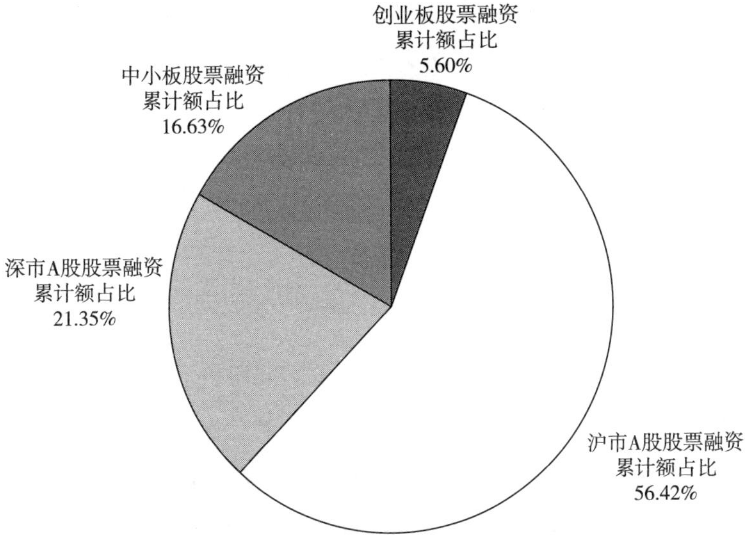

图 1－12　2015 年不同板块上市公司股票融资累计额占全国的比例

2015 年，不同板块上市公司 IPO 融资累计额占河北省 IPO 融资累计额的比例分别是：创业板 12.42%，沪市 A 股 53.78%，深市 A 股 13.85%，中小板 19.95%（见图 1－13）。不同板块上市公司 IPO 融资累计额占全国 IPO 融资累计额的比例分别是：创业板 10.23%，沪市 A 股 58.53%，深市 A 股 13.02%，中小板 18.22%（见图 1－14）。河北省在沪市 A 股市场上 IPO 融资累计额最多，为 208.64 亿元；在创业板上 IPO 融资累计额最少，仅为 48.20 亿元。河北省在创业板市场上 IPO 融资累计额占全国的比例最高，为 1.65%；占比最低的为沪市 A 股，仅为 1.25%。

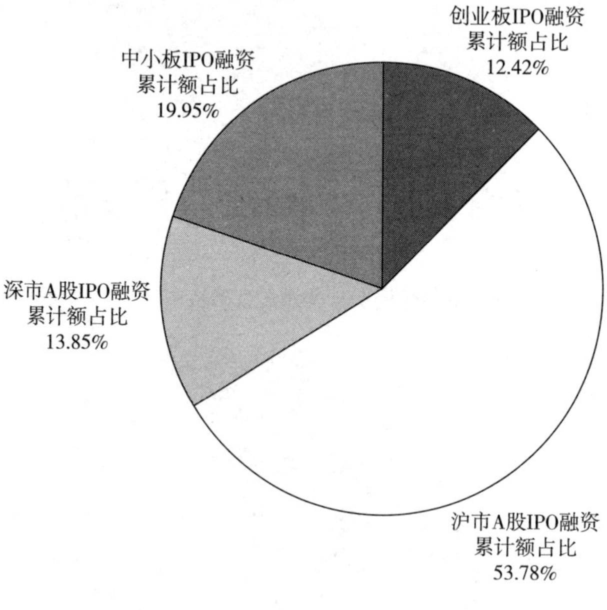

图 1－13　2015 年不同板块上市公司 IPO 融资累计额占河北省的比例

表 1－6 呈现的是 2011～2015 年河北省不同板块上市公司新增股票融资额、新增 IPO 融资额及其占全国的比例，比例趋势见图 1－15、图 1－16。

分板块来看，2011～2015 年，河北省中小板上市公司新增股票融资额最高，为 907.21 亿元，占全国上市公司新增股票融资额比例为 10.37%。其次为深市 A 股，第三是沪市 A 股，最低的是创业板。从各板块 5 年的变

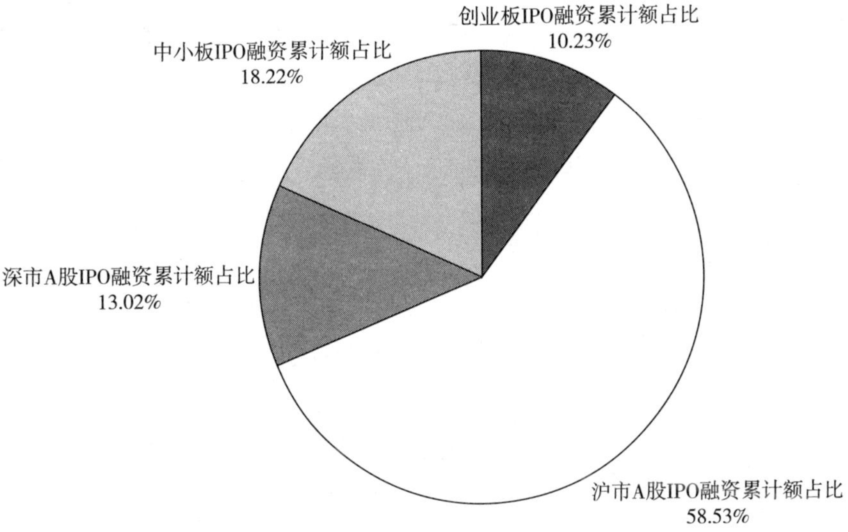

图1－14　2015年不同板块上市公司IPO融资累计额占全国的比例

表1－6　2011～2015年河北省不同板块上市公司新增股票融资额、新增IPO融资额及其占全国的比例

单位：亿元，%

			2011年	2012年	2013年	2014年	2015年	合计
创业板	新增股票融资额	河北省	7.56	0	0	11.17	16.71	35.44
		全国	791.47	361.76	47.01	560.27	1406.31	3166.82
		河北省占全国的比例	0.96	0	0	1.99	1.19	1.12
	新增IPO融资额	河北省	7.56	0	0	7.69	6.43	21.68
		全国	748.49	339.97	0	222.37	385.16	1695.99
		河北省占全国的比例	1.01	0	—	3.46	1.67	1.28
沪市A股	新增股票融资额	河北省	165.72	59.69	80.68	89.17	93.33	488.59
		全国	3587.43	2602.24	2259.58	3973.03	7429.69	19851.97
		河北省占全国的比例	4.62	2.29	3.57	2.24	1.26	2.46
	新增IPO融资额	河北省	102.55	0	0	0	0	102.55
		全国	1003.87	382.54	59.29	342.18	1140.13	2928.01
		河北省占全国的比例	10.22	0	0	0	0	3.50

续表

			2011 年	2012 年	2013 年	2014 年	2015 年	合计
深市A 股	新增股票融资额	河北省	160.15	30.75	86.13	150.34	108.49	535.86
		全国	1406.25	1013.32	1278.07	2611.87	4520.45	10829.96
		河北省占全国的比例	11.39	3.03	6.74	5.76	2.40	4.95
	新增 IPO 融资额	河北省	0	0	0	0	0	0
		全国	0	0	305.83	0	1692.53	1998.36
		河北省占全国的比例	—	—	0	—	0	0
中小板	新增股票融资额	河北省	22.46	18.40	1.30	16.40	848.65	907.21
		全国	1464.79	743.91	473.30	1864.84	4205.42	8752.26
		河北省占全国的比例	1.53	2.47	0.27	0.88	20.18	10.37
	新增 IPO 融资额	河北省	22.46	3.70	0	0	0	26.16
		全国	1004.60	321.50	0	222.01	184.37	1732.48
		河北省占全国的比例	2.24	1.15	—	0	0	1.51
合计	新增股票融资额	河北省	355.89	108.84	168.11	267.08	1067.18	1967.10
		全国	7249.94	4721.23	4057.96	9010.01	17561.87	42601.01
		河北省占全国的比例	4.91	2.31	4.14	2.96	6.08	4.62
	新增 IPO 融资额	河北省	132.57	3.7	0	7.69	6.43	150.39
		全国	2756.96	1044.01	365.12	786.56	3402.19	8354.84
		河北省占全国的比例	4.81	0.35	0	0.98	0.19	1.80

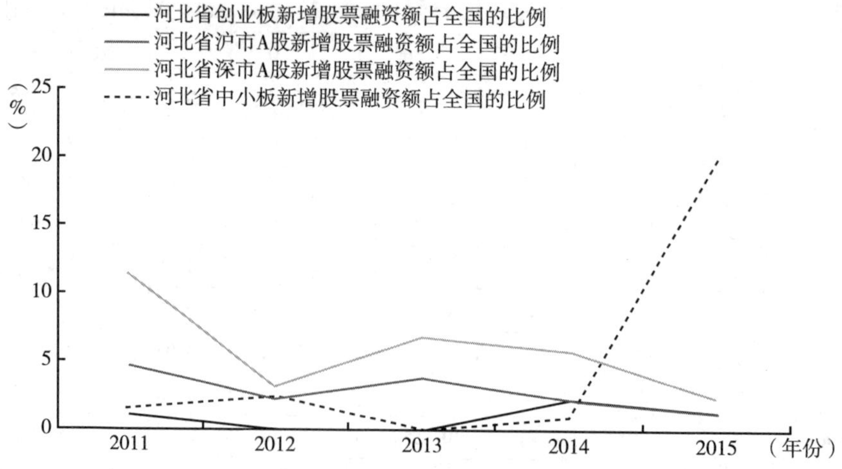

图 1－15　2011～2015 年河北省不同板块上市公司新增股票融资额占全国的比例

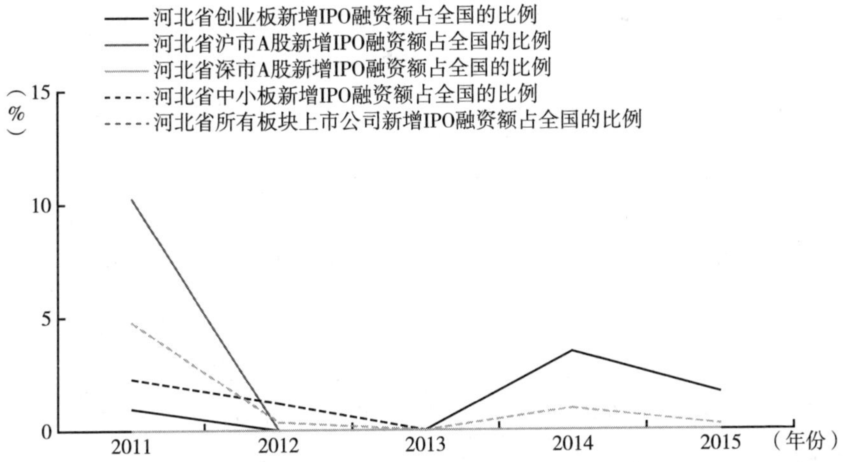

图 1－16　2011～2015 年河北省不同板块上市公司新增 IPO 融资额占全国的比例

化趋势来看，深市 A 股和沪市 A 股的新增股票融资额在 2011 年有大幅度上升，2012 年大幅度下降，2013 年有所上升，2014 年和 2015 年又呈下降趋势。中小板新增股票融资额占比 2011～2012 年呈上升趋势，2013 年有大幅度下降，2014 年有小幅度上升，2015 年迅速上升。创业板 2011 有小幅度上升，2012 年和 2013 年新增额为 0，2014 年和 2015 年有所上升。

从 2011～2015 年不同板块上市公司新增股票融资总额来看，河北省中小板上市公司新增股票融资额最多，最少的是创业板。2011～2015 年，全国沪市 A 股上市公司新增股票融资总额最多，最少的是创业板。这与板块市场的股票上市条件、历史发展以及主要市场目标有关。

2011～2015 年，河北省新增 IPO 融资额合计为 150.39 亿元，其中，融资额最多的板块是沪市 A 股（102.55 亿元），最少的是深市 A 股（0 元），创业板和中小板分别为 21.68 亿元、26.16 亿元。5 年来，河北省新增 IPO 融资额合计占全国比例最高的是沪市 A 股市场，为 3.50%，其次是中小板，为 1.51%。河北省各板块市场每年度新增 IPO 融资额占全国的比例整体呈下降趋势。

3. 河北省及其各地市不同行业上市公司股票融资规模

（1）河北省和全国不同行业上市公司股票融资规模

表1－7呈现的是2011～2015年河北省不同行业上市公司股票融资累计额、IPO融资累计额及其占全国的比例。分行业来看，2011～2015年河北省上市公司股票融资主要集中在第一、二产业，包含了农林牧渔业，批发和零售业，制造类，综合类，交通运输、仓储和邮政业，采矿业，电力、热力、燃气及水生产和供应业等8个行业。2015年，河北省股票融资累计额最高的是制造业，为1897.73亿元；批发和零售业次之，为207.84亿元。河北省股票融资累计额占全国比例最高的是批发和零售业，占比为7.57%；其次为制造业，占比为5.53%。从纵向来看，河北省股票融资累计额占全国的比例2011～2015年一直呈现上升趋势。2011～2015年，河北省房地产业，交通运输、仓储和邮政业，制造业股票融资累计额占全国的比例趋势呈"U"字形，表明这些行业的融资受到产业发展的影响；农林牧渔业、批发和零售业呈现快速上升的势趋，与河北省经济未来发展趋势相符合（见图1－17）。

截至2015年底，河北省有IPO累计融资的行业共有8个，最多的行业是制造业，达271.99亿元，占全国制造业IPO融资累计额的2.37%；其次是批发和零售业，为71.45亿元，占全国批发和零售业IPO融资累计额的10.74%，这一行业也是占全国比例最高的行业（见图1－18）。

表1－7　2011～2015年河北省不同行业上市公司股票融资累计额、IPO融资累计额及其占全国的比例

单位：亿元，%

			2011年	2012年	2013年	2014年	2015年
采矿业	股票融资累计额	河北省	53.08	53.08	53.08	84.08	84.08
		全国	3011.82	3275.35	3475.96	3743.81	4297.78
		河北省占全国比例	1.76	1.62	1.53	2.25	1.96
	IPO融资累计额	河北省	7.83	7.83	7.83	7.83	7.83
		全国	2396.96	2410.88	2410.88	2470.18	2501.39
		河北省占全国比例	0.33	0.32	0.32	0.32	0.31

续表

			2011 年	2012 年	2013 年	2014 年	2015 年
电力、热力、燃气及水生产和供应业	股票融资累计额	河北省	31.62	31.62	31.62	48.62	48.62
		全国	1792.77	2210.17	2602.90	2902.36	3778.38
		河北省占全国比例	1.76	1.43	1.21	1.68	1.29
	IPO 融资累计额	河北省	3.36	3.36	3.36	3.36	3.36
		全国	516.79	525.65	584.93	593.86	749.68
		河北省占全国比例	0.65	0.64	0.57	0.57	0.45
房地产业	股票融资累计额	河北省	38.01	38.01	38.01	38.01	88.32
		全国	2670.66	2695.12	2695.12	3240.69	5365.21
		河北省占全国比例	1.42	1.41	1.41	1.17	1.65
	IPO 融资累计额	河北省	11.97	11.97	11.97	11.97	11.97
		全国	522.43	522.43	522.43	522.43	1069.14
		河北省占全国比例	2.29	2.29	2.29	2.29	1.12
建筑业	股票融资累计额	河北省	—	—	—	—	—
		全国	1900.19	2109.24	2216.63	2467.67	3173.03
		河北省占全国比例	0	0	0	0	0
	IPO 融资累计额	河北省	—	—	—	—	
		全国	1667.49	1761.48	1761.48	1772.81	1812.53
		河北省占全国比例	0	0	0	0	0
交通运输、仓储和邮政业	股票融资累计额	河北省	25.1	25.1	25.1	25.1	50.18
		全国	2674.73	2911.51	3034.60	3312.76	3546.98
		河北省占全国比例	0.94	0.86	0.83	0.76	1.41
	IPO 融资累计额	河北省	16.4	16.4	16.4	16.4	16.40
		全国	1565.72	1589.79	1589.79	1596.66	1627.33
		河北省占全国比例	1.05	1.03	1.03	1.03	1.01
教育	股票融资累计额	河北省	—	—	—	—	—
		全国	3.35	3.35	3.35	5.29	15.29
		河北省占全国比例	0	0	0	0	0
	IPO 融资累计额	河北省	—	—	—	—	—
		全国	3.35	3.35	3.35	3.35	3.35
		河北省占全国比例	0	0	0	0	0
金融业	股票融资累计额	河北省	—	—	—	—	—
		全国	9254.23	9947.31	10541.04	11477.41	13863.02
		河北省占全国比例	0	0	0	0	0
	IPO 融资累计额	河北省	—	—	—	—	—
		全国	4845.52	4862.92	4862.92	4932.88	6592.90
		河北省占全国比例	0	0	0	0	0

续表

			2011 年	2012 年	2013 年	2014 年	2015 年
科学研究和技术服务业	股票融资累计额	河北省	—	—	—	—	—
		全国	45.51	60.04	67.09	106.95	136.63
		河北省占全国比例	0	0	0	0	0
	IPO 融资累计额	河北省	—	—	—	—	—
		全国	53.49	60.04	60.04	97.05	112.43
		河北省占全国比例	0	0	0	0	0
农林牧渔业	股票融资累计额	河北省	2.52	2.52	10.07	25.07	40.07
		全国	319.96	343.84	357.52	506.47	727.87
		河北省占全国比例	0.79	0.73	2.82	4.95	5.51
	IPO 融资累计额	河北省	2.52	2.52	2.52	2.52	2.52
		全国	226.74	239.11	239.11	253.67	334.98
		河北省占全国比例	1.11	1.05	1.05	0.99	0.75
批发和零售业	股票融资累计额	河北省	71.45	77.25	80.99	207.84	207.84
		全国	1291.32	1435.89	1517.86	2076.44	2746.50
		河北省占全国比例	5.53	5.38	5.34	10.01	7.57
	IPO 融资累计额	河北省	71.45	71.45	71.45	71.45	71.45
		全国	584.21	603.8	603.8	619.12	664.98
		河北省占全国比例	12.23	11.83	11.83	11.54	10.74
水利环境和公共设施管理业	股票融资累计额	河北省	—	—	—	—	—
		全国	243.32	309.61	320.98	408.46	478.98
		河北省占全国比例	0	0	0	0	0
	IPO 融资累计额	河北省	—	—	—	—	—
		全国	125.26	136.01	136.01	149.08	144.99
		河北省占全国比例	0	0	0	0	0
卫生和社会工作	股票融资累计额	河北省	—	—	—	—	—
		全国	13.76	18.83	18.83	18.83	24.43
		河北省占全国比例	0	0	0	0	0
	IPO 融资累计额	河北省	—	—	—	—	—
		全国	13.76	18.83	18.83	18.83	20.43
		河北省占全国比例	0	0	0	0	0
文化、体育和娱乐业	股票融资累计额	河北省	—	—	—	—	—
		全国	312.59	396.97	493.81	656.44	1038.07
		河北省占全国比例	0	0	0	0	0
	IPO 融资累计额	河北省	—	—	—	—	—
		全国	196.46	213.95	213.95	213.95	251.80
		河北省占全国比例	0	0	0	0	0

续表

			2011 年	2012 年	2013 年	2014 年	2015 年
信息传输、软件和信息技术服务业	股票融资累计额	河北省	—	—	—	—	—
		全国	872.93	1053.78	1176.66	1537.27	2307.21
		河北省占全国比例	0	0	0	0	0
	IPO 融资累计额	河北省	—	—	—	—	—
		全国	654.77	760.55	760.55	821.29	947.03
		河北省占全国比例	0	0	0	0	0
制造业	股票融资累计额	河北省	583.86	686.9	843.71	920.93	1897.73
		全国	17152.08	19425.84	21674.95	26556.89	34324.57
		河北省占全国比例	3.40	3.54	3.89	3.47	5.53
	IPO 融资累计额	河北省	254.16	257.86	257.86	265.56	271.99
		全国	9353.08	10061.26	10367.09	10847.81	11452.40
		河北省占全国比例	2.72	2.56	2.49	2.45	2.37
住宿和餐饮业	股票融资累计额	河北省	—	—	—	—	—
		全国	39.66	46.93	49.54	99.92	201.78
		河北省占全国比例	0	0	0	0	0
	IPO 融资累计额	河北省	—	—	—	—	—
		全国	27.40	27.40	27.40	27.40	29.19
		河北省占全国比例	0	0	0	0	0
综合类	股票融资累计额	河北省	2.47	2.47	2.47	2.47	2.47
		全国	125.86	125.86	125.86	134.17	278.25
		河北省占全国比例	1.96	1.96	1.96	1.84	0.89
	IPO 融资累计额	河北省	2.47	2.47	2.47	2.47	2.47
		全国	63.56	63.56	63.56	63.56	68.58
		河北省占全国比例	3.89	3.89	3.89	3.89	3.60
租赁和商务服务业	股票融资累计额	河北省	—	—	—	—	—
		全国	274.09	350.42	405.31	536.19	1045.90
		河北省占全国比例	0	0	0	0	0
	IPO 融资累计额	河北省	—	—	—	—	—
		全国	108.41	108.41	108.41	117.16	152.01
		河北省占全国比例	0	0	0	0	0
总计	股票融资累计额	河北省	808.11	916.95	1085.06	1352.13	2419.32
		全国	41998.83	46720.06	50778.02	59788.03	77349.89
		河北省占全国比例	1.92	1.96	2.14	2.26	3.13
	IPO 融资累计额	河北省	370.16	373.86	373.86	381.55	387.98
		全国	22925.41	23969.42	24334.54	25121.09	28535.11
		河北省占全国比例	1.61	1.56	1.54	1.52	1.36

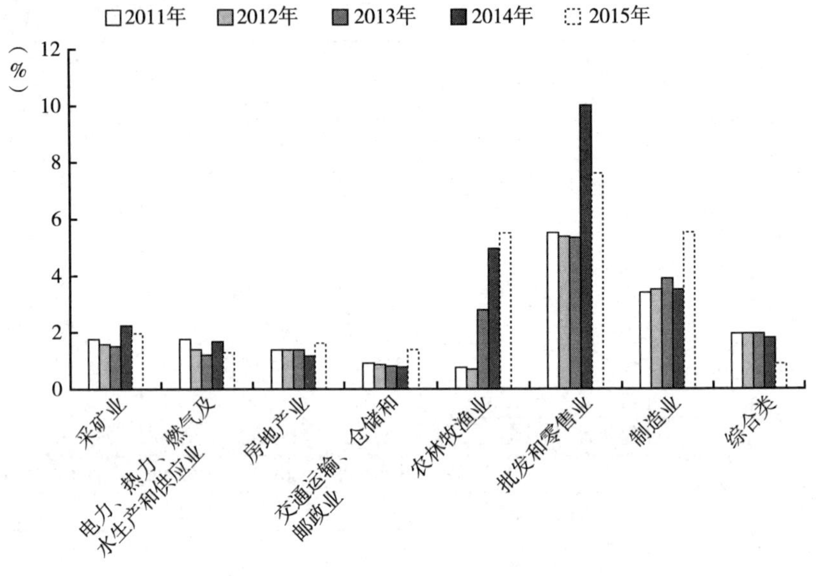

图1－17　2011～2015年河北省不同行业上市公司股票融资累计额占全国的比例

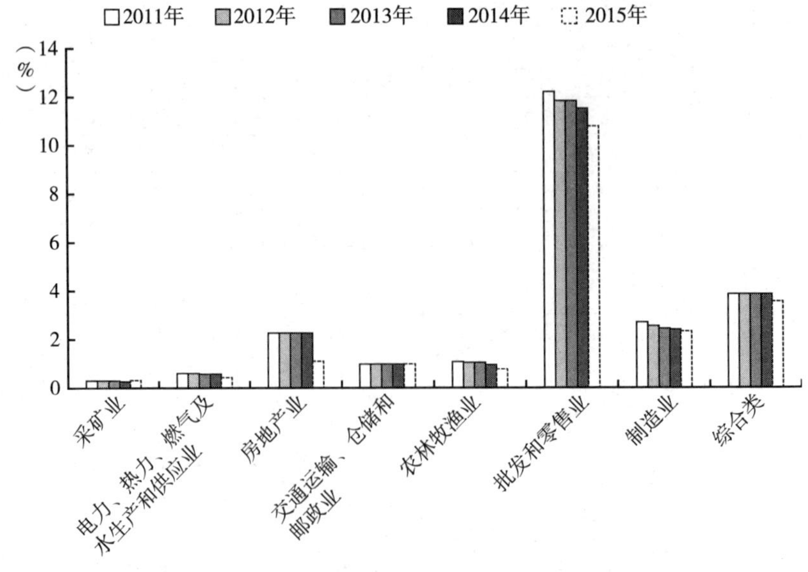

图1－18　2011～2015年河北省IPO融资累计额占全国的比例

表1－8呈现的是河北省分行业上市公司新增股票融资额、IPO新增融资额及其占全国的比例。2011～2015年，河北省通过新增股票融资的上市公司主要集中在房地产业、农林牧渔业、批发和零售业与制造业。其中，制造业新增股票融资额最多，达1584.01亿元，占全国制造业新增股票融资额的7.37%；其次是批发和零售业，新增股票融资额为199.39亿元，占全国批发和零售业新增股票融资额的10.34%。其后分别是房地产业，农林牧渔业，交通运输、仓储和邮政业，采矿业，电力、热力、燃气及水生产和供应业。而其他行业都没有新增股票融资额。这说明河北省主要在传统行业中通过发行股票进行了融资，在一些新兴产业中缺乏市场配置资金的能力。

河北省采矿业，电力、热力、燃气及水生产和供应业主要在2014年进行了股票融资，房地产业与交通运输、仓储和邮政业主要在2011年和2015年进行了股票融资；农林牧渔业主要在2013年、2014年和2015年进行了股票融资；而批发和零售业与制造业各年度股票融资额比较均衡，几乎每年都有融资。整体来看，河北省各行业新增股票融资额占全国的比例没有规律性，也没有表现出时间上的连续性，说明行业内企业梯队没有形成（见图1－19）。

2011～2015年，河北省IPO新增融资的行业仅涉及批发和零售业、制造业两个行业，5年中IPO新增融资额合计分别为63.00亿元和87.40亿元，占全国同行业的31.06%和2.12%（见图1－20）。

表1－8　2011～2015年河北省不同行业上市公司新增股票融资额、IPO新增融资额及其占全国的比例

单位：亿元，%

			2011年	2012年	2013年	2014年	2015年	合计
采矿业	本年新增股票融资额	河北省	—	—	—	31.00	—	31.00
		全国	239.27	263.53	200.61	267.84	572.72	1543.97
		河北省占全国比例	0	0	0	11.57	0	2.01
	本年IPO新增融资额	河北省	—	—	—	—	—	—
		全国	30.37	13.92	—	59.30	20.83	124.42
		河北省占全国比例	0	0	—	0	0	0

续表

			2011年	2012年	2013年	2014年	2015年	合计
电力、热力、燃气及水生产和供应业	本年新增股票融资额	河北省	—	—	—	17.00	—	17.00
		全国	237.26	417.39	392.74	299.46	813.03	2159.88
		河北省占全国比例	0	0	0	5.68	0	0.79
	本年IPO新增融资额	河北省	—	—	—	—	—	—
		全国	11.05	8.85	59.29	8.93	141.36	229.48
		河北省占全国比例	0	0	0	0	0	0
房地产业	本年新增股票融资额	河北省	14.04	—	—	—	50.31	64.35
		全国	195.77	24.46	—	545.57	2127.83	2893.63
		河北省占全国比例	7.17	0	—	0	2.36	2.22
	本年IPO新增融资额	河北省	—	—	—	—	—	—
		全国	—	—	—	—	534.39	534.39
		河北省占全国比例	—	—	—	—	—	
建筑业	本年新增股票融资额	河北省	—	—	—	—	—	—
		全国	260.82	209.05	107.39	251.03	698.32	1526.61
		河北省占全国比例	0	0	0	0	0	0
	本年IPO新增融资额	河北省	—	—	—	—	—	—
		全国	202.62	93.98	—	11.34	32.67	340.61
		河北省占全国比例	0	0	—	0	0	0
交通运输、仓储和邮政业	本年新增股票融资额	河北省	8.70	—	—	—	25.08	33.78
		全国	245.77	236.77	123.09	278.16	242.16	1125.95
		河北省占全国比例	3.54	0	0	0	10.36	3.00
	本年IPO新增融资额	河北省	—	—	—	—	—	—
		全国	9.76	24.07	—	6.86	31.36	72.05
		河北省占全国比例	0	0	—	0	0	0
教育	本年新增股票融资额	河北省	—	—	—	—	—	—
		全国	—	—	—	1.94	10.00	11.94
		河北省占全国比例	—	—	—	0	0	0
	本年IPO新增融资额	河北省	—	—	—	—	—	—
		全国	—	—	—	—	—	—
		河北省占全国比例	—	—	—	—	—	
金融业	本年新增股票融资额	河北省	—	—	—	—	—	—
		全国	962.17	693.08	593.73	936.38	2383.75	5569.11
		河北省占全国比例	0	0	0	0	0	0
	本年IPO新增融资额	河北省	—	—	—	—	—	—
		全国	127.86	17.4	—	69.96	1658.16	1873.38
		河北省占全国比例	0	0	—	0	0	0

续表

			2011 年	2012 年	2013 年	2014 年	2015 年	合计
科学研究和技术服务业	本年新增股票融资额	河北省	—	—	—	—	—	—
		全国	8.74	14.52	7.05	39.86	28.44	98.61
		河北省占全国比例	0	0	0	0	0	0
	本年 IPO 新增融资额	河北省	—	—	—	—	—	—
		全国	16.72	6.54	—	37.01	19.99	80.26
		河北省占全国比例	0	0	—	0	0	0
农林牧渔业	本年新增股票融资额	河北省	—	—	7.55	15.00	15.00	37.55
		全国	103.57	23.88	13.68	148.94	208.84	498.91
		河北省占全国比例	0	0	55.19	10.07	7.18	7.53
	本年 IPO 新增融资额	河北省	—	—	—	—	—	—
		全国	9.6	12.37	—	14.56	77.24	113.77
		河北省占全国比例	0	0	—	0	0	0
批发和零售业	本年新增股票融资额	河北省	63.00	5.80	3.74	126.85	—	199.39
		全国	432.21	144.57	81.97	558.58	711.70	1929.03
		河北省占全国比例	14.58	4.01	4.56	22.71	0	10.34
	本年 IPO 新增融资额	河北省	63.00	—	—	—	—	63.00
		全国	134.66	19.59	—	15.32	33.26	202.83
		河北省占全国比例	46.78	0	—	0	0	31.06
水利环境和公共设施管理业	本年新增股票融资额	河北省	—	—	—	—	—	—
		全国	79.00	66.29	11.37	87.48	105.95	350.09
		河北省占全国比例	0	0	0	0	0	0
	本年 IPO 新增融资额	河北省	—	—	—	—	—	—
		全国	47.45	10.75	—	13.07	12.77	84.04
		河北省占全国比例	0	0	—	0	0	0
卫生和社会工作	本年新增股票融资额	河北省	—	—	—	—	—	—
		全国	3.01	5.08	—	—	4.00	12.09
		河北省占全国比例	0	0	—	0	0	0
	本年 IPO 新增融资额	河北省	—	—	—	—	—	—
		全国	3.01	5.08	—	—	—	8.09
		河北省占全国比例	0	0	—	—	—	0
文化、体育和娱乐业	本年新增股票融资额	河北省	—	—	—	—	—	—
		全国	97.27	84.38	96.84	162.63	311.54	752.66
		河北省占全国比例	0	0	0	0	0	0
	本年 IPO 新增融资额	河北省	—	—	—	—	—	—
		全国	61.98	17.49	—	—	25.28	104.75
		河北省占全国比例	0	0	—	—	0	0

续表

			2011 年	2012 年	2013 年	2014 年	2015 年	合计
信息传输、软件和信息技术服务业	本年新增股票融资额	河北省	—	—	—	—	—	—
		全国	211.90	180.85	122.88	360.62	689.38	1565.63
		河北省占全国比例	0	0	0	0	0	0
	本年 IPO 新增融资额	河北省	—	—	—	—	—	—
		全国	149.71	105.78	—	60.74	110.78	427.01
		河北省占全国比例	0	0	—	0	0	0
制造业	本年新增股票融资额	河北省	270.15	103.04	156.81	77.22	976.79	1584.01
		全国	4086.58	2273.75	2249.11	4881.94	7988.83	21480.21
		河北省占全国比例	6.61	4.53	6.97	1.58	12.23	7.37
	本年 IPO 新增融资额	河北省	69.58	3.70	—	7.69	6.43	87.40
		全国	1945.61	708.19	305.83	480.72	684.28	4124.63
		河北省占全国比例	3.58	0.52	0	1.60	0.94	2.12
住宿和餐饮业	本年新增股票融资额	河北省	—	—	—	—	—	—
		全国	3.25	7.28	2.61	50.38	100.07	163.59
		河北省占全国比例	0	0	0	0	0	0
	本年 IPO 新增融资额	河北省	—	—	—	—	—	—
		全国	—	—	—	—	—	—
		河北省占全国比例	—	—	—	—	—	
综合类	本年新增股票融资额	河北省	—	—	—	—	—	—
		全国	—	—	—	8.32	74.91	83.23
		河北省占全国比例	—	—	—	0	0	0
	本年 IPO 新增融资额	河北省	—	—	—	—	—	—
		全国	—	—	—	—	—	—
		河北省占全国比例	—	—	—	—	—	
租赁和商务服务业	本年新增股票融资额	河北省	—	—	—	—	—	—
		全国	83.36	76.33	54.89	130.88	490.39	835.85
		河北省占全国比例	0	0	0	0	0	0
	本年 IPO 新增融资额	河北省	—	—	—	—	—	—
		全国	6.57	—	—	8.74	19.83	35.14
		河北省占全国比例	0	0	0	0	0	0
总计	本年新增股票融资额	河北省	355.89	108.84	168.10	267.07	1067.18	1967.08
		全国	7249.95	4721.21	4057.96	9010.01	17561.86	42600.99
		河北省占全国比例	4.91	2.31	4.14	2.96	6.08	4.62
	本年 IPO 新增融资额	河北省	132.58	3.70	—	7.69	6.43	150.40
		全国	2756.96	1044.01	365.12	786.56	3402.20	8354.85
		河北省占全国比例	4.81	0.35	0	0.98	0.19	1.80

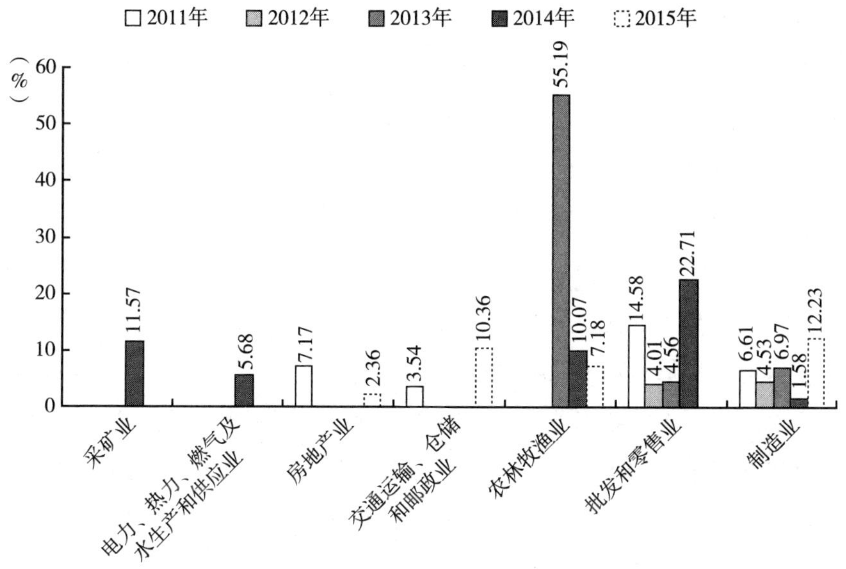

图 1－19　2011～2015 年河北省不同行业上市公司新增股票融资额占全国的比例

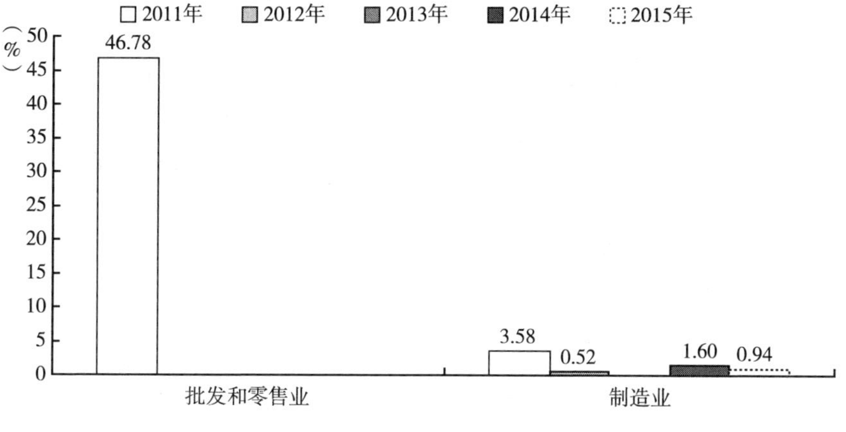

图 1－20　2011～2015 年河北省不同行业上市公司 IPO 新增融资额占全国的比例

（2）河北各地市上市公司股票融资规模

表 1－9 呈现的是 2011～2015 年河北省各地市不同行业上市公司股票融资累计额及其占河北省上市公司股票融资累计额的比例。在河北省上市公司具有股票融资行为的 8 个行业中，各地市上市公司股票融资累计额主要集中

在制造业、批发和零售业。截至2015年底，河北省11个地市中，除了廊坊市之外，其他10个地市上市公司在制造业中的股票融资累计额为1897.74亿元；秦皇岛市、邯郸市、石家庄市、唐山市4个市在批发和零售业中的股票融资累计额为207.84亿元。其他6个行业均只有1个地市有股票融资行为。

石家庄市上市公司股票融资涉及电力、热力、燃气及水生产和供应业，批发和零售业与制造业3个行业；唐山市上市公司股票融资涉及制造业、批发和零售业和交通运输、仓储和邮政业3个行业；廊坊市上市公司股票融资涉及房地产业、农林牧渔业和综合类3个行业；邯郸市、秦皇岛市上市公司股票融资涉及批发和零售业、制造业两个行业；邢台市上市公司股票融资涉及采矿业和制造业两个行业；保定市、承德市、衡水市、张家口市和沧州市上市公司股票融资均涉及制造业这一个行业。这说明河北省各地市上市公司股票融资涉及行业极其不均衡，涉及行业单一，且多为传统产业，其融资行为易受产业政策的影响，易形成融资中的政策性风险。

表1-9　2011～2015年河北省各地市不同行业上市公司股票融资累计额及其占河北省的比例

单位：亿元，%

行业		2011年	2012年	2013年	2014年	2015年
采矿业	保定市股票融资累计额	—	—	—	—	—
	保定市占河北省的比例	0	0	0	0	0
	沧州市股票融资累计额	—	—	—	—	—
	沧州市占河北省的比例	0	0	0	0	0
	承德市股票融资累计额	—	—	—	—	—
	承德市占河北省的比例	0	0	0	0	0
	邯郸市股票融资累计额	—	—	—	—	—
	邯郸市占河北省的比例	0	0	0	0	0
	衡水市股票融资累计额	—	—	—	—	—
	衡水市占河北省的比例	0	0	0	0	0
	廊坊市股票融资累计额	—	—	—	—	—
	廊坊市占河北省的比例	0	0	0	0	0

续表

行业		2011年	2012年	2013年	2014年	2015年
采矿业	秦皇岛市股票融资累计额	—	—	—	—	—
	秦皇岛市占河北省的比例	0	0	0	0	0
	石家庄市股票融资累计额	—	—	—	—	—
	石家庄市占河北省的比例	0	0	0	0	0
	唐山市股票融资累计额	—	—	—	—	—
	唐山市占河北省的比例	0	0	0	0	0
	邢台市股票融资累计额	53.08	53.08	53.08	84.08	84.08
	邢台市占河北省的比例	100	100	100	100	100
	张家口市股票融资累计额	—	—	—	—	—
	张家口市占河北省的比例	0	0	0	0	0
	总计	53.08	53.08	53.08	84.08	84.08
电力、热力、燃气及水生产和供应业	保定市股票融资累计额	—	—	—	—	—
	保定市占河北省的比例	0	0	0	0	0
	沧州市股票融资累计额	—	—	—	—	—
	沧州市占河北省的比例	0	0	0	0	0
	承德市股票融资累计额	—	—	—	—	—
	承德市占河北省的比例	0	0	0	0	0
	邯郸市股票融资累计额	—	—	—	—	—
	邯郸市占河北省的比例	0	0	0	0	0
	衡水市股票融资累计额	—	—	—	—	—
	衡水市占河北省的比例	0	0	0	0	0
	廊坊市股票融资累计额	—	—	—	—	—
	廊坊市占河北省的比例	0	0	0	0	0
	秦皇岛市股票融资累计额	—	—	—	—	—
	秦皇岛市占河北省的比例	0	0	0	0	0
	石家庄市股票融资累计额	31.62	31.62	31.62	48.62	48.62
	石家庄市占河北省的比例	100	100	100	100	100
	唐山市股票融资累计额	—	—	—	—	—
	唐山市占河北省的比例	0	0	0	0	0
	邢台市股票融资累计额	—	—	—	—	—
	邢台市占河北省的比例	0	0	0	0	0
	张家口市股票融资累计额	—	—	—	—	—
	张家口市占河北省的比例	0	0	0	0	0
	总计	31.62	31.62	31.62	48.62	48.62

续表

行业		2011 年	2012 年	2013 年	2014 年	2015 年
房地产业	保定市股票融资累计额	—	—	—	—	—
	保定市占河北省的比例	0	0	0	0	0
	沧州市股票融资累计额	—	—	—	—	—
	沧州市占河北省的比例	0	0	0	0	0
	承德市股票融资累计额	—	—	—	—	—
	承德市占河北省的比例	0	0	0	0	0
	邯郸市股票融资累计额	—	—	—	—	—
	邯郸市占河北省的比例	0	0	0	0	0
	衡水市股票融资累计额	—	—	—	—	—
	衡水市占河北省的比例	0	0	0	0	0
	廊坊市股票融资累计额	38. 01	38. 01	38. 01	38. 01	88. 32
	廊坊市占河北省的比例	100	100	100	100	100
	秦皇岛市股票融资累计额	—	—	—	—	—
	秦皇岛市占河北省的比例	0	0	0	0	0
	石家庄市股票融资累计额	—	—	—	—	
	石家庄市占河北省的比例	0	0	0	0	0
	唐山市股票融资累计额	—	—	—	—	—
	唐山市占河北省的比例	0	0	0	0	0
	邢台市股票融资累计额	—	—	—	—	—
	邢台市占河北省的比例	0	0	0	0	0
	张家口市股票融资累计额	—	—	—	—	—
	张家口市占河北省的比例	0	0	0	0	0
	总计	38. 01	38. 01	38. 01	38. 01	88. 32
交通运输、仓储和邮政业	保定市股票融资累计额	—	—	—	—	—
	保定市占河北省的比例	0	0	0	0	0
	沧州市股票融资累计额	—	—	—	—	—
	沧州市占河北省的比例	0	0	0	0	0
	承德市股票融资累计额	—	—	—	—	—
	承德市占河北省的比例	0	0	0	0	0
	邯郸市股票融资累计额	—	—	—	—	—
	邯郸市占河北省的比例	0	0	0	0	0
	衡水市股票融资累计额	—	—	—	—	—
	衡水市占河北省的比例	0	0	0	0	0
	廊坊市股票融资累计额	—	—	—	—	—
	廊坊市占河北省的比例	0	0	0	0	0

续表

行业		2011 年	2012 年	2013 年	2014 年	2015 年
交通运输、仓储和邮政业	秦皇岛市股票融资累计额	—	—	—	—	—
	秦皇岛市占河北省的比例	0	0	0	0	0
	石家庄市股票融资累计额	—	—	—	—	—
	石家庄市占河北省的比例	0	0	0	0	0
	唐山市股票融资累计额	25.10	25.10	25.10	25.10	50.18
	唐山市占河北省的比例	100	100	100	100	100
	邢台市股票融资累计额	—	—	—	—	—
	邢台市占河北省的比例	0	0	0	0	0
	张家口市股票融资累计额	—	—	—	—	—
	张家口市占河北省的比例	0	0	0	0	0
	总计	25.10	25.10	25.10	25.10	50.18
农林牧渔业	保定市股票融资累计额	—	—	—	—	—
	保定市占河北省的比例	0	0	0	0	0
	沧州市股票融资累计额	—	—	—	—	—
	沧州市占河北省的比例	0	0	0	0	0
	承德市股票融资累计额	—	—	—	—	—
	承德市占河北省的比例	0	0	0	0	0
	邯郸市股票融资累计额	—	—	—	—	—
	邯郸市占河北省的比例	0	0	0	0	0
	衡水市股票融资累计额	—	—	—	—	—
	衡水市占河北省的比例	0	0	0	0	0
	廊坊市股票融资累计额	2.52	2.52	10.07	25.07	40.07
	廊坊市占河北省的比例	100	100	100	100	100
	秦皇岛市股票融资累计额	—	—	—	—	—
	秦皇岛市占河北省的比例	0	0	0	0	0
	石家庄市股票融资累计额	—	—	—	—	—
	石家庄市占河北省的比例	0	0	0	0	0
	唐山市股票融资累计额	—	—	—	—	—
	唐山市占河北省的比例	0	0	0	0	0
	邢台市股票融资累计额	—	—	—	—	—
	邢台市占河北省的比例	0	0	0	0	0
	张家口市股票融资累计额	—	—	—	—	—
	张家口市占河北省的比例	0	0	0	0	0
	总计	2.52	2.52	10.07	25.07	40.07

续表

行业		2011 年	2012 年	2013 年	2014 年	2015 年
批发和零售业	保定市股票融资累计额	—	—	—	—	—
	保定市占河北省的比例	0	0	0	0	0
	沧州市股票融资累计额	—	—	—	—	—
	沧州市占河北省的比例	0	0	0	0	0
	承德市股票融资累计额	—	—	—	—	—
	承德市占河北省的比例	0	0	0	0	0
	邯郸市股票融资累计额	0.72	0.72	4.46	93.85	93.85
	邯郸市占河北省的比例	1.01	0.93	5.51	45.15	45.15
	衡水市股票融资累计额	—	—	—	—	—
	衡水市占河北省的比例	0	0	0	0	0
	廊坊市股票融资累计额	—	—	—	—	—
	廊坊市占河北省的比例	0	0	0	0	0
	秦皇岛市股票融资累计额	1.13	6.93	6.93	14.40	14.40
	秦皇岛市占河北省的比例	1.58	8.97	8.56	6.93	6.93
	石家庄市股票融资累计额	6.59	6.59	6.59	6.59	6.59
	石家庄市占河北省的比例	9.22	8.53	8.14	3.17	3.17
	唐山市股票融资累计额	63.00	63.00	63.00	93.00	93.00
	唐山市占河北省的比例	88.19	81.56	77.80	44.75	44.75
	邢台市股票融资累计额	—	—	—	—	—
	邢台市占河北省的比例	0	0	0	0	0
	张家口市股票融资累计额	—	—	—	—	—
	张家口市占河北省的比例	0	0	0	0	0
	总计	71.44	77.24	80.98	207.84	207.84
制造业	保定市股票融资累计额	118.51	124.31	130.44	144.44	197.77
	保定市占河北省的比例	20.30	18.10	15.46	15.68	10.42
	沧州市股票融资累计额	21.56	40.68	40.68	50.72	50.72
	沧州市占河北省的比例	3.69	5.92	4.82	5.51	2.67
	承德市股票融资累计额	16.35	16.35	16.35	16.35	16.35
	承德市占河北省的比例	2.80	2.38	1.94	1.78	0.86
	邯郸市股票融资累计额	86.42	86.42	118.42	121.90	121.90
	邯郸市占河北省的比例	14.80	12.58	14.04	13.24	6.42
	衡水市股票融资累计额	1.74	1.74	1.74	9.94	18.20
	衡水市占河北省的比例	0.30	0.25	0.21	1.08	0.96
	廊坊市股票融资累计额	—	—	—	—	—
	廊坊市占河北省的比例	0	0	0	0	0

续表

行业		2011 年	2012 年	2013 年	2014 年	2015 年
制造业	秦皇岛市股票融资累计额	9.66	9.66	9.66	19.66	19.66
	秦皇岛市占河北省的比例	1.65	1.41	1.14	2.13	1.04
	石家庄市股票融资累计额	245.36	278.92	396.31	423.02	520.89
	石家庄市占河北省的比例	42.02	40.61	46.97	45.93	27.45
	唐山市股票融资累计额	75.96	120.52	121.82	126.60	943.95
	唐山市占河北省的比例	13.01	17.55	14.44	13.75	49.74
	邢台市股票融资累计额	6.25	6.25	6.25	6.25	6.25
	邢台市占河北省的比例	1.07	0.91	0.74	0.68	0.33
	张家口市股票融资累计额	2.05	2.05	2.05	2.05	2.05
	张家口市占河北省的比例	0.35	0.30	0.24	0.22	0.11
	总计	583.86	686.90	843.72	920.93	1897.74
综合类	保定市股票融资累计额	—	—	—	—	—
	保定市占河北省的比例	0	0	0	0	0
	沧州市股票融资累计额	—	—	—	—	—
	沧州市占河北省的比例	0	0	0	0	0
	承德市股票融资累计额	—	—	—	—	—
	承德市占河北省的比例	0	0	0	0	0
	邯郸市股票融资累计额	—	—	—	—	—
	邯郸市占河北省的比例	0	0	0	0	0
	衡水市股票融资累计额	—	—	—	—	—
	衡水市占河北省的比例	0	0	0	0	0
	廊坊市股票融资累计额	2.47	2.47	2.47	2.47	2.47
	廊坊市占河北省的比例	100	100	100	100	100
	秦皇岛市股票融资累计额	—	—	—	—	—
	秦皇岛市占河北省的比例	0	0	0	0	0
	石家庄市股票融资累计额	—	—	—	—	—
	石家庄市占河北省的比例	0	0	0	0	0
	唐山市股票融资累计额	—	—	—	—	—
	唐山市占河北省的比例	0	0	0	0	0
	邢台市股票融资累计额	—	—	—	—	—
	邢台市占河北省的比例	0	0	0	0	0
	张家口市股票融资累计额	—	—	—	—	—
	张家口市占河北省的比例	0	0	0	0	0
	总计	2.47	2.47	2.47	2.47	2.47

表 1－10 呈现的是 2011～2015 年河北省各地市不同行业上市公司新增股票融资额及其占河北省新增股票融资额的比例。2011～2015 年，河北省各地市新增股票融资涉及采矿业，电力、热力、燃气及水生产和供应业，房地产业，交通运输、仓储和邮政业，农林牧渔业，批发和零售业，以及制造业等 7 个行业，其中主要集中在制造业、批发和零售业。制造业 5 年间共新增股票融资额 1584.02 亿元，其中前三名为：唐山市 875.57 亿元，占 55.28%；石家庄市 471.21 亿元，占 29.75%；保定市 143.28 亿元，占 9.05%。5 年间，批发和零售业新增股票融资额为 199.39 亿元，其中涉及 3 个地市：邯郸市 93.13 亿元，占 46.71%；唐山市 93.00 亿元，占 46.64%；秦皇岛市 13.26 亿元，占 6.65%。其他行业只有 1 个地市新增股票融资，且融资数额非常小。

表 1－10　2011～2015 年河北省各地市不同行业上市公司新增股票融资额及其占河北省的比例

单位：亿元，%

行业		2011 年	2012 年	2013 年	2014 年	2015 年
采矿业	保定市新增股票融资额	—	—	—	—	—
	保定市占河北省的比例	—	—	—	—	—
	沧州市新增股票融资额	—	—	—	—	—
	沧州市占河北省的比例	—	—	—	—	—
	承德市新增股票融资额	—	—	—	—	—
	承德市占河北省的比例	—	—	—	—	—
	邯郸市新增股票融资额	—	—	—	—	—
	邯郸市占河北省的比例	—	—	—	—	—
	衡水市新增股票融资额	—	—	—	—	—
	衡水市占河北省的比例	—	—	—	—	—
	廊坊市新增股票融资额	—	—	—	—	—
	廊坊市占河北省的比例	—	—	—	—	—
	秦皇岛市新增股票融资额	—	—	—	—	—
	秦皇岛市占河北省的比例	—	—	—	—	—
	石家庄市新增股票融资额	—	—	—	—	—
	石家庄市占河北省的比例	—	—	—	—	—

续表

行业		2011 年	2012 年	2013 年	2014 年	2015 年
采矿业	唐山市新增股票融资额	—	—	—	—	—
	唐山市占河北省的比例	—	—	—	—	—
	邢台市新增股票融资额	—	—	—	31.00	—
	邢台市占河北省的比例	—	—	—	100.00	—
	张家口市新增股票融资额	—	—	—	—	—
	张家口市占河北省的比例	—	—	—	—	—
	总计	—	—	—	31.00	—
电力、热力、燃气及水生产和供应业	保定市新增股票融资额	—	—	—	—	—
	保定市占河北省的比例	—	—	—	—	—
	沧州市新增股票融资额	—	—	—	—	—
	沧州市占河北省的比例	—	—	—	—	—
	承德市新增股票融资额	—	—	—	—	—
	承德市占河北省的比例	—	—	—	—	—
	邯郸市新增股票融资额	—	—	—	—	—
	邯郸市占河北省的比例	—	—	—	—	—
	衡水市新增股票融资额	—	—	—	—	—
	衡水市占河北省的比例	—	—	—	—	—
	廊坊市新增股票融资额	—	—	—	—	—
	廊坊市占河北省的比例	—	—	—	—	—
	秦皇岛市新增股票融资额	—	—	—	—	—
	秦皇岛市占河北省的比例	—	—	—	—	—
	石家庄市新增股票融资额	—	—	—	17.00	—
	石家庄市占河北省的比例	—	—	—	100.00	—
	唐山市新增股票融资额	—	—	—	—	—
	唐山市占河北省的比例	—	—	—	—	—
	邢台市新增股票融资额	—	—	—	—	—
	邢台市占河北省的比例	—	—	—	—	—
	张家口市新增股票融资额	—	—	—	—	—
	张家口市占河北省的比例	—	—	—	—	—
	总计	—	—	—	17.00	—

续表

行业		2011 年	2012 年	2013 年	2014 年	2015 年
房地产业	保定市新增股票融资额	—	—	—	—	—
	保定市占河北省的比例	—	—	—	—	—
	沧州市新增股票融资额	—	—	—	—	—
	沧州市占河北省的比例	—	—	—	—	—
	承德市新增股票融资额	—	—	—	—	—
	承德市占河北省的比例	—	—	—	—	—
	邯郸市新增股票融资额	—	—	—	—	—
	邯郸市占河北省的比例	—	—	—	—	—
	衡水市新增股票融资额	—	—	—	—	—
	衡水市占河北省的比例	—	—	—	—	—
	廊坊市新增股票融资额	14.04	—	—	—	50.31
	廊坊市占河北省的比例	100.00	—	—	—	100.00
	秦皇岛市新增股票融资额	—	—	—	—	—
	秦皇岛市占河北省的比例	—	—	—	—	—
	石家庄市新增股票融资额	—	—	—	—	—
	石家庄市占河北省的比例	—	—	—	—	—
	唐山市新增股票融资额	—	—	—	—	—
	唐山市占河北省的比例	—	—	—	—	
	邢台市新增股票融资额	—	—	—	—	—
	邢台市占河北省的比例	—	—	—	—	
	张家口市新增股票融资额	—	—	—	—	—
	张家口市占河北省的比例	—	—	—	—	
	总计	14.04	—	—	—	50.31
交通运输、仓储和邮政业	保定市新增股票融资额	—	—	—	—	—
	保定市占河北省的比例	—	—	—	—	
	沧州市新增股票融资额	—	—	—	—	—
	沧州市占河北省的比例	—	—	—	—	—
	承德市新增股票融资额	—	—	—	—	—
	承德市占河北省的比例	—	—	—	—	—
	邯郸市新增股票融资额	—	—	—	—	—
	邯郸市占河北省的比例	—	—	—	—	—
	衡水市新增股票融资额	—	—	—	—	—
	衡水市占河北省的比例	—	—	—	—	—
	廊坊市新增股票融资额	—	—	—	—	—
	廊坊市占河北省的比例	—	—	—	—	—

续表

行业		2011 年	2012 年	2013 年	2014 年	2015 年
交通运输、仓储和邮政业	秦皇岛市新增股票融资额	—	—	—	—	—
	秦皇岛市占河北省的比例	—	—	—	—	—
	石家庄市新增股票融资额	—	—	—	—	—
	石家庄市占河北省的比例	—	—	—	—	—
	唐山市新增股票融资额	8.70	—	—	—	25.08
	唐山市占河北省的比例	100.00	—	—	—	100.00
	邢台市新增股票融资额	—	—	—	—	—
	邢台市占河北省的比例	—	—	—	—	—
	张家口市新增股票融资额	—	—	—	—	—
	张家口市占河北省的比例	—	—	—	—	—
	总计	8.70	—	—	—	25.08
农林牧渔业	保定市新增股票融资额	—	—	—	—	—
	保定市占河北省的比例	—	—	—	—	—
	沧州市新增股票融资额	—	—	—	—	—
	沧州市占河北省的比例	—	—	—	—	—
	承德市新增股票融资额	—	—	—	—	—
	承德市占河北省的比例	—	—	—	—	—
	邯郸市新增股票融资额	—	—	—	—	—
	邯郸市占河北省的比例	—	—	—	—	—
	衡水市新增股票融资额	—	—	—	—	—
	衡水市占河北省的比例	—	—	—	—	—
	廊坊市新增股票融资额	—	—	7.55	15.00	15.00
	廊坊市占河北省的比例	—	—	100.00	100.00	100.00
	秦皇岛市新增股票融资额	—	—	—	—	—
	秦皇岛市占河北省的比例	—	—	—	—	—
	石家庄市新增股票融资额	—	—	—	—	—
	石家庄市占河北省的比例	—	—	—	—	—
	唐山市新增股票融资额	—	—	—	—	—
	唐山市占河北省的比例	—	—	—	—	—
	邢台市新增股票融资额	—	—	—	—	—
	邢台市占河北省的比例	—	—	—	—	—
	张家口市新增股票融资额	—	—	—	—	—
	张家口市占河北省的比例	—	—	—	—	—
	总计	—	—	7.55	15.00	15.00

续表

行业		2011 年	2012 年	2013 年	2014 年	2015 年
批发和零售业	保定市新增股票融资额	—	—	—	—	—
	保定市占河北省的比例	—	—	—	—	—
	沧州市新增股票融资额	—	—	—	—	—
	沧州市占河北省的比例	—	—	—	—	—
	承德市新增股票融资额	—	—	—	—	—
	承德市占河北省的比例	—	—	—	—	—
	邯郸市新增股票融资额	—	—	3.74	89.39	—
	邯郸市占河北省的比例	—	—	100.00	70.47	—
	衡水市新增股票融资额	—	—	—	—	—
	衡水市占河北省的比例	—	—	—	—	—
	廊坊市新增股票融资额	—	—	—	—	—
	廊坊市占河北省的比例	—	—	—	—	—
	秦皇岛市新增股票融资额	—	5.80	—	7.46	—
	秦皇岛市占河北省的比例	—	100.00	—	5.88	—
	石家庄市新增股票融资额	—	—	—	—	—
	石家庄市占河北省的比例	—	—	—	—	—
	唐山市新增股票融资额	63.00	—	—	30.00	—
	唐山市占河北省的比例	100.00	—	—	23.65	—
	邢台市新增股票融资额	—	—	—	—	—
	邢台市占河北省的比例	—	—	—	—	—
	张家口市新增股票融资额	—	—	—	—	—
	张家口市占河北省的比例	—	—	—	—	—
	总计	63.00	5.80	3.74	126.85	—
制造业	保定市新增股票融资额	64.03	5.80	6.12	14.00	53.33
	保定市占河北省的比例	23.70	5.63	3.90	18.13	5.46
	沧州市新增股票融资额	—	19.12	—	10.04	—
	沧州市占河北省的比例	—	18.56	—	13.00	—
	承德市新增股票融资额	—	—	—	—	—
	承德市占河北省的比例	—	—	—	—	—
	邯郸市新增股票融资额	2.87	—	32.00	3.48	—
	邯郸市占河北省的比例	1.06	—	20.41	4.51	—
	衡水市新增股票融资额	—	—	—	8.20	8.25
	衡水市占河北省的比例	—	—	—	10.62	0.84
	廊坊市新增股票融资额	—	—	—	—	—
	廊坊市占河北省的比例	—	—	—	—	—

续表

行业		2011 年	2012 年	2013 年	2014 年	2015 年
制造业	秦皇岛市新增股票融资额	—	—	—	10.00	—
	秦皇岛市占河北省的比例	—	—	—	12.95	—
	石家庄市新增股票融资额	195.68	33.56	117.39	26.72	97.86
	石家庄市占河北省的比例	72.43	32.57	74.86	34.60	10.02
	唐山市新增股票融资额	7.58	44.56	1.30	4.79	817.34
	唐山市占河北省的比例	2.81	43.25	0.83	6.20	83.68
	邢台市新增股票融资额	—	—	—	—	—
	邢台市占河北省的比例	—	—	—	—	—
	张家口市新增股票融资额	—	—	—	—	—
	张家口市占河北省的比例	—	—	—	—	—
	总计	270.16	103.04	156.81	77.23	976.78

（二）河北省上市公司债券融资规模

1. 河北省上市公司债券融资整体规模

本报告中，上市公司债券融资的内容包括公司债、企业债、中期票据、金融债、短期融资券、可转债、可分离转债存债、资产支持证券。债券融资规模从债券融资累计额和本期债券融资净额两个维度描述。

表 1－11 呈现的是河北省和全国债券融资累计额及河北省占全国的比例。

截至 2015 年底，河北省上市公司债券融资累计额为 862.60 亿元，全国债券融资累计额为 123549.75 亿元，河北省占全国 0.70%。该比例，除了 2011 年外，其他年份都在 1% 以下，非常低。从该比例趋势上来看，在 2011 年之后，出现了逐年下降的趋势（见图 1－21）。

从债券融资累计额环比增长率来看，全国上市公司债券融资累计额环比增长率从 2012 年开始呈下降趋势，2014 年有所上升。河北省债券融资累计额环比增长率从 2012 年开始下降，在 2015 年出现增长趋势。从整个时间序列来看，自 2012 年开始，河北省债券融资累计额环比增长率始终低于全国。总之，河北省运用债券融资的能力低于全国平均水平（见图 1－22）。

表1-11 河北省和全国债券融资累计额及河北省占全国的比例

单位：亿元，%

年份	河北省		全国		河北省占全国的比例
	债券融资累计额	环比增长率	债券融资累计额	环比增长率	
2011	270.00	128.81	26525.65	48.40	1.02
2012	367.10	35.96	37897.38	42.87	0.97
2013	466.60	27.10	48301.59	27.45	0.97
2014	578.60	24.00	69669.35	44.24	0.83
2015	862.60	49.08	123549.75	77.34	0.70

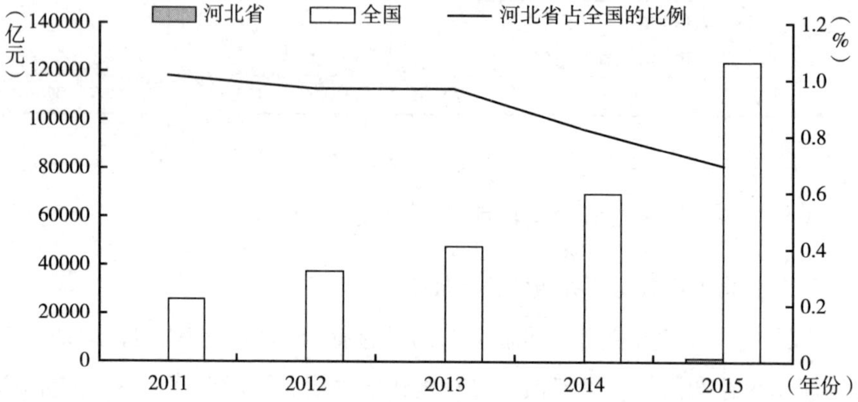

图1-21 2011~2015年河北省及全国债券融资累计额及河北省占全国的比例

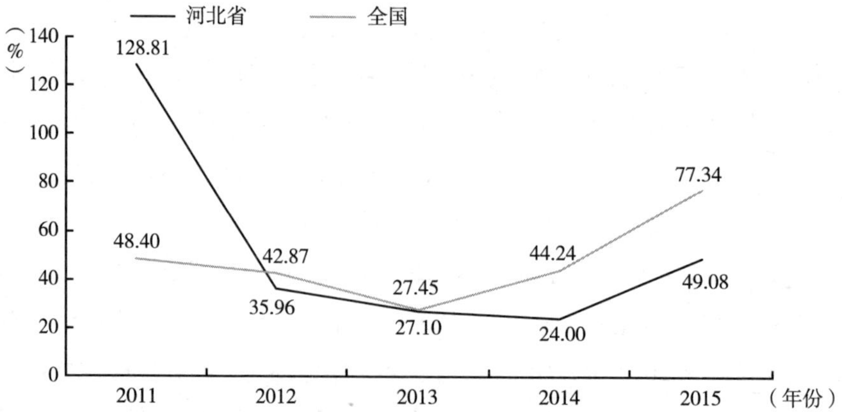

图1-22 2011~2015年河北省及全国债券融资累计额环比增长率趋势

表1－12呈现的是河北省和全国上市公司新增债券融资额及环比增长率。2011～2015年，河北省新增债券融资额为744.60亿元，全国为105675.45亿元，河北省占全国的比例为0.70%。2015年，河北省新增债券融资额最高，为284.00亿元；其次是2011年，为152.00亿元。2015年，全国新增债券融资额最高，为53880.39亿元。河北省新增债券融资额占全国的比例，除了2011年为1.76%，达到这5年的最高值，其他年份都不足1%，在0.5%和1.0%之间徘徊（见图1－23）。

表1－12　河北省和全国上市公司新增债券融资额及环比增长率

单位：亿元，%

年份	河北省新增债券融资额	环比增长率	全国新增债券融资额	环比增长率	河北省占全国的比例
2011	152.00	442.86	8651.35	86.03	1.76
2012	97.10	－36.12	11371.74	31.44	0.85
2013	99.50	2.47	10404.20	－8.51	0.96
2014	112.00	12.56	21367.77	105.38	0.52
2015	284.00	153.57	53880.39	152.16	0.53
合计	744.60		105675.45		0.70

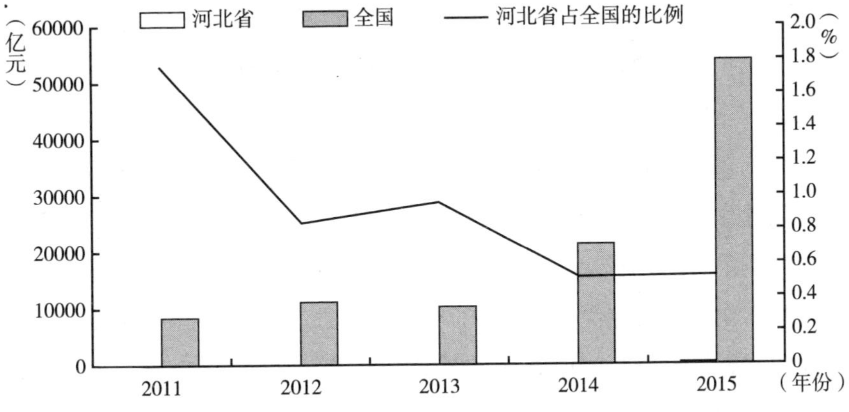

图1－23　2011～2015年河北省和全国新增债券融资额及河北省占全国比例趋势

河北省新增债券融资额环比增长率与全国的趋势缺乏一致性。河北省在2012年出现下降，在2013年以后呈上升趋势，而全国在2012～2013年呈下降趋势，在2014年迅速上升。从整体来看，河北省新增债券融资额环比增长率在2015年与全国平均水平相近，2011年、2013年高于全国平均水平，其余年份均低于全国平均水平（见图1－24）。

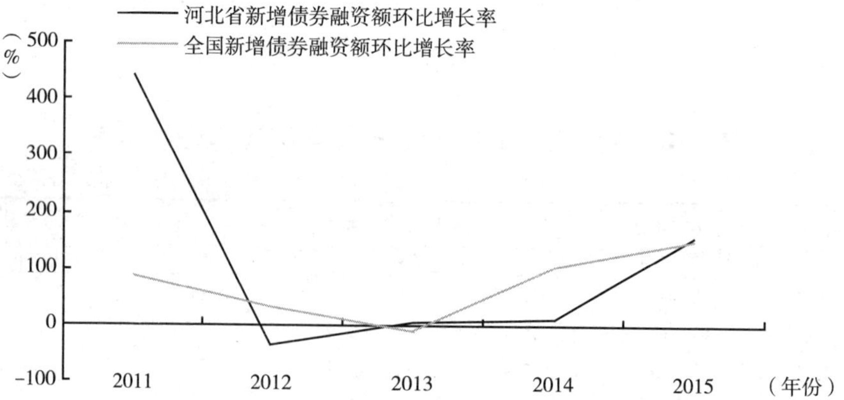

图1－24　2011～2015年河北省和全国上市公司新增债券融资额环比增长率趋势

2. 河北省不同板块上市公司发行债券融资规模

（1）河北省不同板块上市公司债券融资规模

表1－13呈现的是2011～2015年河北省不同板块上市公司债券融资累计额及其占全国的比例。从表中可以看到，河北省上市公司债券融资主要依赖于沪市A股和深市A股两个市场板块。2015年，这两个市场上市公司债券融资累计额占全省债券融资累计额的比例分别为40.18%和48.34%。在中小板市场上，河北省仅2015年进行了债券融资，该市场上市公司债券融资累计额占全省债券融资累计额的比例仅为11.48%。而在创业板市场上，这5年河北省没有发行过债券（见图1－25、图1－26）。全国债券融资累计额也主要集中在沪市A股和深市A股市场。2015年，这两个市场债券融资累计额占全国的比例分别为81.89%和13.04%（见图1－27）。截至2015年底，河北省债券融资累计额为862.60亿元，占全国0.70%。其中，在深

市 A 股发行债券融资累计额为 417.00 亿元，占全国 2.59%；在沪市 A 股发行债券融资累计额为 346.60 亿元，占全国 0.34%；在中小板发行债券融资累计额为 99.00 亿元，占全国 1.66%。

表 1－13　2011～2015 年河北省不同板块上市公司债券融资累计额及其占比

单位：亿元，%

市场板块		2011 年	2012 年	2013 年	2014 年	2015 年
创业板	河北省债券融资累计额	0	0	0	0	0
	全国债券融资累计额	8.50	42.90	95.67	151.17	291.47
	河北省占全国的比例	0	0	0	0	0
沪市 A 股	河北省债券融资累计额	86.50	135.10	149.60	211.60	346.60
	全国债券融资累计额	23332.47	33217.60	41610.22	59413.55	101157.70
	河北省占全国的比例	0.37	0.41	0.36	0.36	0.34
深市 A 股	河北省债券融资累计额	183.50	232.00	317.00	367.00	417.00
	全国债券融资累计额	2811.48	3662.58	5122.24	7470.85	16113.30
	河北省占全国的比例	6.53	6.33	6.19	4.91	2.59
中小板	河北省债券融资累计额	0	0	0	0	99.00
	全国债券融资累计额	373.20	974.30	1473.46	2633.79	5964.45
	河北省占全国的比例	0	0	0	0	1.66
总计	河北省债券融资累计额	270.00	367.10	466.60	578.60	862.60
	全国债券融资累计额	26525.65	37897.38	48301.59	69669.36	123526.92
	河北省占全国的比例	1.02	0.97	0.97	0.83	0.70

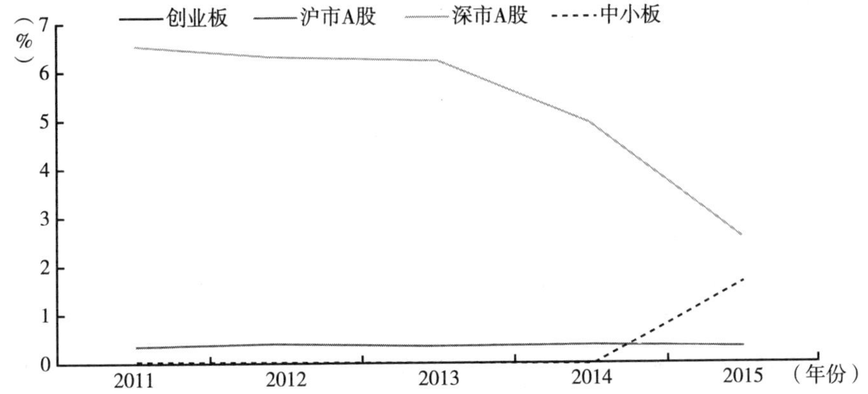

图 1－25　2011～2015 年河北省不同板块上市公司债券融资累计额占全国比例趋势

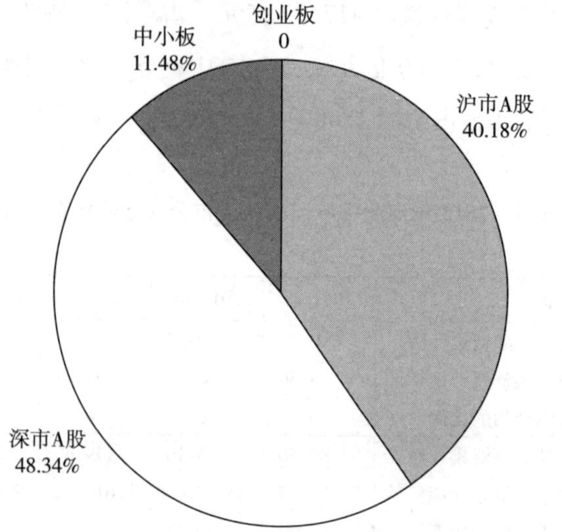

图 1－26　2015 年河北省上市公司债券融资累计额板块结构

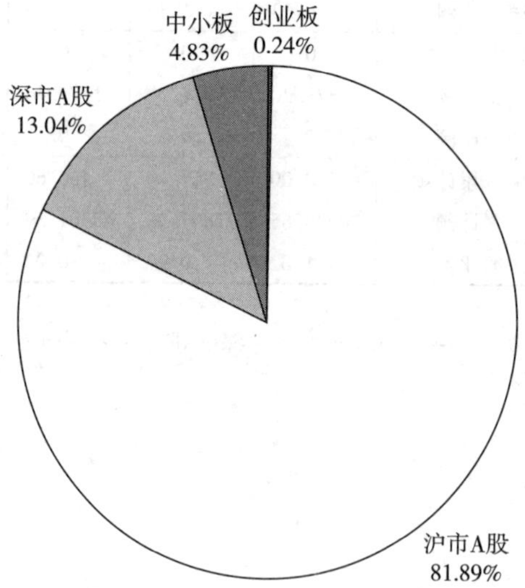

图 1－27　2015 年全国上市公司债券融资累计额板块结构

从 5 年的变化趋势来看，河北省在深市 A 股市场发行债券融资累计额占全国的比例在 2011 年达到 6.53%，2012～2013 年呈稍微下降趋势，但都维持在 6% 以上，2014 年下降到 4.91%，2015 年下降到 2.59%，下降幅度较为明显。2011～2015年，河北省在沪市A股市场发行债券融资累计额占全国的比例总体变化不大，维持在0.35%左右。2011～2015年，河北省在创业板未发行债券，所占全国比例均为0。2011～2014年，河北省上市公司未在中小板发行债券，所占全国比例均为0，2015年则达到1.66%。

表1－14呈现的是河北省和全国不同板块上市公司新增债券融资额及两者之间比例。河北省上市公司新增债券融资额主要集中在深市A股和沪市A股市场及中小板。其中，深市A股市场融资339.00亿元，占全国的比例为2.41%；沪市A股市场融资306.60亿元，占全国的比例为0.36%；中小板融资99.00亿元，占全国的比例为1.71%。创业板债券融资额为0。

表1－14　2011～2015年河北省不同板块上市公司新增债券融资额及其占全国的比例

单位：亿元，%

不同板块市场		2011年	2012年	2013年	2014年	2015年	合计
创业板	河北省新增债券融资额	0	0	0	0	0	0
	全国新增债券融资额	8.50	34.40	52.77	55.50	140.30	291.47
	河北省占全国的比例	0	0	0	0	0	0
沪市A股	河北省新增债券融资额	46.50	48.60	14.50	62.00	135.00	306.60
	全国新增债券融资额	7649.56	9885.13	8392.62	17803.33	41744.15	85474.79
	河北省占全国的比例	0.61	0.49	0.17	0.35	0.32	0.36
深市A股	河北省新增债券融资额	105.50	48.50	85.00	50.00	50.00	339.00
	全国新增债券融资额	790.10	851.10	1459.66	2348.61	8642.28	14091.75
	河北省占全国的比例	13.35	5.70	5.82	2.13	0.58	2.41
中小板	河北省新增债券融资额	0	0	0	0	99.00	99.00
	全国新增债券融资额	203.20	601.10	499.16	1160.33	3330.66	5794.45
	河北省占全国的比例	0	0	0	0	2.97	1.71
总计	河北省新增债券融资额	152.00	97.10	99.50	112.00	284.00	744.60
	全国新增债券融资额	8651.36	11371.73	10404.21	21367.77	53857.39	105652.46
	河北省占全国的比例	1.76	0.85	0.96	0.52	0.53	0.70

从各板块5年的变化趋势来看，2011年河北省上市公司在深市A股市场新增债券融资额占全国的比例达到13.35%，以后两年稳定在5.7%～

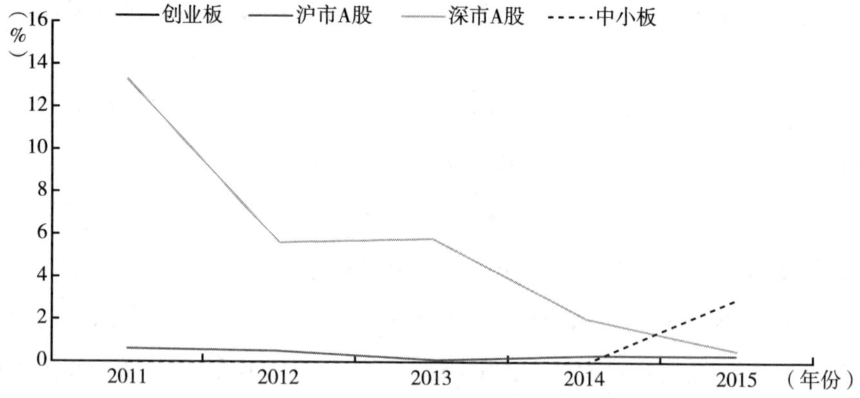

图 1－28　2011～2015 年河北省不同板块上市公司新增债券融资额占全国比例趋势

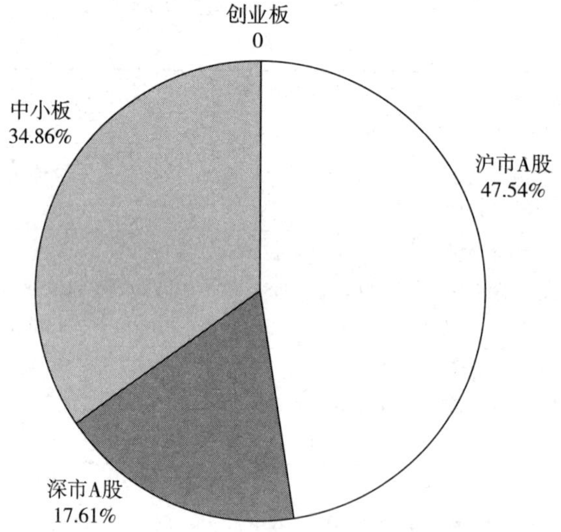

图 1－29　2015 年河北省上市公司新增债券融资额板块结构

5.9%，2014 年下降到 2.13%，2015 年又明显下降到 0.58%。2011～2015 年，河北省上市公司在沪市 A 股市场新增债券融资额占全国的比例最高为 0.61%，最低为 0.17%。从近 5 年的变化趋势看，2011 年，河北省上市公司新增债券融资额占全国的比例达到 1.76%，以后年度呈下降趋势。2011～

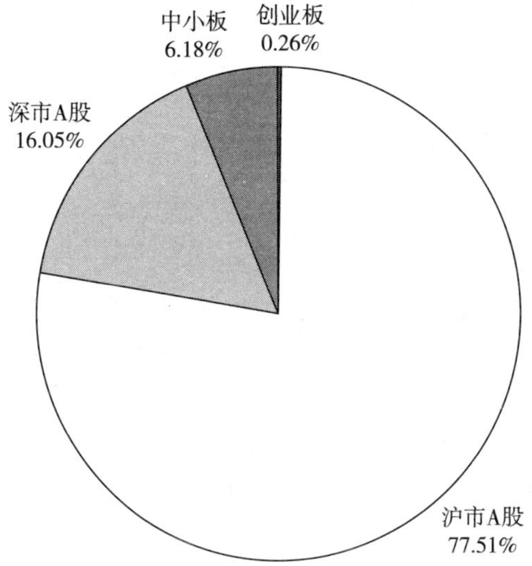

图 1－30　2015 年全国上市公司新增债券融资额板块结构

2014 年，河北省上市公司在中小板市场新增债券融资额为 0，2015 年河北省上市公司新增债券融资额占全国的比例为 1.71%。这 5 年，河北省上市公司在创业板新增债券融资额为 0。

（2）河北省各地市不同板块上市公司债券融资规模

表 1－15 反映的是河北省各地市不同板块上市公司债券融资累计额及各地市占全省的比例。河北省上市公司发行债券融资集中在沪市 A 股和深市 A 股两个市场。截至 2015 年底，保定市、石家庄市、唐山市和廊坊市上市公司在沪市 A 股市场进行了债券融资，融资累计额分别是 52.90 亿元、46.60 亿元、167.10 亿元和 80.00 亿元，占河北省上市公司在沪市 A 股市场债券融资累计额的比例分别是 15.26%、13.44%、48.21% 和 23.08%。邯郸市、石家庄市、唐山市和邢台市上市公司在深市 A 股市场进行了债券融资，融资余额分别是 40.00 亿元、142.50 亿元、180.50 亿元和 54.00 亿元，占河北省上市公司在深市 A 股市场债券融资余额的比例分别是 9.59%、34.17%、43.29% 和 12.95%。廊坊市上市公司在中小板市场进行了债券融资，融资累计额为 99.00 亿元，占比为 100%。

表 1－15　2011～2015 年河北省各地市不同板块上市公司债券融资累计额及占比

单位：亿元，%

不同板块市场		2011 年	2012 年	2013 年	2014 年	2015 年
沪市 A 股	保定市债券融资累计额	33.40	33.40	37.90	52.90	52.90
	保定市占河北省的比例	38.61	24.72	25.33	25.00	15.26
	沧州市债券融资累计额	0	0	0	0	0
	沧州市占河北省的比例	0	0	0	0	0
	承德市债券融资累计额	0	0	0	0	0
	承德市占河北省的比例	0	0	0	0	0
	邯郸市债券融资累计额	0	0	0	0	0
	邯郸市占河北省的比例	0	0	0	0	0
	衡水市债券融资累计额	0	0	0	0	0
	衡水市占河北省的比例	0	0	0	0	0
	廊坊市债券融资累计额	0	0	0	0	80.00
	廊坊市占河北省的比例	0	0	0	0	23.08
	秦皇岛市债券融资累计额	0	0	0	0	0
	秦皇岛市占河北省的比例	0	0	0	0	0
	石家庄市债券融资累计额	0	4.60	4.60	18.60	46.60
	石家庄市占河北省的比例	0	3.40	3.07	8.79	13.44
	唐山市债券融资累计额	53.10	97.10	107.10	140.10	167.10
	唐山市占河北省的比例	61.39	71.87	71.59	66.21	48.21
	邢台市债券融资累计额	0	0	0	0	0
	邢台市占河北省的比例	0	0	0	0	0
	张家口市债券融资累计额	0	0	0	0	0
	张家口市占河北省的比例	0	0	0	0	0
	总计	86.50	135.10	149.60	211.60	346.60
深市 A 股	保定市债券融资累计额	0	0	0	0	0
	保定市占河北省的比例	0	0	0	0	0
	沧州市债券融资累计额	0	0	0	0	0
	沧州市占河北省的比例	0	0	0	0	0
	承德市债券融资累计额	0	0	0	0	0
	承德市占河北省的比例	0	0	0	0	0
	邯郸市债券融资累计额	40.00	40.00	40.00	40.00	40.00
	邯郸市占河北省的比例	21.80	17.24	12.62	10.90	9.59
	衡水市债券融资累计额	0	0	0	0	0
	衡水市占河北省的比例	0	0	0	0	0

续表

不同板块市场		2011 年	2012 年	2013 年	2014 年	2015 年
深市 A 股	廊坊市债券融资累计额	0	0	0	0	0
	廊坊市占河北省的比例	0	0	0	0	0
	秦皇岛市债券融资累计额	0	0	0	0	0
	秦皇岛市占河北省的比例	0	0	0	0	0
	石家庄市债券融资累计额	58.50	67.50	122.50	132.50	142.50
	石家庄市占河北省的比例	31.88	29.09	38.64	36.10	34.17
	唐山市债券融资累计额	31.00	70.50	100.50	140.50	180.50
	唐山市占河北省的比例	16.89	30.39	31.70	38.28	43.29
	邢台市债券融资累计额	54.00	54.00	54.00	54.00	54.00
	邢台市占河北省的比例	29.43	23.28	17.03	14.71	12.95
	张家口市债券融资累计额	0	0	0	0	0
	张家口市占河北省的比例	0	0	0	0	0
	总计	183.50	232.00	317.00	367.00	417.00
中小板	保定市债券融资累计额	0	0	0	0	0
	保定市占河北省的比例	0	0	0	0	0
	沧州市债券融资累计额	0	0	0	0	0
	沧州市占河北省的比例	0	0	0	0	0
	承德市债券融资累计额	0	0	0	0	0
	承德市占河北省的比例	0	0	0	0	0
	邯郸市债券融资累计额	0	0	0	0	0
	邯郸市占河北省的比例	0	0	0	0	0
	衡水市债券融资累计额	0	0	0	0	0
	衡水市占河北省的比例	0	0	0	0	0
	廊坊市债券融资累计额	0	0	0	0	99.00
	廊坊市占河北省的比例	0	0	0	0	100.00
	秦皇岛市债券融资累计额	0	0	0	0	0
	秦皇岛市占河北省的比例	0	0	0	0	0
	石家庄市债券融资累计额	0	0	0	0	0
	石家庄市占河北省的比例	0	0	0	0	0
	唐山市债券融资累计额	0	0	0	0	0
	唐山市占河北省的比例	0	0	0	0	0
	邢台市债券融资累计额	0	0	0	0	0
	邢台市占河北省的比例	0	0	0	0	0
	张家口市债券融资累计额	0	0	0	0	0
	张家口市占河北省的比例	0	0	0	0	0
	总计	0	0	0	0	99.00

表1－16反映的是河北省各地市不同板块上市公司新增债券融资额及其占河北省的比例。

河北省新增债券融资的上市公司集中在廊坊市、石家庄市、唐山市。2011～2015年，保定市上市公司在沪市A股市场新增债券融资额为45.00亿元；石家庄市在沪市A股市场新增债券融资额为46.60亿元，在深市A股市场新增债券融资额为107.50亿元，两市场共计154.10亿元；唐山市在沪市A股市场新增债券融资额为135.00亿元，在深市A股市场新增债券融资额为168.50亿元，两市场共计303.50亿元；邯郸市在深市A股市场新增债券融资额为40.00亿元；邢台市在深市A股市场新增债券融资额为40.00亿元；廊坊市在沪市A股市场新增债券融资额为80.00亿元，在中小板市场新增债券融资额为99.00亿元，两市场共计179.00亿元。由此可知，唐山市新增债券融资额最高，廊坊市次之。

表1－16　河北省各地市不同板块上市公司新增债券融资额及其占河北省的比例

单位：亿元，%

不同板块市场		2011年	2012年	2013年	2014年	2015年	合计
沪市A股	保定市新增债券融资额	25.50	0	4.50	15.00	0	45.00
	保定市占河北省的比例	54.84	0	31.03	24.19	0	14.17
	沧州市新增债券融资额	0	0	0	0	0	0
	沧州市占河北省的比例	0	0	0	0	0	0
	承德市新增债券融资额	0	0	0	0	0	0
	承德市占河北省的比例	0	0	0	0	0	0
	邯郸市新增债券融资额	0	0	0	0	0	0
	邯郸市占河北省的比例	0	0	0	0	0	0
	衡水市新增债券融资额	0	0	0	0	0	0
	衡水市占河北省的比例	0	0	0	0	0	0
	廊坊市新增债券融资额	0	0	0	0	80.00	80.00
	廊坊市占河北省的比例	0	0	0	0	59.26	25.19
	秦皇岛市新增债券融资额	0	0	0	0	0	0
	秦皇岛市占河北省的比例	0	0	0	0	0	0

续表

不同板块市场		2011年	2012年	2013年	2014年	2015年	合计
沪市A股	石家庄市新增债券融资额	0	4.60	0	14.00	28.00	46.60
	石家庄市占河北省的比例	0	9.47	0	22.58	20.74	14.67
	唐山市新增债券融资额	21.00	44.00	10.00	33.00	27.00	135.00
	唐山市占河北省的比例	45.16	90.53	68.97	53.23	20.00	45.97
	邢台市新增债券融资额	0	0	0	0	0	0
	邢台市占河北省的比例	0	0	0	0	0	0
	张家口市新增债券融资额	0	0	0	0	0	0
	张家口市占河北省的比例	0	0	0	0	0	0
	总计	46.50	48.60	14.50	62.00	135.00	317.60
深市A股	保定市新增债券融资额	0	0	0	0	0	0
	保定市占河北省的比例	0	0	0	0	0	0
	沧州市新增债券融资额	0	0	0	0	0	0
	沧州市占河北省的比例	0	0	0	0	0	0
	承德市新增债券融资额	0	0	0	0	0	0
	承德市占河北省的比例	0	0	0	0	0	0
	邯郸市新增债券融资额	40	0	0	0	0	40.00
	邯郸市占河北省的比例	37.91	0	0	0	0	11.24
	衡水市新增债券融资额	0	0	0	0	0	0
	衡水市占河北省的比例	0	0	0	0	0	0
	廊坊市新增债券融资额	0	0	0	0	0	0
	廊坊市占河北省的比例	0	0	0	0	0	0
	秦皇岛市新增债券融资额	0	0	0	0	0	0
	秦皇岛市占河北省的比例	0	0	0	0	0	0
	石家庄市新增债券融资额	9.50	9.00	55.00	10.00	10.00	107.50
	石家庄市占河北省的比例	9.00	18.56	64.71	20.00	20.00	30.20
	唐山市新增债券融资额	16.00	39.50	30.00	40.00	40.00	168.50
	唐山市占河北省的比例	15.17	81.44	35.29	80.00	80.00	47.33
	邢台市新增债券融资额	40	0	0	0	0	40.00
	邢台市占河北省的比例	37.91	0	0	0	0	11.24
	张家口市新增债券融资额	0	0	0	0	0	0
	张家口市占河北省的比例	0	0	0	0	0	0
	总计	105.50	48.50	85.00	50.00	50.00	356.00

续表

不同板块市场		2011 年	2012 年	2013 年	2014 年	2015 年	合计
中小板	保定市新增债券融资额	0	0	0	0	0	0
	保定市占河北省的比例	0	0	0	0	0	0
	沧州市新增债券融资额	0	0	0	0	0	0
	沧州市占河北省的比例	0	0	0	0	0	0
	承德市新增债券融资额	0	0	0	0	0	0
	承德市占河北省的比例	0	0	0	0	0	0
	邯郸市新增债券融资额	0	0	0	0	0	0
	邯郸市占河北省的比例	0	0	0	0	0	0
	衡水市新增债券融资额	0	0	0	0	0	0
	衡水市占河北省的比例	0	0	0	0	0	0
	廊坊市新增债券融资额	0	0	0	0	99.00	99.00
	廊坊市占河北省的比例	0	0	0	0	100.00	100.00
	秦皇岛市新增债券融资额	0	0	0	0	0	0
	秦皇岛市占河北省的比例	0	0	0	0	0	0
	石家庄市新增债券融资额	0	0	0	0	0	0
	石家庄市占河北省的比例	0	0	0	0	0	0
	唐山市新增债券融资额	0	0	0	0	0	0
	唐山市占河北省的比例	0	0	0	0	0	0
	邢台市新增债券融资额	0	0	0	0	0	0
	邢台市占河北省的比例	0	0	0	0	0	0
	张家口市新增债券融资额	0	0	0	0	0	0
	张家口市占河北省的比例	0	0	0	0	0	0
	总计	0	0	0	0	99.00	99.00

3. 河北不同行业上市公司债券融资规模

从行业来看，2011～2015 年，河北省上市公司债券融资主要分布在采矿业，电力、热力、燃气及水生产和供应业，交通运输、仓储和邮政业，批发和零售业，制造业，房地产业。截至 2015 年底，河北省债券融资累计额占全国比例最高的是房地产业，达 5.69%；其次是制造业，为 3.61%；批发和零售业占比为 3.09%；采矿业占比为 0.51%；电力、热力、燃气及水生产和供应业，交通运输、仓储和邮政业所占比重较小，其他行业均为 0（见表 1－17）。

表 1－17　2011～2015 年河北省不同行业上市公司债券融资累计额及其占全国的比例

单位：亿元，%

行业		2011 年	2012 年	2013 年	2014 年	2015 年
采矿业	河北省债券融资累计额	54.00	54.00	54.00	54.00	54.00
	全国债券融资累计额	4428.20	5624.70	6471.70	7624.38	10505.38
	河北省占全国的比例	1.22	0.96	0.83	0.71	0.51
电力、热力、燃气及水生产和供应业	河北省债券融资累计额	19.50	19.50	24.50	34.50	34.50
	全国债券融资累计额	2462.95	3683.75	5020.55	6711.45	8233.45
	河北省占全国的比例	0.79	0.53	0.49	0.51	0.42
房地产业	河北省债券融资累计额	0	0	0	0	179.00
	全国债券融资累计额	609.40	624.40	749.76	1022.66	3145.72
	河北省占全国的比例	0	0	0	0	5.69
建筑业	河北省债券融资累计额	0	0	0	0	0
	全国债券融资累计额	1515.60	2411.60	3242.50	4058.20	5165.25
	河北省占全国的比例	0	0	0	0	0
交通运输、仓储和邮政业	河北省债券融资累计额	0	0	0	3.00	9.00
	全国债券融资累计额	1965.50	2480.60	2933.55	3336.90	4169.85
	河北省占全国的比例	0	0	0	0.09	0.22
金融业	河北省债券融资累计额	0	0	0	0	0
	全国债券融资累计额	9653.45	14196.46	18700.07	33100.46	74527.05
	河北省占全国的比例	0	0	0	0	0
科学研究和技术服务业	河北省债券融资累计额	0	0	0	0	0
	全国债券融资累计额	0	0	2.30	4.80	11.80
	河北省占全国的比例	0	0	0	0	0
农林牧渔业	河北省债券融资累计额	0	0	0	0	0
	全国债券融资累计额	117.50	171.60	189.10	220.60	245.10
	河北省占全国的比例	0	0	0	0	0
批发和零售业	河北省债券融资累计额	0	22.00	22.00	37.00	48.00
	全国债券融资累计额	213.41	442.21	657.21	956.57	1553.42
	河北省占全国的比例	0	4.98	3.35	3.87	3.09
水利环境和公共设施管理业	河北省债券融资累计额	0	0	0	0	0
	全国债券融资累计额	33.90	45.90	77.80	128.00	193.00
	河北省占全国的比例	0	0	0	0	0
文化、体育和娱乐业	河北省债券融资累计额	0	0	0	0	0
	全国债券融资累计额	22.00	30	51.00	68.00	84.00
	河北省占全国的比例	0	0	0	0	0

续表

行业		2011 年	2012 年	2013 年	2014 年	2015 年
信息传输、软件和信息技术服务业	河北省债券融资累计额	0	0	0	0	0
	全国债券融资累计额	84.75	113.75	164.15	195.15	238.35
	河北省占全国的比例	0	0	0	0	0
制造业	河北省债券融资累计额	196.50	271.60	366.10	450.10	538.10
	全国债券融资累计额	5275.39	7885.02	9806.49	11852.28	14926.48
	河北省占全国的比例	3.72	3.44	3.73	3.80	3.61
住宿和餐饮业	河北省债券融资累计额	0	0	0	0	0
	全国债券融资累计额	10	16.80	19.80	22.80	24.80
	河北省占全国的比例	0	0	0	0	0
综合类	河北省债券融资累计额	0	0	0	0	0
	全国债券融资累计额	53.00	62.00	66.00	115.50	160
	河北省占全国的比例	0	0	0	0	0
租赁和商务服务业	河北省债券融资累计额	0	0	0	0	0
	全国债券融资累计额	80.60	108.60	149.60	251.60	366.10
	河北省占全国的比例	0	0	0	0	0

从占比趋势方面来看，采矿业，电力、热力、燃气及水生产和供应业整体逐年下降；批发和零售业占比在 2012 年达到 4.98%，之后整体呈下降趋势；制造业占比在 2013～2015 年较稳定，维持在 3.7% 左右（见图 1－31）。

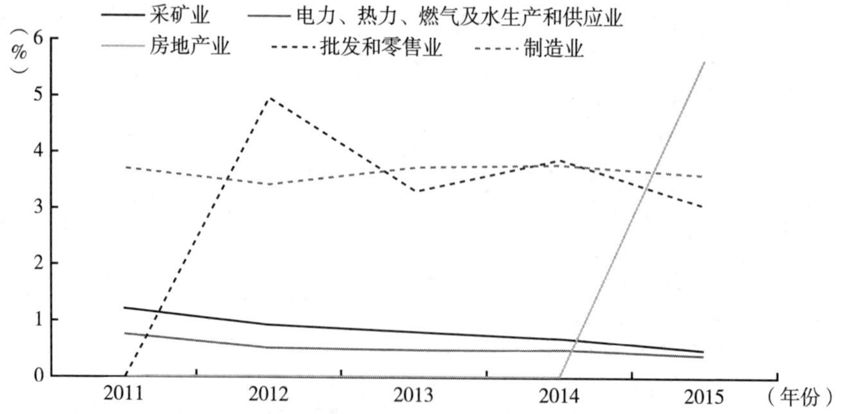

图 1－31　2011～2015 年河北省不同行业上市公司债券融资累计额占全国比例

表 1 －18 呈现的是河北省不同行业上市公司新增债券融资额及其占全国的比例。

表 1 －18　2011 ~2015 年河北省不同行业上市公司新增债券融资额及其占全国的比例

单位：亿元，%

行业	地区	2011 年	2012 年	2013 年	2014 年	2015 年	合计
采矿业	河北省新增债券融资额	40	0	0	0	0	40
	全国新增债券融资额	574.80	1196.50	847.00	1152.68	2881.00	6651.98
	河北省占全国的比例	6.96	0	0	0	0	0.60
电力、热力、燃气及水生产和供应业	河北省新增债券融资额	4.50	0	5.00	10	0	19.50
	全国新增债券融资额	678.90	1220.80	1336.80	1690.90	1522.00	6449.40
	河北省占全国的比例	0.66	0	0.37	0.59	0	0.30
房地产业	河北省新增债券融资额	0	0	0	0	179.00	179.00
	全国新增债券融资额	62.00	15.00	125.36	272.90	2123.06	2598.32
	河北省占全国的比例	0	0	0	0	8.43	6.89
建筑业	河北省新增债券融资额	0	0	0	0	0	0
	全国新增债券融资额	616.50	896.00	830.90	815.70	1107.05	4266.15
	河北省占全国的比例	0	0	0	0	0	0
交通运输、仓储和邮政业	河北省新增债券融资额	0	0	0	3.00	6.00	9.00
	全国新增债券融资额	582.70	515.10	452.95	403.35	832.95	2787.05
	河北省占全国的比例	0	0	0	0.74	0.72	0.32
金融业	河北省新增债券融资额	0	0	0	0	0	0
	全国新增债券融资额	3955.36	4543.01	4503.62	14400.39	41426.58	68828.96
	河北省占全国的比例	0	0	0	0	0	0
科学研究和技术服务业	河北省新增债券融资额	0	0	0	0	0	0
	全国新增债券融资额	0	0	2.30	2.50	7.00	11.80
	河北省占全国的比例	0	0	0	0	0	0
农林牧渔业	河北省新增债券融资额	0	0	0	0	0	0
	全国新增债券融资额	53.50	54.10	17.50	31.50	24.50	181.10
	河北省占全国的比例	0	0	0	0	0	0
批发和零售业	河北省新增债券融资额	0	22.00	0	15.00	11.00	48.00
	全国新增债券融资额	89.50	228.80	215.00	299.36	596.85	1429.51
	河北省占全国的比例	0	9.62	0	5.01	1.84	3.36

续表

行业	地区	2011 年	2012 年	2013 年	2014 年	2015 年	合计
水利环境和公共设施管理业	河北省新增债券融资额	0	0	0	0	0	0
	全国新增债券融资额	22.50	12.00	31.90	50.20	65.00	181.60
	河北省占全国的比例	0	0	0	0	0	0
文化、体育和娱乐业	河北省新增债券融资额	0	0	0	0	0	0
	全国新增债券融资额	13.00	8.00	21.00	17.00	16.00	75.00
	河北省占全国的比例	0	0	0	0	0	0
信息传输、软件和信息技术服务业	河北省新增债券融资额	0	0	0	0	0	0
	全国新增债券融资额	23.00	29.00	50.40	31.00	43.20	176.60
	河北省占全国的比例	0	0	0	0	0	0
制造业	河北省新增债券融资额	107.50	75.10	94.50	84.00	88.00	449.10
	全国新增债券融资额	1929.60	2609.63	1921.48	2045.79	3074.20	11580.70
	河北省占全国的比例	5.57	2.88	4.92	4.11	2.86	3.88
住宿和餐饮业	河北省新增债券融资额	0	0	0	0	0	0
	全国新增债券融资	7.00	6.80	3.00	3.00	2.00	21.80
	河北省占全国的比例	0	0	0	0	0	0
综合类	河北省新增债券融资额	0	0	0	0	0	0
	全国新增债券融资额	5.00	9.00	4.00	49.50	44.50	112.00
	河北省占全国的比例	0	0	0	0	0	0
租赁和商务服务业	河北省新增债券融资额	0	0	0	0	0	0
	全国新增债券融资额	38.00	28.00	41.00	102.00	114.50	323.50
	河北省占全国的比例	0	0	0	0	0	0

在17个行业中，2011～2015年，河北省上市公司债券融资有新增额的行业是采矿业，电力、热力、燃气及水生产和供应业，交通运输、仓储和邮政业，批发和零售业，制造业以及房地产业6个行业。在近5年中，河北省制造业新增债券融资额合计最多，为449.10亿元，占全国新增债券融资额合计数的3.88%；房地产业新增债券融资额合计数居第二位，为179.00亿元，占全国新增债券融资额合计数的6.89%；交通运输、仓储和邮政业新增债券融资额合计数最小，为9.00亿元，占全国新增债券融资额合计数的0.32%（见图1－32）。

从行业新增债券融资的时间分布上来看，各行业新增债券融资没有连续性，在有新增债券融资的行业中，只有制造业连续5年进行了新增债券融资，其他行业都没有出现连续的新增债券融资行为。

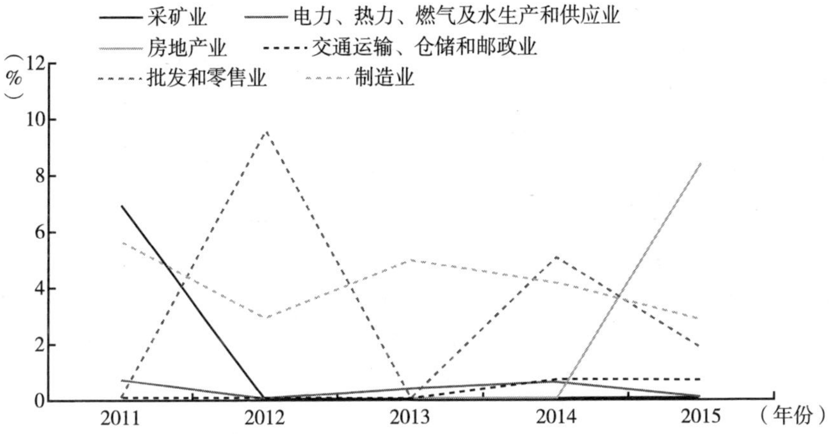

图1－32　2011～2015年河北省不同行业上市公司新增债券融资额占全国的比例

（三）河北省上市公司银行借款融资规模

1. 河北省上市公司银行借款整体融资规模

（1）河北省上市公司银行借款融资额

本部分的银行借款是指上市公司资产负债表中“短期借款”和“长期借款”的期末余额之和。

表1－19、图1－33、图1－34反映的是河北省和全国上市公司银行借款融资余额、环比增长率及两者之间的比例。河北省和全国上市公司银行借款融资余额总体呈上升趋势，表明上市公司对银行的负债水平不断提高。2011～2015年，以2012年为分界点，河北省上市公司银行借款融资余额占全国的比例呈现先升后降的趋势，最高值出现在2012年，达到2.83%，最低值出现在2015年，为2.42%。总体上，河北省上市公司银行借款融资余额占全国上市公司银行借款融资余额的比例在2%～3%，占比很小。

表 1－19　河北省和全国上市公司银行借款余额及河北省占全国的比例

单位：亿元，%

年份	河北省		全国		河北省占全国的比例
	银行借款余额	环比增长率	银行借款余额	环比增长率	
2011	1169.94	29.71	45896.38	22.92	2.55
2012	1521.01	30.01	53794.93	17.21	2.83
2013	1738.36	14.29	61893.30	15.05	2.81
2014	1776.26	2.18	68750.21	11.08	2.58
2015	1877.27	5.69	77549.53	12.80	2.42

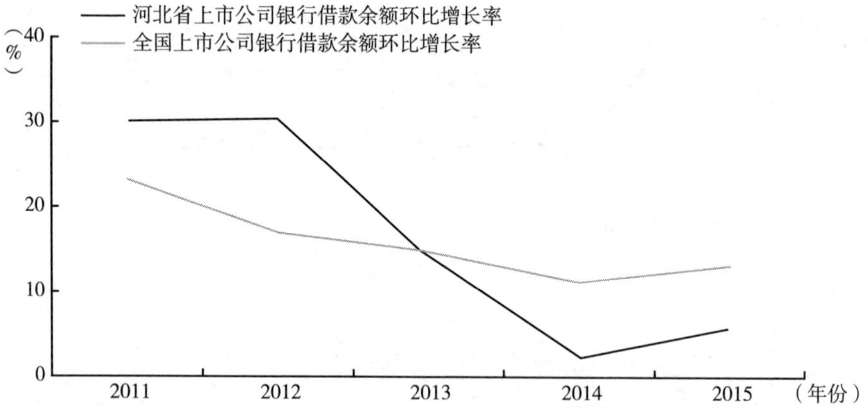

图 1－33　2011～2015 年河北省和全国上市公司银行借款余额环比增长趋势

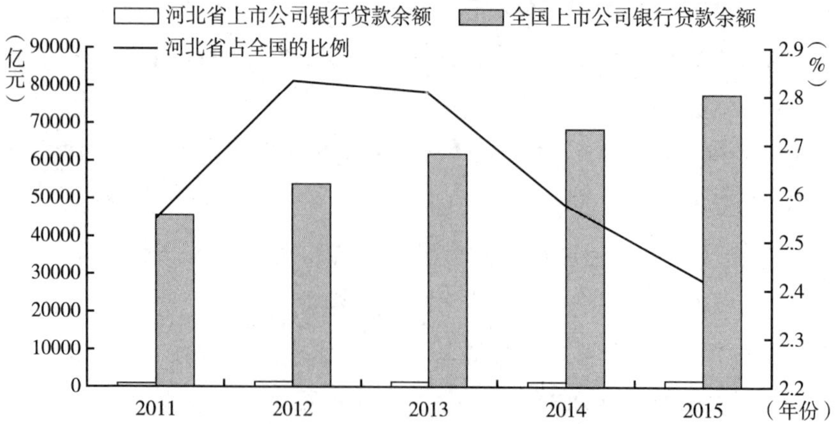

图 1－34　2011～2015 年河北省及全国上市公司银行借款余额及河北省占全国的比例

（2）河北省各地市上市公司银行借款余额

表1－20呈现的是2011～2015年河北省各地市上市公司银行借款余额及其占河北省的比例。截至2015年底，石家庄市上市公司银行借款余额最多，为767.28亿元，占河北省上市公司银行借款余额的40.87%。其次是廊坊市，其上市公司银行借款余额为481.49亿元，占河北省上市公司银行借款余额的25.65%；唐山市上市公司银行借款余额为328.94亿元，占河北省上市公司银行借款余额的17.52%。上市公司银行借款余额最少的是承德市，借款余额为0。

表1－20　2011～2015年河北省各地市上市公司银行借款余额及其占河北省的比例

单位：亿元，%

地市		2011年	2012年	2013年	2014年	2015年
保定市	银行借款余额	82.24	94.02	101.61	72.91	69.94
	环比增长率	－20.66	14.32	8.07	－28.25	－4.07
	占河北省的比例	7.03	6.18	5.85	4.10	3.73
沧州市	银行借款余额	27.90	18.22	31.92	29.77	17.68
	环比增长率	7.81	－34.70	75.19	－6.74	－40.61
	占河北省的比例	2.38	1.20	1.84	1.68	0.94
承德市	银行借款余额	0	0	0	0	0
	环比增长率	0	0	0	0	0
	占河北省的比例	0	0	0	0	0
邯郸市	银行借款余额	68.56	94.70	139.99	130.92	122.63
	环比增长率	22.83	38.13	47.82	－6.48	－6.33
	占河北省的比例	5.86	6.23	8.05	7.37	6.53
衡水市	银行借款余额	0.85	2.33	2.25	4.00	1.64
	环比增长率	－41.98	174.12	－3.43	77.78	－59.00
	占河北省的比例	0.07	0.15	0.13	0.23	0.09
廊坊市	银行借款余额	57.61	153.05	244.18	357.62	481.49
	环比增长率	41.02	165.67	59.54	46.46	34.64
	占河北省的比例	4.92	10.06	14.05	20.13	25.65

续表

地市		2011年	2012年	2013年	2014年	2015年
秦皇岛市	银行借款余额	5.53	8.17	2.90	0.43	6.15
	环比增长率	53.08	47.74	-64.50	-85.17	1330.23
	占河北省的比例	0.47	0.54	0.17	0.02	0.33
石家庄市	银行借款余额	511.12	621.58	737.24	724.12	767.28
	环比增长率	18.63	21.61	18.61	-1.78	5.96
	占河北省的比例	43.69	40.87	42.41	40.77	40.87
唐山市	银行借款余额	343.80	455.08	384.14	357.90	328.94
	环比增长率	73.94	32.37	-15.59	-6.83	-8.09
	占河北省的比例	29.39	29.92	22.10	20.15	17.52
邢台市	银行借款余额	70.29	71.24	91.01	95.71	78.90
	环比增长率	75.66	1.35	27.75	5.16	-17.56
	占河北省的比例	6.01	4.68	5.24	5.39	4.20
张家口市	银行借款余额	2.04	2.63	3.12	2.87	2.61
	环比增长率	-6.54	28.92	18.63	-8.01	-9.06
	占河北省的比例	0.17	0.17	0.18	0.16	0.14

从环比增长率来看，5年保持持续增长的有廊坊市，其他地市涨跌互现。

2. 河北省不同行业上市公司银行借款融资规模

从分行业来看，截至2015年底，河北省有银行借款余额的上市公司集中在采矿业，电力、热力、燃气及水生产和供应业，房地产业，交通运输、仓储和邮政业，农林牧渔业，批发和零售业，制造业等7个行业，其他行业不存在银行借款。

河北省上市公司银行借款余额最多的行业是制造业，为1108.95亿元，占全国制造业上市公司银行借款余额的4.68%；其次是房地产业，共有银行借款余额480.32亿元，占全国该行业上市公司银行借款余额的4.57%；最少的是农林牧渔业，其银行借款余额为1.17亿元，仅占全国该行业上市公司银行借款余额的0.35%（见表1-21、图1-35）。

表 1-21　2011～2015 年河北省和全国不同行业上市公司银行借款余额及河北省占全国的比例

单位：亿元，%

行业		2011 年	2012 年	2013 年	2014 年	2015 年
采矿业	河北省银行借款余额	62.26	59.23	75.56	81.90	65.02
	全国银行借款余额	5104.76	7289.65	7837.23	10264.01	9710.94
	河北省占全国的比例	1.22	0.81	0.96	0.80	0.67
电力、热力、燃气及水生产和供应业	河北省银行借款余额	92.25	105.32	88.16	89.98	95.44
	全国银行借款余额	8379.53	8503.53	9026.32	8807.62	11018.86
	河北省占全国的比例	1.10	1.24	0.98	1.02	0.87
房地产业	河北省银行借款余额	56.71	152.05	243.18	356.52	480.32
	全国银行借款余额	3691.97	4771.85	6555.96	7676.90	10,502.32
	河北省占全国的比例	1.54	3.19	3.71	4.64	4.57
建筑业	河北省银行借款余额	0	0	0	0	0
	全国银行借款余额	4499.06	6277.31	7463.88	7953.86	9140.84
	河北省占全国的比例	0	0	0	0	0
交通运输、仓储和邮政业	河北省银行借款余额	21.58	26.66	31.70	30.56	13.20
	全国银行借款余额	3531.32	3903.20	4263.60	4478.57	4233.32
	河北省占全国的比例	0.61	0.68	0.74	0.68	0.31
教育	河北省银行借款余额	0	0	0	0	0
	全国银行借款余额	3.47	3.66	3.38	2.15	1.27
	河北省占全国的比例	0	0	0	0	0
金融业	河北省银行借款余额	0	0	0	0	0
	全国银行借款余额	182.32	369.36	676.45	1292.34	2114.56
	河北省占全国的比例	0	0	0	0	0
科学研究和技术服务业	河北省银行借款余额	0	0	0	0	0
	全国银行借款余额	7.59	17.16	14.87	32.94	41.54
	河北省占全国的比例	0	0	0	0	0
农林牧渔业	河北省银行借款余额	0.90	1.00	1.00	1.10	1.17
	全国银行借款余额	207.17	241.73	297.52	296.61	335.31
	河北省占全国的比例	0.43	0.41	0.34	0.37	0.35
批发和零售业	河北省银行借款余额	121.97	186.32	125.89	110.19	113.17
	全国银行借款余额	1957.28	2056.85	2386.92	2631.10	2989.20
	河北省占全国的比例	6.23	9.06	5.27	4.19	3.79
水利环境和公共设施管理业	河北省银行借款余额	0	0	0	0	0
	全国银行借款余额	318.49	289.45	278.03	359.71	466.92
	河北省占全国的比例	0	0	0	0	0

续表

行业		2011 年	2012 年	2013 年	2014 年	2015 年
卫生和社会工作	河北省银行借款余额	0	0	0	0	0
	全国银行借款余额	0.64	0.01	0.30	4.03	19.51
	河北省占全国的比例	0	0	0	0	0
文化、体育和娱乐业	河北省银行借款余额	0	0	0	0	0
	全国银行借款余额	34.06	56.12	49.91	79.85	135.79
	河北省占全国的比例	0	0	0	0	0
信息传输、软件和信息技术服务业	河北省银行借款余额	0	0	0	0	0
	全国银行借款余额	504.07	902.18	1207.11	1206.77	1266.46
	河北省占全国的比例	0	0	0	0	0
制造业	河北省银行借款余额	814.27	990.43	1172.89	1106.01	1108.95
	全国银行借款余额	16879.59	18468.00	20,846.44	22560.80	23704.80
	河北省占全国的比例	4.82	5.36	5.63	4.90	4.68
住宿和餐饮业	河北省银行借款余额	0	0	0	0	0
	全国银行借款余额	27.58	30.16	53.17	54.56	192.06
	河北省占全国的比例	0	0	0	0	0
综合类	河北省银行借款余额	0	0	0	0	0
	全国银行借款余额	243.80	239.45	278.97	234.78	268.62
	河北省占全国的比例	0	0	0	0	0
租赁和商务服务业	河北省银行借款余额	0	0	0	0	0
	全国银行借款余额	323.69	375.27	653.23	813.60	1407.22
	河北省占全国的比例	0	0	0	0	0

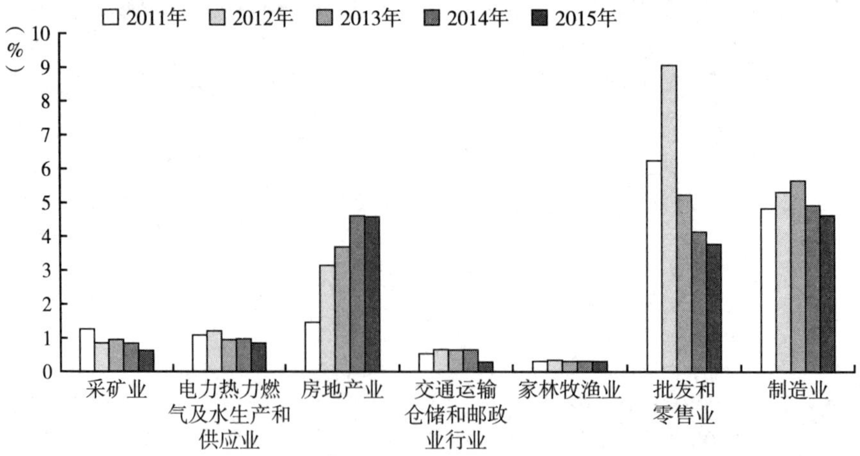

图 1－35　2011～2015 年河北省不同行业上市公司银行借款余额占全国的比例

（四）河北省上市公司商业信用融资规模

1. 河北省上市公司商业信用融资余额总体规模

本报告中的商业信用融资形式包括：应付票据、应付账款、预收账款、应付职工薪酬、应交税费、应付利息、其他应付款、长期应付款。其值取自上市公司资产负债表中相应项目的期末数。

表1－22、图1－36、图1－37呈现的是河北省和全国上市公司商业信用融资余额、环比增长率及比例。截至2015年底，河北省上市公司商业信用融资余额为3436.82亿元，全国为128979.60亿元，河北省占全国的比例为2.66%。河北省上市公司商业信用融资余额占全国上市公司商业信用融资余额的比例在2011年大幅增长，随后5年基本保持在2.40%～2.66%，呈现稳定小幅增长的趋势。

表1－22　河北省和全国上市公司商业信用融资余额及河北省占全国的比例

单位：亿元，%

年份	河北省		全国		河北省占全国比例
	商业信用融资余额	环比增长率	商业信用融资余额	环比增长率	
2011	1778.22	102.14	68860.09	19.42	2.58
2012	2091.47	17.62	86068.96	24.99	2.43
2013	2535.65	21.24	99249.07	15.31	2.55
2014	2942.43	16.04	113264.49	14.12	2.60
2015	3436.82	16.80	128979.60	13.87	2.66

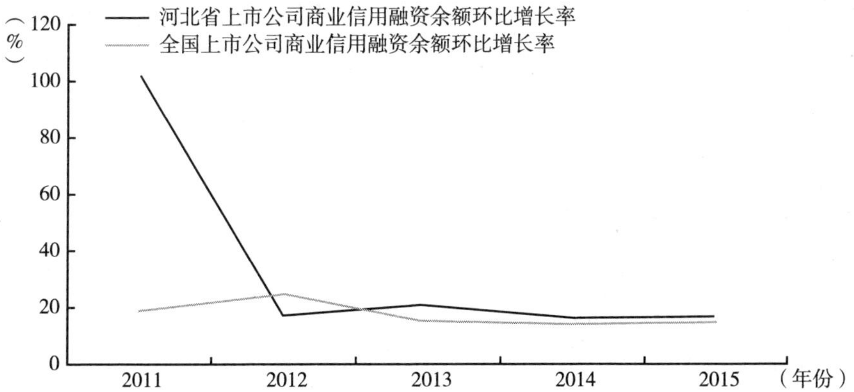

图1－36　2011～2015年河北省和全国上市公司商业信用融资余额环比增长率趋势

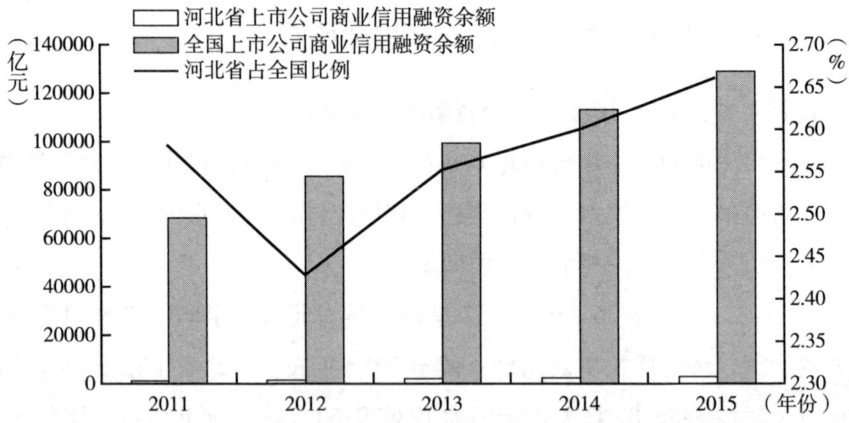

图 1－37　2011～2015 年河北省及全国上市公司商业信用融资余额及河北省占全国的比例

2011～2015 年，从环比增长率来看，河北省上市公司商业信用融资余额环比增长率总体上高于全国。河北省环比增长率最高的是 2011 年，而全国环比增长率最高的是 2012 年。河北省环比增长率最低年份是 2014 年，而全国环比增长率最低年份是 2015 年。

2. 河北省不同板块上市公司商业信用融资规模

表 1－23、图 1－38 呈现的是 2011～2015 年河北省不同板块上市公司商业信用融资余额及其占全国的比例。

分市场板块来看，截至 2015 年底，河北省上市公司在创业板、沪市 A 股、深市 A 股和中小板的商业信用融资余额分别为 10. 38 亿元、1831. 83 亿元、1142. 21 亿元和 452. 40 亿元；河北省不同板块上市公司商业信用融资余额占全国上市公司商业信用融资余额的比例分别是：深市 A 股最高，为 5. 20%；其次为中小板，为 4. 79%；最低的是创业板，为 0. 47%。

从近 5 年河北省占全国的比例变化趋势来看，深市 A 股 2012 年比 2011 年有较大幅度的下降，降为 5. 95%，以后三年持续下降。在沪市 A 股市场中，河北省上市公司商业信用融资余额占全国的比例呈上趋势。在中小板块，河北省上市公司商业信用融资余额占全国的比例在 2011～2014 年呈现上升趋势，2015 年又略有下降。截至 2015 年底，中小板块河北省上市公司

表 1－23　2011～2015 年河北省不同板块上市公司商业信用融资余额及比例

单位：亿元，%

板块		2011 年	2012 年	2013 年	2014 年	2015 年
创业板	河北省商业信用融资余额	3.51	5.17	3.66	5.71	10.38
	全国商业信用融资余额	382.04	598.19	816.58	1289.08	2215.79
	河北省占全国的比例	0.92	0.86	0.45	0.44	0.47
沪市 A 股	河北省商业信用融资余额	847.40	987.25	1250.37	1520.40	1831.83
	全国商业信用融资余额	55895.35	65343.81	74702.87	84847.31	95375.28
	河北省占全国的比例	1.52	1.51	1.67	1.79	1.92
深市 A 股	河北省商业信用融资余额	783.74	887.70	979.27	1048.23	1142.21
	全国商业信用融资余额	8433.13	14921.09	17540.61	19615.43	21948.15
	河北省占全国的比例	9.29	5.95	5.58	5.34	5.20
中小板	河北省商业信用融资余额	143.57	211.35	302.35	368.09	452.40
	全国商业信用融资余额	4149.57	5205.87	6189.01	7512.67	9440.37
	河北省占全国的比例	3.46	4.06	4.89	4.90	4.79
总计	河北省商业信用融资余额	1778.22	2091.47	2535.65	2942.43	3436.82
	全国商业信用融资余额	68860.09	86068.96	99249.07	113264.49	128979.59
	河北省占全国的比例	2.58	2.43	2.55	2.60	2.66

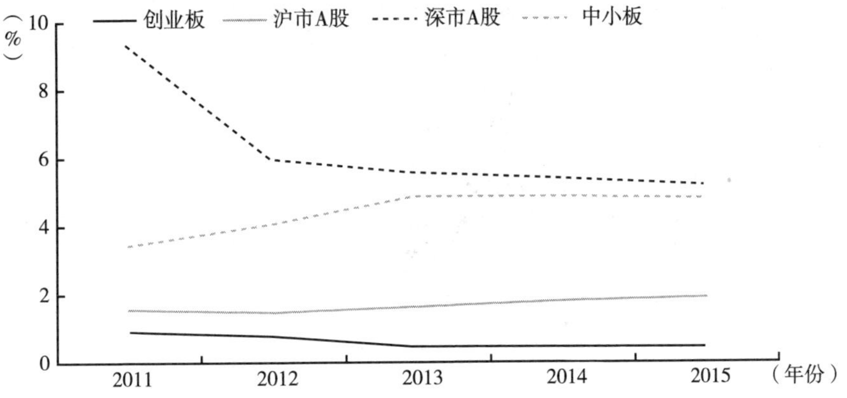

图 1－38　2011～2015 年不同板块河北省上市公司商业信用融资余额占全国的比例趋势

商业信用融资余额占全国的比例为 4.79%。而深市 A 股在 2011～2015 年呈下降趋势。沪市 A 股 2012～2015 年呈平缓上升趋势。创业板在 2011～2014

年呈现下降趋势，由 2011 年的 0. 92% 下降到 2014 年的 0. 44% ，在 2015 年又略有回升，所占比例达到 0. 47% 。

2015 年，河北省、全国上市公司商业信用融资余额板块结构见图 1 - 39、图 1 - 40。

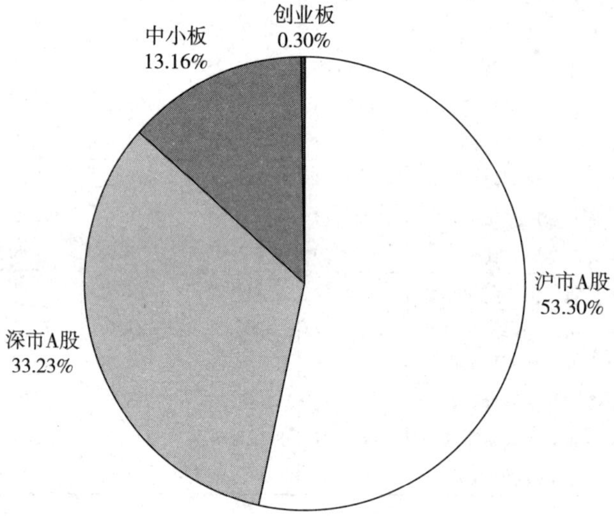

图 1 - 39　2015 年河北省上市公司商业信用融资余额板块结构

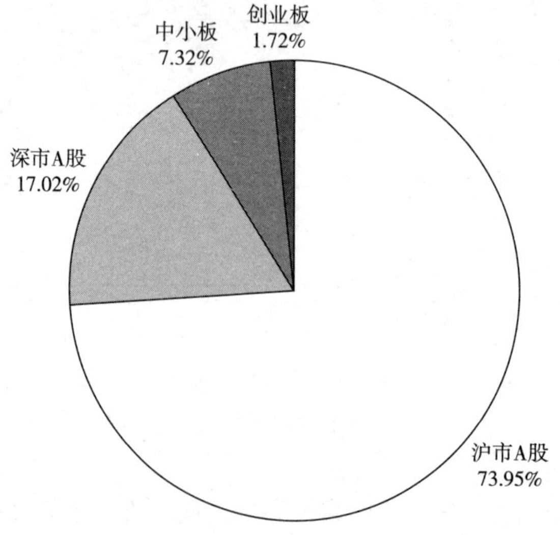

图 1 - 40　2015 年全国上市公司商业信用融资余额板块结构

3. 河北省不同行业上市公司商业信用融资规模

表 1－24、图 1－41 反映的是 2011～2015 年河北省不同行业上市公司商业信用融资余额及其占全国的比例。

2015 年，河北省有商业信用融资余额的 8 个行业中，商业信用融资余额最多的是制造业，为 1551.46 亿元；其次是房地产业，为 1370.52 亿元；最低的是综合类，仅为 0.29 亿元。2015 年，河北省商业信用融资余额占全国的比例最高的是房地产业，为 6.97%；其次是批发和零售业，为 6.12%；最低的是综合类，仅为 0.11%。

表 1－24　2011～2015 年河北省不同行业上市公司商业信用融资余额及占比

单位：亿元，%

行业		2011 年	2012 年	2013 年	2014 年	2015 年
采矿业	河北省商业信用融资余额	97.32	90.66	90.20	83.39	82.12
	全国商业信用融资余额	10165.97	10840.58	11584.21	12273.31	11173.25
	河北省占全国的比例	0.96	0.84	0.78	0.68	0.73
电力、热力、燃气及水生产和供应业	河北省商业信用融资余额	26.46	26.66	38.01	40.85	45.24
	全国商业信用融资余额	1791.31	2003.65	2428.20	2775.46	3488.39
	河北省占全国的比例	1.48	1.33	1.57	1.47	1.30
房地产业	河北省商业信用融资余额	325.11	483.42	725.19	980.96	1370.52
	全国商业信用融资余额	5179.02	9618.61	11869.87	13075.44	19650.13
	河北省占全国的比例	6.28	5.03	6.11	7.50	6.97
建筑业	河北省商业信用融资余额	—	—	—	—	—
	全国商业信用融资余额	11946.43	16581.79	19378.74	22033.04	24809.17
	河北省占全国的比例	0	0	0	0	0
交通运输、仓储和邮政业	河北省商业信用融资余额	22.10	19.44	22.68	33.66	27.86
	全国商业信用融资余额	2405.84	2500.51	2837.25	3327.94	2841.82
	河北省占全国的比例	0.92	0.78	0.80	1.01	0.98
教育	河北省商业信用融资余额	—	—	—	—	—
	全国商业信用融资余额	1.57	1.67	2.11	5.59	8.16
	河北省占全国的比例	0	0	0	0	0
金融业	河北省商业信用融资余额	—	—	—	—	—
	全国商业信用融资余额	9297.85	11094.55	13136.95	16037.08	17269.02
	河北省占全国的比例	0	0	0	0	0

续表

行业		2011 年	2012 年	2013 年	2014 年	2015 年
科学研究和技术服务业	河北省商业信用融资余额	—	—	—	—	—
	全国商业信用融资余额	34.98	57.93	64.34	160.75	215.61
	河北省占全国的比例	0	0	0	0	0
农林牧渔业	河北省商业信用融资余额	0.65	0.97	1.74	1.98	2.68
	全国商业信用融资余额	157.57	155.40	173.62	198.93	304.61
	河北省占全国的比例	0.41	0.62	1.00	1.00	0.88
批发和零售业	河北省商业信用融资余额	294.82	313.81	373.58	402.75	356.66
	全国商业信用融资余额	3662.87	4302.04	4800.50	5170.91	5831.04
	河北省占全国的比例	8.05	7.29	7.78	7.79	6.12
水利环境和公共设施管理业	河北省商业信用融资余额	—	—	—	—	—
	全国商业信用融资余额	70.73	366.98	522.50	520.79	591.63
	河北省占全国的比例	0	0	0	0	0
卫生和社会工作	河北省商业信用融资余额	—	—	—	—	—
	全国商业信用融资余额	4.08	5.59	6.98	9.47	21.19
	河北省占全国的比例	0	0	0	0	0
文化、体育和娱乐业	河北省商业信用融资余额	—	—	—	—	—
	全国商业信用融资余额	200.06	239.16	297.35	369.26	493.05
	河北省占全国的比例	0	0	0	0	0
信息传输、软件和信息技术服务业	河北省商业信用融资余额	—	—	—	—	—
	全国商业信用融资余额	1773.66	2093.42	2306.75	2609.56	3657.57
	河北省占全国的比例	0	0	0	0	0
制造业	河北省商业信用融资余额	1011.31	1156.25	1283.83	1398.57	1551.46
	全国商业信用融资余额	21675.81	25544.30	29010.66	33852.10	37392.01
	河北省占全国的比例	4.67	4.53	4.43	4.13	4.15
住宿和餐营业	河北省商业信用融资余额	—	—	—	—	—
	全国商业信用融资余额	33.62	48.00	54.01	63.10	66.43
	河北省占全国的比例	0	0	0	0	0
综合类	河北省商业信用融资余额	0.43	0.26	0.42	0.28	0.29
	全国商业信用融资余额	174.56	222.26	233.50	204.27	255.67
	河北省占全国的比例	0.25	0.12	0.18	0.14	0.11
租赁和商务服务业	河北省商业信用融资余额	—	—	—	—	—
	全国商业信用融资余额	284.16	392.50	541.54	577.49	910.85
	河北省占全国的比例	0	0	0	0	0

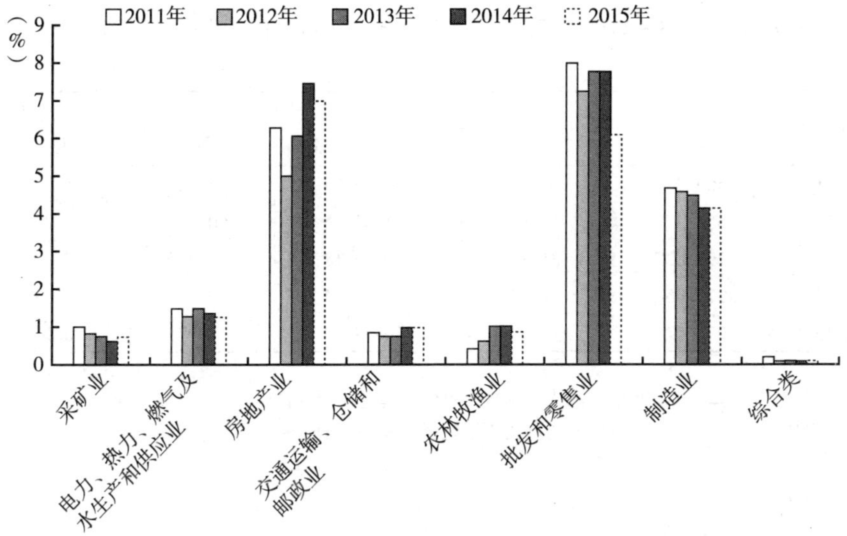

图 1－41　2011～2015 年河北省不同行业上市公司商业信用融资余额占全国的比例

（五）河北省上市公司自我积累融资规模

1. 河北省上市公司自我积累融资余额

上市公司自我积累融资包括：盈余公积和未分配利润，数据来源于上市公司资产负债表相关项目的期末数。

表 1－25、图 1－42、图 1－43 反映的是 2011～2015 年河北省和全国上市公司自我积累融资余额，以及河北省占全国的比例。从近 5 年的环比增长率看，河北省呈波动趋势，最高年份是 2011 年，为 94.07%，最低年份是 2015 年，为 10.48%；全国同样呈下降趋势，最高年份是 2011 年，为 34.32%，最低年份是 2015 年，为 17.07%。

2015 年河北省上市公司自我积累融资余额是 2011 年的 1.91 倍，累计增长率是 91%。2015 年全国上市公司自我积累融资余额是 2011 年的 2.01 倍，累计增长率是 101%。河北省上市公司自我积累增长率低于全国水平。2011～2015 年，河北省上市公司自我积累融资余额环比增长率总体高于全国环比增长率。

表 1-25　2011～2015 年河北省和全国上市公司自我积累融资余额及其占比

单位：亿元，%

年份	河北省		全国		河北省占全国比例
	自我积累融资余额	环比增长率	自我积累融资余额	环比增长率	
2011	560.78	94.07	55286.23	34.32	1.01
2012	655.37	16.87	66465.36	20.22	0.99
2013	795.02	21.31	79433.18	19.51	1.00
2014	970.96	22.13	94720.34	19.25	1.03
2015	1072.67	10.48	110888.67	17.07	0.97

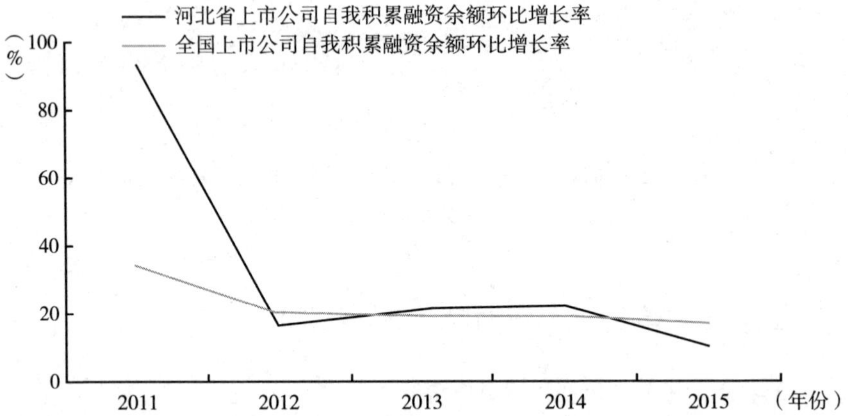

图 1-42　2011～2015 年河北省及全国上市公司自我积累融资余额环比增长率

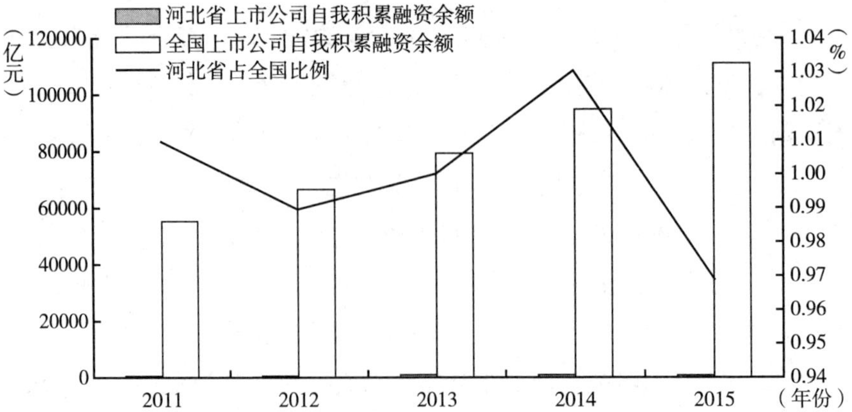

图 1-43　2011～2015 年河北省和全国上市公司自我积累融资余额及河北省占全国比例

河北省上市公司自我积累融资余额占全国的比例保持在1.00%左右。2011～2015年，最高比例是1.03%，最低是0.97%。

2. **河北省各地市上市公司自我积累融资余额**

表1－26反映的是2011～2015年河北省各地市上市公司自我积累融资余额，以及各地市占河北省的比例。

表1－26　2011～2015年河北省各地市上市公司自我积累融资余额

单位：亿元，%

		2011年	2012年	2013年	2014年	2015年
保定市	自我积累融资余额	120.25	152.98	173.25	230.37	257.54
	环比增长率	2225.57	27.22	13.25	32.97	11.79
	保定市占河北省的比例	21.44	23.34	21.79	23.73	24.01
沧州市	自我积累融资余额	－2.40	2.78	4.97	1.90	－0.25
	环比增长率	87.52	215.98	78.78	－61.77	－113.16
	沧州市占河北省的比例	—	0.42	0.63	0.20	—
承德市	自我积累融资余额	3.39	3.79	5.92	7.94	9.06
	环比增长率	－12.84	11.80	56.20	34.12	14.11
	承德市占河北省的比例	0.60	0.58	0.74	0.82	0.84
邯郸市	自我积累融资余额	49.59	53.14	61.66	55.06	59.67
	环比增长率	35.18	7.16	16.03	－10.70	8.37
	邯郸市占河北省的比例	8.84	8.11	7.76	5.67	5.56
衡水市	自我积累融资余额	2.01	3.13	3.08	3.46	4.00
	环比增长率	63.84	55.72	－1.60	12.34	15.61
	衡水市占河北省的比例	0.36	0.48	0.39	0.36	0.37
廊坊市	自我积累融资余额	49.01	82.97	129.58	189.72	222.45
	环比增长率	182.03	69.29	56.18	46.41	17.25
	廊坊市占河北省的比例	8.74	12.66	16.30	19.54	20.74
秦皇岛市	自我积累融资余额	2.93	0.90	－2.58	－1.52	－3.30
	环比增长率	3.47	－69.28	－388.06	41.23	－117.11
	秦皇岛市占河北省的比例	0.52	0.14	—	—	—
石家庄市	自我积累融资余额	96.96	100.20	137.67	187.41	233.20
	环比增长率	47.10	3.34	37.40	36.13	24.43
	石家庄市占河北省的比例	17.29	15.29	17.32	19.30	21.74
唐山市	自我积累融资余额	147.24	152.57	172.27	188.88	182.59
	环比增长率	73.44	3.62	12.91	9.64	－3.33
	唐山市占河北省的比例	26.26	23.28	21.67	19.45	17.02

续表

		2011 年	2012 年	2013 年	2014 年	2015 年
邢台市	自我积累融资余额	90.93	101.97	108.22	107.48	107.46
	环比增长率	27.21	12.14	6.13	-0.68	-0.02
	邢台市占河北省的比例	16.21	15.56	13.61	11.07	10.02
张家口市	自我积累融资余额	0.89	0.94	0.98	0.24	0.25
	环比增长率	13.15	5.62	4.26	-75.51	4.17
	张家口市占河北省的比例	0.16	0.14	0.12	0.02	0.02

截至 2015 年底，河北省自我积累融资余额最多的是保定市，为 257.54 亿元。名列第二、第三和第四的地市是石家庄市、廊坊市和唐山市，其自我积累融资余额分别是 233.20 亿元、222.45 亿元和 182.59 亿元。自我积累融资余额最低的是秦皇岛市，为 -3.30 亿元；其次是沧州市，为 -0.25 亿元。从各地市上市公司自我积累融资余额占河北省的比例来看，各地市的名次排序与自我积累融资余额的排序没有差别。第一名是保定市，其上市公司自我积累融资余额占河北省的比例为 24.01%，石家庄市、廊坊市和唐山市三地市上市公司自我积累融资余额占河北省的比例分别为 21.74%、20.74% 和 17.02%。占比最低的是秦皇岛市，为 -0.31%。

从环比增长率来看，5 年保持持续增长的有保定市、廊坊市和石家庄；秦皇岛市除了 2011 年、2014 年和 2015 年之外，其他年份环比增长率均为负值。其他各地市环比增长率涨跌互现。

3. 河北省不同板块上市公司自我积累融资余额

表 1-27 反映的是 2011～2015 年河北省不同市场板块上市公司自我积累融资余额。截至 2015 年底，河北省自我积累融资余额最多的市场板块是沪市 A 股市场，为 511.37 亿元；其次是深市 A 股市场，为 365.51 亿元；创业板市场自我积累融资余额最少，为 26.43 亿元。截至 2015 年底，河北省上市公司自我积累融资余额占全国比例最高的是深市 A 股市场，占比为 3.42%；其次是中小板市场，占比为 2.52%；最低的是沪市 A 股市场，占比为 0.56%。从时间序列来看，最近 5 年，河北省上市公司在深市 A 股市

场自我积累融资余额占全国的比例呈下降趋势；在沪市 A 股市场和中小板市场的先上升后下降，2014 年为最高点；在创业板市场的则先下降后上升，2013 年为最低点（见图 1－44）。

2015 年河北省、全国上市公司自我积累融资余额板块结构见图 1－45、图 1－46。

表 1－27　2011～2015 年河北省不同市场板块上市公司自我积累融资余额

单位：亿元，%

		2011 年	2012 年	2013 年	2014 年	2015 年
创业板	河北省自我积累融资余额	6.76	8.72	9.85	16.14	26.43
	全国自我积累余额	487.60	728.40	909.36	1326.93	2102.33
	河北省占全国的比例	1.39	1.20	1.08	1.22	1.26
沪市 A 股	河北省自我积累融资余额	226.39	274.64	347.70	454.51	511.37
	全国自我积累余额	46145.46	55337.31	66056.35	78454.39	91362.44
	河北省占全国的比例	0.49	0.50	0.53	0.58	0.56
深市 A 股	河北省自我积累融资余额	267.46	284.16	320.79	346.96	365.51
	全国自我积累余额	5583.16	6566.44	7968.57	9409.87	10696.75
	河北省占全国的比例	4.79	4.33	4.03	3.69	3.42
中小板	河北省自我积累融资余额	60.17	87.84	116.68	153.35	169.37
	全国自我积累余额	3070.00	3833.22	4498.90	5529.15	6727.16
	河北省占全国的比例	1.96	2.29	2.59	2.77	2.52

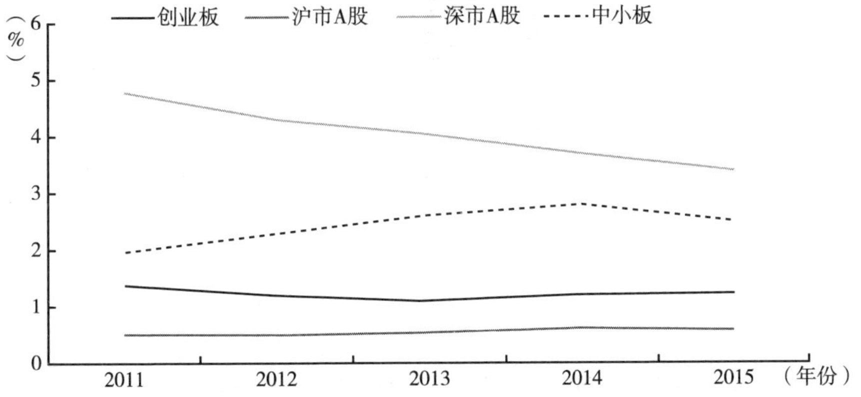

图 1－44　2011～2015 年河北省不同板块上市公司自我积累融资余额占全国的比例

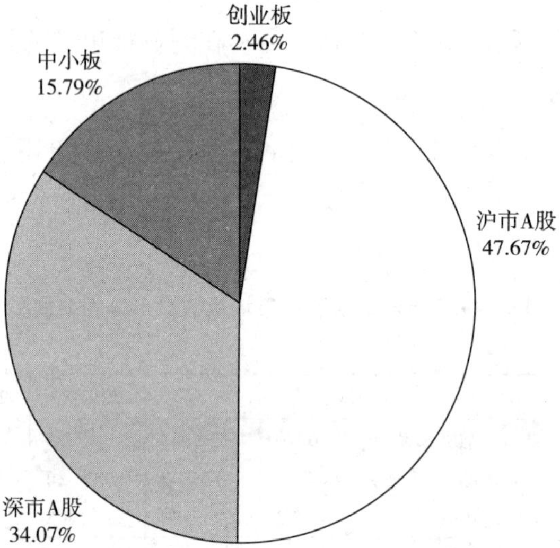

图 1－45　2015 年河北省上市公司自我积累融资余额板块结构

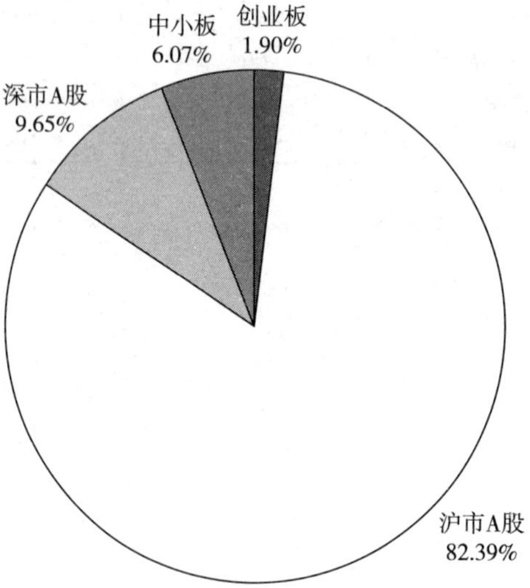

图 1－46　2015 年全国上市公司自我积累融资余额板块结构

4. 河北省不同行业上市公司自我积累融资余额

表1－28、图1－47反映的是2011～2015年河北省不同行业上市公司自我积累融资余额及河北省占全国的比例。

分行业来看，截至2015年底，河北省上市公司自我积累融资余额占全国的比例比较高的行业是房地产业、制造业和农林牧渔业，分别是4.38%、2.82%和2.04%；比例最低的是综合类，占比为－2.00%。2011～2015年，河北省综合类上市公司在5个年份占全国的比例都是负值，说明河北省该行业自我积累资金的能力非常低。2011～2015年，河北省电力、热力、燃气及水生产和供应业和交通运输、仓储和邮政业的上市公司自我积累融资余额占全国的比例逐年上升。综合业占比虽然由2011年的－2.80%，上升到2014年的－1.62%，但在2015年又下降到－1.99%。房地产业占比在5年内由2011年的2.44%上升到2014年的4.79%，2015年又下降到4.38%。批发和零售业、制造业的趋势比较平稳。

表1－28　2011～2015年河北省不同行业上市公司自我积累融资余额及其占全国的比例

单位：亿元，%

		2011年	2012年	2013年	2014年	2015年
采矿业	河北省自我积累融资余额	88.45	99.69	105.75	105.06	105.86
	全国自我积累融资余额	14044.52	15395.91	16796.33	17961.17	17955.08
	河北省占全国的比例	0.63	0.65	0.63	0.58	0.59
电力、热力、燃气及水生产和供应业	河北省自我积累融资余额	－12.66	－12.51	0.84	20.30	43.43
	全国自我积累融资余额	1261.08	1617.04	2188.42	2728.50	3400.10
	河北省占全国的比例	－1.00	－0.77	0.04	0.74	1.28
房地产业	河北省自我积累融资余额	50.22	84.02	129.19	188.84	220.11
	全国自我积累融资余额	2057.95	2662.20	3322.31	3939.23	5029.87
	河北省占全国的比例	2.44	3.16	3.89	4.79	4.38
建筑业	河北省自我积累融资余额	—	—	—	—	—
	全国自我积累融资余额	1255.89	2073.26	2734.88	3450.90	4254.69
	河北省占全国的比例	0	0	0	0	0
交通运输、仓储和邮政业	河北省自我积累融资余额	11.13	16.68	24.54	34.42	44.17
	全国自我积累融资余额	1996.47	2222.31	2406.53	2931.09	3387.70
	河北省占全国的比例	0.56	0.75	1.02	1.17	1.30

续表

		2011 年	2012 年	2013 年	2014 年	2015 年
教育	河北省自我积累融资余额	—	—	—	—	—
	全国自我积累融资余额	0. 63	0. 13	0. 28	1. 18	1. 78
	河北省占全国的比例	0	0	0	0	0
金融业	河北省自我积累融资余额	—	—	—	—	—
	全国自我积累融资余额	19684. 09	24793. 63	31339. 72	39572. 71	49133. 33
	河北省占全国的比例	0	0	0	0	0
科学研究和技术服务业	河北省自我积累融资余额	—	—	—	—	—
	全国自我积累融资余额	12. 17	23. 24	32. 64	75. 48	102. 82
	河北省占全国的比例	0	0	0	0	0
农林牧渔业	河北省自我积累融资余额	0. 54	0. 64	2. 59	3. 02	5. 11
	全国自我积累融资余额	113. 27	116. 75	118. 06	131. 07	250. 71
	河北省占全国的比例	0. 48	0. 55	2. 19	2. 30	2. 04
批发和零售业	河北省自我积累融资余额	28. 41	20. 91	23. 36	25. 10	28. 41
	全国自我积累融资余额	1147. 69	1364. 37	1604. 16	1803. 23	2089. 65
	河北省占全国的比例	2. 48	1. 53	1. 46	1. 39	1. 36
水利环境和公共设施管理业	河北省自我积累融资余额	—	—	—	—	—
	全国自我积累融资余额	170. 32	223. 24	306. 06	415. 41	474. 60
	河北省占全国的比例	0	0	0	0	0
卫生和社会工作	河北省自我积累融资余额	—	—	—	—	—
	全国自我积累融资余额	4. 69	8. 66	12. 76	18. 13	31. 34
	河北省占全国的比例	0	0	0	0	0
文化、体育和娱乐业	河北省自我积累融资余额	—	—	—	—	—
	全国自我积累融资余额	133. 30	190. 28	245. 67	350. 70	512. 91
	河北省占全国的比例	0	0	0	0	0
信息传输、软件和信息技术服务业	河北省自我积累融资余额	—	—	—	—	—
	全国自我积累融资余额	578. 86	715. 60	851. 72	1071. 00	1439. 72
	河北省占全国的比例	0	0	0	0	0
制造业	河北省自我积累融资余额	396. 45	447. 62	510. 95	596. 36	628. 37
	全国自我积累融资余额	12603. 65	14752. 76	17086. 76	19810. 49	22263. 34
	河北省占全国的比例	3. 15	3. 03	2. 99	3. 01	2. 82
住宿和餐饮业	河北省自我积累融资余额	—	—	—	—	—
	全国自我积累融资余额	20. 82	25. 80	23. 88	13. 28	27. 25
	河北省占全国的比例	0	0	0	0	0

续表

		2011 年	2012 年	2013 年	2014 年	2015 年
综合类	河北省自我积累融资余额	-1.75	-1.69	-2.19	-2.13	-2.77
	全国自我积累融资余额	62.60	96.95	117.76	131.14	138.99
	河北省占全国的比例	—	—	—	—	—
租赁和商务服务业	河北省自我积累融资余额	—	—	—	—	—
	全国自我积累融资余额	138.23	183.26	245.24	315.63	394.77
	河北省占全国的比例	0	0	0	0	0

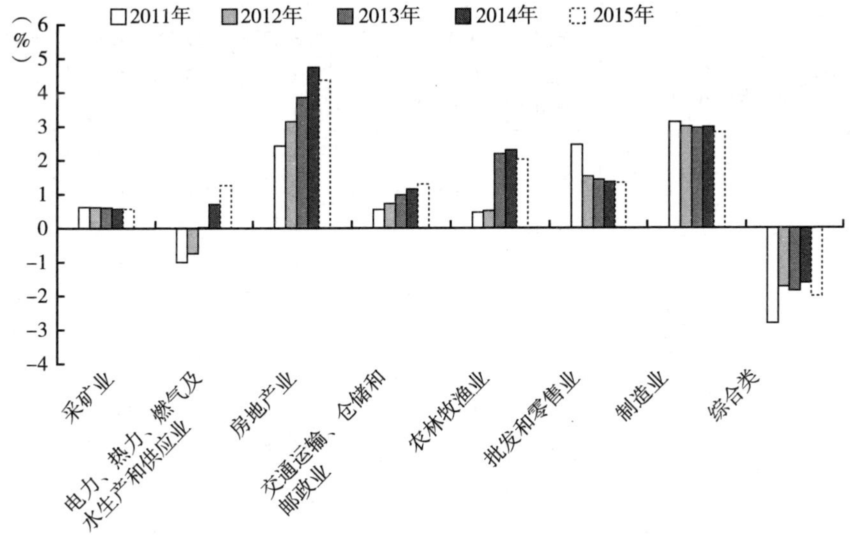

图 1-47　2011～2015 年河北省不同行业上市公司自我积累融资余额占全国的比例

二　河北上市公司融资结构

本部分主要研究河北省不同上市公司的融资结构特征。上市公司的融资结构是指其在不同融资渠道融资额的价值构成及其比例关系。本部分的融资渠道包括：股票融资、债券融资、银行借款、商业信用融资和自我积累。本报告使用不同融资渠道融资额占总资产的比例来描述融资结构。

（一）河北省与全国融资结构的对比

1. 河北省与全国融资结构的总体对比

表1－29呈现的是河北省上市公司和全国上市公司融资结构总体对比情况。

表1－29　2011～2015年河北省上市公司和全国上市公司融资结构总体对比

单位：%

		2011年	2012年	2013年	2014年	2015年	均值
股票融资累计额/总资产	河北省	15.09	14.56	14.72	16.20	25.27	17.17
	全国	4.09	3.92	3.82	3.99	4.49	4.06
IPO融资累计额/总资产	河北省	6.91	5.94	5.07	4.57	4.05	5.31
	全国	2.23	2.01	1.83	1.68	1.66	1.88
债券融资余额/总资产	河北省	5.04	5.83	6.33	6.93	9.01	6.63
	全国	2.58	3.18	3.63	4.65	7.17	4.24
银行借款余额/总资产	河北省	21.85	24.15	23.58	21.28	19.61	22.09
	全国	4.47	4.51	4.66	4.59	4.50	4.55
商业信用融资余额/总资产	河北省	33.21	33.20	34.39	35.25	35.90	34.39
	全国	6.70	7.22	7.47	7.56	7.48	7.29
自我积累融资余额/总资产	河北省	10.47	10.40	10.78	11.63	11.20	10.90
	全国	5.38	5.57	5.98	6.32	6.43	5.94
本年新增股票融资额/总资产	河北省	6.59	1.73	2.28	3.20	11.15	4.99
	全国	0.71	0.40	0.31	0.60	1.02	0.61
本年IPO股票融资额/总资产	河北省	2.48	0.06	0	0.09	0.07	0.54
	全国	0.27	0.09	0.03	0.05	0.20	0.13
本年债券融资净额/总资产	河北省	2.84	1.54	1.35	1.34	2.97	2.01
	全国	0.84	0.95	0.78	1.43	3.13	1.43
本年银行借款净额/总资产	河北省	5.00	5.57	2.95	4.54	1.06	3.82
	全国	0.83	0.66	0.61	0.46	0.51	0.61
本年商业信用融资净额/总资产	河北省	16.78	4.97	6.02	4.87	5.16	7.56
	全国	1.09	1.44	0.99	0.94	0.91	1.07
本年自我积累融资额/总资产	河北省	5.08	1.50	1.89	2.11	1.06	2.33
	全国	1.37	0.94	0.98	1.02	0.94	1.05

2011～2015年，融资余额占总资产比例均值最高的是商业信用融资余额，河北省和全国的均值分别是34.39%和7.29%；融资余额占总资产比

例均值最低的是债券融资余额，河北省和全国的均值分别是 6.63% 和 4.24%。2011~2015 年，河北省的债券融资余额/总资产、商业信用融资余额/总资产和自我积累融资余额/总资产三个指标呈上涨趋势；银行借款余额/总资产呈下降趋势；股票融资累计额/总资产指标比较平衡。由于 IPO 是股票融资中的一部分，所以，需要注意的是 IPO 融资累计额/总资产指标在 5 年间却出现了下降趋势。全国的融资余额结构指标的走势与河北省的基本一致。

在本年新增融资（净）额占总资产的诸多指标中，河北省和全国上市公司本年商业信用融资净额/总资产的均值最高，分别为 7.56% 和 1.07%；河北省均值最低的是本年债券融资净额/总资产，其值为 2.01%，全国均值最低的是本年银行借款净额/总资产、本年新增股票融资额/总资产，其值均为 0.59%。无论是河北省还是全国，本年新增融资（净）额占总资产的比例，各年份变化没有表现出明显的趋势特征。

2. 不同板块上市公司融资结构的比较

（1）沪市 A 股上市公司融资结构的比较

表 1-30 呈现的是 2011~2015 年河北省和全国沪市 A 股市场上市公司的融资结构。

截至 2015 年底，融资余额占总资产比例均值最高的是商业信用融资余额，河北省和全国的均值分别是 41.56% 和 6.06%。河北省上市公司融资余额占总资产比例均值最低的是债券融资余额，其值为 5.73%；全国上市公司融资余额占总资产比例均值最低的是股票融资累计额，其值为 2.74%。在沪市 A 股市场中，河北省和全国的 IPO 融资累计额/总资产均值分别为 7.23% 和 1.28%。

2011~2015 年，河北省和全国沪市 A 股市场的股票融资累计额/总资产、IPO 融资累计额/总资产和银行借款余额/总资产三个指标值整体呈下降趋势；河北省和全国债券融资余额/总资产、商业信用融资余额/总资产和自我积累融资余额/总资产三个指标值整体呈上升趋势。

表 1－30　2011～2015 年河北省和全国沪市 A 股上市公司的融资结构

单位：%

		2011 年	2012 年	2013 年	2014 年	2015 年	均值
股票融资累计额/总资产	河北省	15.17	14.84	14.97	14.99	14.99	14.99
	全国	2.89	2.73	2.65	2.65	2.80	2.74
IPO 融资累计额/总资产	河北省	10.18	8.35	6.92	5.79	4.93	7.23
	全国	1.56	1.38	1.25	1.14	1.07	1.28
债券融资余额/总资产	河北省	4.22	5.41	4.96	5.87	8.19	5.73
	全国	2.46	3.03	3.42	4.35	6.50	3.95
银行借款余额/总资产	河北省	18.91	20.74	18.66	15.81	14.60	17.74
	全国	3.52	3.58	3.68	3.63	3.51	3.58
商业信用融资余额/总资产	河北省	41.33	39.52	41.46	42.17	43.31	41.56
	全国	5.89	5.96	6.13	6.21	6.13	6.06
自我积累融资余额/总资产	河北省	11.04	10.99	11.53	12.61	12.09	11.65
	全国	4.87	5.04	5.42	5.75	5.87	5.39

（2）深市 A 股上市公司融资结构的比较

表 1－31 呈现的是 2011～2015 年河北省和全国深市 A 股市场上市公司的融资结构。

截至 2015 年底，融资余额占总资产比例均值最高的是商业信用融资余额，河北省和全国的均值分别是 28.39% 和 20.66%；融资余额占总资产比例均值最低的是债券融资余额，河北省和全国分别为 8.72% 和 8.13%。在深市 A 股中，河北省和全国的 IPO 融资累计额/总资产均值分别为 1.60% 和 2.80%。

2011～2015 年，河北省深市 A 股上市公司的股票融资累计额/总资产指标值呈横向波动趋势，全国呈先下降后上升趋势；河北省的 IPO 融资累计额/总资产指标值呈下降趋势，全国呈先下降后上升趋势；河北省和全国的债券融资余额/总资产指标值都呈上升趋势；河北省的银行借款余额/总资产指标值呈先上升后下降趋势，全国呈下降趋势；河北省的商业信用融资余额/总资产指标值呈横向波动趋势，全国呈先上升后下降趋势；河北省的自我积累融资余额/总资产指标值呈横向波动趋势，全国呈先上升后下降趋势。

表 1－31　2011～2015 年河北省和全国深市 A 股上市公司的融资结构

单位：%

		2011 年	2012 年	2013 年	2014 年	2015 年	均值
股票融资累计额/总资产	河北省	13.34	12.96	14.13	17.52	5.43	12.68
	全国	12.65	12.34	12.33	13.52	15.29	13.23
IPO 融资累计额/总资产	河北省	1.91	1.72	1.54	1.47	1.36	1.60
	全国	3.05	2.60	2.65	2.27	3.44	2.80
债券融资余额/总资产	河北省	6.53	7.42	9.11	10.01	10.55	8.72
	全国	5.02	5.58	6.73	8.42	14.92	8.13
银行借款余额/总资产	河北省	25.25	27.63	28.52	26.66	25.65	26.74
	全国	17.12	16.69	16.55	15.44	14.63	16.09
商业信用融资余额/总资产	河北省	27.90	28.38	28.16	28.60	28.90	28.39
	全国	15.05	22.73	23.06	22.11	20.33	20.66
自我积累融资余额/总资产	河北省	9.52	9.08	9.22	9.47	9.25	9.31
	全国	9.96	10.00	10.48	10.61	9.91	10.19

（3）创业板上市公司融资结构的比较

表 1－32 呈现的是 2011～2015 年河北省和全国创业板市场上市公司的融资结构。

2011～2015 年，融资余额占总资产比例均值最高的是股票融资累计额，河北省和全国的均值分别是 58.18% 和 41.81%；融资余额占总资产比例均值最低的是债券融资余额，河北省和全国分别为 0 和 1.55%。在创业板市场中，河北省和全国的 IPO 融资累计额/总资产均值分别为 54.93% 和 43.55%。

2011～2015 年，创业板市场中，河北省和全国上市公司的股票融资累计额/总资产和 IPO 融资累计额/总资产两个指标值整体呈下降趋势；河北省和全国的银行借款余额/总资产和自我积累融资余额/总资产两个指标值都整体呈上升趋势；河北省债券融资余额/总资产指标值为零，全国的该指标值呈上升趋势；河北省商业信用融资余额/总资产指标值都呈整体上升趋势。

表 1－32　2011～2015 年河北省和全国创业板上市公司的融资结构

单位：%

		2011 年	2012 年	2013 年	2014 年	2015 年	均值
股票融资累计额/总资产	河北省	66.92	57.96	55.13	57.44	53.47	58.18
	全国	59.50	52.81	45.80	40.83	10.13	41.81
IPO 融资累计额/总资产	河北省	66.92	57.96	55.13	53.04	41.61	54.93
	全国	59.85	52.57	44.69	35.32	25.31	43.55
债券融资余额/总资产	河北省	0	0	0	0	0	0
	全国	0.26	0.98	1.85	2.11	2.53	1.55
银行借款余额/总资产	河北省	5.38	10.31	13.66	12.12	8.84	10.06
	全国	5.67	7.14	9.29	10.92	10.99	8.80
商业信用融资余额/总资产	河北省	6.89	8.79	5.92	7.25	8.96	7.56
	全国	11.60	13.61	15.79	17.98	19.22	15.64
自我积累融资余额/总资产	河北省	13.28	14.83	15.94	20.49	22.81	17.47
	全国	14.81	16.57	17.59	18.51	18.23	17.14

（4）中小板上市公司融资结构的比较

表 1－33 呈现的是 2011～2015 年河北省和全国中小板市场上市公司的融资结构。

截至 2015 年底，河北省融资余额占总资产比例均值最高的是商业信用融资余额，其值为 35.20%，全国融资余额占总资产比例均值最高的是股票融资累计额，其值为 25.35%；河北省和全国融资余额占总资产比例指标均值最低的是债券融资余额，其值分别为 1.55% 和 6.09%。河北省和全国 IPO 融资累计额/总资产的均值分别是 10.50% 和 16.46%。

2011～2015 年，中小板市场中，河北省和全国上市公司的股票融资累计额/总资产指标值呈先下降后上升趋势；河北省和全国上市公司的 IPO 融资累计额/总资产指标值均呈下降趋势；河北省和全国的银行借款余额/总资产和自我积累融资余额/总资产两个指标值都呈横向波动趋势；河北省债券融资余额/总资产指标值 2011～2014 年为零，2015 年为 7.76%，全国的该指标呈上升趋势；河北省和全国的商业信用融资余额/总资产指标值都呈先上升后下降趋势。

表 1 – 33　2011 ~ 2015 年河北省和全国中小板上市公司的融资结构

单位：%

		2011 年	2012 年	2013 年	2014 年	2015 年	均值
股票融资累计额/总资产	河北省	19.89	17.38	13.21	12.46	76.30	27.85
	全国	27.82	25.25	23.09	23.47	27.11	25.35
IPO 融资累计额/总资产	河北省	16.60	12.60	9.46	7.75	6.07	10.50
	全国	22.31	19.16	16.30	13.59	10.96	16.46
债券融资余额/总资产	河北省	0	0	0	0	7.76	1.55
	全国	1.86	3.89	5.01	7.14	12.57	6.09
银行借款余额/总资产	河北省	15.79	21.56	21.44	21.99	18.49	19.85
	全国	13.47	12.82	13.58	12.68	12.41	12.99
商业信用融资余额/总资产	河北省	32.33	34.41	36.96	36.84	35.47	35.20
	全国	20.71	20.81	21.04	20.37	19.90	20.57
自我积累融资余额/总资产	河北省	13.55	14.30	14.26	15.35	13.28	14.15
	全国	15.32	15.32	15.30	14.99	14.18	15.02

3. 河北省和全国不同行业融资结构比较

（1）河北省和全国采矿业融资结构比较

表 1 – 34 呈现的是 2011 ~ 2015 年河北省和全国采矿业融资结构。

截至 2015 年底，河北省和全国融资余额占总资产比例均值最高的是自我积累融资余额，其值分别是 25.00% 和 30.69%；河北省采矿业上市公司融资余额占总资产比例均值最低的是债券融资余额，其值是 13.40%；全国最低的是股票融资累计额，其值为 6.64%。河北省和全国 IPO 融资累计额/总资产的均值分别是 1.94% 和 4.60%。

2011 ~ 2015 年的采矿业中，河北省股票融资累计额/总资产指标值呈先下降后上升趋势，全国呈横向波动趋势；河北省和全国 IPO 融资累计额/总资产指标值呈下降趋势；河北省和全国债券融资余额/总资产指标值呈上升趋势；河北省银行借款余额/总资产指标值呈波动上升趋势，全国呈波动下降趋势；河北省商业信用融资余额/总资产指标值呈波动上升趋势，全国呈横向波动趋势；河北省自我积累融资余额/总资产指标值呈横向波动趋势，全国呈下降趋势。

表1－34　2011～2015年河北省和全国采矿业融资结构

单位：%

		2011年	2012年	2013年	2014年	2015年	均值
股票融资累计额/总资产	河北省	13.95	13.23	12.91	20.15	20.65	16.18
	全国	6.91	6.57	6.35	6.30	7.05	6.64
IPO融资累计额/总资产	河北省	2.06	1.95	1.91	1.88	1.92	1.94
	全国	5.50	4.83	4.41	4.16	4.10	4.60
债券融资余额/总资产	河北省	14.19	13.46	13.14	12.94	13.27	13.40
	全国	10.16	11.27	11.83	12.83	17.23	12.66
银行借款余额/总资产	河北省	16.36	14.77	18.38	19.63	15.79	16.99
	全国	11.71	14.61	14.32	17.28	15.93	14.77
商业信用融资余额/总资产	河北省	25.57	22.60	21.95	19.99	20.17	22.06
	全国	23.32	21.73	21.17	20.66	18.32	21.04
自我积累融资余额/总资产	河北省	23.24	24.86	25.73	25.18	26.00	25.00
	全国	32.21	30.86	30.70	30.24	29.45	30.69

（2）河北省和全国电力、热力、燃气及水生产和供应业融资结构比较

表1－35呈现的是2011～2015年河北省和全国电力、热力、燃气及水生产和供应业融资结构。

截至2015年底，河北省和全国融资余额占总资产比例均值最高的是银行借款余额，其值分别是43.68%和41.15%；河北省和全国融资余额占总资产比例均值最低的是自我积累融资余额，其值分别是1.50%和9.64%。河北省和全国IPO融资累计额/总资产的均值分别是1.65%和2.65%。

2011～2015年的电力、热力、燃气及水生产和供应业中，河北省和全国股票融资累计额/总资产指标值呈先下降后上升趋势，全国呈上升趋势；河北省IPO融资累计额/总资产指标值呈波动下降趋势，全国呈下降；河北省债券融资余额/总资产指标值呈整体下降趋势，全国呈上升趋势；河北省银行借款余额/总资产指标值呈横向波动趋势，全国呈波动上升趋势；河北省商业信用融资余额/总资产指标值呈整体下降趋势，全国呈下降趋势；河北省自我积累融资余额/总资产指标值呈上升趋势，全国呈下降趋势。

表 1－35　2011～2015 年河北省和全国电力、热力、燃气及水生产和供应业融资结构

单位：%

		2011 年	2012 年	2013 年	2014 年	2015 年	均值
股票融资累计额/总资产	河北省	18.58	17.20	15.60	17.71	15.61	16.94
	全国	10.18	11.22	11.80	12.09	12.83	11.62
IPO 融资累计额/总资产	河北省	1.97	1.83	1.66	1.22	1.56	1.65
	全国	2.93	2.67	2.65	2.47	2.55	2.65
债券融资余额/总资产	河北省	11.46	10.60	12.09	12.57	11.08	11.56
	全国	13.98	18.70	22.76	27.95	27.96	22.27
银行借款余额/总资产	河北省	54.21	57.27	43.50	32.77	30.64	43.68
	全国	47.57	43.16	40.92	36.68	37.42	41.15
商业信用融资余额/总资产	河北省	15.55	14.50	18.76	14.88	14.52	15.64
	全国	10.17	10.17	11.01	11.56	11.85	10.95
自我积累融资余额/总资产	河北省	-7.44	-6.80	0.41	7.39	13.94	1.50
	全国	7.16	8.21	9.92	11.36	11.55	9.64

（3）河北省和全国房地产业融资结构比较

表 1－36 呈现的是 2011～2015 年河北省和全国房地产业融资结构。

截至 2015 年底，河北省和全国融资余额占总资产比例均值最高的是商业信用融资余额，其值分别是 54.52% 和 37.78%；河北省和全国融资余额占总资产比例均值最低的是债券融资余额，其值分别是 1.32% 和 3.59%。河北省和全国 IPO 融资累计额/总资产的均值分别是 1.11% 和 2.11%。

2011～2015 年的房地产业中，河北省股票融资累计额/总资产指标值呈横向波动趋势，全国呈上升趋势；河北省和全国 IPO 融资累计额/总资产指标值呈先下降后上升趋势；河北省债券融资余额/总资产指标值呈横向波动趋势，全国呈上升趋势；河北省银行借款余额/总资产指标值呈先上升后下降趋势，全国呈下降后上升趋势；河北省商业信用融资余额/总资产指标值呈横向波动趋势，全国呈总体上升趋势；河北省和全国自我积累融资余额/总资产指标值呈上升趋势。

表1－36　2011～2015年河北省和全国房地产业融资结构

单位：%

		2011年	2012年	2013年	2014年	2015年	均值
股票融资累计额/总资产	河北省	6.82	4.54	2.85	2.00	3.25	3.89
	全国	14.07	11.64	9.38	9.63	10.88	11.12
IPO融资累计额/总资产	河北省	2.15	1.43	0.90	0.63	0.44	1.11
	全国	2.75	2.26	1.82	1.55	2.17	2.11
债券融资余额/总资产	河北省	0	0	0	0	6.59	1.32
	全国	3.21	2.70	2.61	3.04	6.38	3.59
银行借款余额/总资产	河北省	10.17	18.17	18.22	18.79	17.69	16.61
	全国	19.46	20.61	22.83	22.82	21.31	21.41
商业信用融资余额/总资产	河北省	58.31	57.77	54.32	51.70	50.48	54.52
	全国	27.29	41.55	41.33	38.86	39.86	37.78
自我积累融资余额/总资产	河北省	9.01	10.04	9.68	9.95	8.11	9.36
	全国	10.85	11.50	11.57	11.71	10.20	11.17

（4）河北省和全国交通运输、仓储和邮政业融资结构比较

表1－37呈现的是2011～2015年河北省和全国交通运输、仓储和邮政业融资结构。

截至2015年底，河北省和全国融资余额占总资产比例均值最高的分别是股票融资累计额和银行借款余额，其值分别是22.50%和22.51%；河北省和全国融资余额占总资产比例均值最低的分别是债券融资余额和自我积累融资余额，其值分别是1.48%和14.10%。河北省和全国IPO融资累计额/总资产的均值分别是9.81%和8.84%。

2011～2015年的交通运输、仓储和邮政业中，河北省和全国股票融资累计额/总资产指标值呈先下降后上升趋势；河北省IPO融资累计额/总资产指标值呈下降趋势，全国呈先下降后上升趋势；河北省债券融资余额/总资产指标值呈上升趋势，全国呈先下降后上升趋势；河北省和全国银行借款余额/总资产指标值呈先上升后下降趋势；河北省商业信用融资余额/总资产指标值呈下降趋势，全国呈先上升后下降趋势；河北省自

我积累融资余额/总资产指标值呈横向波动趋势，全国呈先上升后下降趋势。

表 1－37　2011～2015 年河北省和全国交通运输、仓储和邮政业融资结构

单位：%

		2011 年	2012 年	2013 年	2014 年	2015 年	均值
股票融资累计额/总资产	河北省	23.79	22.55	19.55	16.46	30.15	22.50
	全国	17.25	17.20	16.67	17.06	16.95	17.03
IPO 融资累计额/总资产	河北省	15.54	14.74	12.77	10.76	9.85	9.81
	全国	10.10	9.39	8.73	8.22	7.78	8.84
债券融资余额/总资产	河北省	0	0	0	1.97	5.41	1.48
	全国	12.68	14.66	16.11	17.18	19.92	16.11
银行借款余额/总资产	河北省	20.45	23.96	24.69	20.04	7.93	19.41
	全国	22.78	23.06	23.42	23.06	20.23	22.51
商业信用融资余额/总资产	河北省	20.95	17.47	17.66	22.08	16.74	18.98
	全国	15.52	14.77	15.59	17.14	13.58	15.32
自我积累融资余额/总资产	河北省	10.55	14.99	19.11	22.57	26.54	18.75
	全国	12.88	13.13	13.22	15.09	16.19	14.10

（5）河北省和全国农林牧渔业融资结构比较

表 1－38 呈现的是 2011～2015 年河北省和全国农林牧渔业融资结构。

截至 2015 年底，河北省和全国融资余额占总资产比例均值最高的是股票融资累计额，其值分别是 69.54% 和 34.95%；河北省和全国融资余额占总资产比例均值最低的分别是债券融资余额和自我积累融资余额，其值分别是 0 和 11.31%。河北省和全国 IPO 融资累计额/总资产的均值分别是 23.37% 和 20.83%。

2011～2015 年的农林牧渔业中，河北省股票融资累计额/总资产指标值呈先下降后上升趋势，全国呈横向波动趋势；河北省和全国 IPO 融资累计额/总资产指标值呈下降趋势；河北省和全国债券融资余额/总资产指标值呈上升趋势；河北省和全国银行借款余额/总资产指标值呈先上升后下降趋势；

河北省和全国商业信用融资余额/总资产指标值呈横向波动趋势；河北省和全国自我积累融资余额/总资产指标值呈上升趋势。

表 1 - 38　2011 ~ 2015 年河北省和全国农林牧渔业融资结构

单位：%

		2011 年	2012 年	2013 年	2014 年	2015 年	均值
股票融资累计额/总资产	河北省	39.16	23.16	86.65	20.23	198.73	69.54
	全国	32.73	32.06	31.04	39.31	39.61	34.95
IPO 融资累计额/总资产	河北省	39.16	23.16	21.68	20.34	12.50	23.37
	全国	23.19	22.29	20.76	19.69	18.23	20.83
债券融资余额/总资产	河北省	0	0	0	0	0	0
	全国	12.02	16.00	16.42	17.12	13.34	14.98
银行借款余额/总资产	河北省	13.99	9.19	8.60	8.88	5.78	9.29
	全国	21.19	22.54	25.83	23.02	18.25	22.17
商业信用融资余额/总资产	河北省	10.10	8.92	14.97	15.98	13.29	12.65
	全国	16.12	14.49	15.07	15.44	16.58	15.54
自我积累融资余额/总资产	河北省	8.39	5.88	22.29	24.37	25.34	17.25
	全国	11.59	10.89	10.25	10.17	13.64	11.31

（6）河北省和全国批发和零售业融资结构比较

表 1 - 39 呈现的是 2011 ~ 2015 年河北省和全国批发和零售业融资结构。

截至 2015 年底，河北省和全国融资余额占总资产比例均值最高的是商业信用融资余额，其值分别是 52.70% 和 38.77%；河北省和全国融资余额占总资产比例均值最低的均是债券融资余额，其值分别是 3.74% 和 5.74%。河北省和全国 IPO 融资累计额/总资产的均值分别是 10.91% 和 5.12%。

2011 ~ 2015 年的批发和零售业中，河北省股票融资累计额/总资产指标值呈整体上升趋势，全国呈先下降后上升趋势；河北省和全国 IPO 融资累计额/总资产指标值呈下降趋势；河北省债券融资余额/总资产指标值为 0，全国呈横向波动趋势；河北省银行借款余额/总资产指标值呈下降趋势，全国呈先上升后下降趋势；河北省商业信用融资余额/总资产指标值呈波动上升趋势，全国呈横向波动趋势；河北省和全国自我积累融资余额/总资产指标值呈先下降后上升趋势。

表 1 – 39　2011 ~ 2015 年河北省和全国批发和零售业融资结构

单位：%

		2011 年	2012 年	2013 年	2014 年	2015 年	均值
股票融资累计额/总资产	河北省	12.90	11.64	11.86	28.91	30.46	19.15
	全国	13.75	13.41	12.57	15.32	17.31	14.47
IPO 融资累计额/总资产	河北省	12.90	10.76	10.46	9.94	10.47	10.91
	全国	6.22	5.64	5.00	4.57	4.19	5.12
债券融资余额/总资产	河北省	0	3.31	3.22	5.15	7.03	3.74
	全国	2.27	4.13	5.44	7.06	9.79	5.74
银行借款余额/总资产	河北省	22.02	28.07	18.43	15.33	16.59	20.09
	全国	20.85	19.21	19.77	19.41	18.84	19.62
商业信用融资余额/总资产	河北省	53.22	47.28	54.69	56.02	52.27	52.70
	全国	39.01	40.17	39.76	38.15	36.75	38.77
自我积累融资余额/总资产	河北省	5.13	3.15	3.42	3.49	4.16	3.87
	全国	12.22	12.74	13.29	13.30	13.17	12.94

（7）河北省和全国制造业融资结构比较

表 1 – 40 呈现的是 2011 ~ 2015 年河北省和全国制造业融资结构。

截至 2015 年底，河北省和全国融资余额占总资产比例均值最高的是商业信用融资余额，其值分别是 28.53% 和 26.15%；河北省和全国融资余额占总资产比例均值最低的是债券融资余额，其值分别是 7.19% 和 8.60%。河北省和全国 IPO 融资累计额/总资产的均值分别是 5.93% 和 9.45%。

2011 ~ 2015 年的制造业中，河北省和全国股票融资累计额/总资产指标值呈先下降后上升趋势；河北省 IPO 融资累计额/总资产指标值呈整体下降趋势，全国呈下降趋势；河北省和全国债券融资余额/总资产指标值呈上升趋势；河北省和全国银行借款余额/总资产指标值呈波动下降趋势；河北省商业信用融资余额/总资产指标值呈横向波动趋势，全国呈先上升后下降趋势；河北省自我积累融资余额/总资产指标值呈波动下降趋势，全国呈波动上升趋势。

表 1－40　2011～2015 年河北省和全国制造业融资结构

单位：%

		2011 年	2012 年	2013 年	2014 年	2015 年	均值
股票融资累计额/总资产	河北省	16.32	16.80	18.35	18.90	36.03	21.28
	全国	19.87	19.85	19.81	21.14	23.94	20.92
IPO 融资累计额/总资产	河北省	7.11	6.31	5.61	5.45	5.16	5.93
	全国	10.84	10.28	9.48	8.64	7.99	9.45
债券融资余额/总资产	河北省	5.49	6.64	7.96	9.24	10.22	7.91
	全国	6.11	8.06	8.96	9.44	10.41	8.60
银行借款余额/总资产	河北省	22.77	24.23	25.51	22.70	21.05	23.25
	全国	19.56	18.87	19.06	17.96	16.54	18.40
商业信用融资余额/总资产	河北省	28.27	28.28	27.92	28.71	29.46	28.53
	全国	25.11	26.10	26.52	26.95	26.08	26.15
自我积累融资余额/总资产	河北省	11.08	10.95	11.11	12.24	11.93	11.46
	全国	14.60	15.07	15.62	15.77	15.53	15.32

（8）河北省和全国综合类行业融资结构比较

表 1－41 呈现的是 2011～2015 年河北省和全国综合类行业融资结构。

截至 2015 年底，河北省和全国融资余额占总资产比例均值最高的分别是股票融资累计额和银行借款余额，其值分别是 73.28% 和 25.39%；河北省和全国融资余额占总资产比例均值最低的分别是自我积累融资余额和债券融资余额，其值分别是－62.19% 和 8.72%。河北省和全国 IPO 融资累计额/总资产的均值分别是 73.28% 和 6.48%。

2011～2015 年的综合类行业中，河北省股票融资累计额/总资产指标值呈上升趋势，全国呈先下降后上升趋势；河北省和全国 IPO 融资累计额/总资产指标值呈下降趋势；河北省和全国债券融资余额/总资产指标值呈上升趋势；河北省银行借款余额/总资产指标值呈先上升后下降趋势，全国呈波动下降趋势；河北省和全国商业信用融资余额/总资产指标值呈波动上升趋势；河北省和全国自我积累融资余额/总资产指标值呈波动上升趋势。

表 1－41　2011～2015 年河北省和全国综合类行业融资结构

单位：%

		2011 年	2012 年	2013 年	2014 年	2015 年	均值
股票融资累计额/总资产	河北省	68.95	72.00	79.96	81.90	63.61	73.28
	全国	14.55	13.54	12.80	13.68	21.44	15.20
IPO 融资累计额/总资产	河北省	68.95	72.00	79.96	81.90	63.61	73.28
	全国	7.35	6.84	6.47	6.48	5.28	6.48
债券融资余额/总资产	河北省	0	0	0	0	0	0
	全国	6.13	6.67	6.71	11.78	12.33	8.72
银行借款余额/总资产	河北省	0	0	0	0	0	0
	全国	28.19	25.76	28.38	23.94	20.69	25.39
商业信用融资余额/总资产	河北省	12.00	7.58	13.60	9.28	7.47	9.99
	全国	20.19	23.91	23.76	20.83	19.70	21.68
自我积累融资余额/总资产	河北省	－48.85	－49.27	－70.89	－70.63	－71.33	－62.19
	全国	7.24	10.43	11.98	13.37	10.71	10.75

（二）河北省各地市融资结构比较

表 1－42 呈现的是 2011～2015 年河北省各地市融资结构。

2011～2015 年，河北省各地市的股票融资累计额/总资产均值最高的是承德市，其值为 91.20%，最低的是廊坊市，其值为 4.92%；IPO 融资累计额/总资产均值最高的是承德市，其值为 40.89%，最低的是廊坊市，其值是 1.55%；债券融资余额/总资产均值最高的是唐山市，其值是 13.19%，最低的是沧州市、承德市、衡水市、廊坊市、秦皇岛市和张家口市，其值均为零；银行借款余额/总资产均值最高的是石家庄市，其值为 28.79%，最低的是承德市，其值为零；商业信用融资余额/总资产均值最高的是廊坊市，其值为 53.97%，最低的是沧州市，其值为 18.08%；自我积累融资余额/总资产均值最高的是承德市，其值为 31.59%，最低的是秦皇岛市，其值为－1.63%。

表 1-42　2011~2015 年河北省各地市融资结构

单位：%

地区	年份	股票融资累计额/总资产	IPO 融资累计额/总资产	债券融资余额/总资产	银行借款余额/总资产	商业信用融资余额/总资产	自我积累融资余额/总资产
保定市	2011	17.87	11.41	5.04	12.40	31.48	18.13
	2012	16.19	9.85	4.35	12.24	33.02	19.92
	2013	15.67	9.09	4.55	12.20	33.98	20.81
	2014	15.80	8.28	5.78	7.97	34.82	25.19
	2015	19.12	7.73	5.11	6.76	36.12	24.89
	均值	16.93	9.27	4.97	10.31	33.88	21.79
沧州市	2011	24.42	23.05	0	31.60	23.63	-2.72
	2012	38.74	19.38	0	17.35	15.03	2.65
	2013	33.97	17.00	0	26.66	16.10	4.15
	2014	37.28	14.96	0	21.88	18.68	1.40
	2015	46.35	18.60	0	16.16	16.96	-0.23
	均值	36.15	18.60	0	22.73	18.08	1.05
承德市	2011	109.15	48.93	0	0	46.94	22.64
	2012	105.69	47.38	0	0	45.17	24.49
	2013	87.20	39.09	0	0	43.08	31.57
	2014	88.33	39.60	0	0	25.83	42.90
	2015	65.63	29.43	0	0	30.18	36.36
	均值	91.20	40.89	0	0	38.24	31.59
邯郸市	2011	25.43	13.01	11.68	20.01	25.11	14.47
	2012	20.70	10.59	9.50	22.49	29.32	12.62
	2013	23.03	8.36	7.50	26.24	27.69	11.56
	2014	39.06	8.07	7.24	23.70	29.37	9.97
	2015	40.46	8.36	7.50	23.00	26.39	11.19
	均值	29.74	9.68	8.68	23.09	27.58	11.96
衡水市	2011	12.01	12.01	0	5.87	55.36	13.87
	2012	10.29	10.29	0	13.78	46.79	18.51
	2013	9.37	9.37	0	12.11	47.22	16.58
	2014	44.30	7.75	0	17.83	51.39	15.42
	2015	64.94	6.22	0	5.85	38.59	14.27
	均值	28.18	9.13	0	11.09	47.87	15.73

续表

地区	年份	股票融资累计额/总资产	IPO 融资累计额/总资产	债券融资余额/总资产	银行借款余额/总资产	商业信用融资余额/总资产	自我积累融资余额/总资产
廊坊市	2011	7.58	2.99	0	10.15	57.48	8.64
	2012	5.05	1.99	0	17.98	56.95	9.75
	2013	3.75	1.26	0	18.09	53.89	9.60
	2014	3.43	0.89	0	18.69	51.40	9.92
	2015	4.78	0.62	6.54	17.58	50.15	8.12
	均值	4.92	1.55	1.31	16.50	53.97	9.21
秦皇岛市	2011	28.34	28.34	0	14.52	30.97	7.70
	2012	39.67	25.80	0	19.53	30.56	2.15
	2013	49.58	32.25	0	8.67	38.59	-7.71
	2014	74.65	23.66	0	0.94	19.14	-3.33
	2015	71.74	22.74	0	12.96	13.86	-6.95
	均值	52.80	26.56	0	11.32	26.62	-1.63
石家庄市	2011	15.32	4.02	3.16	27.60	30.35	5.24
	2012	15.37	3.79	3.49	30.12	31.06	4.85
	2013	18.45	3.32	5.40	31.31	30.37	5.85
	2014	18.91	3.21	5.98	28.64	30.60	7.41
	2015	19.75	2.85	6.48	26.30	31.07	7.99
	均值	17.56	3.44	4.90	28.79	30.69	6.27
唐山市	2011	12.08	7.52	6.19	25.31	32.70	10.84
	2012	13.25	6.49	10.65	28.91	28.43	9.69
	2013	12.68	6.17	12.54	23.21	30.97	10.41
	2014	13.96	6.10	16.00	20.41	31.82	10.77
	2015	64.35	6.33	20.58	19.47	29.95	10.81
	均值	23.26	6.52	13.19	23.46	30.77	10.50
邢台市	2011	14.74	3.50	13.41	17.46	24.57	22.59
	2012	13.88	3.29	12.64	16.67	21.62	23.86
	2013	13.41	3.18	12.21	20.58	21.33	24.47
	2014	20.13	3.14	12.03	21.32	19.92	23.95
	2015	20.75	3.23	12.40	18.12	19.66	24.68
	均值	16.58	3.27	12.54	18.83	21.42	23.91
张家口市	2011	16.00	16.00	0	15.92	35.20	6.95
	2012	14.19	14.19	0	18.20	37.16	6.51
	2013	13.43	13.43	0	20.43	43.93	6.42
	2014	13.99	13.99	0	19.59	48.25	1.64
	2015	14.03	14.01	0	17.90	51.86	1.71
	均值	14.33	14.32	0	18.41	43.28	4.65

三　融资分析

本分报告以2011～2015年为统计区间，以在创业板、沪市A股、深市A股和中小企业板四个板块上市的河北省上市公司为对象，分别分析了不同市场板块、不同行业和河北省不同地市上市公司的融资规模和融资结构。

（一）融资规模

1. 股票融资规模

（1）截至2015年底，河北省在创业板、沪市A股、深市A股和中小板四个板块上市的公司共有52家；河北省上市公司发行股票融资累计额占全国上市公司发行股票融资累计额的比重为3.13%；河北省IPO融资累计额占全国的比例也较小，5年平均仅为1.51%。

无论是从发行股票融资累计额还是从新增股票融资额来看，河北省在股票市场发行股票筹集的资金较少，在全国配置资源的能力有限，甚至说非常弱。河北省各地级市股票融资规模也不平衡，主要集中在唐山市、石家庄市、邯郸市和保定市。截至2015年底，这4个地市股票融资累计额占河北省的85.84%，而其他7个地市股票融资累计额只占河北省的14.16%。

（2）在四个不同的市场板块中，河北省上市公司的股票融资累计额主要集中在深市A股和中小板两个市场。截至2015年底，两个市场板块股票融资累计额占河北省全部上市公司的71.24%。2011～2015年，河北省在深市A股和中小板新增股票融资额合计占河北省的73.36%。上市公司股票融资主要集中在第一、二产业，包含农林牧渔业，批发和零售业，制造业，综合类，交通运输、仓储和邮政业，采矿业，电力、热力、燃气及水生产和供应业等8个行业。尤其是制造业，截至2015年股票融资累计额和IPO融资累计额分别为1897.73亿元和271.99亿元。河北省各地上市公司融资额所涉及行业极其不均衡，涉及行业单一，其融资行为易受到产业政策的影响，形成融资中的政策性风险。

2. 债券融资规模

（1）截至2015年底，河北省上市公司债券融资累计额占全国上市公司债券融资累计额的比重为0.70%。从整个时间序列来看，自2012年开始，河北省的债券融资累计额环比增长率始终低于全国的环比增长率。

2011～2015年，河北省新增债券融资额占全国的比例为2.53%。河北省新增债券融资额环比增长率与全国的趋势缺乏一致性。从整体来看，河北省债券融资额环比增长率低于全国水平。

（2）河北省上市公司发行债券融资主要依赖于沪市A股和深市A股两个市场板块。债券融资主要集中在保定市、石家庄市和唐山市，主要分布在采矿业，电力、热力、燃气及水生产和供应业，交通运输、仓储和邮政业，批发和零售业，制造业，房地产业等几个行业，其中，房地产业占全国比重最高。河北省债券融资在市场板块分布、地区分布和行业分布上均表现出极大的不平衡性。

3. 银行借款融资规模

（1）河北省上市公司银行借款融资余额总体呈上升趋势，上市公司对银行的负债水平不断提高。截至2015年底，石家庄市和廊坊市上市公司银行借款融资余额合计占河北省上市公司银行借款融资余额的比重为66.52%。从环比增长率来看，5年保持持续增长的有廊坊市，其他地市涨跌互现。

（2）从分行业来看，截至2015年底，河北省上市公司有银行借款融资余额的行业有采矿业，电力、热力、燃气及水生产和供应业，房地产业，交通运输、仓储和邮政业，批发和零售业，制造业等6个行业。其中，制造业的银行借款融资余额最多，其次是房地产业，最少的是农林牧渔业。

4. 商业信用融资规模

（1）截至2015年底，河北省上市公司商业信用融资余额为3436.82亿元，占全国的比例为2.66%。从环比增长率来看，2011～2015年，河北省上市公司商业信用融资余额增长率总体上高于全国。

（2）在河北省上市公司中，商业信用融资余额最多的是制造业，其次是房地产业；商业信用融资余额最低的是综合类。河北省商业信用融资余额占全国商业信用融资余额比例最高的是房地产业，其次是批发和零售业，最低的是综合类。

5. 自我积累融资规模

（1）截至2015年底，河北省上市公司自我积累融资余额累计增长率是91%，全国上市公司的累计增长率是101%，河北省上市公司自我积累增长率低于全国水平。2011～2015年，河北省环比增长率总体高于全国。河北省上市公司自我积累融资余额占全国的比例保持在1.00%左右。

（2）截至2015年底，河北省自我积累融资余额最多的是保定市，名列第二、第三和第四的地市是石家庄市、廊坊市和唐山市。自我积累融资余额为负值的是秦皇岛市和沧州市。从环比增长率来看，5年保持持续增长的有保定市、石家庄市和廊坊市。

（3）分行业来看，截至2015年底，河北省上市公司自我积累融资余额占全国的比例比较高的行业是房地产业、制造业和农林牧渔业，比例最低的是综合类。综合类占比5年来一直为负值，房地产业是5年内占比均为正值的行业中上升幅度最大的行业，批发和零售业、制造业的趋势比较平稳。

（二）融资结构

1. 河北省与全国融资结构的对比

2011～2015年，河北省的债券融资余额/总资产、商业信用融资余额/总资产和自我积累融资余额/总资产三个指标值呈上涨趋势。其中，融资余额占总资产比例均值最高的是商业信用融资余额，均值最低的是债券融资余额。银行借款余额/总资产指标值呈下降趋势，股票融资累计额/总资产指标值比较平衡。需要注意的是，IPO融资累计额/总资产指标值在5年间却出现了下降趋势，说明河北省新增股票融资能力下降。

2. 不同市场板块融资结构情况

（1）2011～2015年，河北省和全国沪市A股市场的股票融资累计额/总资产、IPO融资累计额/总资产和银行借款余额/总资产三个指标值整体呈下降趋势；河北省和全国债券融资余额/总资产、商业信用融资余额/总资产和自我积累融资余额/总资产三个指标值整体呈上升趋势。河北省和全国融资余额占总资产比例均值最高的是商业信用融资余额；河北省上市公司融资余额占总资产比例均值最低的是债券融资余额，全国上市公司融资余额占总资产比例均值最低的是股票融资累计额。

（2）2011～2015年，河北省深市A股上市公司的股票融资累计额/总资产指标值呈横向波动趋势，全国呈先下降后上升趋势；河北省的IPO融资累计额/总资产指标值呈下降趋势，全国呈先下降后上升趋势；河北省和全国的债券融资余额/总资产指标值都呈上升趋势；河北省的银行借款余额/总资产指标值呈先上升后下降趋势，全国呈下降趋势；河北省的商业信用融资余额/总资产指标值呈横向波动趋势，全国呈先上升后下降趋势；河北省的自我积累融资余额/总资产指标值呈横向波动趋势，全国呈先上升后下降趋势。2011～2015年，河北省和全国融资余额占总资产比例均值最高的是商业信用融资余额，均值最低的是债券融资余额。河北省IPO融资累计额占总资产比例低于全国1.20个百分点。

（3）在创业板市场中，2011～2015年，河北省和全国融资余额占总资产比例均值最高的是股票融资累计额，均值最低的是债券融资余额。河北省IPO融资累计额/总资产数值高于全国11.38个百分点。2011～2015年，创业板市场中，河北省和全国上市公司的股票融资累计额/总资产和IPO融资累计额/总资产两个指标值整体呈下降趋势；河北省和全国的银行借款余额/总资产和自我积累融资余额/总资产两个指标值都整体呈上升趋势；河北省债券融资余额/总资产指标值为零，全国的该指标值呈上升趋势；河北省商业信用融资余额/总资产指标值都呈整体上升趋势。

（4）在中小板市场中，2011～2015年，河北省融资余额占总资产比例均值最高的是商业信用融资余额，全国均值最高的是股票融资累计额；河北省和全国融资余额占总资产比例均值最低的是债券融资余额。河北省IPO融资累计额/总资产数值低于全国5.96个百分点。2011～2015年，中小板市场中，河北省和全国上市公司的股票融资累计额/总资产指标值呈先下降后上升趋势；河北省和全国上市公司的 IPO 融资累计额/总资产指标值均呈下降趋势；河北省和全国的银行借款余额/总资产和自我积累融资余额/总资产两个指标值都呈横向波动趋势；河北省债券融资余额/总资产指标值 2011～2014 年为零，2015 年为 7.76%，全国的该指标呈上升趋势；河北省和全国的商业信用融资余额/总资产指标值都呈先上升后下降趋势。

3. 不同行业融资结构情况

（1）在采矿业，2011～2015 年，河北省和全国融资余额占总资产比例均值最高的是自我积累融资余额；河北省融资余额占总资产比例均值最低的是债券融资余额，全国最低的是股票融资累计额。2011～2015 年的采矿业中，河北省股票融资累计额/总资产指标值呈先下降后上升趋势，全国呈横向波动趋势；河北省和全国 IPO 融资累计额/总资产指标值呈下降趋势；河北省和全国债券融资余额/总资产指标值呈上升趋势；河北省银行借款余额/总资产指标值呈波动上升趋势，全国呈波动下降趋势；河北省商业信用融资余额/总资产指标值呈波动上升趋势，全国呈横向波动趋势；河北省自我积累融资余额/总资产指标值呈横向波动趋势，全国呈下降趋势。

（2）在电力、热力、燃气及水生产和供应业，2011～2015 年，河北省和全国融资余额占总资产比例均值最高的是银行借款余额，均值最低的是自我积累融资余额。2011～2015 年的电力、热力、燃气及水生产和供应业中，河北省和全国股票融资累计额/总资产指标值呈先下降后上升趋势，全国呈上升趋势；河北省 IPO 融资累计额/总资产指标值呈波动下降趋势，全国呈下降；河北省债券融资余额/总资产指标值呈整体下降趋势，全国呈上升趋势；河北省银行借款余额/总资产指标值呈横向波动趋势，全国呈波动上升趋势；河北省商业信用融资余额/总资产指标值呈整体下降趋势，全国呈下降趋势；河北省自我积累融资余额/总资产指标值呈上升趋势，全国呈下降趋势。

（3）在房地产业，2011～2015 年，河北省和全国融资余额占总资产比例均值最高的是商业信用融资余额，均值最低的是债券融资余额。2011～2015 年的房地产业中，河北省股票融资累计额/总资产指标值呈横向波动趋势，全国呈上升趋势；河北省和全国 IPO 融资累计额/总资产指标值呈先下降后上升趋势；河北省债券融资余额/总资产指标值呈横向波动趋势，全国呈上升趋势；河北省银行借款余额/总资产指标值呈先上升后下降趋势，全国呈下降后上升趋势；河北省商业信用融资余额/总资产指标值呈横向波动趋势，全国呈总体上升趋势；河北省和全国自我积累融资余额/总资产指标值呈上升趋势。

（4）在交通运输、仓储和邮政业，2011～2015 年，河北省和全国融资余额占总资产比例均值最高的分别是股票融资累计额和银行借款余额，均值最低的分别是债券融资余额和自我积累融资余额。2011～2015 年的交通运输、仓储和邮政业中，河北省和全国股票融资累计额/总资产指标值呈先下降后上升趋势；河北省 IPO 融资累计额/总资产指标值呈下降趋势，全国呈先下降后上升趋势；河北省债券融资余额/总资产指标值呈上升趋势，全国呈先下降后上升趋势；河北省和全国银行借款余额/总资产指标值呈先上升后下降趋势；河北省商业信用融资余额/总资产指标值呈下降趋势，全国呈先上升后下降趋势；河北省自我积累融资余额/总资产指标值呈横向波动趋势，全国呈先上升后下降趋势。

（5）在农林牧渔业，2011～2015 年，河北省和全国融资余额占总资产比例均值最高的是股票融资累计额，均值最低的分别是债券融资余额和自我积累融资余额。2011～2015 年的农林牧渔业中，河北省股票融资累计额/总资产指标值呈先下降后上升趋势，全国呈横向波动趋势；河北省和全国 IPO 融资累计额/总资产指标值呈下降趋势；河北省和全国债券融资余额/总资产指标值呈上升趋势；河北省和全国银行借款余额/总资产指标值呈先上升后下降趋势；河北省和全国商业信用融资余额/总资产指标值呈横向波动趋势；河北省和全国自我积累融资余额/总资产指标值呈上升趋势。

（6）在批发和零售业，2011～2015 年，河北省和全国融资余额占总资产比例均值最高的是商业信用融资余额，均值最低的均是债券融资余额。2011～2015 年的批发和零售业中，河北省股票融资累计额/总资产指标值呈整体上升趋势，全国呈先下降后上升趋势；河北省和全国 IPO 融资累计额/

总资产指标值呈下降趋势；河北省债券融资余额/总资产指标值为0，全国呈横向波动趋势；河北省银行借款余额/总资产指标值呈下降趋势，全国呈先上升后下降趋势；河北省商业信用融资余额/总资产指标值呈波动上升趋势，全国呈横向波动趋势；河北省和全国自我积累融资余额/总资产指标值呈先下降后上升趋势。

（7）在制造业，2011～2015年，河北省和全国融资余额占总资产比例均值最高的是商业信用融资余额，均值最低的是债券融资余额。2011～2015年的制造业中，河北省和全国股票融资累计额/总资产指标值呈先下降后上升趋势；河北省IPO融资累计额/总资产指标值呈整体下降趋势，全国呈下降趋势；河北省和全国债券融资余额/总资产指标值呈上升趋势；河北省和全国银行借款余额/总资产指标值呈波动下降趋势；河北省商业信用融资余额/总资产指标值呈横向波动趋势，全国呈先上升后下降趋势；河北省自我积累融资余额/总资产指标值呈波动下降趋势，全国呈波动上升趋势。

（8）在综合类行业，2011～2015年，河北省和全国融资余额占总资产比例均值最高的分别是股票融资累计额和银行借款余额，均值最低的分别是自我积累融资余额和债券融资余额。2011～2015年的综合类行业中，河北省股票融资累计额/总资产指标值呈上升趋势，全国呈先下降后上升趋势；河北省和全国IPO融资累计额/总资产指标值呈下降趋势；河北省和全国债券融资余额/总资产指标值呈上升趋势；河北省银行借款余额/总资产指标值呈先上升后下降趋势，全国呈波动下降趋势；河北省和全国商业信用融资余额/总资产指标值呈波动上升趋势；河北省和全国自我积累融资余额/总资产指标值呈波动上升趋势。

分报告二
河北上市公司投资发展报告

本报告首先分析了2011～2015年河北省上市公司投资支出的总体情况，然后分析了2011～2015年河北省上市公司的内部长期资产投资，包括企业购买固定资产和无形资产等长期资产的内部实物投资，不包括企业的流动资产投资，最后分析了2011～2015年河北省上市公司的对外投资，包括企业购买股票、债券、基金等形式的对外金融资产投资。

一　河北上市公司投资情况总体分析

河北省上市公司投资情况总体分析主要就企业购建固定资产、无形资产和其他长期资产支付的现金，从总体情况、行业分布、板块分布和企业性质等角度，比较分析河北省和全国上市公司的长期资产投资支出的总体规模和投资支出占企业规模的比重。

（一）2011～2015年河北省上市公司投资总体状况

1. 2011～2015年投资支出总体状况

表2－1呈现的是河北省与全国A股市场上市公司2011～2015年长期资产投资规模。从表2－1可以看出，2011～2015年，河北省上市公司长期资产投资规模平均为8.18亿元，高于全国上市公司平均水平11.14%。全国上市公司长期资产投资规模呈现逐年下降趋势，河北省上市公司长期资产投资规模在2012年呈现小幅上升，随后呈现下降趋势，比全国下降速度更快。

表 2－1　河北省与全国 A 股市场长期资产投资规模

单位：亿元，%

年份	河北省	全国	比值
2011	9. 11	7. 75	117. 55
2012	9. 63	7. 52	128. 06
2013	8. 73	7. 53	115. 94
2014	7. 02	7. 20	97. 50
2015	6. 63	6. 89	96. 23
平均	8. 18	7. 36	111. 14

图 2－1 呈现的是河北省和全国上市公司 2011～2015 年长期资产投资支出占企业总资产比重走势。2011～2015 年，相对于全国上市公司长期资产投资支出占总资产比重的平均值由 2011 年的 6. 86% 降到 2015 年的 4. 40%，河北省上市公司长期资产投资支出占企业总资产的比重在 2012 年有较大幅度的上升，达 8. 46%，之后和全国的趋势一样，出现了稳定下降。河北省长期资产投资支出占总资产的比重 2011～2015 年平均为 6. 36%，高于全国平均水平 5. 57%，但河北省中位数企业 2011～2015 年的平均投资水平为 5. 21%，低于全国平均水平。河北省大多数企业的长期资产投资支出占总资产的比重低于全国平均水平，少数企业的长期资产投资支出占总资产的比重较高。

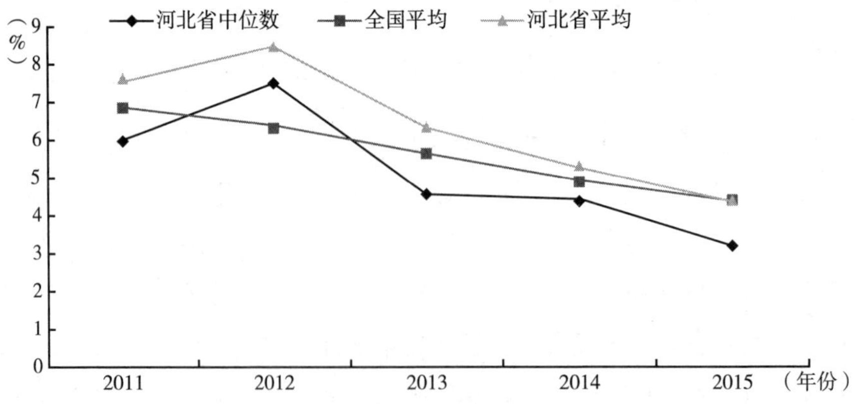

图 2－1　上市公司长期资产投资比重走势

2. 2011～2015年长期资产投资支出分行业情况

表2－2呈现的是2011～2015年河北省和全国同行业上市公司长期资产投资占企业总资产比重及两者的比值。分行业来看，相对于全国上市公司，河北省上市公司长期资产投资占总资产比重较高的主要分布在交通运输、仓储和邮政业，制造业，电力、热力、燃气及水生产和供应业，采矿业，信息传输、软件和信息技术服务业，房地产业的投资比重低于全国平均水平，农林牧渔业、批发和零售业、综合类行业的投资比重相对于全国平均水平波动较大。分年度来看，河北省各年的长期资产投资支出水平和比重波动都比较大。河北省全部行业长期资产投资平均比重2011～2014年略高于全国，2015年略低于全国。2011～2015年，河北省所有行业上市公司的长期资产投资比重为6.36%，低于全国同期5.57%的平均水平，并且河北省所有行业的平均投资现金支出高于中位企业的投资支出，部分企业的长期资产投资比重较高，大多数企业的长期资产投资比重较低。

表2－2　河北省与全国同行业上市公司长期资产投资支出比重

单位：%

		2011年	2012年	2013年	2014年	2015年
交通运输、仓储和邮政业	河北省	16.92	9.13	7.82	10.85	4.12
	全国	7.78	6.87	6.40	6.94	5.95
	比值	2.18	1.33	1.22	1.56	0.69
信息传输、软件和信息技术服务业	河北省	1.30	0.81	3.13	5.81	0.53
	全国	5.78	5.98	5.59	4.58	4.14
	比值	0.22	0.13	0.56	1.27	0.13
农林牧渔业	河北省	4.28	3.94	8.53	13.49	10.50
	全国	8.08	8.80	8.26	6.67	5.41
	比值	0.53	0.45	1.03	2.02	1.94
制造业	河北省	8.45	8.95	7.01	5.35	4.66
	全国	7.65	6.94	6.10	5.24	4.69
	比值	1.10	1.29	1.15	1.02	0.99
房地产业	河北省	0.30	0.75	0.61	0.45	0.39
	全国	1.67	1.03	1.05	1.27	0.83
	比值	0.18	0.73	0.58	0.36	0.47

续表

		2011 年	2012 年	2013 年	2014 年	2015 年
批发和零售业	河北省	4.91	13.02	3.77	2.43	1.19
	全国	4.89	4.46	3.80	3.42	3.24
	比值	1.00	2.92	0.99	0.71	0.37
电力、热力、燃气及水生产和供应业	河北省	9.50	7.64	5.11	6.86	8.26
	全国	7.88	6.67	6.72	6.26	6.81
	比值	1.21	1.14	0.76	1.10	1.21
综合类	河北省	0	6.24	0.26	1.85	0.08
	全国	3.27	4.44	4.73	3.54	3.93
	比值	0	1.40	0.06	0.52	0.02
采矿业	河北省	8.28	8.22	7.67	6.89	4.71
	全国	7.32	7.66	6.48	6.11	4.32
	比值	1.13	1.07	1.18	1.13	1.09
平均	河北省	7.66	8.46	6.31	5.28	4.37
	全国	6.86	6.30	5.63	4.94	4.40
	比值	1.12	1.34	1.12	1.07	0.99

表 2-3 呈现的是 2011～2015 年河北省和全国同行业上市公司长期资产投资规模。河北省制造业、房地产业、批发和零售业的长期资产投资规模明显高于全国平均水平，信息传输、软件和信息技术服务业，综合类行业的长期资产投资规模不足全国平均水平的 10%，交通运输、仓储和邮政业，农林牧渔业，电力、热力、燃气及水生产和供应业，采矿业的长期资产投资规模也明显低于全国平均水平。总体而言，河北省上市公司的长期资产投资规模为 81.80 亿元，高于全国上市公司 73.60 亿元的平均水平。

表 2-3　2011～2015 年河北省与全国同行业上市公司长期资产投资规模

单位：亿元，%

行业名称	河北省	全国	占比
交通运输、仓储和邮政业	123.00	163.00	75.46
信息传输、软件和信息技术服务业	5.41	68.30	7.92
农林牧渔业	10.70	26.00	41.15
制造业	80.60	38.70	208.27

续表

行业名称	河北省	全国	占比
房地产业	39.00	17.90	217.88
批发和零售业	103.00	31.70	324.92
电力、热力、燃气及水生产和供应业	105.00	192.00	54.69
综合类	0.56	13.30	4.21
采矿业	288.00	823.00	34.99
平均	81.80	73.60	111.14

3. 2011～2015年制造业长期资产投资支出情况

表2－4呈现的是河北省和全国制造业上市公司内部各细分行业2011～2015年长期资产投资规模对比情况。可以看出，河北省医药制造业、汽车制造业、皮革毛皮羽毛及其制品制造业、石油加工炼焦及核燃料加工业、纺织业、计算机通信和其他电子设备制造业、金属制品业、非金属矿物制品业、黑色金属冶炼及压延加工业的长期资产投资规模平均值高于全国平均水平。河北省部分行业部分上市公司长期资产投资规模较高。

表2－4　2011～2015年河北省和全国制造业上市公司长期资产投资规模

单位：亿元，%

细分行业	河北省	全国	占比
专用设备制造业	0.57	1.96	29.29
仪器仪表制造业	0.55	0.93	59.59
农副食品加工业	1.01	3.02	33.44
化学原料及化学制品制造业	3.02	4.10	73.66
医药制造业	3.91	2.33	167.81
有色金属冶炼及压延加工业	0.25	6.63	3.80
橡胶和塑料制品业	1.03	2.31	44.59
汽车制造业	30.70	8.12	378.08
电气机械及器材制造业	1.98	2.23	88.79
皮革毛皮羽毛及其制品制造业	2.73	1.29	211.63
石油加工炼焦及核燃料加工业	16.10	4.34	370.97
纺织业	2.19	1.65	132.73
计算机通信和其他电子设备制造业	4.04	3.62	111.60
通用设备制造业	0.73	2.26	32.43
酒饮料和精制茶制造业	0.73	4.09	17.85

续表

细分行业	河北省	全国	占比
金属制品业	15.80	4.13	382.57
铁路船舶航空航天及其他运输设备制造业	2.70	5.04	53.57
非金属矿物制品业	20.50	4.95	414.14
黑色金属冶炼及压延加工业	101.00	25.00	404.00
制造业平均	8.06	3.87	208.27

注：表中占比是原始数据占比，与通过本表中河北省和全国数据计算的占比有一定出入。后同。

图2－2呈现的是河北省和全国制造业上市公司长期资产投资支出占总资产比重。河北省制造业上市公司长期资产投资支出占总资产的比重平均为6.80%，高于全国6.05%的平均水平。制造业内部，皮革毛皮羽毛及其制品制造业长期资产投资支出占总资产的比重最高，为17.05%，远高于其他细分行业；电气机械及器材制造业长期资产投资支出占总资产的比重最低，为2.71%。河北省制造业内部长期资产投资支出比重较高的细分行业，投资支出比重均高于同行业全国平均水平，投资支出比重较低的细分行业大部分低于全国同行业平均水平。

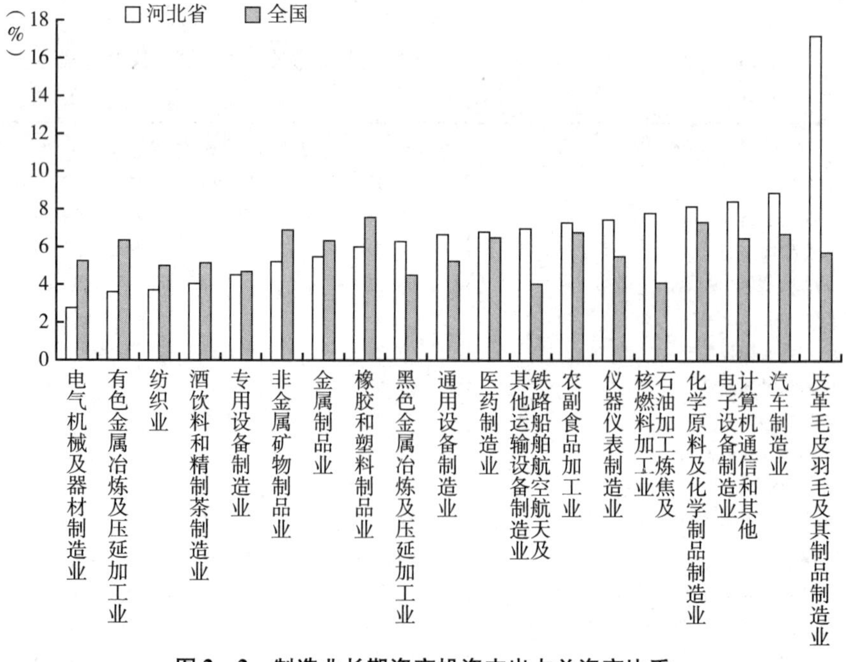

图2－2 制造业长期资产投资支出占总资产比重

4. 2011～2015年长期资产投资支出分板块情况

（1）2011～2015年主板市场长期资产投资支出情况

表2－5呈现的是河北省与全国主板市场上市公司2011～2015年长期资产投资规模。从总体上来看，河北省上市公司长期资产投资规模的平均数和全国上市公司相近，但是从趋势上来看，河北省主板市场上市公司长期资产投资规模呈现小幅波动的整体下降趋势，全国的平均水平呈现波动性的整体平稳略有下降趋势，河北省相对全国的长期资产投资规模呈现相对下降的趋势。

表2－5　主板市场上市公司长期投资规模

单位：亿元，%

年份	河北省	全国	占比
2011	12.40	11.80	105.08
2012	13.30	11.90	111.76
2013	12.70	12.10	104.96
2014	10.10	11.60	87.07
2015	10.10	11.00	91.82
平均	11.70	11.70	100.00

图2－3呈现的是主板市场河北省和全国2011～2015年长期资产投资支出占总资产比重。在主板市场，与全国长期资产投资支出占总资产比重整体呈现下降趋势不同，2011～2015年河北省呈现先扬后抑的走势，2012年最高为8.53%，这5年平均水平为5.65%，高于全国平均水平4.63%。

（2）2011～2015年中小板市场投资情况

表2－6呈现的是河北省和全国中小板市场上市公司2011～2015年长期资产投资规模。从表中可以看出，中小板市场上，河北省上市公司长期资产投资平均规模明显低于全国平均水平，仅为全国的72.50%；与全国长期资产投资规模呈现先下降后上升趋势不同，河北省呈现波动震荡趋势。

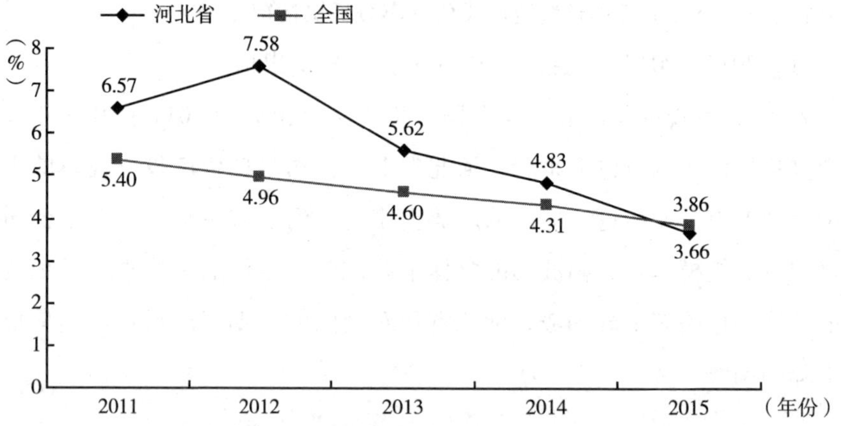

图 2-3 主板市场长期资产投资支出占总资产比重

表 2-6 中小板市场上市公司长期资产投资规模

单位：亿元，%

年份	河北省	全国	占比
2011	1.63	2.46	66.26
2012	1.96	2.39	82.01
2013	1.69	2.31	73.16
2014	1.64	2.29	71.62
2015	1.77	2.54	69.69
平均	1.74	2.40	72.50

图 2-4 呈现的是中小板市场河北省和全国 2011～2015 年长期资产投资支出占总资产比重。在中小板市场，与全国上市公司长期资产投资支出呈现整体下降趋势不同，河北省上市公司长期资产投资支出占总资产的比重呈现“N”形下降走势，2012 年比重最高，2014 年最低，5 年总体平均比重为 6.88%，略低于全国 6.89% 的平均水平。

（3）2011～2015 年创业板市场投资情况

表 2-7 呈现的是河北省和全国创业板上市公司 2011～2015 年长期资产投资规模。从表中可以看出，创业板市场上，河北省上市公司长期资产投资规模呈现明显下降趋势，平均投资额为全国平均水平的 86.21%，而同期全

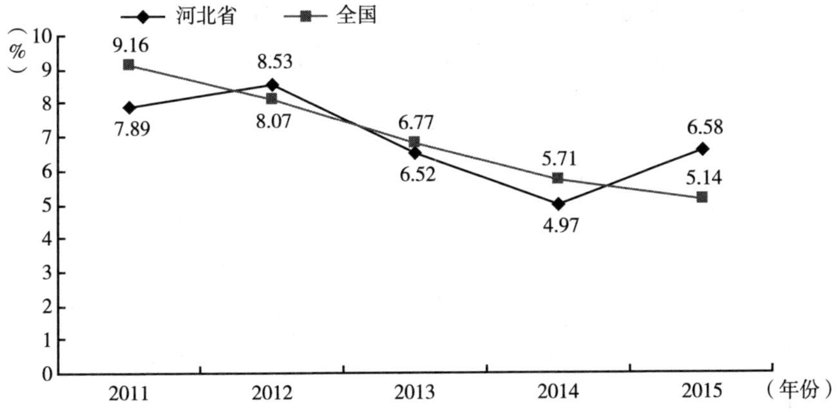

图 2－4　中小板市场长期资产投资支出占总资产比重

国创业板市场长期资产投资规模呈现总体稳定，2015 年有大幅度上升。河北省创业板市场 2011～2015 年长期资产投资规模平均为 0.89 亿元，低于全国 1.03 亿元的平均水平。

表 2－7　创业板市场上市公司长期资产投资规模

单位：亿元，%

年份	河北省	全国	占比
2011	1.31	0.98	134.08
2012	1.63	0.97	167.52
2013	0.87	0.96	90.12
2014	0.74	0.96	76.69
2015	0.42	1.23	34.39
平均	0.89	1.03	86.21

图 2－5 呈现的是河北省和全国创业板市场上市公司 2011～2015 年长期资产投资支出占总资产比重。从图中可以看出，在创业板市场，2011～2015 年河北省上市公司和全国上市公司长期资产投资支出占总资产的比重都呈现整体下降的趋势，河北省下降速度更快，由 2011 年的 14.20%（远高于 8.43% 的全国平均水平），下降到 2015 年的 4.41%（低于 4.84% 的全国平

均水平）。河北省创业板市场上市公司2011～2015年长期资产投资支出占总资产的比重平均为8.93%，高于6.60%的全国平均水平。

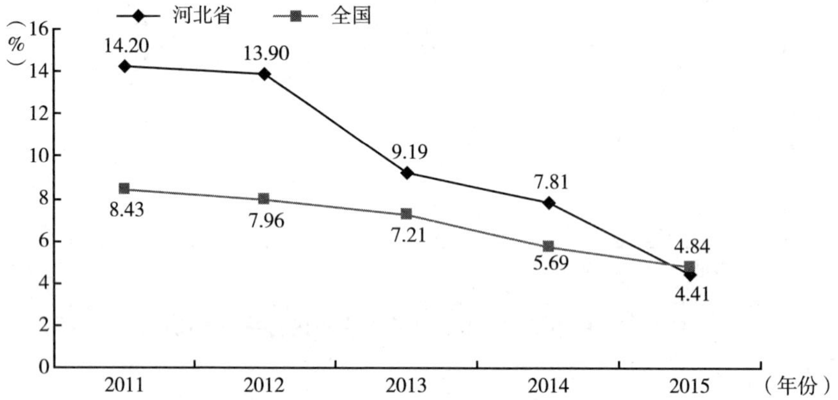

图2－5　创业板市场长期资产投资支出占总资产比重

图2－6呈现的是河北省不同板块上市公司2011～2015年长期资产投资规模。从图中可以看出，河北省上市公司长期资产投资规模2012年时在三个板块都是最高的，主板和创业板市场呈现整体下降趋势，中小板市场整体平稳。

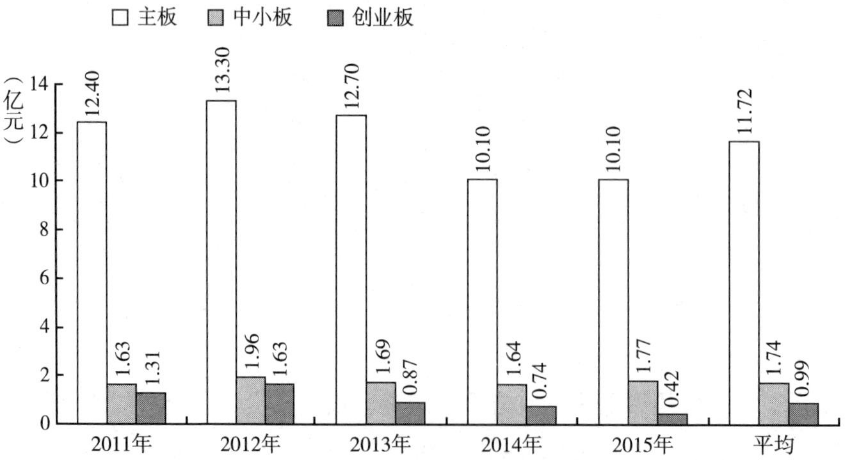

图2－6　河北省不同板块上市公司长期资产投资规模

图2－7呈现的是河北省不同板块上市公司2011～2015年长期资产投资支出占总资产的比重。河北省上市公司长期资产投资支出比重在三个市场上呈现总体下降的趋势，主板市场在2013年急剧下降，中小板市呈现“N”形趋势，创业板市场呈现倒“V”形。从平均水平来看，2011～2015年创业板上市公司的长期资产投资支出比重最高，为8.93%，中小板为6.88%，主板最低为5.65%。

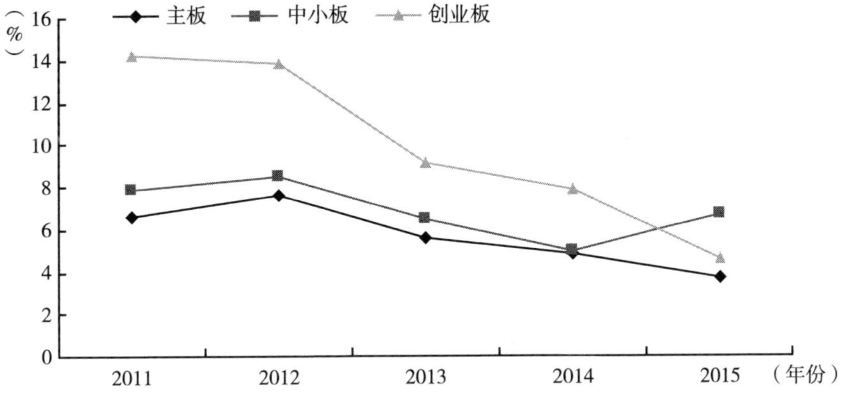

图2－7　河北省不同板块上市公司长期资产投资支出比重

5. 2011～2015年不同性质企业投资情况

（1）2011～2015年国有控股上市公司投资情况

表2－8呈现的是河北省和全国国有控股上市公司2011～2015年长期资产投资规模。从表中可以看出，河北省国有控股上市公司5年平均投资规模是12.10亿元，低于全国平均水平，不到全国的80%。在发展趋势上，全国国有控股上市公司保持总体稳定；河北省国有控股上市公司总体呈现下降趋势，2015年略有上升。

图2－8呈现的是河北省和全国国有控股上市公司2011～2015年长期资产投资支出占总资产比重。从图中可以看出，与全国国有控股上市公司长期资产投资支出比重发展趋势一致，河北省国有控股上市公司长期资产投资支出占总资产的比重呈现逐年下降趋势，并且下降速度明显快于全国平均水

平。从总体上来看，河北省国有控股上市公司5年长期资产投资支出占总资产的比重平均为5.88%，高于全国国有控股上市公司4.91%的平均水平。

表2-8　国有控股上市公司长期资产投资规模

单位：亿元，%

年份	河北省	全国	占比
2011	14.20	15.40	92.21
2012	14.50	15.50	93.55
2013	12.30	15.90	77.36
2014	9.24	15.30	60.39
2015	10.20	14.60	69.86
平均	12.10	15.30	79.08

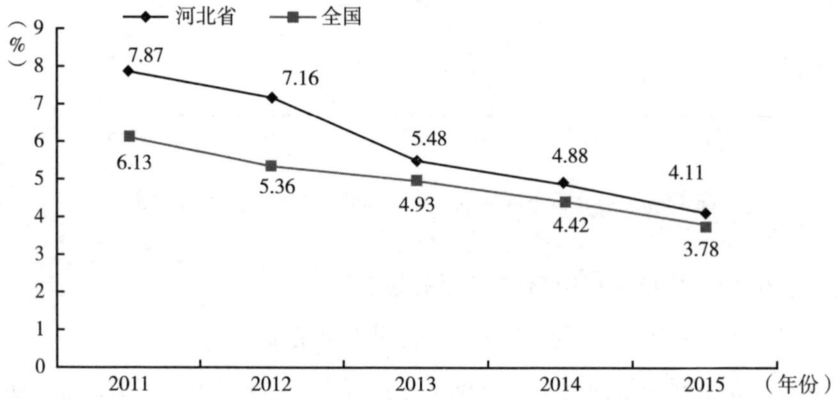

图2-8　国有控股上市公司长期资产投资支出占总资产比重

（2）2011～2015年民营控股上市公司投资情况

表2-9呈现的是河北省和全国民营控股上市公司2011～2015年长期资产投资规模。从表中可以看出，河北省民营控股上市公司长期资产投资平均规模明显高于全国平均水平，是全国平均水平的2倍多。与全国投资规模基本保持平稳不同，河北省民营控股上市公司长期资产投资规模呈现倒“U”形结构，2013年最高为5.82亿元。

表 2-9　民营控股上市公司长期资产投资规模

单位：亿元，%

年份	河北省	全国	占比
2011	4.49	2.47	181.78
2012	5.31	2.32	228.88
2013	5.82	2.26	257.52
2014	5.20	2.32	224.14
2015	3.81	2.64	144.32
平均	4.91	2.41	203.73

图 2-9 呈现的是河北省和全国民营控股上市公司 2011~2015 年长期资产投资支出占总资产比重。从图中可以看出，全国民营控股上市公司长期资产投资支出占总资产的比重呈现逐年下降的趋势，河北省民营控股上市公司长期资产投资支出占总资产的比重呈现先升后降的倒“V”形趋势，2012 年达到最高（9.60%）。河北省民营控股上市公司 2011~2015 年长期资产投资支出占总资产的比重平均为 6.76%，高于全国民营控股上市公司 5.98% 的平均水平。

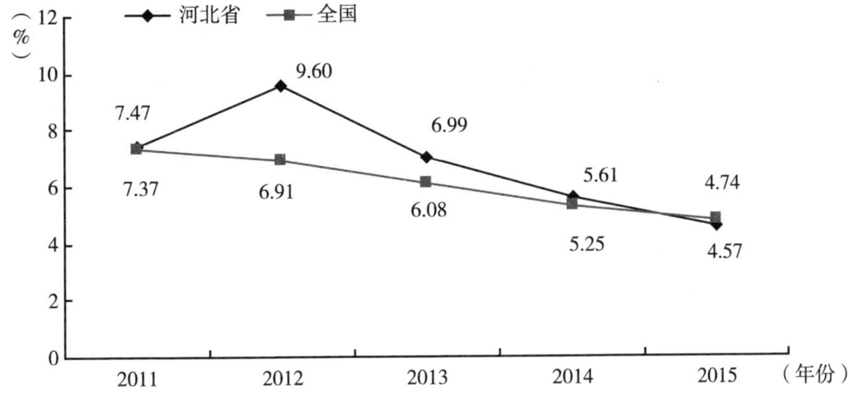

图 2-9　民营控股上市公司长期资产投资支出占总资产比重

图 2-10 呈现的是河北省不同性质上市公司 2011~2015 年长期资产投资规模。不同性质的上市公司长期资产投资规模在数量和趋势上明显不同。

河北省国有控股上市公司长期资产投资规模明显大于民营控股上市公司。国有控股上市公司的投资规模趋势呈现小“V”形，2014 年最小；民营控股上市公司呈现倒“V”形，2013 年最高。河北省国有控股上市公司 5 年投资规模平均为 12.09 亿元，明显大于民营控股上市公司 4.93 亿元的平均水平。

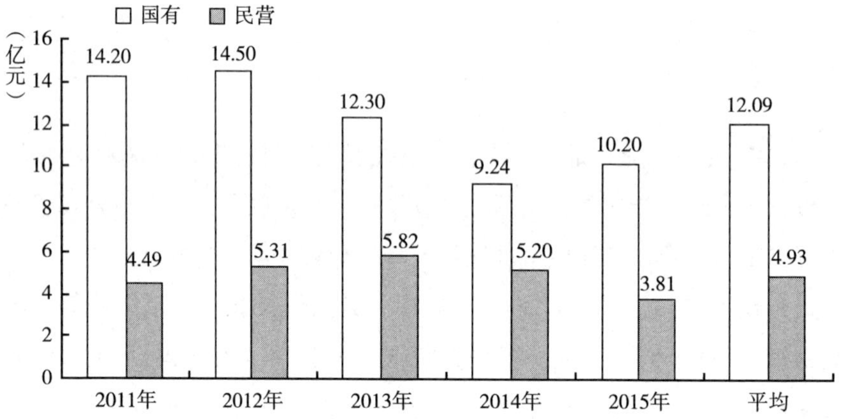

图 2－10　河北省不同性质上市公司长期资产投资规模

图 2－11 呈现的是河北省不同性质上市公司 2011～2015 年长期资产投资支出占总资产比重。河北省民营控股上市公司长期资产投资支出占总资产

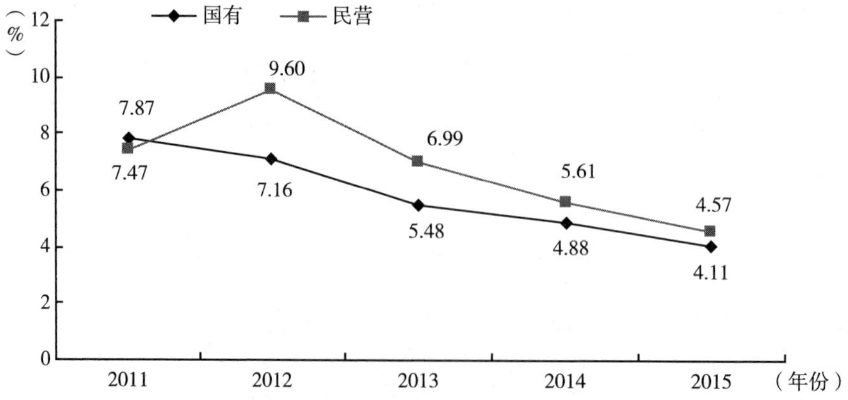

图 2－11　河北省不同性质上市公司长期资产投资支出占总资产比重

的比重总体高于国有控股上市公司。河北省民营控股上市公司呈现先扬后抑的走势，国有控股上市公司呈现稳定的下降趋势。2011～2015 年，长期资产投资支出占总资产的平均比重，河北省国有控股上市公司为 5.88%，低于民营控股上市公司 6.76% 的水平。

（二）2015年河北省上市公司投资状况

2015 年，河北省上市公司长期资产投资规模平均为 6.63 亿元，低于全国 6.89 亿元的平均水平；长期资产投资支出占总资产的比重为 4.37%，低于全国 4.4% 的平均水平。

表 2－10 呈现的是 2015 年河北省和全国上市公司分行业长期资产投资规模。河北省房地产业和制造业的长期资产投资规模远高于全国平均水平，交通运输、仓储和邮政业，信息传输、软件和信息技术服务业，农林牧渔业，电力、热力、燃气及水生产和供应业，综合类行业和采矿业的投资规模都远低于全国平均水平。河北省全部上市公司长期资产投资平均规模也低于全国平均水平。

表 2－10　2015 年河北省和全国上市公司分行业长期资产投资规模

单位：亿元，%

行业名称	河北省	全国	占比
交通运输、仓储和邮政业	6.85	16.30	42.02
信息传输、软件和信息技术服务业	0.18	6.97	2.57
农林牧渔业	2.12	3.40	62.35
制造业	6.53	3.70	176.49
房地产业	6.29	2.74	229.56
批发和零售业	3.44	3.16	108.86
电力、热力、燃气及水生产和供应业	16.10	22.30	72.20
综合类	0	1.38	0.21
采矿业	19.20	60.20	31.89
平　均	6.63	6.89	96.23

图 2－12 呈现的是 2015 年河北省和全国分行业长期资产投资支出占总资产比重。河北省上市公司 2015 年长期资产投资支出占总资产的比重平均

为4.37%，略低于全国4.40%的平均水平，低于2011～2015年连续5年河北省上市公司6.36%的平均水平。河北省农林牧渔业，电力、热力、燃气及水生产和供应业，采矿业长期资产投资比重高于河北省全省长期资产投资平均比重，也高于全国同行业长期资产投资平均比重。

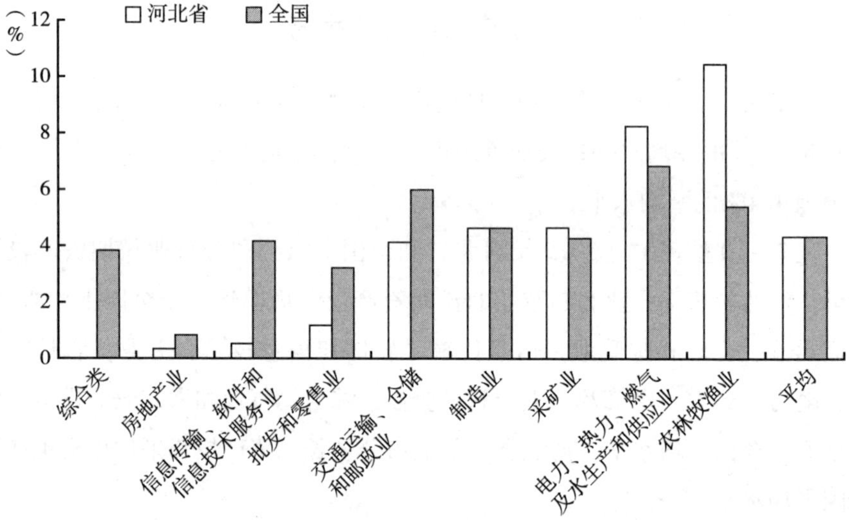

图2－12　2015年河北省和全国分行业长期资产投资支出占总资产比重

表2－11呈现的是2015年河北省和全国上市公司分板块/性质长期资产投资规模。从表中可以看出，河北省除了民营控股上市公司长期资产投资规模高于全国平均水平外，无论是各个板块，还是国有控股上市公司长期资产投资规模均低于全国平均水平。

表2－11　2015年河北省和全国上市公司分板块/性质长期资产投资规模

单位：亿元，%

板块/性质	河北省	全国	占比
中小板	1.77	2.54	69.69
主　板	10.10	11.00	91.82
创业板	0.42	1.23	34.15
国　有	10.20	14.60	69.86
民　营	3.81	2.64	144.32
平　均	6.63	6.89	96.23

图2－13呈现的是2015年河北省和全国上市公司分板块/性质长期资产投资支出占总资产比重。从长期资产投资比重来看，只有中小板市场、国有控股上市公司长期资产投资支出占总资产的平均比重高于全国平均水平，其他各板块及民营控股上市公司长期资产投资支出占总资产的比重均低于全国平均水平。

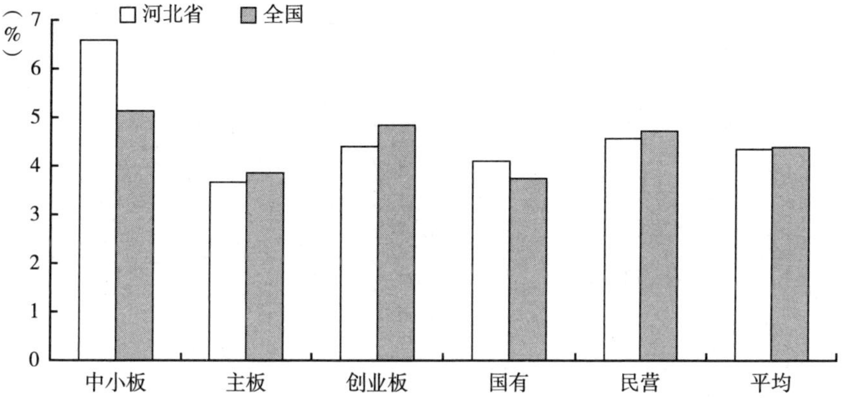

图2－13　2015年河北省和全国上市公司分板块/性质长期资产投资支出占总资产比重

表2－12呈现的是2015年河北省、非河北省和全国上市公司长期资产投资规模，表2－13呈现的是2015年河北省、非河北省和全国上市公司长期资产投资支出占总资产比重。河北省上市公司在主板市场上国有控股的制造业、民营控股的农林牧渔业，中小板市场上国有控股的制造业和创业板市场上民营控股的批发和零售业不论是投资规模还是投资规模占总资产的比重均高于全国平均水平；主板市场上民营控股的信息传输、软件和信息技术服务业，国有控股的综合类行业，国有控股的交通运输、仓储和邮政业，以及创业板市场上民营控股的制造业不论是投资规模还是投资规模占总资产的比重均低于全国平均水平；主板市场上国有控股的电力、热力、燃气及水生产和供应业，国有控股的采矿业，中小板市场上民营控股的制造业长期资产投资规模低于全国平均水平，但长期资产投资支出比重却高于全国平均水平；主板市场上民营控股的制造业、民营控股的批发和零售业、民营控股的房地产业，中小板市场上民营控股的房地产业长期资产投资规模高于全国平均水平，但是长期资产投资支出比重却低于全国平均水平。

表 2－12　2015 年上市公司长期资产投资规模

单位：亿元，%

板块	行业	性质	河北省	非河北省	全国	占比
主板	制造业	国有	10.80	7.54	7.66	140.99
		民营	11.20	3.39	3.51	319.09
	批发和零售业	民营	5.06	2.47	2.56	197.66
	电力、热力、燃气及水生产和供应业	国有	16.10	25.90	25.70	62.65
	信息传输、软件和信息技术服务业	民营	0.18	3.07	2.95	6.07
	采矿业	国有	19.20	103.00	101.00	19.01
	综合类	国有	0	0.73	0.68	0.43
	房地产业	民营	11.80	2.09	2.25	524.44
	农林牧渔业	民营	2.12	1.54	1.61	131.68
	交通运输、仓储和邮政业	国有	6.85	20.30	20	34.25
中小板	制造业	国有	2.49	2.37	2.37	105.06
		民营	1.81	2.58	2.57	70.43
	房地产业	民营	0.77	0.28	0.34	224.63
创业板	批发和零售业	民营	0.19	0.18	0.18	106.70
	制造业	国有	0.24	0.79	0.75	32.53
		民营	0.47	1.14	1.12	42.32

表 2－13　2015 年上市公司长期资产投资支出比重

单位：%

板块	行业	性质	河北省	非河北省	全国
主板	制造业	国有	3.62	3.50	3.50
		民营	3.41	4.49	4.47
	批发和零售业	民营	0.81	3.29	3.20
	电力、热力、燃气及水生产和供应业	国有	8.26	6.97	7.01
	信息传输、软件和信息技术服务业	民营	0.53	3.21	3.10
	采矿业	国有	4.71	4.65	4.65
	综合类	国有	0.08	2.38	2.20
	房地产业	民营	0.70	1.13	1.13
	农林牧渔业	民营	10.50	3.43	4.31
	交通运输、仓储和邮政业	国有	4.12	5.37	5.35
	全部行业	国有	3.97	3.73	3.74
		民营	3.07	4.04	4.03

续表

板块	行业	性质	河北省	非河北省	全国
中小板	制造业	国有	6.03	4.07	4.10
		民营	7.47	5.54	5.57
	房地产业	民营	0.07	0.53	0.47
创业板	批发和零售业	民营	1.96	1.12	1.33
	制造业	国有	5.16	3.79	3.89
		民营	4.63	5.22	5.20

二　河北上市公司内部投资分析

本研究报告中的上市公司内部投资主要指上市公司内部长期资产投资，主要包括固定资产、无形资产、在建工程、在研无形资产等长期资产的投资。

（一）河北省上市公司内部投资总体情况

1. 2011～2015年上市公司内部投资总体发展趋势

图2－14呈现的是2011～2015年河北省和全国上市公司内部长期资产投资规模。由图2－14可知，2011～2015年河北省和全国上市公司内部长期资产投资规模呈现持续增长趋势，河北省上市公司长期资产投资规模平均为63.50亿元，高于全国46.40亿元的平均水平。

图2－15呈现的是2011～2015年河北省和全国上市公司内部长期资产投资占总资产比重。由图2－15可知，2011～2015年河北省上市公司内部长期资产投资占总资产平均比重为38.18%，高于全国32.27%的平均水平，比重发展趋势和全国基本一致。

2. 2011～2015年上市公司内部投资行业分布

表2－14呈现的是2011～2015年河北省和全国分行业上市公司内部长期资产投资规模。从行业上看，河北省制造业、房地产业、批发和零售业上

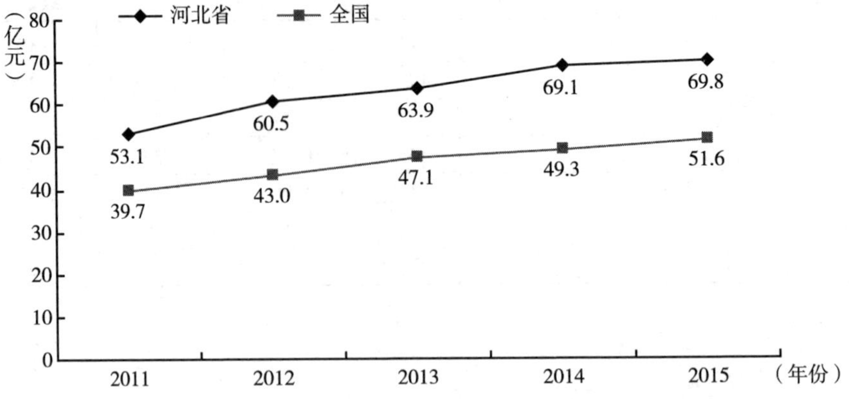

图 2－14　2011～2015 年河北省和全国上市公司内部长期资产投资规模

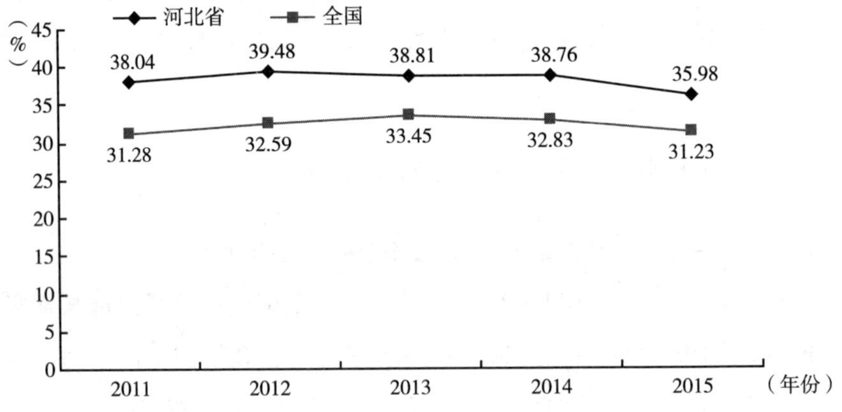

图 2－15　2011～2015 年河北省和全国上市公司内部长期资产投资占总资产比重

市公司内部长期资产投资规模远高于全国同行业平均水平，其他行业的规模远低于全国平均水平。

图 2－16 呈现的是 2011～2015 年河北省和全国分行业上市公司内部长期资产投资占总资产比重。河北省交通运输、仓储和邮政业，电力、热力、燃气及水生产和供应业，采矿业，农林牧渔业和制造业上市公司内部长期资产投资比重高于河北省所有上市公司的平均水平，也高于全国同行业的平均水平。

表 2－14　2011～2015 年河北省和全国分行业上市公司内部长期资产投资规模

单位：亿元，%

行业名称	河北省	全国	占比
交通运输、仓储和邮政业	101.00	151.00	66.89
信息传输、软件和信息技术服务业	4.47	34.80	12.84
农林牧渔业	4.59	12.20	37.62
制造业	66.00	26.10	252.87
房地产业	22.80	6.45	353.49
批发和零售业	45.60	17.40	262.07
电力、热力、燃气及水生产和供应业	79.60	188.00	42.34
综合类	0.37	7.98	4.66
采矿业	218.00	417.00	52.28
平　均	63.50	46.40	136.85

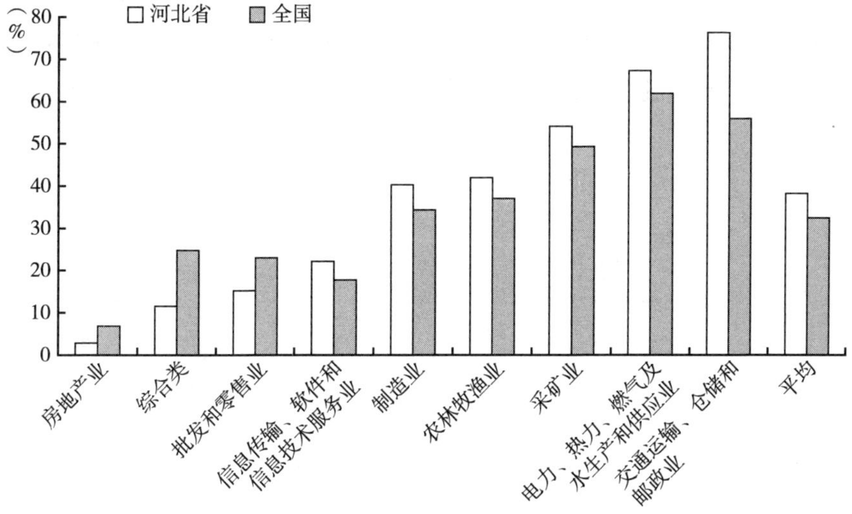

图 2－16　2011～2015 年河北省和全国分行业上市公司内部长期资产投资占总资产比重

3. 2011～2015年上市公司内部投资分板块/性质情况

表 2－15 呈现的是 2011～2015 年河北省和全国上市公司分板块/性质内部长期资产投资规模。从表中可以看出，除了中小板和创业板上市公司内部长期资产投资规模低于全国平均水平，河北省其他板块市场和不同性质控股的上市公司内部长期资产投资规模都高于全国同类平均水平。

表 2-15　2011～2015 年河北省和全国分板块/性质上市公司内部长期资产投资规模

单位：亿元，%

板块/性质	河北省	全国	占比
中小板	9.41	11.30	83.27
主　板	92.90	76.20	121.92
创业板	3.19	3.97	80.35
国　有	1.13	1.02	110.78
民　营	0.22	0.12	182.64
平　均	63.50	46.40	136.85

图 2-17 呈现的是 2011～2015 年河北省和全国分板块/性质内部长期资产投资占总资产比重。除中小板市场上市公司内部长期资产投资比重略低于全国同类市场平均水平外，河北省其他板块市场和不同性质控股的上市公司内部长期资产投资比重均高于全国平均水平。

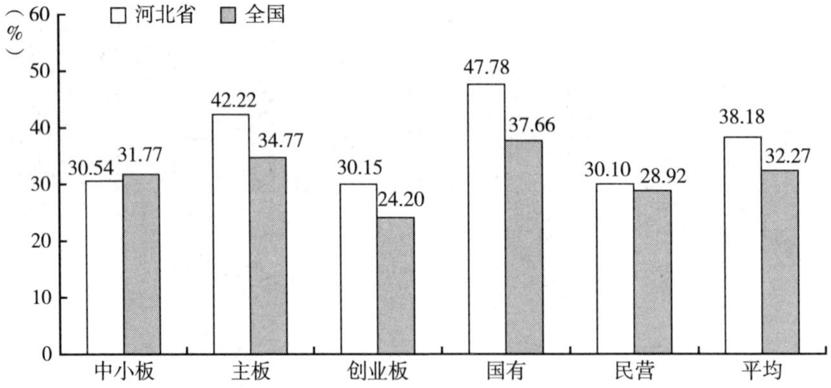

图 2-17　2011～2015 年河北省和全国分板块/性质内部长期资产投资占总资产比重

（二）河北省上市公司固定资产分布情况

本报告中的固定资产投资包括已经完工的固定资产投资和尚未完工的工程投资两部分。

1. 2011～2015年上市公司固定资产总体情况

图2－18呈现的是2011～2015年河北省和全国上市公司固定资产占长期资产比重。2011～2015年，河北省上市公司固定资产占长期资产的比重平均为82.52%，略高于全国82.34%的平均水平。2012年和2014年，河北省上市公司固定资产占长期资产的比重比全国水平高，说明河北省上市公司无形资产的比重相对较低。

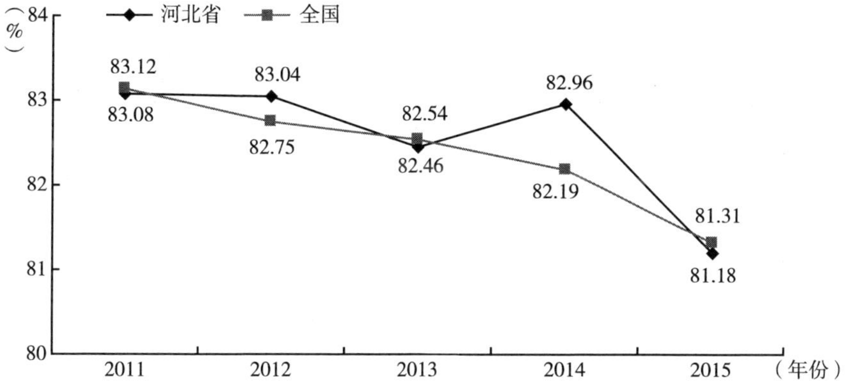

图2－18　2011～2015年河北省和全国上市公司固定资产占长期资产比重

图2－19呈现的是2011～2015年河北省和全国上市公司固定资产规模。河北省上市公司固定资产的平均规模为57.80亿元，高于全国40.70亿元的平均水平；发展趋势和全国一致，保持了持续上升的态势。

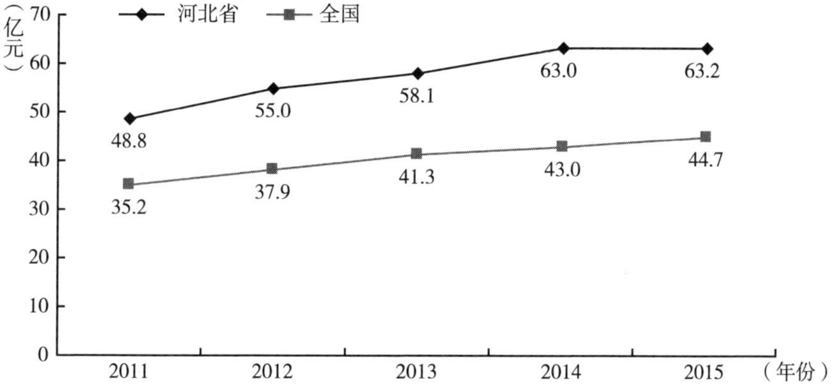

图2－19　2011～2015年河北省和全国上市公司固定资产规模

图 2－20 呈现的是 2011～2015 年河北省和全国上市公司固定资产占总资产比重走势。河北省上市公司固定资产占总资产的比重平均为 32.85%，高于全国 27.11% 的平均水平。河北省上市公司工商业比重较高，资产密集的行业较多，第三产业比重相对较低，技术密集的企业和技术服务性质的企业比重较低。

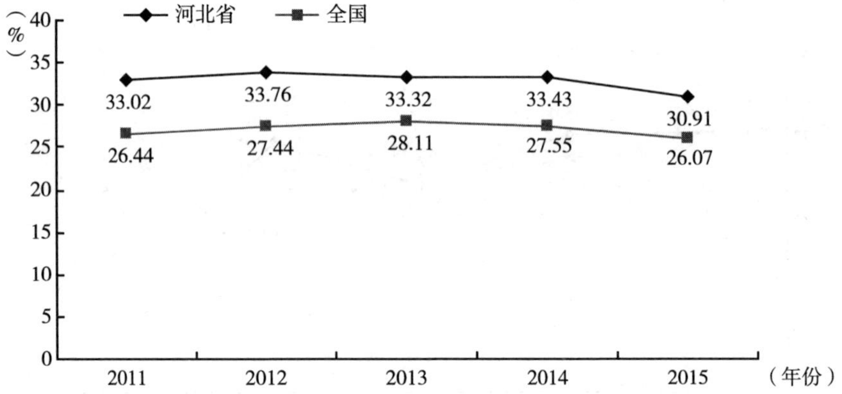

图 2－20　2011～2015 年河北省和全国上市公司固定资产占总资产比重走势

2. 2011～2015年上市公司固定资产分行业情况

表 2－16 呈现的是 2011～2015 年河北省和全国上市公司分行业固定资产规模。从表中可以看出，河北省上市公司中，制造业、房地产业、批发和零售业的固定资产规模远超全国同行业平均水平，并且由于行业特点不同，不同行业的固定资产规模相差悬殊。

表 2－16　2011～2015 年河北省和全国上市公司分行业固定资产规模

单位：亿元，%

行业名称	河北省	全国	占比
交通运输、仓储和邮政业	92.40	132.00	70.00
信息传输、软件和信息技术服务业	3.83	32.10	11.93
农林牧渔业	4.19	10.40	40.29
制造业	62.50	23.20	269.40
房地产业	16.50	5.17	319.15

续表

行业名称	河北省	全国	占比
批发和零售业	26.80	13.60	197.06
电力、热力、燃气及水生产和供应业	76.00	179.00	42.46
综合类	0.37	6.39	5.82
采矿业	158.00	366.00	43.17
平　均	57.80	40.70	142.01

图2－21呈现的是2011～2015年河北省和全国上市公司分行业固定资产占总资产比重。2011～2015年，河北省交通运输、仓储和邮政业的固定资产比重最高，其次是电力、热力、燃气及水生产和供应业，最低的是房地产业、批发和零售业，以及综合类行业。

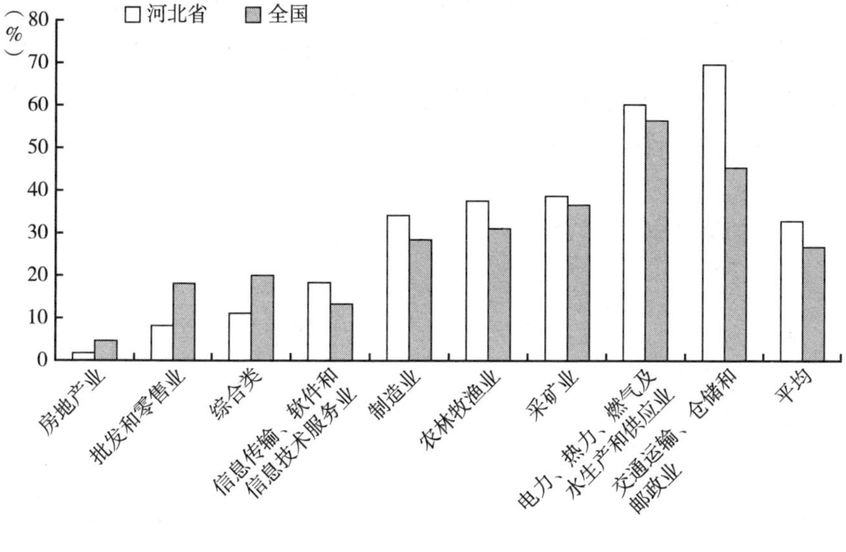

图2－21　2011～2015年河北省和全国分行业固定资产占总资产比重

3. 2011～2015年上市公司固定资产分板块/性质情况

表2－17呈现的是2011～2015年河北省和全国上市公司分板块/性质固定资产规模。河北省中小板和创业板市场上市公司固定资产规模小于全国同板块上市公司平均水平，主板市场上市公司固定资产规模高于全国平均水

平。在企业性质上，河北省不论是国有控股的上市公司，还是民营控股的上市公司，其固定资产平均规模都高于全国平均水平。

表 2-17　2011～2015 年河北省和全国上市公司分板/块性质固定资产规模

单位：亿元，%

板块/性质	河北省	全国	占比
中小板	7.85	9.69	81.01
主　板	84.90	66.90	126.91
创业板	2.62	3.15	83.17
国　有	106.00	89.70	118.17
民　营	17.60	10.20	172.55
平　均	57.80	40.70	142.01

图 2-22 呈现的是 2011～2015 年河北省和全国上市公司分板块/性质固定资产占总资产比重。除了中小板市场上市公司固定资产占总资产的比重低于全国同板块平均比重外，河北省其他板块市场和不同性质控股的上市公司的固定资产比重均高于全国同类平均水平。

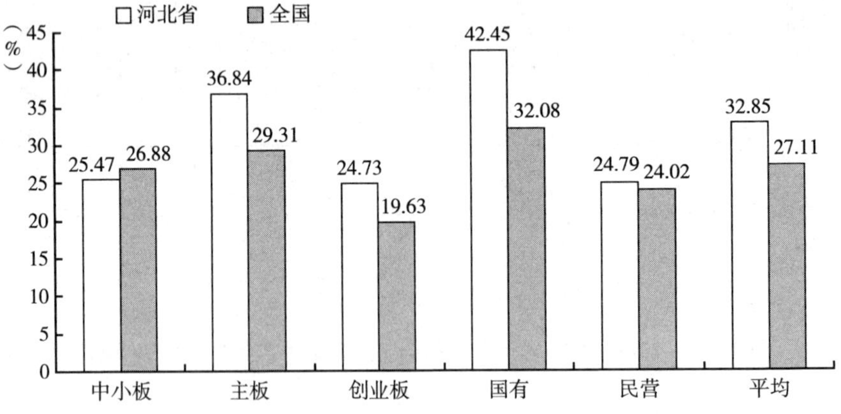

图 2-22　2011～2015 年河北省和全国上市公司分板块/性质固定资产占总资产比重

4. 2011～2015年上市公司固定资产构成情况

图 2-23 呈现的是 2011～2015 年河北省和全国上市公司完工在用固定

资产占固定资产总额比重。2011～2015 年，河北省上市公司完工在用固定资产占固定资产总额的比重呈现“V”形趋势，总体平均数为 80.57%，低于全国 84.54% 的平均水平。河北省 2012 年完工固定资产的比重最低，为 75.77%。

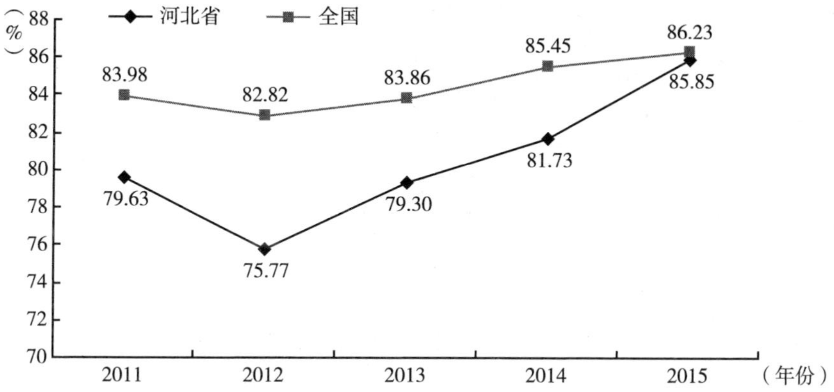

图 2－23　2011～2015 年河北省和全国上市公司完工在用固定资产占固定资产总额比重

5. 2015年上市公司在用固定资产构成情况

图 2－24 呈现的是 2015 年河北省上市公司在用固定资产内部构成情况。2015 年，河北省上市公司在用固定资产中，房屋及建筑物平均占 50.41%，机械电子设备平均占 43.52%，运输设备占 2.28%，其他资产占 3.79%。

图 2－25 呈现的是 2015 年河北省上市公司房屋及建筑物占在用固定资产的比重。在固定资产内部构成上，2015 年河北省综合类上市公司的房屋及建筑物占在用固定资产的比重为 97.59%，综合类行业，房地产业，农林牧渔业，交通运输、仓储和邮政业，批发和零售业的比重超过 50%，高于河北省上市公司的平均水平。电力、热力、燃气及水生产和供应业的房屋及建筑物比重最低，仅为 25.85%，其次是采矿业和制造业。

图 2－26 呈现的是 2015 年河北省上市公司机械电子设备占在用固定资产的比重。在机械电子设备方面，2015 年电力、热力、燃气及水生产和供

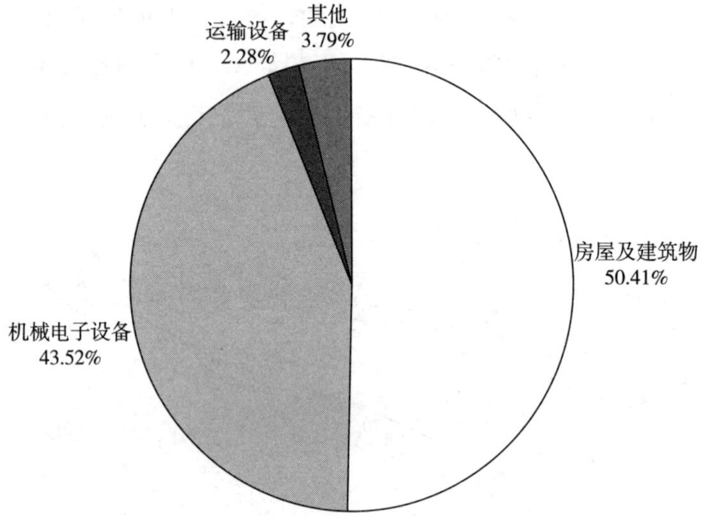

图 2-24　2015 年河北省上市公司在用固定资产构成情况

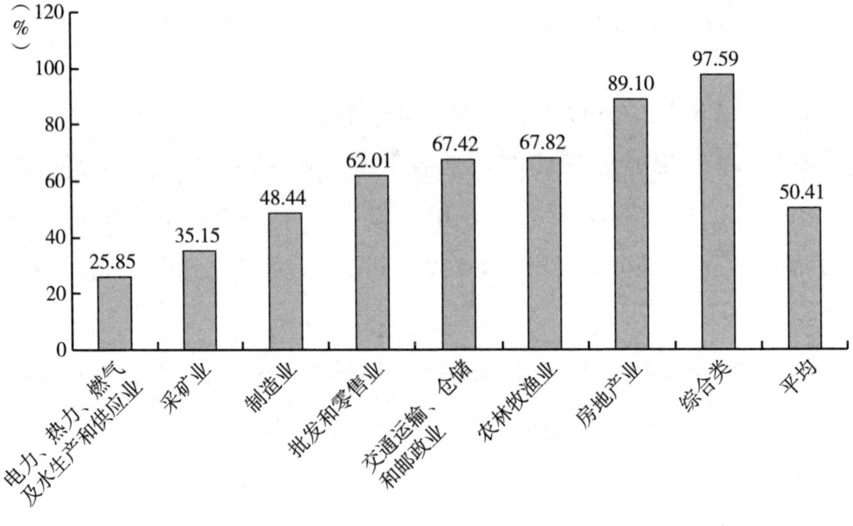

图 2-25　2015 年河北省上市公司房屋及建筑物比重

应业的比重最高，为 73.88%，其次是信息传输、软件和信息技术服务业和制造业，均高于同期河北省上市公司机械电子设备占在用固定资产比重的平均值，综合类行业比重最低，仅为 1.90%，其次是房地产业。

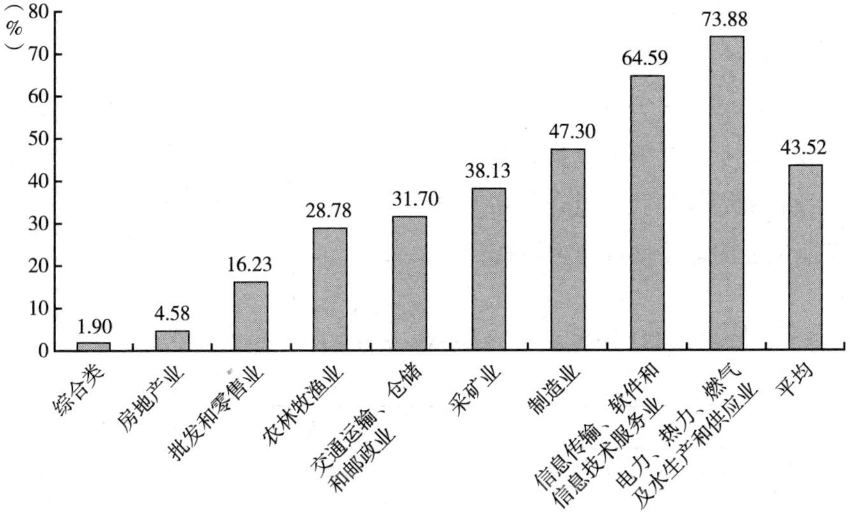

图 2－26　2015 年河北省上市公司机械电子设备比重

图 2－27 呈现的是 2015 年河北省上市公司运输设备占在用固定资产比重。在运输设备方面，2015 年信息传输、软件和信息技术服务业运输设备占在用固定资产的比重最高，为 29.19%；其次是批发和零售业；电力、热力、燃气及水生产和供应业最低，为 0.23%。

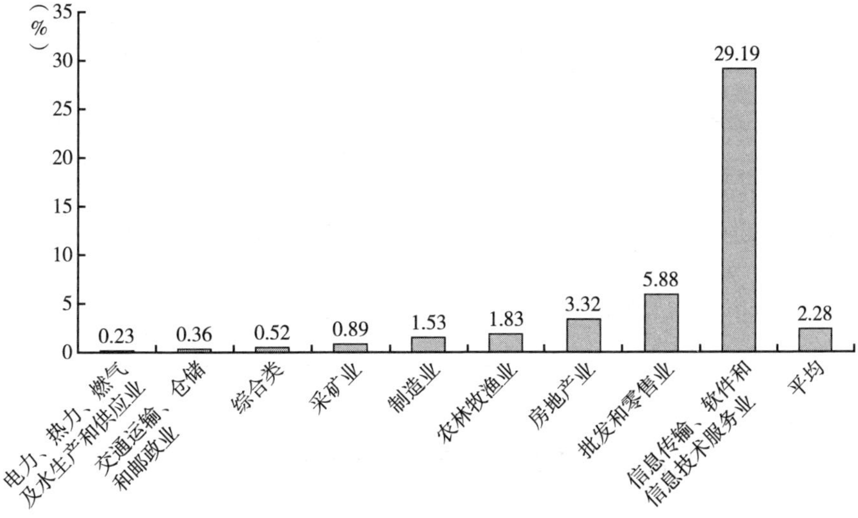

图 2－27　2015 年河北省上市公司运输设备比重

表2－18呈现的是2015年河北省制造业上市公司在用固定资产构成。制造业内部，2015年房屋及建筑物比重最高的是皮革毛皮羽毛及其制品和制鞋业（86.97%），其次是仪器仪表制造业（77.12%）；机械电子设备比重比较高的行业有黑色金属冶炼及压延加工业、石油加工炼焦及核燃料加工业、计算机通信和其他电子设备制造业，其比重均超过60%；酒饮料和精制茶制造业的运输设备比重最高，为4.92%。

表2－18　2015年河北省制造业上市公司在用固定资产构成

单位：%

细分行业	房屋及建筑物	机械电子设备	运输设备	其他
皮革毛皮羽毛及其制品和制鞋业	86.97	7.50	2.93	2.61
仪器仪表制造业	77.12	19.71	2.48	0.69
电气机械及器材制造业	69.75	26.84	0.86	2.55
医药制造业	62.19	34.69	0.61	2.51
专用设备制造业	59.56	37.12	2.21	1.11
酒饮料和精制茶制造业	58.44	35.98	4.92	0.67
通用设备制造业	55.01	39.47	1.47	4.05
有色金属冶炼及压延加工业	52.55	45.92	0.38	1.15
农副食品加工业	52.45	46.28	0.46	0.81
非金属矿物制品业	50.62	46.58	2.54	0.25
橡胶和塑料制品业	41.96	55.46	1.98	0.60
纺织业	41.63	55.96	0.70	1.71
汽车制造业	40.30	53.46	1.09	5.15
铁路船舶航空航天和其他运输设备制造业	39.49	59.67	0.84	0
金属制品业	38.77	57.34	1.06	2.82
化学原料及化学制品制造业	36.21	57.98	0.87	4.94
黑色金属冶炼及压延加工业	33.58	62.84	1.21	2.36
石油加工炼焦及核燃料加工业	31.24	67.32	1.44	0
计算机通信和其他电子设备制造业	22.35	69.81	1.54	6.30
平　均	48.44	47.30	1.53	2.73

（三）河北省上市公司无形资产分布情况

本报告中的无形资产投资包括土地使用权、专利技术、非专利技术

（专有技术）、其他无形资产以及在研的无形资产。

1. 2011～2015年上市公司无形资产投资总体情况

图2－28呈现的是2011～2015年河北省和全国上市公司无形资产占总资产比重。2011～2015年，河北省上市公司无形资产占总资产的比重呈现倒“V”形发展趋势，5年平均比重为5.32%，高于全国5.16%的平均水平，其中2012年比重最高，为5.72%。全国上市公司无形资产占总资产的比重呈现倒“U”形结构，其中2013年最高，为5.34%。

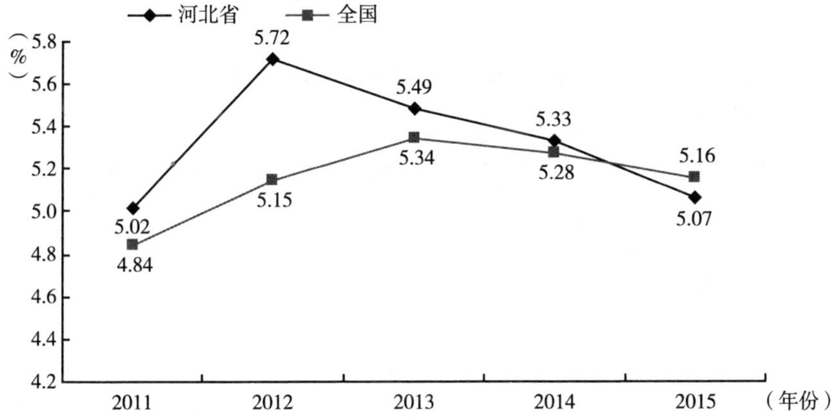

图2－28　2011～2015年河北省和全国上市公司无形资产比重

图2－29呈现的是2011～2015年河北省和全国上市公司在研无形资产占全部无形资产比重。2011～2015年，河北省在研无形资产占全部无形资产的比重呈现“M”形结构，而全国上市公司在研无形资产的比重相对保持稳定。2011～2015年，河北省上市公司在研无形资产占全部无形资产的比重平均为3.15%，低于全国3.27%的平均水平。

2. 2011～2015年上市公司无形资产分行业情况

表2－19呈现的是2011～2015年河北省和全国上市公司分行业无形资产规模。河北省采矿业上市公司无形资产的规模最大，达60.50亿元；其次是批发和零售业；综合类的上市公司没有无形资产。总体而言，河北省上市公司无形资产的平均规模为5.70亿元，低于全国5.75亿元的平均规模。

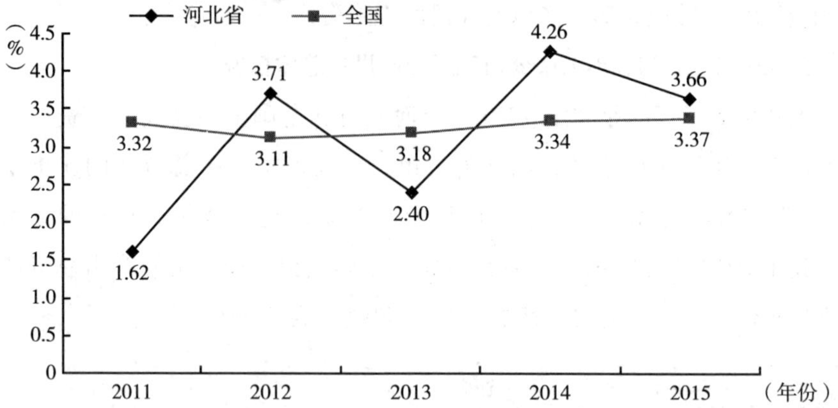

图2－29　2011～2015年河北省和全国上市公司在研无形资产比重

表2－19　2011～2015年河北省和全国上市公司分行业无形资产规模

单位：亿元，%

行业名称	河北省	全国	占比
交通运输、仓储和邮政业	8.42	19.00	44.32
信息传输、软件和信息技术服务业	0.64	2.69	23.79
农林牧渔业	0.41	1.76	23.30
制造业	3.57	2.98	119.80
房地产业	6.32	1.28	493.75
批发和零售业	18.90	3.82	494.76
电力、热力、燃气及水生产和供应业	3.64	8.94	40.72
综合类	0	1.58	0
采矿业	60.50	50.70	119.33
平　均	5.70	5.75	99.13

图2－30呈现的是2011～2015年河北省和全国上市公司无形资产占总资产的比重。河北省上市公司无形资产占总资产的比重平均水平为5.32%，高于全国5.16%的平均水平。河北省上市公司无形资产比重最高的行业为采矿业（14.97%），综合类的上市公司没有无形资产。

3. 2015年上市公司无形资产构成情况

图2－31呈现的是2015年河北省上市公司无形资产内部构成情况。

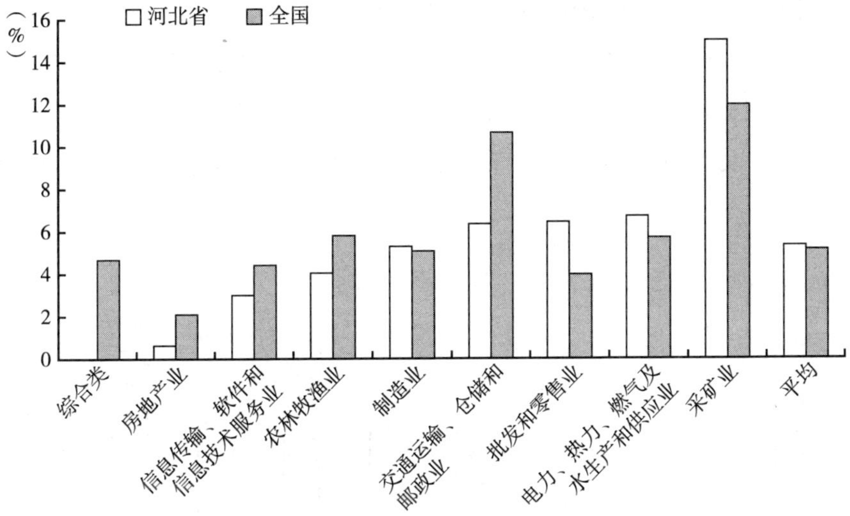

图 2－30　2011～2015 年河北省和全国无形资产占总资产的比重

2015 年，河北省上市公司无形资产内部构成上，土地使用权占了 75.15%，比上年度提高了近 3 个百分点；专利及非专利技术仅占 10.28%，比上年度降低了 2.1 个百分点；其他无形资产占 14.57%。

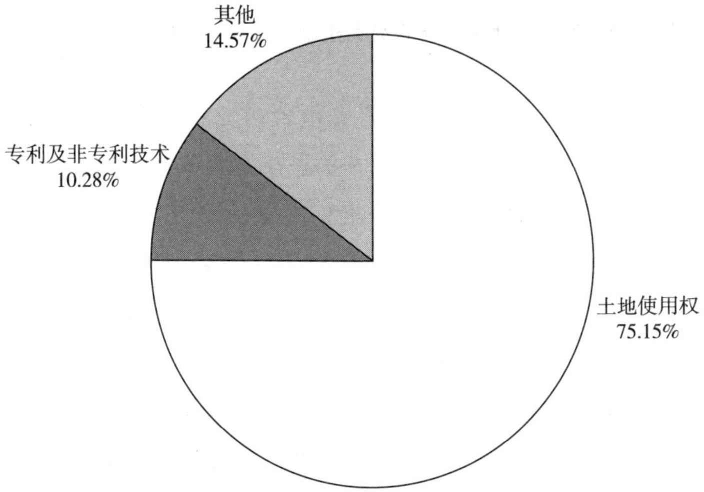

图 2－31　2015 年河北省上市公司无形资产内部构成情况

图2－32呈现的是2015年河北省上市公司土地使用权在无形资产中的比重。其中，电力、热力、燃气及水生产和供应业，房地产业，农林牧渔业的土地使用权比重较高，均在90%以上；其次是制造业，交通运输、仓储和邮政业，均在70%以上；信息传输、软件和信息技术服务业不拥有土地使用权。

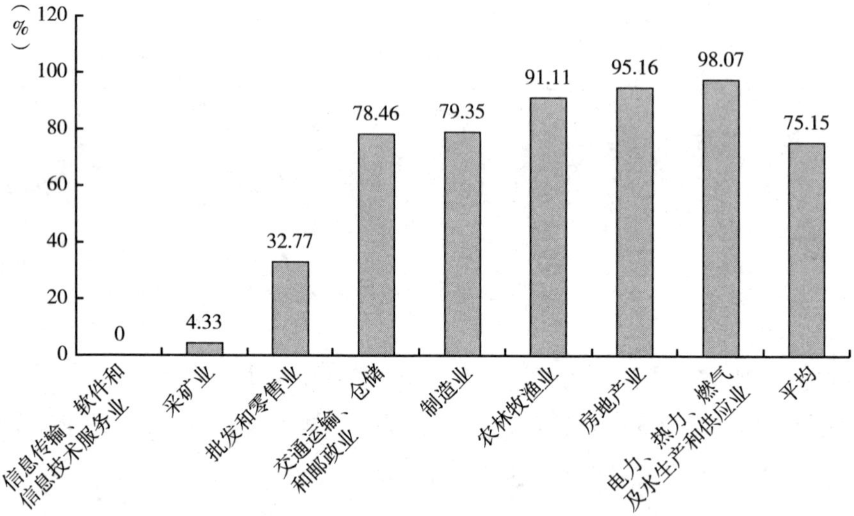

图2－32 2015年河北省上市公司土地使用权在无形资产中的比重

图2－33呈现的是2015年河北省上市公司专利及非专利技术在无形资产中的比重。其中，信息传输、软件和信息技术服务业的无形资产全部为专利及非专利技术，采矿业没有专利及非专利技术。

表2－20呈现的是河北省制造业内各明细行业上市公司无形资产构成。在制造业内部，石油加工炼焦及核燃料加工业、汽车制造业、橡胶和塑料制品业、金属制品业、通用设备制造业、农副食品加工业、皮革毛皮羽毛及其制品和制鞋业、有色金属冶炼及压延加工业拥有的土地使用权占无形资产的比重均超过90%；计算机通信和其他电子设备制造业拥有的专利及非专利技术占无形资产的比重最高，为42.68%；电气机械及器材制造业、仪器仪表制造业、医药制造业拥有的专利及非专利技术占无形资产的比重也超过20%。

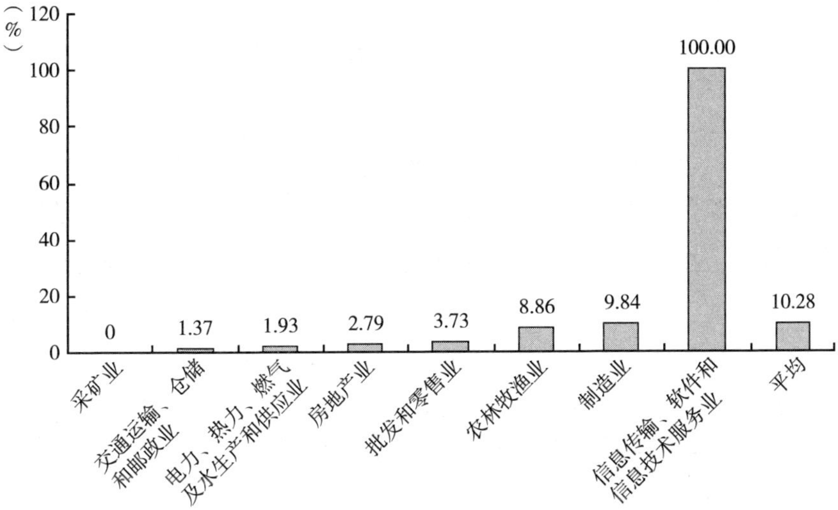

图 2－33　2015 年河北省上市公司专利及非专利技术在无形资产中的比重

表 2－20　河北省制造业内各明细行业上市公司无形资产构成

单位：%

细分行业	土地使用权	专利及非专利技术	其他
计算机通信和其他电子设备制造业	50.99	42.68	6.34
黑色金属冶炼及压延加工业	51.84	12.96	35.19
铁路船舶航空航天和其他运输设备制造业	60.33	0	39.67
酒饮料和精制茶制造业	64.49	6.04	29.47
电气机械及器材制造业	67.45	20.89	11.65
纺织业	71.89	1.41	26.70
仪器仪表制造业	72.87	21.97	5.16
非金属矿物制品业	74.11	0	25.89
化学原料及化学制品制造业	75.69	5.93	18.38
医药制造业	75.92	22.20	1.88
专用设备制造业	88.56	6.29	5.15
石油加工炼焦及核燃料加工业	91.23	1.97	6.80
汽车制造业	96.59	2.01	1.40
橡胶和塑料制品业	98.52	0.45	1.03
金属制品业	98.63	0.41	0.96
通用设备制造业	99.19	0	0.81
农副食品加工业	99.62	0	0.38
皮革毛皮羽毛及其制品和制鞋业	99.80	0	0.20
有色金属冶炼及压延加工业	99.90	0.10	0
平　均	79.35	9.84	10.81

三　河北上市公司对外投资评价分析

本研究报告中的对外投资分为短期对外投资和长期对外投资两部分，上市公司购买股票、债券等作为交易性金融资产或可供出售金融资产核算的划归短期投资，持有至到期投资、长期股权投资、其他金融类投资划归为长期对外投资。鉴于企业的并购活动日益活跃，商誉在企业资产中的比重上升很快，本报告将商誉也作为对外投资的一部分进行研究。

（一）河北省上市公司对外投资的总体情况

表2－21呈现的是2011～2015年河北省和全国持有对外投资上市公司数量。2011～2015年，河北省的52家上市公司中，每年有32～38家持有对外投资，平均占河北省上市公司总数的75.64%，低于全国78.37%的平均水平。河北省持有对外投资的上市公司数量伴随上市公司数量的增加呈逐年上升趋势，占河北省上市公司总数的比例波动较大。

表2－21　2011～2015年河北省和全国持有对外投资上市公司数量

单位：家，%

年份	河北省公司		全国公司	
	数量	比例	数量	比例
2011	32	69.57	1689	74.18
2012	32	68.09	1808	75.11
2013	37	75.51	1917	78.05
2014	38	77.55	2057	79.95
2015	38	73.08	2297	83.50
平均	35.4	75.64	1953.6	78.37

图2－34呈现的是2011～2015年河北省和全国持有对外投资上市公司的对外投资规模。河北省持有对外投资的上市公司持有的对外投资平均规

模为5.34亿元，低于全国7.58亿元的平均规模。与全国持有对外投资上市公司一致，河北省持有对外投资上市公司的对外投资规模呈现逐年递增趋势。

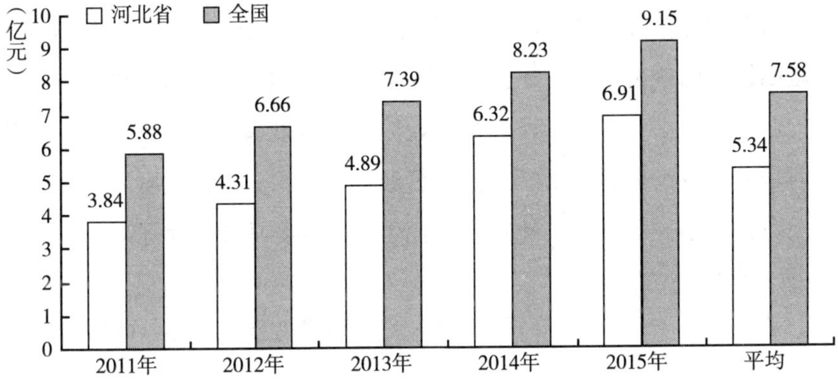

图2－34　2011～2015年河北省和全国持有对外投资上市公司对外投资规模

图2－35呈现的是2011～2015年河北省和全国上市公司对外投资占总资产的比重。2011～2015年，河北省上市公司对外投资占总资产的比重平均为3.72%，低于全国5.84%的平均水平，每年持有对外投资的比例相对稳定。

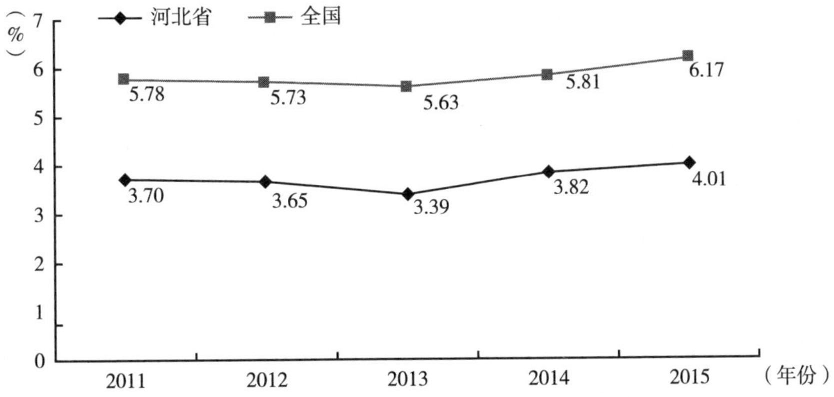

图2－35　2011～2015年河北省和全国上市公司对外投资占总资产的比重

（二）河北省上市公司短期投资总体情况

表2－22呈现的是2011～2015年河北省和全国持有短期投资上市公司行业分布情况。2011～2015年，河北省上市公司的短期投资占总资产的比重平均为1.89%，低于全国2.89%的平均水平。从行业来看，农林牧渔业持有短期投资的规模小于全国同行业平均规模，但是占总资产的比重高于全国同行业平均水平；房地产业、采矿业短期投资规模高于全国同行业平均水平，但是占总资产的比重低于全国同行业平均水平；其他行业不论是短期投资的规模，还是占总资产的比重，均低于全国同行业平均水平。

表2－22　2011～2015年河北省和全国持有短期投资上市公司行业分布

单位：元，%

行业名称	河北省		全国	
	规模	比重	规模	比重
交通运输、仓储和邮政业	231000000	1.45	385000000	3.25
信息传输、软件和信息技术服务业	2087315	0.09	223000000	3.30
农林牧渔业	35000000	3.01	99300000	2.24
制造业	96900000	1.99	217000000	2.45
房地产业	815000000	0.81	689000000	3.03
批发和零售业	90800000	3.78	349000000	4.91
电力、热力、燃气及水生产和供应业	295000000	1.16	661000000	3.70
综合类	7379163	1.90	336000000	5.84
采矿业	514000000	1.25	397000000	1.53
平　均	140000000	1.89	313000000	2.89

图2－36呈现的是2011～2015年河北省和全国持有短期投资上市公司短期投资比重。2011～2015年，河北省持有短期投资上市公司短期投资占总资产的比重平均为1.89%，低于2.89%的全国平均水平。全国持有短期投资上市公司的短期投资比重大致呈现上升趋势，河北省持有短期投资上市公司短期投资比重大致呈“U”形，2014年最低为1.32%。

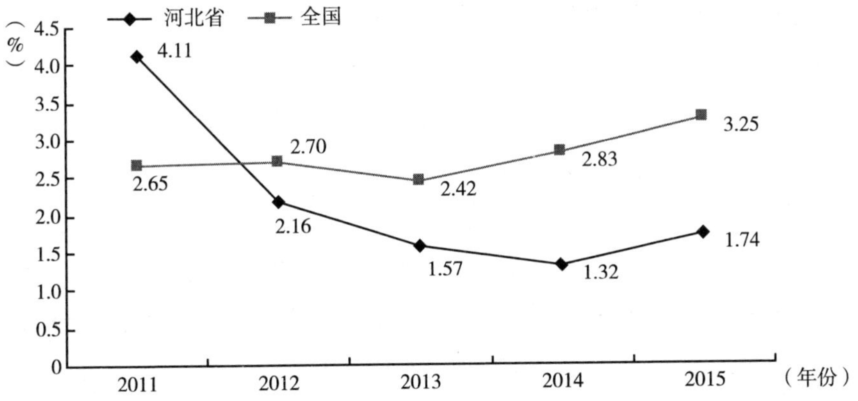

图 2-36　2011~2015 年河北省和全国持有短期投资上市公司短期投资比重

（三）河北省上市公司长期投资总体情况

表 2-23 呈现的是 2011~2015 年河北省和全国持有长期投资上市公司行业分布。2011~2015 年，河北省上市公司长期投资占总资产的比重平均为 3.02%，低于全国 4.75% 的平均水平。从行业来看，电力、热力、燃气及水生产和供应业长期投资的规模小于全国同行业平均水平，但

表 2-23　2011~2015 年河北省和全国持有长期投资上市公司行业分布

单位：元，%

行业名称	河北省		全国	
	规模	比重	规模	比重
交通运输、仓储和邮政业	282000000	2.29	1800000000	7.86
信息传输、软件和信息技术服务业	5000000	0.29	236000000	4.34
农林牧渔业	13600000	0.67	88000000	3.31
制造业	472000000	2.60	368000000	4.02
房地产业	74900000	0.19	755000000	4.04
批发和零售业	174000000	2.77	457000000	7.58
电力、热力、燃气及水生产和供应业	1550000000	12.84	2060000000	7.90
综合类	20000000	5.15	717000000	12.36
采矿业	1730000000	4.23	4270000000	4.73
平　均	501000000	3.02	657000000	4.75

是占总资产的比重高于全国同行业平均水平；制造业长期投资的规模大于全国同行业平均水平，但是占总资产的比重低于全国同行业平均水平；其他行业不论是长期投资的规模，还是占总资产的比重均低于全国同行业平均水平。

图2－37呈现的是2011～2015年河北省和全国持有长期投资上市公司长期投资比重。2011～2015年，河北省持有长期投资上市公司长期投资占总资产的比重平均为3.02%，低于4.75%的全国平均水平。全国持有长期投资上市公司长期投资比重大致呈现稳定略有下降趋势；河北省持有长期投资上市公司长期投资比重2011～2014年呈现上升趋势，2014年最高为3.69%，随后2015年呈现下降之势。

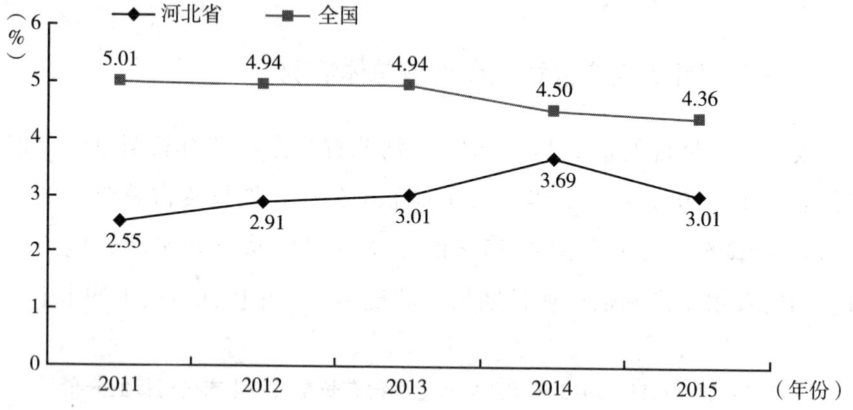

图2－37　2011～2015年河北省和全国持有长期投资上市公司长期投资比重

（四）2015年河北省上市公司对外投资情况

2015年，河北省52家上市公司中，持有短期投资的共有27家，比2014年增加1家（2015年交易性金融资产5家，可供出售金融资产26家，其中4家上市公司既有交易性金融资产，也有可供出售金融资产）。从板块上看，主板市场20家，中小板市场7家，创业板市场没有；从企业性质上看，国有控股上市公司15家，民营控股上市公司12家；从行业分布来看，制造业19家，房地产业、批发和零售业各2家，电力、热力、燃气及水生产和供应业，采矿业，交通运输、仓储和邮政业和综合类各1家。具体情况见表2－24所示。

表2－24　2015年河北省持有短期投资上市公司

单位：元，%

公司名称	板块	公司性质	行业名称	短期投资规模	短期投资比重
常山股份	主板	国有	制造业	57000000	0.52
冀东水泥	主板	国有	制造业	1540000000	3.71
建投能源	主板	国有	电力、热力、燃气及水生产和供应业	760000000	2.94
河钢股份	主板	国有	制造业	310000000	0.17
新兴铸管	主板	国有	制造业	160625000	0.32
承德露露	主板	民营	制造业	900000	0.04
河北宣工	主板	国有	制造业	62000000	4.26
冀中能源	主板	国有	采矿业	510000000	1.26
紫光国芯	中小板	国有	制造业	68000000	1.65
沧州明珠	中小板	民营	制造业	34000000	1.41
荣盛发展	中小板	民营	房地产业	1210000000	1.17
博深工具	中小板	民营	制造业	23000000	2.23
天业通联	中小板	民营	制造业	3100000	0.23
恒信移动	中小板	民营	批发和零售业	100000000	10.53
汇金股份	中小板	民营	制造业	13000000	0.88
乐凯胶片	主板	国有	制造业	18200000	0.95
宝硕股份	主板	民营	制造业	400000	0.06
廊坊发展	主板	国有	综合类	15000000	3.79
华夏幸福	主板	民营	房地产业	530000000	0.31
凌云股份	主板	国有	制造业	1300000	0.01
中国动力	主板	国有	制造业	5000000	0.11
保变电气	主板	国有	制造业	690000000	8.60
新奥股份	主板	民营	制造业	100000	0
华北制药	主板	国有	制造业	18000000	0.12
唐山港	主板	国有	交通运输、仓储和邮政业	240000000	1.43
庞大集团	主板	民营	批发和零售业	74000000	0.12
长城汽车	主板	民营	制造业	7200000	0.01

2015年，河北省52家上市公司中，持有长期投资的共35家，其中债券类长期投资（持有至到期投资）只有廊坊发展1家，其余全部为长期股

权投资；从板块上看，主板市场26家，中小板市场9家，创业板市场没有；从企业性质上看，国有控股上市公司17家，民营控股上市公司18家；从行业分布来看，制造业25家，批发和零售业3家，房地产业2家，电力、热力、燃气及水生产和供应业，采矿业，农林牧渔业，交通运输、仓储和邮政业，综合类各1家。具体情况见表2-25所示。

表2-25　2015年河北省持有长期投资上市公司

单位：元，%

证券简称	板块	公司性质	行业名称	长期投资规模	长期投资比重
常山股份	主板	国有	制造业	15000000	0.13
冀东水泥	主板	国有	制造业	1800000000	4.39
*ST金源	主板	民营	批发和零售业	1900000	0.41
东旭光电	主板	民营	制造业	72000000	0.25
建投能源	主板	国有	电力、热力、燃气及水生产和供应业	4700000000	18.01
河钢股份	主板	国有	制造业	2600000000	1.46
新兴铸管	主板	国有	制造业	5400000000	10.66
承德露露	主板	民营	制造业	6100000	0.25
*ST冀装	主板	国有	制造业	4100000	0.19
冀中能源	主板	国有	采矿业	1700000000	4.29
沧州明珠	中小板	民营	制造业	8200000	0.34
荣盛发展	中小板	民营	房地产业	17000000	0.02
博深工具	中小板	民营	制造业	54000000	5.22
巨力索具	中小板	民营	制造业	99000000	2.55
天业通联	中小板	民营	制造业	14000000	1.00
华斯股份	中小板	民营	制造业	91000000	3.97
以岭药业	中小板	民营	制造业	2500000	0.04
恒信移动	中小板	民营	批发和零售业	160000000	16.19
汇金股份	中小板	民营	制造业	5600000	0.39
宝硕股份	主板	民营	制造业	69000000	10.15
*ST沧大	主板	国有	制造业	2500000	0.06
华夏幸福	主板	民营	房地产业	130000000	0.08
凌云股份	主板	国有	制造业	350000000	3.90
中国动力	主板	国有	制造业	75000000	1.72
保变电气	主板	国有	制造业	110000000	1.32

续表

证券简称	板块	公司性质	行业名称	长期投资规模	长期投资比重
老白干酒	主板	国有	制造业	30000000	1.07
金牛化工	主板	国有	制造业	322659	0.03
新奥股份	主板	民营	制造业	490000000	4.27
华北制药	主板	国有	制造业	380000000	2.41
福成股份	主板	民营	农林牧渔业	14000000	0.67
开滦股份	主板	国有	制造业	570000000	2.79
唐山港	主板	国有	交通运输、仓储和邮政业	180000000	1.10
庞大集团	主板	民营	批发和零售业	580000000	0.92
长城汽车	主板	民营	制造业	18000000	0.03
廊坊发展	主板	国有	综合类	20000000	5.15

（五）河北省上市公司商誉情况分析

近年来，并购一直是支撑上市公司高速增长的利器。并购市场的活跃以及资本市场的繁荣，使不少被并购企业的估值明显超过其可辨认净资产的公允价值，导致A股市场上商誉占资产的比例加速上升，有商誉的上市公司数量也加速增加。本报告中的商誉是指企业在非同一控制下进行合并时购买成本超过被购买方可辨认净资产账面价值的部分。

1. 2011～2015年上市公司商誉总体情况

表2－26呈现的是2011～2015年河北省和全国上市公司商誉情况。表中商誉的数量是指当年财务报表列报中披露商誉公司的数量，公司比重是指披露商誉公司占当年上市公司的比例，商誉比重是指列报商誉公司商誉占该公司总资产的比重。从表中可以看出，河北省有商誉上市公司数量从2011年的17家增长到2015年的25家，占当年河北省上市公司的比重由2011年的36.96%上升到2015年的48.08%。河北省2011年、2012年和2013年列报商誉公司的数量比例超过全国，2014年、2015年列报商誉公司的数量比例略低于全国。河北省列报商誉公司商誉占总资产的比重前4年低于全国平均水平，2015年高于全国平均水平。河北省和全国上市公司商誉在总资产中的比重呈逐年上升趋势。

表 2－26　2011～2015 年河北省和全国上市公司商誉情况

单位：家，%

年份	河北省			全国		
	数量	公司比重	商誉比重	数量	公司比重	商誉比重
2011	17	36.96	0.46	793	34.87	1.39
2012	20	42.55	1.60	940	39.09	1.72
2013	23	46.94	1.32	1057	43.05	2.23
2014	23	46.94	2.91	1210	47.05	4.01
2015	25	48.08	7.33	1446	52.60	6.83
合计	108			5446		

图 2－38 呈现的是 2011～2015 年河北省和全国列报商誉上市公司比例。不论是全国还是河北省，列报商誉上市公司的比重在持续地增加，全国列报商誉上市公司的数量呈现稳定上升趋势，河北省列报商誉上市公司数量增长速度从 2014 年起逐渐放缓。截至 2015 年，河北省有 48.08% 的上市公司列报了商誉，而全国有 52.60% 的上市公司列报了商誉。

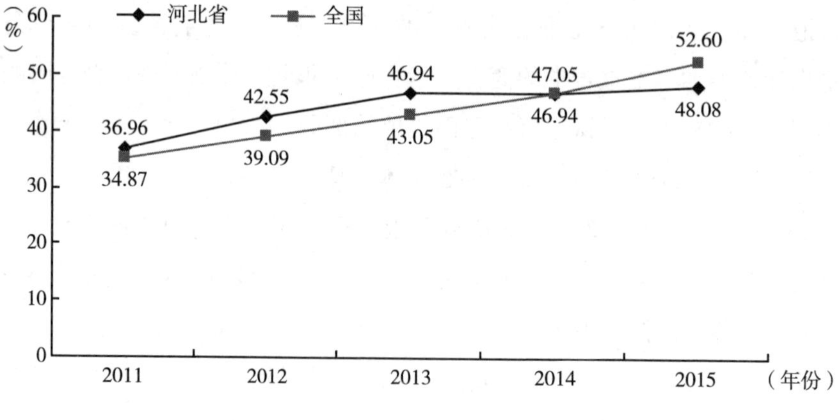

图 2－38　2011～2015 年河北省和全国列报商誉上市公司比例

图 2－39 呈现的是 2011～2015 年河北省和全国列报商誉上市公司商誉占总资产的比重。河北省上市公司持有商誉公司的商誉占总资产的比重由 2011 年的 0.46% 稳步上升至 2015 年的 7.33%，前 4 年比重低于全国平均水

平，2015 年略高于全国 6.83% 的平均水平。全国列报商誉的上市公司商誉占总资产的比重增长迅猛，河北省列报商誉的上市公司商誉占总资产的比重增速略低于全国平均水平。

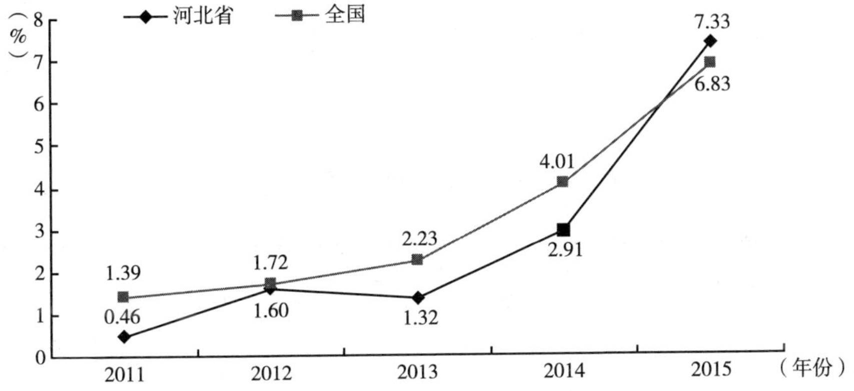

图 2－39　2011～2015 年河北省和全国上市公司商誉占总资产的比重

2. 2015年列报商誉上市公司的企业性质

表 2－27 呈现的是 2015 年河北省和全国列报商誉上市公司的性质。2015 年，河北省有 25 家上市公司有商誉资产，占河北省上市公司的比例为 48.08%，略低于全国 52.60% 的平均水平，其中河北省 60% 的公司为民营控投的上市公司，而全国列报商誉的民营控股上市公司占比为 70.26%。

表 2－27　2015 年河北省和全国列报商誉上市公司的性质

单位：家，%

公司性质	河北省			全国		
	公司数量	公司比例	商誉比重	公司数量	公司比例	商誉比重
国有	10	40	3.88	430	29.74	2.32
民营	15	60	9.63	1016	70.26	8.73
总计	25	100	7.33	1446	100.00	6.83

3. 2015年列报商誉上市公司的行业分布

2015 年，河北省列报商誉上市公司的行业分布差异较大，信息传输、软件和信息技术服务业，制造业，批发和零售业，采矿业，房地产业和农林牧渔业均有企业通过并购产生商誉。信息传输、软件和信息技术服务业的茂业通信并购了广东长实通信股份有限公司，加之之前并购了北京创世漫道科技有限公司，其商誉占总资产的比重高达51.25%，远高于其他企业。其他行业企业没有商誉。河北省列报商誉上市公司的商誉占总资产的平均比重略高于全国平均水平。

表2-28　2015年河北省和全国列报商誉上市公司的行业分布

单位：家，%

行业名称	河北省		全国	
	公司数量	商誉占总资产比重	公司数量	商誉占总资产比重
信息传输、软件和信息技术服务业	1	51.25	132	16.41
制造业	19	6.83	893	6.34
批发和零售业	1	1.80	78	3.22
采矿业	1	0.25	33	3.73
房地产业	2	0.11	53	0.64
农林牧渔业	1	0.04	23	3.71
其他	0	—	234	6.62
合　计	25	7.33	1446	6.83

注：其他行业包括交通运输、仓储和邮政业36家，住宿和餐饮业5家，卫生和社会工作业6家，建筑业46家，文化体育和娱乐业30家，水利环境和公共设施业17家，电力、热力、燃气及水生产和供应业49家，科学研究和技术服务业13家，租赁和商务服务业23家，综合类行业9家。

表2-29呈现的是2015年河北省制造业列报商誉上市公司细分行业情况。河北省制造业上市公司内部，计算机通信和其他电子设备制造业商誉占总资产的比重为32.28%，专用设备制造业为26.90%，纺织业为18.41%，仪器仪表制造业为15.55%，4个行业的比重高于全国平均水平；皮革毛皮羽毛及其制品和制鞋业为1.84%，其他细分行业的比重均低于0.6%。

4. 2015年河北省列报商誉上市公司的板块分布

表2-30呈现的是2015年河北省列报商誉上市公司的板块情况。与全国主板市场上市公司商誉占总资产比重最低不同，河北省中小板市场上市公司商誉占总资产的比重最低，为4.64%；主板市场上市公司商誉比重为

7.34%，高于全国主板市场上市公司商誉的比重；创业板市场上市公司商誉比重为10.66%，低于全国12.06%的平均水平。

表2-29　2015年河北省制造业列报商誉上市公司细分行业

单位：家，%

细分行业	公司数量	商誉占总资产比重	全国同行业比重
黑色金属冶炼及压延加工业	1	0	0.12
汽车制造业	1	0	3.35
农副食品加工业	1	0.03	3.18
石油加工炼焦及核燃料加工业	1	0.05	5.69
金属制品业	1	0.06	6.05
医药制造业	2	0.09	8.86
酒饮料和精制茶制造业	1	0.11	1.85
电气机械及器材制造业	1	0.16	4.81
非金属矿物制品业	1	0.29	4.03
化学原料及化学制品制造业	2	0.51	4.61
通用设备制造业	1	0.59	4.61
皮革毛皮羽毛及其制品和制鞋业	1	1.84	2.94
仪器仪表制造业	1	15.55	7.37
纺织业	1	18.41	4.43
专用设备制造业	1	26.90	7.17
计算机通信和其他电子设备制造业	2	32.28	9.78
合　计	19	6.83	6.34

表2-30　2015年河北省列报商誉上市公司的板块情况

单位：家，%

板　块	公司数量	商誉占总资产比重	全国同行业比重
中小板	5	4.64	7.97
主　板	16	7.34	3.55
创业板	4	10.66	12.06
合　计	25	7.33	6.83

表2-31呈现的是2015年河北省列报商誉上市公司情况。表中从列报商誉上市公司的市场板块、所在行业、控股股东性质、商誉净额和商誉占总资产的比重等方面进行了展示。

表 2－31　2015 年河北省列报商誉上市公司情况

单位：元，%

证券代码	公司名称	板块	行业名称	公司性质	商誉净额	商誉比重
000889	茂业通信	主板	信息传输、软件和信息技术服务业	民营	1700000000	51.25
000687	华讯方舟	主板	制造业	民营	1200000000	45.02
300368	汇金股份	创业板	制造业	民营	390000000	26.90
002049	紫光国芯	中小板	制造业	国有	810000000	19.53
000158	常山股份	主板	制造业	国有	2000000000	18.41
300137	先河环保	创业板	制造业	民营	250000000	15.55
002494	华斯股份	中小板	制造业	民营	42000000	1.84
601258	庞大集团	主板	批发和零售业	民营	1100000000	1.80
002442	龙星化工	中小板	制造业	民营	29000000	1.02
002282	博深工具	中小板	制造业	民营	6100000	0.59
000401	冀东水泥	主板	制造业	国有	120000000	0.29
000937	冀中能源	主板	采矿业	国有	100000000	0.25
002146	荣盛发展	中小板	房地产业	民营	210000000	0.20
600550	保变电气	主板	制造业	国有	13000000	0.16
300255	常山药业	创业板	制造业	民营	3600000	0.15
000848	承德露露	主板	制造业	民营	2800000	0.11
000778	新兴铸管	主板	制造业	国有	33000000	0.06
600997	开滦股份	主板	制造业	国有	10000000	0.05
600965	福成股份	主板	农林牧渔业	民营	879841	0.04
300138	晨光生物	创业板	制造业	民营	593859	0.03
600340	华夏幸福	主板	房地产业	民营	40000000	0.02
600812	华北制药	主板	制造业	国有	3300000	0.02
600409	三友化工	主板	制造业	国有	2400000	0.01
601633	长城汽车	主板	制造业	民营	2200000	0
000709	河钢股份	主板	制造业	国有	87925	0

四　投资分析

本报告首先从企业用于长期资产投资的支出，分析了企业的投资行为，而后从内部长期资产的投资和对外投资两个方面进行了分析。

（一）企业投资的总体情况

投资规模方面。2011～2015年，河北省上市公司长期资产投资规模平均为8.18亿元，高于全国7.36亿元的平均水平。从行业上来讲，制造业、房地产业、批发和零售业的长期资产投资规模远高于全国平均水平，其平均投资规模分别是全国平均水平的2.08倍、2.18倍和3.25倍。在板块方面，主板市场的平均投资规模和全国主板市场的平均投资规模相近。河北省主板市场上市公司的平均投资规模在2012年最高为13.30亿元，全国主板市场上市公司在2013年最高为12.10亿元，河北省主板上市公司的投资规模总体呈现小幅下降趋势。2015年，河北省主板上市公司的平均投资规模为10.10亿元，低于2015年全国上市公司11.00亿元的平均水平。在中小板市场，河北省上市公司的平均投资规模为1.74亿元，远低于全国中小板市场上市公司2.40亿元的平均水平，仅为全国中小板市场平均投资规模的72.50%。在创业板市场，全国创业板市场上市公司的投资规模呈现总体稳定上升趋势，2015年为1.23亿元，而河北省创业板上市公司的平均投资规模呈现逐年下降趋势，从2012年的最高1.63亿元下降到2015年的0.42亿元，2015年仅为全国平均投资规模的34.39%。在企业性质方面，河北省国有控股上市公司的投资规模平均为12.10亿元，低于全国15.30亿元的平均水平；民营控股上市公司的投资规模为4.91亿元，高于全国2.41亿元的平均水平。

投资比重方面。全国上市公司长期资产投资支出占总资产的比重总体呈现稳定下降趋势，从2011年的6.86%下降到2015年的4.40%。河北省上市公司长期资产投资占总资产的比重在2012年最高为8.46%，之后呈现下降趋势。河北省上市公司5年长期资产投资占总资产的比重平均为6.36%，高于全国上市公司5.57%的平均水平。在行业方面，2015年河北省农林牧渔业，电力、热力、燃气及水生产和供应业，采矿业长期资产投资占总资产的比重高于全国同行业平均比重，其他行业低于全国同行业平均比重。在板块方面，2015年河北省主板市场和创业板市场上市公司长期资产投资占总资产的比重低于全国同板块平均比重，中小板市场高于全国。在企业性质方面，2015 年河北省国有控股上市公司长期资产投资占总资产的比重高于全国国有控股上市公司的平均投资比重，民营控股上市公司低于全国。

（二）企业内部投资总体情况

在企业的内部投资方面，河北省上市公司不论是企业的内部长期资产投资规模，还是企业的内部长期资产投资占总资产的比重，都远高于全国上市公司平均水平。在行业方面，河北省制造业、房地产业、批发和零售业上市公司内部长期资产投资规模远高于全国同行业平均水平，其他行业低于全国同行业平均水平。在板块方面，河北省主板市场上市公司内部长期资产投资的平均规模大于全国主板市场上市公司平均投资规模，其他板块低于全国同板块平均投资规模。

固定资产规模方面，2011 ~2015 年，河北省上市公司总体规模平均为 57. 80 亿元，高于全国 40. 70 亿元的平均规模，其制造业、房地产业、批发和零售业的固定资产规模远大于全国同行业平均水平，其他行业小于全国同行业平均规模。

无形资产方面，2011 ~2015 年，河北省上市公司无形资产占总资产的平均比重为 5. 32%，高于全国 5. 16% 的平均水平，但是 2015 年河北省上市公司无形资产比重为 5. 07%，低于全国 5. 16% 的平均比重。行业方面，河北省上市公司在制造业、房地产业、批发和零售业、采矿业的无形资产规模大于全国同行业平均水平，其他行业低于全国同行业平均水平。在无形资产的构成上，2015 年河北省上市公司的土地使用权占无形资产的比重高达 75. 15%，是无形资产的主要构成部分，其中，农林牧渔业，房地产业，电力、热力、燃气及水生产和供应业的土地使用权占无形资产的比重在 90% 以上。信息传输、软件和信息技术服务业的无形资产全部为专利和非专利技术。

（三）企业对外投资总体情况

在对外投资方面，2011 ~2015 年，河北省上市公司有 75. 64% 持有对外投资，略低于全国78.37%的平均水平；河北省持有对外投资的上市公司持有的对外投资规模平均为5.34亿元，低于全国同类公司7.58亿元的平均规模。在短期投资方面，2011～2015年河北省持有短期投资的上市公司平均规模为1.4亿元，低于全国同类公司3.13亿元的平均规模；河北省持有短期投资的上市公司短期投资占总资产的平均比重为1.89%，低于全国同类公司2.89%的平均比重。长期投资方面，2011～2015年，河北省上市公司的平均规模为5.01亿元，低于全国6.57亿元的平均规模；河北省上市公司的长期投资占总资产的比重平均为3.02%，低于全国同类公司4.75%的平均比重。

商誉方面，河北省列报商誉的上市公司从2011年的17家上升到2015年的25家，商誉占总资产的比重呈逐年上升趋势，2011年仅为0.46%，2015年高达7.33%。在企业性质方面，2015年，河北省民营控股上市公司商誉占总资产的比重为9.63%，高于河北省国有控股上市公司3.88%的比重，也高于全国民营控股上市公司8.73%的比重。在行业方面，2015年，河北省信息传输、软件和信息技术服务业商誉占总资产的比重高达51.25%，远高于其他行业，也高于全国同行业比重。

分报告三 河北上市公司营运能力发展报告

营运能力是指企业的经营运行能力，即企业运用各项资产赚取利润的能力。对企业营运能力的分析，实质是对企业资产管理效率的研究，目的是评价企业资产的流动性。一般对企业营运能力的分析，包括总资产营运能力分析、流动资产营运能力分析、固定资产营运能力分析三个方面。这些指标都是相对数指标，可以综合反映企业不同资产的营运效率。但是对企业营运能力的分析仅仅借助于相对数指标是不全面的，因为相对数指标只能反映企业营运效率。要想体现一个企业营运资金规模的大小，还需要借助于绝对数指标来进行分析。所以本报告在借鉴有关文献的基础上，分别从营运资金和营运效率两个方面综合分析企业的营运能力。本报告选取流动资产、流动负债、营运资金、流动资产占总资产比和流动负债占总负债比等指标分析营运资金，并选取应收账款周转天数、存货周转天数、营业周期、流动比率、速动比率和现金比率等指标分析营运效率。

本报告基于2011～2015年的数据，分别从营运资金和营运效率两个方面将河北省上市公司与全国上市公司进行了对比分析；在此基础上，将河北省上市公司归属的9个行业与全国同行业上市公司以及河北省上市公司总体情况进行了对比分析。另外，河北省52家上市公司中，有40家属于制造业。基于制造业在河北省上市公司中的重要地位，本报告又将河北省制造业上市公司按照行业标准细分为20类，并对每一类细分行业分别从营运资金和营运效率两个方面与河北省制造业进行了对比分析。最后，在以上综合分析和深入分析的基础上，针对河北省上市公司营运能力得出总体评价和结论。

一　河北上市公司总体营运能力分析

河北省上市公司的营运能力主要通过营运资金和营运效率两个方面来进行分析。本报告分别从营运资金和营运效率两个方面将河北省与全国进行对比分析。

（一）营运资金分析

下面通过选取流动资产、流动负债、营运资金、流动资产占总资产比、流动负债占总负债比等5个指标，分析河北省上市公司的营运资金。

通过表3-1数据可见，2011～2015年，河北省上市公司流动资产占全国流动资产的比重为2.65%；河北省上市公司流动负债占全国流动负债的比重为3.02%；河北省营运资金5年平均值为39.10亿元，而全国平均为19470.03亿元，河北省营运资金占全国营运资金的比重为0.20%。河北省营运资金占全国营运资金的比重显著低于流动资产占全国流动资产的比重，表明河北省上市公司营运资金不足，明显低于全国上市公司平均水平。从流动资产占总资产的比重来看，河北省5年平均约为49%，低于全国3个百分点，总体较为合理。另外从流动负债占总负债的比重来看，河北省5年平均值为78%，低于全国1个百分点，流动负债占总负债比略低于全国平均水平。从总体来看，河北省和全国上市公司流动负债在总负债中都占较大的比重。

表3-1　2011～2015年河北省与全国上市公司营运资金对比

单位：亿元，%

		流动资产	流动负债	营运资金	流动资产占总资产比	流动负债占总负债比
2011年	河北省	2685.83	2728.95	-43.12	45	78
	全国	114640.41	99177.40	15463.01	56	87
	占比	2.34	2.75	—	—	—

续表

		流动资产	流动负债	营运资金	流动资产占总资产比	流动负债占总负债比
2012 年	河北省	3205.85	3323.45	-117.60	48	78
	全国	129459.57	113811.09	15648.48	51	72
	占比	2.48	2.92	—	—	—
2013 年	河北省	3992.63	3965.52	27.11	53	78
	全国	147243.02	131117.59	16125.43	49	73
	占比	2.71	3.02	0.17	—	—
2014 年	河北省	4618.48	4552.88	65.60	45	8
	全国	167161.81	146878.81	20283.00	49	79
	占比	2.76	3.10	0.32	—	—
2015 年	河北省	5389.21	5125.70	263.51	54	78
	全国	191900.29	162070.06	29830.23	55	82
	占比	2.81	3.16	0.88	—	—
平均值	河北省	3978.40	3939.30	39.10	49	78
	全国	150081.02	130610.99	19470.03	52	79
	占比	2.65	3.02	0.20	—	—

从图 3-1 可见，河北省上市公司的流动资产和流动负债在 2011～2015 年均呈现上升的趋势。2011～2015 年，河北省营运资金分别约为 -43.12 亿元、-117.60 亿元、27.11 亿元、65.60 亿元和 263.51 亿元，在 2011 年和 2012 年出现负值，随后 2013 年和 2014 年出现回升，2015 年出现较大增长，说明河北省总体营运实力有所增强。

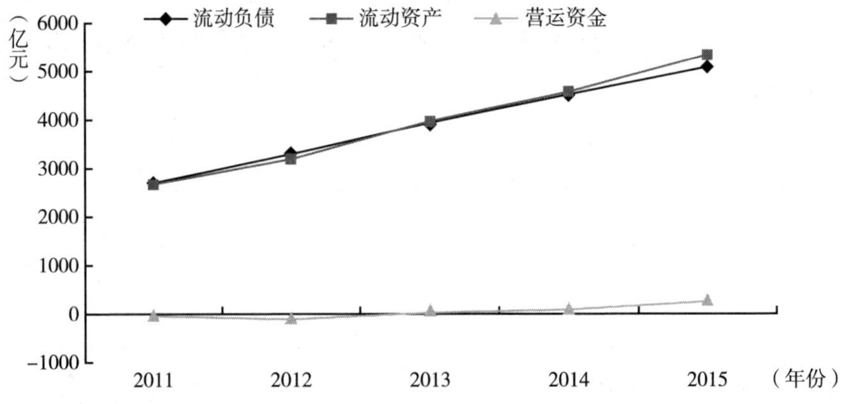

图 3-1　2011～2015 年河北省流动资产、流动负债和营运资金

从图 3－2 可见，河北省上市公司流动资产和流动负债占全国的比例是逐年上升的，且流动负债占全国的比重在 2011～2015 年均高于流动资产占全国的比重，说明河北省上市公司的流动负债比重相对于流动资产偏高，可能存在一定的财务风险。

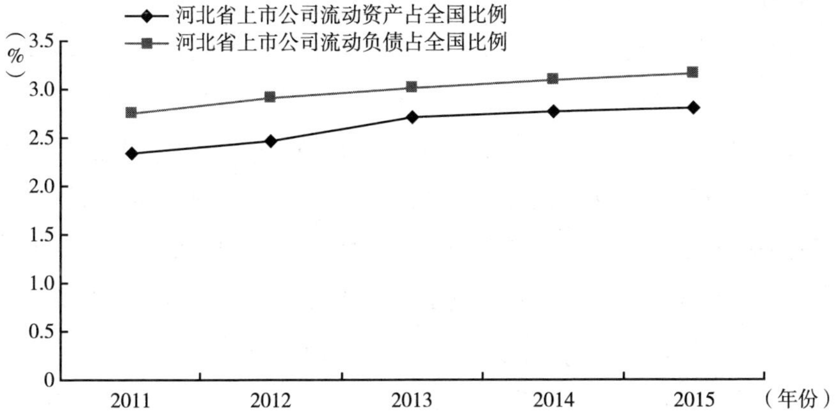

图 3－2　2011～2015 年河北省流动资产和流动负债占全国比例

从图 3－3 可见，河北省上市公司流动资产占总资产的比例和流动负债占总负债的比例均呈现温和变动趋势，而且基本上与全国同期的平均水平持平或者略低于全国平均水平。

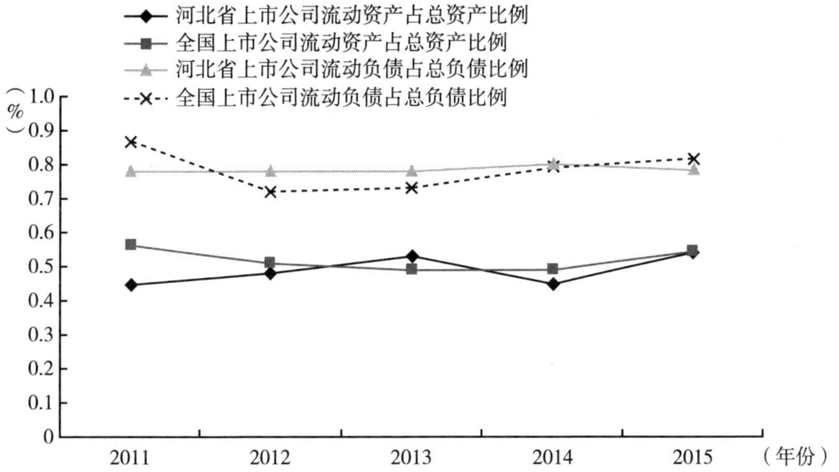

图 3－3　2011～2015 年流动资产、流动负债占总资产比例

（二）营运效率分析

下面分别运用应收账款周转天数、存货周转天数、营业周期、流动比率、速动比率、现金比率等指标，从河北省上市公司和全国上市公司对比角度，分析河北省上市公司的营运效率。

从表3-2可见，2011~2015年，河北省上市公司应收账款周转天数平均为70.13天，全国上市公司平均值是91.76天，河北省比全国少21.63天；河北省上市公司存货周转天数平均为214.60天，全国上市公司存货周转天数平均为367.36天，河北省比全国少152.76天；河北省上市公司营业周期的平均天数为282.98天，全国上市公司平均营业周期为447.61天，河北省比全国少164.63天。这说明河北省上市公司资产周转速度较快，营运周期较短。另外，河北省上市公司平均流动比率、速动比率和现金比率分别为2.78、2.12、1.12，均略低于全国上市公司平均水平，说明河北省上市公司短期偿债能力略低于全国总体水平。

表3-2　2011~2015年河北省与全国上市公司营运效率对比

单位：天

		应收账款周转天数	存货周转天数	营业周期	流动比率	速动比率	现金比率
2011年	河北省	43.75	212.48	256.22	3.02	2.35	1.47
	全国	121.29	698.28	765.99	3.56	2.93	2.03
	差额	-77.54	-485.8	-509.77	-0.54	-0.58	-0.56
2012年	河北省	64.13	203.61	267.74	3.13	2.31	1.39
	全国	71.74	290.68	362.42	3.07	2.47	1.59
	差额	-7.61	-87.07	-94.68	0.06	-0.16	-0.20
2013年	河北省	71.82	244.57	316.39	2.54	1.90	0.92
	全国	78.17	282.37	360.54	2.70	2.14	1.20
	差额	-6.35	-37.80	-44.15	-0.16	-0.24	-0.28
2014年	河北省	79.45	185.62	265.07	2.50	1.87	0.91
	全国	90.42	274.76	365.18	2.51	1.94	1.00
	差额	-10.97	-89.14	-100.11	-0.01	-0.07	-0.09

续表

		应收账款周转天数	存货周转天数	营业周期	流动比率	速动比率	现金比率
2015 年	河北省	91.48	226.74	309.50	2.72	2.15	0.91
	全国	97.19	290.72	383.92	2.44	1.94	0.85
	差额	-5.71	-63.98	-74.42	0.28	0.21	0.06
平均值	河北省	70.13	214.60	282.98	2.78	2.12	1.12
	全国	91.76	367.36	447.61	2.86	2.28	1.33
	差额	-21.63	-152.76	-164.63	-0.08	-0.16	-0.21

从图 3-4 可见，2011 年河北省上市公司平均应收账款回收期远低于全国上市公司平均水平，周转速度较快。虽然从 2012 年开始出现较大幅度上升，但仍低于全国上市公司平均水平。这说明河北省应收账款周转速度较快。

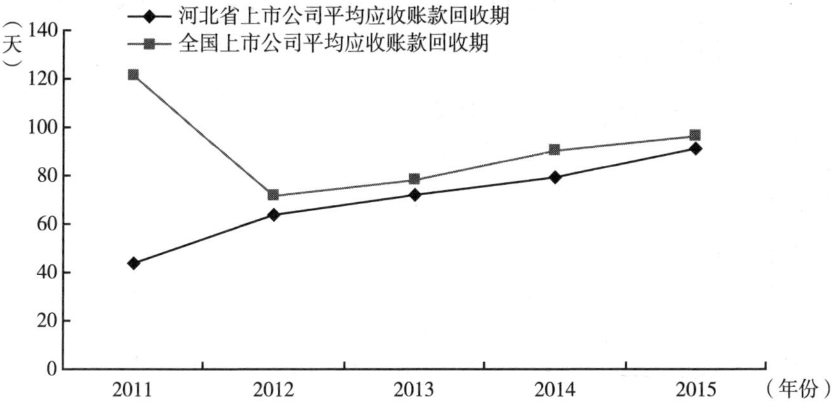

图 3-4　2011～2015 年河北省应收账款回收期与全国对比

从图 3-5 可见，2011 年河北省上市公司存货周转天数远低于全国上市公司存货周转天数，说明河北省存货周转速度较快，存货管理效率较高。但是从横向比较来看，在全国上市公司存货周转天数急剧减少的同时，河北省上市公司存货周转天数不仅没有减少反而增加，说明河北省存货管理的优势正在消失，已经接近于全国平均水平。

图 3-6 反映了 2011～2015 年河北省上市公司平均营业周期和全国上市公司平均营业周期的对比情况。从图 3-6 中可见，2011 年河北省上市公司的营业周期远远低于全国平均水平，后面连续 4 年基本与全国持平，但仍低

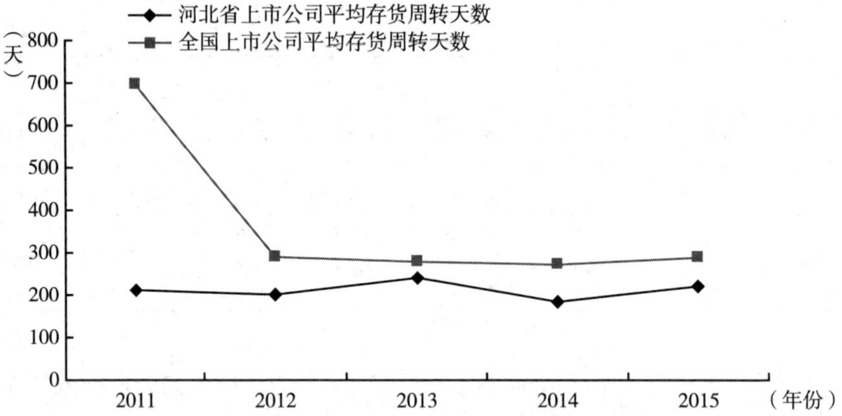

图 3－5　2011～2015 年河北省和全国存货周转天数对比

于全国平均水平。从这 5 年的情况看，河北省上市公司营业周期基本保持稳定，并且与全国总体水平基本持平。

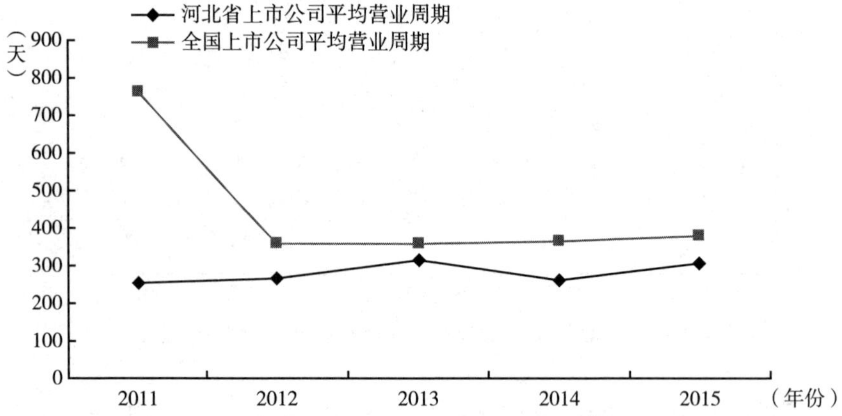

图 3－6　2011～2015 年河北省上市公司营业周期和全国营业周期对比

流动比率、速动比率和现金比率都反映了企业的短期偿债能力。从图 3－7、图 3－8、图 3－9 可以看出，河北省上市公司平均流动比率、速动比率和现金比率除了 2015 年比全国高外①，均低于全国上市公司平均水平。因此，从整体来看，河北省上市公司的短期偿债能力较差，存在一定的财务风险。

① 河北省上市公司流动比率 2012 年也比全国高。

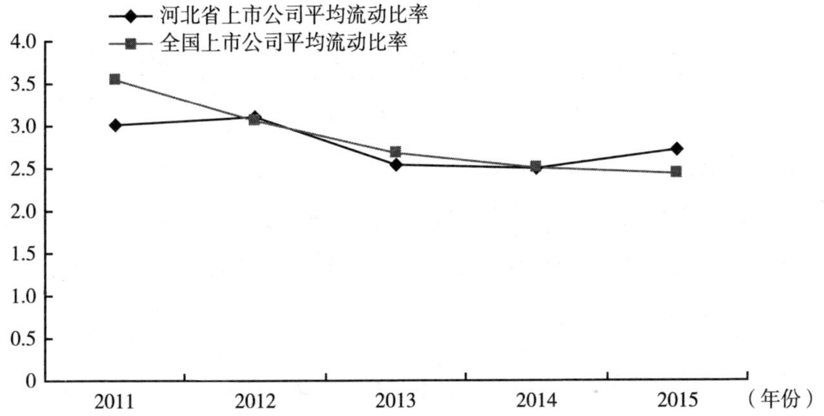

图 3－7　2011～2015 年河北省上市公司流动比率与全国对比

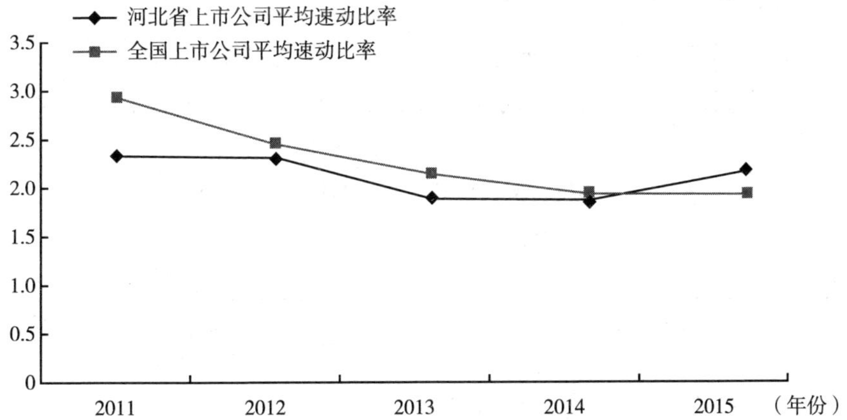

图 3－8　2011～2015 年河北省上市公司速动比率与全国对比

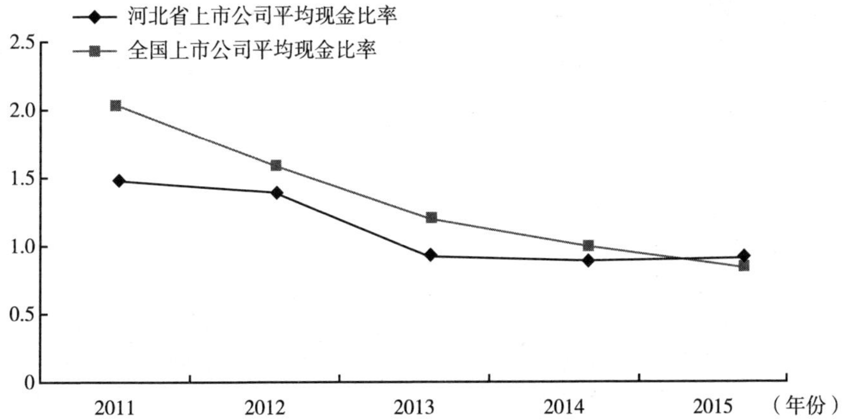

图 3－9　2011～2015 年河北省上市公司现金比率与全国对比

二　河北上市公司分行业营运能力分析

下面分别从农林牧渔业，采矿业，制造业，电力、热力、燃气及水生产和供应业，批发和零售业，交通运输、仓储和邮政业，房地产业，综合类，信息传输、软件和信息技术服务业9个行业分析河北省与全国同行业的营运资金和营运效率对比情况。

（一）河北农林牧渔业与全国同行业对比分析

1. 营运资金分析

下面选取流动资产、流动负债、营运资金、流动资产占总资产比、流动负债占总负债比等5个指标，分析河北省农林牧渔业上市公司的营运资金。

表3-3　2011～2015年河北省农林牧渔业上市公司与全国同行业上市公司营运资金对比

单位：亿元，%

		流动资产	流动负债	营运资金	流动资产占总资产比	流动负债占总负债比
2011年	河北省	2.90	1.55	1.35	45	1
	全国	55.29	370.31	-315.02	56	87
	占比	5.25	0.42	—	—	—
2012年	河北省	3.37	1.97	1.40	48	1
	全国	575.38	396.07	179.31	53	83
	占比	0.59	0.50	0.78	—	—
2013年	河北省	5.97	2.74	3.23	51	1
	全国	590.28	470.82	119.46	49	83
	占比	1.01	0.58	2.70	—	—
2014年	河北省	5.53	3.09	2.44	45	1
	全国	625.69	457.31	168.38	49	79
	占比	0.88	0.68	1.45	—	—
2015年	河北省	12.59	3.85	8.74	62	99
	全国	903.19	598.12	305.07	51	80
	占比	1.39	0.64	2.86	—	—

续表

		流动资产	流动负债	营运资金	流动资产占总资产比	流动负债占总负债比
平均值	河北省	7.08	3.08	4.00	42	83
	全国	549.97	458.53	91.44	43	69
	占比	1.29	0.67	4.37	—	—

从表3－3可见，2011～2015年，河北省农林牧渔业上市公司流动资产占全国同行业上市公司流动资产的比重为1.29%，流动负债占全国同行业上市公司流动负债的比重为0.67%，在5年内流动负债占全国流动负债的比重保持平稳，且远低于河北省所有上市公司流动资产占全国上市公司流动资产的比例。从数据上看，河北省上市公司营运资金2011～2015年均为正数，说明该省上市公司有较好的营运能力。从流动资产占总资产的比重来看，河北省农林牧渔业上市公司平均约为42%，略低于全国同行业总体水平，但总体较为合理；但是河北省农林牧渔业上市公司流动负债占总负债的比重5年平均为83%，高于全国同行业同比例15个百分点。因此，建议河北省农林牧渔业上市公司降低流动负债的比率，以降低短期财务风险。

2. 营运效率分析

下面分别从应收账款周转天数、存货周转天数、营业周期、流动比率、速动比率、现金比率分析河北省农林牧渔业的营运效率。

从表3－4可见，2011～2015年，河北省农林牧渔业上市公司平均营业周期为191.32天，全国同行业营业周期平均为395.95天，河北省与全国同行业相比少了204.63天。河北省农林牧渔业上市公司营业周期短的主要原因是存货周转天数较少，存货周转天数平均值与全国同行业平均值相比少了214.57天。虽然河北省农林牧渔业上市公司应收账款周转天数略高于全国同行业平均水平，但是存货周转速度快的优势弥补了应收账款周转速度慢的不足。从流动比率、速动比率和现金比率来看，除2015年，河北省农林牧渔业各项指标都略低于全国同行业平均水平，说明河北省农林牧渔业上市公司短期偿债能力略有不足，低于全国同行业平均水平。

表 3-4 河北省农林牧渔业上市公司和全国同行业上市公司营运效率分析

单位：天

		应收账款周转天数	存货周转天数	营业周期	流动比率	速动比率	现金比率
2011 年	河北省	39.72	141.47	181.18	1.87	0.74	0.25
	全国	30.66	263.29	293.95	3.25	2.20	1.67
	差额	9.06	-121.82	-112.77	-1.38	-1.46	-1.42
2012 年	河北省	43.63	137.02	180.65	1.71	0.69	0.22
	全国	35.33	330.02	365.35	2.66	1.63	1.16
	差额	8.30	-193.00	-184.70	-0.95	-0.94	-0.94
2013 年	河北省	30.14	143.31	173.45	2.18	1.14	0.5
	全国	37.34	386.35	423.7	2.58	1.46	0.91
	差额	-7.20	-243.04	-250.25	-0.40	-0.32	-0.41
2014 年	河北省	92.24	29.11	121.34	1.08	0.99	0.29
	全国	44.46	439.99	484.45	2.65	1.64	0.89
	差额	47.78	-410.88	-363.11	-1.57	-0.65	-0.60
2015 年	河北省	31.13	268.84	299.97	3.27	1.76	0.89
	全国	40.29	372.95	412.30	2.31	1.48	0.57
	差额	-9.16	-104.11	-112.33	0.96	0.28	0.32
平均值	河北省	47.37	143.95	191.32	2.02	1.06	0.43
	全国	37.62	358.52	395.95	2.69	1.68	1.04
	差额	9.75	-214.57	-204.63	-0.67	-0.62	-0.61

从总体情况看，2011～2015 年，河北省农林牧渔业应收账款周转天数为 47.37 天，存货周转天数为 143.95 天，营业周期为 191.32 天，而 2011～2015 年河北省所有上市公司平均应收账款周转天数为 70.13 天，存货周转天数为 214.60 天，营业周期为 282.98 天。河北省农林牧渔业的三项指标都低于河北省所有上市公司的平均数，说明河北省农林牧渔业上市公司营运效率较高，高于河北省上市公司总体水平。另外，2011～2015 年，河北省农林牧渔业上市公司流动比率、速动比率、现金比率三个指标数值分别为 2.02、1.06 和 0.43，河北省所有上市公司流动比率、速动比率、现金比率三个指标平均数分别为 2.78、2.12 和 1.12，河北省农林牧渔业上市公司的三个偿债能力指标都略低于河北省上市公司总体水平，说明河北

省农林牧渔业上市公司短期偿债能力相对较差，低于河北省上市公司总体水平。

（二）河北采矿业与全国同行业对比分析

1. 营运资金分析

下面通过选取流动资产、流动负债、营运资金、流动资产占总资产比、流动负债占总负债比等 5 个指标分析河北省采矿业上市公司的营运资金。

表 3-5　2011～2015 年河北省采矿业与全国同行业上市公司营运资金对比

单位：亿元，%

		流动资产	流动负债	营运资金	流动资产占总资产比	流动负债占总负债比
2011 年	河北省	161.11	138.41	22.70	42	64
	全国	11636.60	13502.15	-1865.55	26	66
	占比	1.38	1.03	—	—	—
2012 年	河北省	161.56	139.06	22.50	40	64
	全国	12419.09	14917.54	-2498.45	24	62
	占比	1.30	0.93	—	—	—
2013 年	河北省	143.26	159.98	-16.72	35	69
	全国	13008.66	17418.61	-4409.95	23	64
	占比	1.10	0.92	0.38	—	—
2014 年	河北省	139.02	128.83	10.19	33	61
	全国	13321.53	17788.58	-4467.05	22	60
	占比	1.04	0.72	—	—	—
2015 年	河北省	143.51	148.24	-4.73	35	71
	全国	13151.19	16362.41	-3211.22	37	74
	占比	1.09	0.91	0.15	—	—
平均值	河北省	149.69	142.90	6.79	31	55
	全国	12707.41	15997.86	-3290.44	22	54
	占比	1.18	0.89	—	—	—

从表 3-5 中的数据可见，2011～2015 年，河北省采矿业上市公司流动资产占全国同行业上市公司流动资产的比重平均值为 1.18%，河北省采矿业上市公司流动负债占全国同行业上市公司流动负债的比重平均值为 0.89%。2011～2015 年中，2013 年和 2015 年营运资金都为负数，其他年份

虽然为正数，但是金额都非常小，说明企业营运资金不足。另外全国同行业营运资金都为负数，说明营运资金不足是全国采矿业面临的共同问题。从流动资产占总资产的比重来看，河北省采矿业5年平均约为31%，高于全国同行业总体水平，但是低于河北省总体水平；另外从流动负债占总负债的比重来看，河北省采矿业总体流动负债占比高于全国同行业平均水平，但低于河北省总体平均水平。这说明河北省采矿业流动资产结构优于全国同行业整体水平，但是跟河北省其他行业相比仍有一定差距。

2. 营运效率分析

下面分别从应收账款周转天数、存货周转天数、营业周期、流动比率、速动比率、现金比率分析河北省采矿业的营运效率。

表3-6　2011~2015年河北省采矿业上市公司与全国同行业上市公司营运效率对比

单位：天

		应收账款周转天数	存货周转天数	营业周期	流动比率	速动比率	现金比率
2011年	河北省	12.45	10.85	23.30	0.88	0.73	0.38
	全国	50.69	100.64	151.34	4.59	4.32	3.09
	差额	-38.24	-89.79	-128.04	-3.71	-3.59	-2.71
2012年	河北省	19.53	15.71	35.24	0.85	0.69	0.3
	全国	80.91	163.08	243.98	3.36	2.72	1.73
	差额	-61.38	-147.37	-208.74	-2.51	-2.03	-1.43
2013年	河北省	27.36	20.67	48.03	0.65	0.53	0.23
	全国	61.41	62.03	123.45	2.09	1.87	1.03
	差额	-34.05	-41.36	-75.42	-1.44	-1.34	-0.80
2014年	河北省	40.84	30.56	71.4	0.79	0.64	0.29
	全国	69.40	65.64	135.04	1.58	1.37	0.58
	差额	-28.56	-35.08	-63.64	-0.79	-0.73	-0.29
2015年	河北省	131.39	36.67	168.06	0.97	0.90	0.30
	全国	93.92	181.52	269.01	1.60	1.38	0.61
	差额	37.47	-144.85	-100.95	-0.63	-0.48	-0.31
平均值	河北省	46.31	22.89	69.21	0.83	0.70	0.30
	全国	71.27	114.58	184.56	2.64	2.33	1.41
	差额	-24.95	-91.69	-115.36	-1.82	-1.63	-1.11

从表 3 - 6 可见，2011 ~ 2015 年，河北省采矿业营业周期的平均天数为 69.21 天，全国同行业平均营业周期为 184.56 天，河北省与全国相比少了 115.36 天。河北省采矿业上市公司营业周期较短的原因是应收账款周转速度快，应收账款周转天数较少，与全国平均数相比少了 24.95 天。二是河北省采矿业上市公司存货周转天数也较少，跟全国平均数相比少了 91.69 天。分析结果说明河北省采矿业上市公司营运效率较高。另外，从流动比率、速动比率和现金比率来看，河北省采矿业上市公司平均值都显著低于全国同行业平均水平，说明河北省采矿业上市公司短期偿债能力较差。

从总体的比较情况看，河北采矿业上市公司总平均应收账款周转天数为 46.31 天，存货周转天数为 22.89 天，营业周期为 69.21 天。2011 ~ 2015 年，河北省所有上市公司平均应收账款周转天数为 70.13 天，存货周转天数为 214.60 天，营业周期为 282.98 天。河北省采矿业的三项指标都显著低于河北省所有上市公司的平均数，说明河北省采矿业上市公司营运效率较高，高于河北省上市公司总体水平。另外，河北省采矿业上市公司流动比率、速动比率、现金比率三个指标数值平均分别为 0.83、0.70 和 0.30，河北省所有上市公司流动比率、速动比率、现金比率三个指标平均数分别为 2.78、2.12 和 1.12，河北省采矿业上市公司的三个偿债能力指标都明显低于河北省上市公司总体水平，说明河北省采矿业上市公司短期偿债能力相对较差，低于河北省上市公司总体水平。

（三）河北制造业与全国同行业对比分析

1. 营运资金分析

下面通过选取流动资产、流动负债、营运资金、流动资产占总资产比、流动负债占总负债比等 5 个指标分析河北省制造业上市公司的营运资金。

从表 3 - 7 可见，2011 ~ 2015 年，河北省制造业上市公司流动资产占全国同行业上市公司流动资产的比重为 3.15%，流动负债占全国同行业上市公司流动负债的比重为 4.47%。另外从数据上看，2011 ~ 2015 年，河北省

表 3－7　河北省制造业上市公司与全国同行业上市公司营运资金对比

单位：亿元，%

		流动资产	流动负债	营运资金	流动资产占总资产比	流动负债占总负债比
2011 年	河北省	1531.36	1689.00	－157.64	43	77
	全国	48806.87	38538.78	10268.09	56	80
	占比	3.14	4.38	—	—	—
2012 年	河北省	1714.67	2040.11	－325.44	42	79
	全国	53058.60	43190.92	9867.68	54	80
	占比	3.23	4.72	—	—	—
2013 年	河北省	2020.03	2256.41	－236.38	43	76
	全国	58798.26	49051.26	9747.00	53	80
	占比	3.44	4.60	—	—	—
2014 年	河北省	2078.57	2444.43	－365.86	42	78
	全国	67875.55	57077.15	10798.40	53	80
	占比	3.06	4.28	—	—	—
2015 年	河北省	2146.09	2661.89	－515.80	54	81
	全国	72820.70	60139.16	12681.54	56	85
	占比	2.95	4.43	—	—	—
平均值	河北省	1898.14	2218.37	－320.22	37	65
	全国	60272.00	49599.45	10672.54	45	67
	占比	3.15	4.47	—	—	—

制造业上市公司各年度营运资金都为负数，说明河北省制造业上市公司营运资金不足，但是全国同行业同期营运资金都为正数，说明营运资金不足是困扰河北省制造业的突出问题。从流动资产占总资产的比重来看，河北省制造业上市公司 5 年平均约为 37%，低于全国同行业总体水平，也低于河北省总体水平；所以流动资产不足是导致河北省制造业营运资金不足的主要因素。另外从流动负债占总负债的比重来看，河北省总体流动负债占比略低于全国同行业平均水平，也低于河北省所有上市公司的总体平均水平，说明河北省制造业流动负债总体较为合理，但是流动资产不足导致营运资金不足。因此，河北省应从增加流动资产的比重入手，以提高其制造业企业的营运能力。

2. 营运效率分析

下面分别从应收账款周转天数、存货周转天数、营业周期、流动比率、速动比率、现金比率分析河北省制造业上市公司的营运效率。

表 3－8　河北省制造业上市公司与全国同行业上市公司营运效率对比

单位：天

		应收账款周转天数	存货周转天数	营业周期	流动比率	速动比率	现金比率
2011 年	河北省	46.05	121.19	167.25	3.47	2.73	1.78
	全国	67.15	176.18	243.34	3.92	3.25	2.21
	差额	－21.10	－54.99	－76.09	－0.45	－0.52	－0.43
2012 年	河北省	71.84	137.06	208.9	3.63	2.73	1.68
	全国	80.91	163.08	243.98	3.36	2.72	1.73
	差额	－9.07	－26.02	－35.08	0.27	0.01	－0.05
2013 年	河北省	84.58	244.28	328.86	2.85	2.16	1.03
	全国	88.92	177.51	266.43	2.95	2.36	1.29
	差额	－4.34	66.77	62.43	－0.10	－0.20	－0.26
2014 年	河北省	80.47	195.97	276.44	2.67	1.94	0.94
	全国	93.02	175.32	268.34	2.73	2.13	1.06
	差额	－12.55	20.65	8.10	－0.06	－0.19	－0.12
2015 年	河北省	92.72	204.05	296.78	2.90	2.27	0.89
	全国	103.83	172.69	276.15	2.64	2.10	0.87
	差额	－11.11	31.36	20.63	0.26	0.17	0.02
平均值	河北省	75.13	180.51	255.65	3.10	2.37	1.26
	全国	86.77	172.96	259.65	3.12	2.51	1.43
	差额	－11.63	7.55	－4.00	－0.02	－0.15	－0.17

从表 3－8 中的数据可见，2011～2015 年，河北省制造业营业周期的平均天数为 255.65 天，全国同行业营业周期平均值为 259.65 天，河北省与全国相比仅少了 4 天。进一步分析发现，河北省制造业上市公司营业周期较短的原因是其应收账款周转天数比全国同行业少。河北省制造业上市公司应收账款回收期较短，所以营运管理水平较高。另外河北省制造业上市公司流动比率与全国基本持平，而速动比率和现金比率都略低于全国同

行业平均水平，说明河北省制造业上市公司短期偿债能力跟全国同行业相比略低。

从总体的比较情况看，河北省制造业平均应收账款周转天数为75.13天，存货周转天数为180.51天，营业周期为255.65天，而2011～2015年河北省所有上市公司平均应收账款周转天数为70.13天，存货周转天数为214.60天，营业周期为282.98天。河北省制造业上市公司的三项指标，除应收账款周转天数外，都略低于河北省所有上市公司的平均数，说明河北省制造业上市公司营运效率较高，高于河北省上市公司总体水平。另外河北省制造业上市公司流动比率、速动比率、现金比率三个指标数值分别为3.10、2.37和1.26，河北省上市公司流动比率、速动比率、现金比率三个指标平均数分别为2.78、2.12和1.12。河北省制造业上市公司的三个偿债能力指标都略高于河北省上市公司总体水平，说明河北省制造业上市公司短期偿债能力相对较高，高于河北省上市公司总体水平。

（四）河北电力、热力、燃气及水生产和供应业与全国同行业对比分析

1. 营运资金分析

下面通过选取流动资产、流动负债、营运资金、流动资产占总资产比、流动负债占总负债比等5个指标分析河北省电力、热力、燃气及水生产和供应业的营运资金。

从表3－9可见，2011～2015年，河北省电力、热力、燃气及水生产和供应业上市公司流动资产占全国同行业上市公司流动资产的比重平均为1.05%，流动负债占全国同行业上市公司流动负债的比重平均为0.88%。2011～2015年，河北省电力、热力、燃气及水生产和供应业上市公司每年的营运资金均为负数，说明河北省该行业营运资金不足，而且全国同行业同期营运资金都为负数，说明营运资金不足是困扰全国电气、燃气行业的普遍问题。从流动资产占总资产的比重以及流动负债占总负债的比重来

表 3－9　河北省电力、热力、燃气及水生产和供应业与全国同行业营运资金对比

单位：亿元，%

		流动资产	流动负债	营运资金	流动资产占总资产比	流动负债占总负债比
2011 年	河北省	29.16	65.7	－36.54	17	48
	全国	2513.78	5474.87	－2961.09	14	44
	占比	1.16	1.20	1.23	—	—
2012 年	河北省	27.77	69.62	－41.85	15	47
	全国	2677.03	5744.19	－3067.16	13	42
	占比	1.04	1.21	1.36	—	—
2013 年	河北省	37.6	62.38	－24.78	19	43
	全国	2968.17	6306.48	－3338.31	13	43
	占比	1.27	0.99	0.74	—	—
2014 年	河北省	49.85	64.18	－14.33	18	41
	全国	3360.68	6642.33	－3281.65	14	42
	占比	1.48	0.97	0.44	—	—
2015 年	河北省	44.52	63.47	－18.95	17	43
	全国	3913.14	7627.05	－3713.91	23	52
	占比	1.14	0.83	0.51	—	—
平均值	河北省	37.78	65.07	－27.29	14	37
	全国	3600.99	7418.81	－3813.50	13	37
	占比	1.05	0.88	0.72	—	—

看，河北省电力、热力、燃气及水生产和供应业与全国同行业总体水平基本持平。无论是流动资产占总资产比还是流动负债占总负债比，河北省电力、热力、燃气及水生产和供应业都低于河北省总体平均水平。因此，应从增加流动资产的比重和调节负债结构入手提高河北省电力、热力、燃气及水生产和供应业的营运能力。

2. 营运效率分析

下面分别从应收账款周转天数、存货周转天数、营业周期、流动比率、速动比率、现金比率分析河北省电力、热力、燃气及水生产和供应业的营运效率。

表 3－10　河北省电力、热力、燃气及水生产和供应业上市公司与全国同行业上市公司营运效率对比

单位：天

		应收账款周转天数	存货周转天数	营业周期	流动比率	速动比率	现金比率
2011 年	河北省	39.43	37.95	77.38	0.37	0.29	0.11
	全国	48.72	73.49	122.22	1.03	0.86	0.51
	差额	-9.29	-35.54	-44.84	-0.66	-0.57	-0.40
2012 年	河北省	47.73	40.47	88.20	0.33	0.27	0.10
	全国	47.22	71.06	118.28	1.11	0.96	0.55
	差额	0.51	-30.59	-30.08	-0.78	-0.69	-0.45
2013 年	河北省	41.84	35.53	77.36	0.65	0.58	0.40
	全国	49.7	61.89	111.59	1.02	0.89	0.52
	差额	-7.86	-26.36	-34.23	-0.37	-0.31	-0.12
2014 年	河北省	37.07	28.77	65.84	0.57	0.51	0.23
	全国	50.72	59.11	109.83	1.05	0.93	0.53
	差额	-13.65	-30.34	-43.99	-0.48	-0.42	-0.30
2015 年	河北省	40.46	20.19	60.65	0.74	0.69	0.29
	全国	59.88	73.90	133.78	1.07	0.96	0.51
	差额	-19.42	-53.71	-73.13	-0.33	-0.27	-0.22
平均值	河北省	41.31	32.58	73.89	0.53	0.47	0.23
	全国	51.25	67.89	119.14	1.06	0.92	0.52
	差额	-9.94	-35.31	-45.25	-0.52	-0.45	-0.30

从表 3－10 可见，2011～2015 年，河北省电力、热力、燃气及水生产和供应业上市公司营业周期平均为 73.89 天，全国同行业平均为 119.14 天，河北省低于全国平均水平。另外河北省电力、热力、燃气及水生产和供应业应收账款周转天数、存货周转天数和营业周期都明显低于全国同行业平均水平，说明河北省电力、热力、燃气及水生产和供应业营运效率较高。另外从流动比率、速动比率和现金比率来看，河北省电力、热力、燃气及水生产和供应业都低于全国同行业平均水平，说明河北省电力、热力、燃气及水生产和供应业短期偿债能力低于全国同行业平均水平。

从总体的比较情况看，河北省电力、热力、燃气及水生产和供应业应收账款周转天数平均为 41.31 天，存货周转天数为 32.58 天，营业周期为 73.89 天，而 2011 ~2015 年河北省所有上市公司平均应收账款周转天数为 70.13 天，存货周转天数为 214.60 天，营业周期为 282.98 天。河北省电力、热力、燃气及水生产和供应业三个指标都明显低于河北省所有上市公司的平均数，说明河北省电力、热力、燃气及水生产和供应业营运效率较高，显著高于河北省其他类别上市公司。另外河北省电力、热力、燃气及水生产和供应业流动比率、速动比率、现金比率三个指标数值分别为 0.53、0.47 和 0.23，河北省所有上市公司流动比率、速动比率、现金比率三个指标值平均分别为 2.78、2.12 和 1.12，河北省电力、热力、燃气及水生产和供应业三个偿债能力指标都明显低于河北省上市公司总体水平，说明河北省电力、热力、燃气及水生产和供应业偿债能力较差，显著低于河北省上市公司总体水平。

（五）河北批发和零售业与全国同行业对比分析

1. 营运资金分析

下面通过选取流动资产、流动负债、营运资金、流动资产占总资产比、流动负债占总负债比等 5 个指标分析河北省批发和零售业上市公司的营运资金。

从表 3 -11 可见，2011 ~2015 年，河北省批发和零售业上市公司流动资产占全国同行业上市公司流动资产的比重为 5.82%，流动负债占全国流动负债的比重为 6.98%。河北省批发和零售业各年度营运资金都为负数，说明河北省批发和零售业营运资金不足。在全国同行业同期营运资金为正数的情况下，河北省批发和零售业营运资金为负，说明营运资金不足是困扰河北省批发和零售业的重要问题。从流动资产占总资产的比重以及流动负债占总负债的比重来看，河北省批发和零售业都略高于全国同行业总体水平。同河北省所有上市公司数据比较看，无论流动资产占总资产比还是流动负债占总负债比，河北省批发和零售业都高于河北省总体平均水平。因此，应从调节负债结构和筹资方式入手，提高河北省批发和零售业企业的营运能力。

表 3-11 河北省批发和零售业上市公司与全国同行业上市公司营运资金对比

单位：亿元，%

		流动资产	流动负债	营运资金	流动资产占总资产比	流动负债占总负债比
2011 年	河北省	403.60	411.03	-7.43	73	94
	全国	6410.71	5443.23	967.48	68	89
	占比	6.30	7.55	—	—	—
2012 年	河北省	466.65	488.85	-22.20	70	88
	全国	7151.22	6266.34	884.88	67	89
	占比	6.53	7.80	—	—	—
2013 年	河北省	485.03	529.29	-44.26	71	93
	全国	8027.26	7044.36	982.90	66	87
	占比	6.04	7.51	—	—	—
2014 年	河北省	508.63	523.66	-15.03	71	93
	全国	8742.93	7624.54	1118.39	64	86
	占比	5.82	6.87	—	—	—
2015 年	河北省	461.72	474.68	-12.96	68	93
	全国	9661.03	8377.53	1283.50	59	88
	占比	4.78	5.67	—	—	—
平均值	河北省	465.13	485.50	-20.38	59	77
	全国	7998.63	6951.20	1047.43	54	73
	占比	5.82	6.98	—	—	—

2. 营运效率分析

下面分别从应收账款周转天数、存货周转天数、营业周期、流动比率、速动比率、现金比率分析河北省批发和零售业的营运效率。

从表 3-12 可见，2011～2015 年，河北省批发和零售业的营业周期平均为 206.94 天，全国同行业营业周期平均为 162.61 天，河北省比全国多 44.33 天。另外，河北省批发和零售业应收账款周转天数、存货周转天数均略高于全国同行业平均水平，说明河北省批发和零售业整体营运效率不高。另外与全国同行业的流动比率、速动比率和现金比率相比较，河北省批发和零售业的指标值都略高于全国同行业平均水平，说明河北省批发和零售业与全国同行业相比，偿债能力较强。

表 3－12　河北省批发和零售业上市公司与全国同行业上市公司营运效率分析

单位：天

		应收账款周转天数	存货周转天数	营业周期	流动比率	速动比率	现金比率
2011 年	河北省	10.96	80.38	91.35	1.83	1.35	0.67
	全国	18.43	179.63	198.07	1.58	1.14	0.68
	差额	-7.47	-99.25	-106.72	0.25	0.21	-0.01
2012 年	河北省	40.94	407.79	448.73	1.50	0.95	0.44
	全国	29.55	174.34	203.89	1.44	1.00	0.58
	差额	11.39	233.45	244.84	0.06	-0.05	-0.14
2013 年	河北省	20.81	103.68	124.49	1.93	1.42	0.81
	全国	22.75	147.05	169.80	1.44	1.03	0.56
	差额	-1.94	-43.37	-45.31	0.49	0.39	0.25
2014 年	河北省	123.40	95.08	218.48	2.79	2.45	1.56
	全国	50.72	59.11	109.83	1.05	0.93	0.53
	差额	72.68	35.97	108.65	1.74	1.52	1.03
2015 年	河北省	112.85	58.21	151.66	1.82	1.67	0.93
	全国	28.88	103.29	131.47	1.49	1.12	0.49
	差额	83.97	-45.08	20.19	0.33	0.55	0.44
平均值	河北省	61.79	149.03	206.94	1.97	1.57	0.88
	全国	30.07	132.68	162.61	1.40	1.04	0.57
	差额	31.73	16.34	44.33	0.57	0.52	0.31

从总体的比较情况看，河北省批发和零售业平均应收账款周转天数为61.79天，存货周转天数为149.03天，营业周期为206.94天，而2011～2015年河北省所有上市公司平均应收账款周转天数为70.13天，存货周转天数为214.10天，营业周期为282.98天。河北省批发和零售业的三个指标都明显低于河北省所有上市公司的平均数，说明河北省批发和零售业营运效率较高，高于河北省其他类别上市公司。另外河北省批发和零售业流动比率、速动比率、现金比率三个指标值分别为1.97、1.57和0.88，而河北省所有上市公司流动比率、速动比率、现金比率三个指标平均数分别为2.78、2.12和1.12，河北省批发和零售业的三个偿债能力指标都低于河北省上市公司总体水平，说明河北省批发和零售业偿债能力较差，低于河北省上市公司总体水平。

（六）河北交通运输、仓储和邮政业与全国同行业对比分析

1. 营运资金分析

下面通过选取流动资产、流动负债、营运资金、流动资产占总资产比、流动负债占总负债比等5个指标分析河北省交通运输、仓储和邮政业上市公司的营运资金。

表3－13　河北省交通运输、仓储和邮政业上市公司与全国同行业上市公司营运资金对比

单位：亿元，%

		流动资产	流动负债	营运资金	流动资产占总资产比	流动负债占总负债比
2011年	河北省	18.75	29.51	－10.76	18	58
	全国	3291.61	4160.20	－868.59	21	48
	占比	0.57	0.71	1.24	—	—
2012年	河北省	20.79	23.07	－2.28	19	46
	全国	3620.21	4291.26	－671.05	21	45
	占比	0.57	0.54	0.34	—	—
2013年	河北省	29.13	32.71	－3.58	23	56
	全国	3894.85	5070.41	－1175.56	21	48
	占比	0.75	0.65	0.30	—	—
2014年	河北省	27.64	41.43	－13.79	18	56
	全国	4073.63	4809.38	－735.75	21	43
	占比	0.68	0.86	1.87	—	—
2015年	河北省	40.42	35.44	4.98	24	67
	全国	4046.21	4865.98	－819.77	30	60
	占比	1.00	0.73	—	—	—
平均值	河北省	22.35	32.43	－25.43	17	47
	全国	3785.30	4639.45	－854.14	19	41
	占比	0.72	0.70	2.98	—	—

表3－13中的数据显示，2011～2015年，河北省交通运输、仓储和邮政业上市公司流动资产占全国同行业上市公司流动资产的比重为0.72%，流动负债占全国同行业上市公司流动负债的比重为0.70%。从数据上来看，河北省交通运输、仓储和邮政业上市公司营运资金除了2015年是正数外，其他年

度都为负数，说明河北省交通运输、仓储和邮政业营运资金不足。在全国同行业同期营运资金为负数的情况下，河北省交通运输、仓储和邮政业营运资金也几乎为负，说明营运资金不足是困扰全国交通运输行业的普遍问题。从流动资产占总资产的比重以及流动负债占总负债的比重来看，河北省交通运输、仓储和邮政业流动资产占总资产的比重略低于全国同行业平均水平，而流动负债占总负债的比重略高于全国同行业总体水平，说明河北省交通运输、仓储和邮政业短期偿债能力低于全国同行业平均水平。

2. 营运效率分析

下面分别从应收账款周转天数、存货周转天数、营业周期、流动比率、速动比率、现金比率分析河北省交通运输、仓储和邮政业的营运效率。

表 3-14　河北省交通运输、仓储和邮政业上市公司与全国同行业上市公司营运效率对比

单位：天

		应收账款周转天数	存货周转天数	营业周期	流动比率	速动比率	现金比率
2011 年	河北省	8.88	11.08	19.96	0.64	0.60	0.49
	全国	30.68	101.45	132.13	2.20	2.00	1.56
	差额	-21.80	-90.37	-112.17	-1.56	-1.40	-1.07
2012 年	河北省	10.96	35.35	46.31	0.89	0.78	0.45
	全国	32.01	146.70	178.71	1.80	1.60	1.15
	差额	-21.05	-111.35	-132.40	-0.91	-0.82	-0.70
2013 年	河北省	10.96	35.35	46.31	0.89	0.78	0.45
	全国	34.72	166.93	201.65	1.95	1.76	1.22
	差额	-23.76	-131.58	-155.34	-1.06	-0.98	-0.77
2014 年	河北省	17.91	49.30	67.20	0.67	0.55	0.32
	全国	37.51	166.17	203.68	1.73	1.52	1.02
	差额	-19.60	-116.87	-136.48	-1.06	-0.97	-0.70
2015 年	河北省	36.91	50.87	87.78	1.14	1.04	0.62
	全国	40.25	181.20	214.11	1.71	1.53	0.85
	差额	-3.34	-130.33	-126.33	-0.57	-0.49	-0.23
平均值	河北省	17.12	36.39	53.51	0.85	0.75	0.47
	全国	35.03	152.49	186.06	1.88	1.68	1.16
	差额	-17.91	-116.10	-132.54	-1.03	-0.93	-0.69

表3－14中的数据显示，2011～2015年，河北省交通运输、仓储和邮政业上市公司平均营业周期为53.51天，全国同行业上市公司平均营业周期为186.06天，河北省交通运输、仓储和邮政业上市公司平均营业周期比全国同行业营业周期少132.54天。另外，2011～2015年，河北省交通运输、仓储和邮政业的应收账款周转天数、存货周转天数和营业周期都低于全国同行业平均水平，说明河北省交通运输、仓储和邮政业营运效率相对较高。另外与全国同行业的流动比率、速动比率和现金比率相比较，河北省交通运输、仓储和邮政业的指标值都略低于全国同行业平均水平，说明河北省交通运输、仓储和邮政业与全国同行业相比，偿债能力较差。

另外，从总体的比较情况看，河北省交通运输、仓储和邮政业平均应收账款周转天数为17.12天，存货周转天数为36.39天，营业周期为53.51天，而2011～2015年河北省所有上市公司平均应收账款周转天数为70.13天，存货周转天数为214.10天，营业周期为282.98天。河北省交通运输、仓储和邮政业三个指标都明显低于河北省所有上市公司的平均数，说明河北省交通运输、仓储和邮政业营运效率较高，高于河北省其他类别上市公司。另外河北省交通运输、仓储和邮政业流动比率、速动比率、现金比率三个指标值分别为0.85、0.75和0.47，河北省所有上市公司流动比率、速动比率、现金比率三个指标平均数分别为2.78、2.12和1.12，河北省交通运输、仓储和邮政业的三个偿债能力指标都明显低于河北省上市公司总体水平，说明河北省交通运输、仓储和邮政业偿债能力较差，明显低于河北省上市公司总体水平。

（七）河北房地产业与全国同行业对比分析

1. 营运资金分析

下面通过选取流动资产、流动负债、营运资金、流动资产占总资产比、流动负债占总负债比等5个指标分析河北省房地产业上市公司的营运资金。

表 3－15　河北省房地产业上市公司与全国同行业上市公司营运资金对比

单位：亿元，%

		流动资产	流动负债	营运资金	流动资产占总资产比	流动负债占总负债比
2011 年	河北省	536.78	393.31	143.47	96	88
	全国	16622.59	100077.75	－83455.16	88	74
	占比	3.23	3.93	—	—	—
2012 年	河北省	809.58	560.51	249.07	97	81
	全国	20358.36	12533.47	7824.89	88	74
	占比	3.98	4.47	3.18	—	—
2013 年	河北省	1270.40	921.59	348.81	95	83
	全国	20358.36	15306.11	5052.25	88	71
	占比	5.03	6.02	3.51	—	—
2014 年	河北省	1807.77	1346.99	460.78	95	86
	全国	29224.36	17908.29	11316.07	87	71
	占比	6.19	7.52	4.07	—	—
2015 年	河北省	2523.22	1732.43	790.79	93	77
	全国	40082.76	24329.23	15753.53	78	68
	占比	6.30	7.12	4.81	—	—
平均值	河北省	1389.55	990.97	398.59	79	69
	全国	25329.29	34030.97	10430.31	71	60
	占比	5.49	2.91	3.82	—	—

从表 3－15 中的数据可见，2011～2015 年，河北省房地产业上市公司流动资产占全国同行业流动资产的比重为 5.49%，流动负债占全国同行业流动负债的比重为 2.91%。2011～2015 年，河北省房地产业上市公司平均为 398.59 亿元，且 5 年均为正数，说明河北省房地产业营运资金较为充足，营业能力较强。从流动资产占总资产的比重以及流动负债占总负债的比重来看，河北省房地产业流动资产占总资产的比重和流动负债占总负债的比重都略高于全国同行业总体水平，说明河北省房地产业的营运形势与全国形势基本一致。同河北省所有上市公司数据比较看，无论流动资产占总资产的比重还是流动负债占总负债的比重，河北省房地产业都高于河北省上市公司总体平均水平。另外流动资产占总资产比重较高也是房地产行业的一个突出特点，

河北省应当促进存量库存的销售，使流动资产在总资产中保持合理的比例。

2. 营运效率分析

下面分别从应收账款周转天数、存货周转天数、营业周期、流动比率、速动比率、现金比率分析河北省房地产业的营运效率。

表3-16 河北省房地产业上市公司与全国同行业上市公司营运效率对比分析

单位：天

		应收账款周转天数	存货周转天数	营业周期	流动比率	速动比率	现金比率
2011年	河北省	4.81	1133.53	1138.35	1.38	0.35	0.16
	全国	113.60	9761.68	9875.28	1.87	0.58	0.32
	差额	-108.79	-8628.15	-8736.93	-0.49	-0.23	-0.16
2012年	河北省	14.15	1151.96	1166.11	1.47	0.41	0.17
	全国	28.74	2691.56	2720.3	1.98	0.66	0.36
	差额	-14.59	-1539.60	-1554.19	-0.51	-0.25	-0.19
2013年	河北省	14.76	1050.56	1065.33	1.40	0.38	0.15
	全国	26.24	2252.02	2278.26	1.94	0.58	0.33
	差额	-11.48	-1201.46	-1212.93	-0.54	-0.20	-0.18
2014年	河北省	55.86	578.33	634.18	3.36	2.84	0.9
	全国	42.48	2112.54	2155.11	1.99	0.58	0.31
	差额	13.38	-1534.21	-1520.93	1.37	2.26	0.59
2015年	河北省	32.80	1303.24	1336.04	1.50	0.49	0.25
	全国	38.98	2311.74	2277.83	2.39	1.10	0.58
	差额	-6.18	-1008.50	-941.79	-0.89	-0.61	-0.33
平均值	河北省	24.48	1043.52	1068.00	1.82	0.89	0.33
	全国	50.01	3825.91	3861.36	2.03	0.70	0.38
	差额	-25.53	-2782.39	-2793.35	-0.21	0.19	-0.05

表3-16中的数据显示，2011~2015年，河北省房地产业上市公司平均营业周期为1068.00天，全国同行业平均营业周期为3861.36天，河北省房地产业营业周期比全国同行业少2793.35天。另外，2011~2015年，河北省房地产业的应收账款周转天数、存货周转天数均明显低于全国同行业平均水平，尤其是存货周转天数比全国同行业平均水平少2782.39天，说明河

北省房地产业营运效率相对较高。另外与全国同行业的流动比率、速动比率和现金比率相比较，除了速动比率外，河北省房地产业上市公司的指标值都略低于全国同行业平均水平，说明河北省房地产业与全国同行业相比，偿债能力较差。

另外，从总体的比较情况看，河北省房地产业上市公司平均应收账款周转天数为 24.48 天，存货周转天数为 1043.52 天，营业周期为 1068.00 天，而 2011 ~2015 年河北省所有上市公司平均应收账款周转天数为 70.13 天，存货周转天数为 214.10 天，营业周期为 282.98 天。除了应收账款周转天数外，其余两个指标都明显高于河北省所有上市公司的平均数，甚至存货周转天数和营业周期是河北省平均水平的 4 倍左右，说明河北省房地产业营运效率非常低，而营运效率低的直接原因是存货库存量过大，应当增加存量房产的销售，提高营运效率。另外河北省房地产业流动比率、速动比率、现金比率三个指标值分别为 1.82、0.89 和 0.33，河北省所有上市公司流动比率、速动比率、现金比率三个指标平均数分别为 2.78、2.12 和 1.12，河北省房地产业的三个偿债能力指标都明显低于河北省上市公司总体水平，说明河北省房地产业偿债能力较差，低于河北省上市公司总体水平。

（八）河北综合类行业与全国同行业对比分析

1. 营运资金分析

下面通过选取流动资产、流动负债、营运资金、流动资产占总资产比、流动负债占总负债比等 5 个指标分析河北省综合类上市公司的营运资金。

从表 3 -17 中的数据可见，2011 ~2015 年，河北省综合类上市公司流动资产占全国同行业上市公司流动资产的比重为 0.31%，流动负债占全国同行业上市公司流动负债的比重为 0.08%。从数据上看，河北省综合类上市公司 5 年数值都为正数，说明企业营运资金较为充足，但是数额极小。从流动资产占总资产的比重以及流动负债占总负债的比重来看，河北省综合类

表 3－17　河北省综合类上市公司与全国同行业上市公司营运资金对比

单位：亿元，%

		流动资产	流动负债	营运资金	流动资产占总资产比	流动负债占总负债比
2011 年	河北省	2.17	0.43	1.74	61	100
	全国	508.71	402.38	106.33	59	74
	占比	0.43	0.11	1.64	—	—
2012 年	河北省	1.44	0.26	1.18	42	100
	全国	545.78	441.95	103.83	59	79
	占比	0.26	0.06	1.14	—	—
2013 年	河北省	1.20	0.42	0.78	39	100
	全国	558.90	436.50	122.40	57	74
	占比	0.21	0.10	0.64	—	—
2014 年	河北省	1.46	0.28	1.18	49	100
	全国	547.61	403.9	143.71	56	73
	占比	0.27	0.07	0.83	—	—
2015 年	河北省	2.10	0.29	1.81	54	16
	全国	578.73	468.09	110.64	42	69
	占比	0.36	0.06	1.52	—	—
平均值	河北省	1.67	0.34	1.34	41	69
	全国	547.95	430.56	117.38	45	62
	占比	0.31	0.08	1.14	—	—

上市公司流动资产占总资产的比重略低于全国同行业平均水平，而流动负债占总负债的比重略高于全国同行业总体水平，说明河北省综合类上市公司短期偿债能力低于全国同行业平均水平。同河北省所有上市公司数据比较看，无论流动资产占总资产的比重还是流动负债占总负债的比重，河北省综合类上市公司都低于河北省总体平均水平。因此，河北省应从提高流动资产的比例入手提高综合类行业企业的营运能力。

2. 营运效率分析

下面分别从应收账款周转天数、存货周转天数、营业周期、流动比率、速动比率、现金比率分析河北省综合类上市公司的营运效率。

表 3－18　河北省综合类上市公司和全国同行业上市公司营运效率对比

单位：天

		应收账款周转天数	存货周转天数	营业周期	流动比率	速动比率	现金比率
2011 年	河北省	238.17	3094.71	3332.88	5.07	4.76	2.06
	全国	111.49	520.24	631.73	1.49	0.95	0.52
	差额	126.68	2574.47	2701.15	3.58	3.81	1.54
2012 年	河北省	104.56	712.19	816.74	5.61	4.53	2.58
	全国	57.92	528.98	585.98	1.61	1.00	0.53
	差额	46.64	183.21	230.76	4.00	3.53	2.05
2013 年	河北省	91.39	159.57	250.96	2.85	2.58	1.50
	全国	63.40	393.87	457.28	1.46	0.87	0.46
	差额	27.99	－234.30	－206.32	1.39	1.71	1.04
2014 年	河北省	33.74	142.49	176.23	1.79	0.96	0.43
	全国	58.60	434.30	492.89	1.86	1.22	0.63
	差额	－24.86	－291.81	－316.66	－0.07	－0.26	－0.20
2015 年	河北省	319.84	182.43	319.84	7.32	7.32	5.46
	全国	127.31	517.90	543.69	2.17	1.91	1.42
	差额	192.53	－335.47	－223.85	5.15	5.41	4.04
平均值	河北省	157.54	858.28	979.33	4.53	4.03	2.41
	全国	83.74	479.06	542.31	1.72	1.19	0.71
	差额	73.80	379.22	437.02	2.81	2.84	1.69

表 3－18 中的数据显示，2011～2015 年，河北省综合类上市公司平均营业周期为 979.33 天，全国同行业为 542.31 天。河北省综合类上市公司营业周期比全国多 437.02 天。另外，2011～2015 年，河北省综合类上市公司应收账款周转天数、存货周转天数和营业周期都远高于全国同行业平均水平，说明河北省综合类上市公司营运效率相对较低。另外与全国同行业的流动比率、速动比率和现金比率相比较，河北省综合类上市公司的三项指标值均明显高于全国同行业平均水平，说明河北省综合类上市公司与全国同行业相比，偿债能力较强。

另外，从总体的比较情况看，河北省综合类上市公司平均应收账款周转天数为 157.54 天，存货周转天数为 858.28 天，营业周期为 979.33 天，而

2011～2015年河北省所有上市公司平均应收账款周转天数为70.13天，存货周转天数为214.10天，营业周期为282.98天。河北省综合类上市公司三项指标均明显高于河北省所有上市公司的平均数，尤其是存货周转天数和营业周期竟然是河北省平均水平的4倍左右，说明河北省综合类上市公司营运效率非常低。另外，河北省综合类上市公司流动比率、速动比率、现金比率三个指标值分别为4.53、4.03和2.41，而河北省所有上市公司流动比率、速动比率、现金比率三个指标平均数分别为2.78、2.12和1.12，河北省综合类上市公司流动比率、速动比率和现金比率都高于河北省上市公司总体水平，说明河北省综合类上市公司偿债能力较强，强于河北省上市公司总体水平。

（九）河北省信息传输、软件和信息技术服务业与全国同行业对比分析

1. 营运资金分析

下面通过选取流动资产、流动负债、营运资金、流动资产占总资产比、流动负债占总负债比等5个指标分析河北省信息传输、软件和信息技术服务业上市公司的营运资金。2011～2014年，河北省没有信息传输、软件和信息技术服务业，2015年茂业物流主业转为信息传输、软件和信息技术服务业，所以在此只分析2015年的数据。

表3－19　河北省信息传输、软件和信息技术服务业上市公司与全国同行业上市公司营运资金对比

单位：亿元，%

		流动资产	流动负债	营运资金	流动资产占总资产比	流动负债占总负债比
2015年	河北省	15.04	5.42	9.62	44	47
	全国	4142.01	5312.52	－1170.51	62	88
	占比	0.36	0.10	—	—	—

从表3－19可以看出，河北省信息传输、软件和信息技术服务业流动资产占全国同行业流动资产的比重为0.36%，流动负债占全国同行业流动负

债的比重为0.10%，说明河北省信息传输、软件和信息技术服务业流动资产占全国的比重高于流动负债的比重，说明其短期偿债能力较强。另外从营运资金也可以发现，在全国营运资金为负数的情况下，河北省信息传输、软件和信息技术服务业营运资金为正值，说明其短期偿债能力较强。

2. 营运效率分析

下面分别从应收账款周转天数、存货周转天数、营业周期、流动比率、速动比率、现金比率分析河北省综合类上市公司的营运效率。基于同样的原因，也是只分析2015年的数据资料。

表3-20　河北省信息传输、软件和信息技术服务业上市公司和全国同行业上市公司营运效率对比

单位：天

		应收账款周转天数	存货周转天数	营业周期	流动比率	速动比率	现金比率
2015年	河北省	43.91	55.20	99.12	2.77	2.76	0.42
	全国	135.45	154.58	279.32	3.36	3.06	1.61
	差距	-91.54	-99.38	-180.20	-0.59	-0.30	-1.19

从表3-20可以看出，河北省信息传输、软件和信息技术服务业应收账款周转天数和存货周转天数以及营业周期都远远低于全国同行业平均水平，说明河北省信息传输、软件和信息技术服务业营运能力较强。但是从流动比率、速动比率和现金比率看，河北省信息传输、软件和信息技术服务业三个指标都低于全国总体水平。

三　河北制造业上市公司营运能力深入分析

制造业是河北省上市公司中数量最多的行业，涵盖了河北省40家上市公司，所以对河北省制造业进行深入分析，对透析河北省上市公司营运能力总体情况具有非常重要的意义。按照行业细分原则，河北省制造业又分为20个类别，分别是酒饮料和精制茶制造业（2家）、农副食品加工业（1

家）、非金属矿物制品业（1家）、黑色金属冶炼及压延加工业（1家）、金属制品业（2家）、专用设备制造业（5家）、通用设备制造业（1家）、计算机通信和其他电子设备制造业（3家）、仪器仪表制造业（2家）、电气机械及器材制造业（2家）、汽车制造业（2家）、医药制造业（3家）、纺织业（2家）、皮革毛皮羽毛及其制品和制鞋业（1家）、化学纤维制造业（14年之前1家，15年后为0家）、橡胶和塑料制品业（2家）、石油加工炼焦和核燃料加工业（1家）、化学原料及化学制品制造业（7家）、有色冶炼及压延加工业（1家）和铁路船舶航空航天和其他运输设备制造业（1家）。下面分别从营运资金和营运效率两个方面对河北省制造业上市公司营运能力进行深入分析。

（一）河北省酒饮料和精制茶制造业与河北省制造业对比分析

河北省酒饮料和精制茶制造业上市公司包括承德露露和老白干酒。下面分别从流动资产、流动负债、营运资金、流动资产占总资产比和流动负债占总负债比来分析其营运资金，分别从应收账款周转天数、存货周转天数、营业周期、流动比率、速动比率、现金比率分析其营运效率。

通过表3－21中的数据可以分析河北省酒饮料和精制茶制造业上市公司营运资金情况。2011～2015年，河北省酒饮料和精制茶制造业上市公司流动资产占河北省制造业上市公司流动资产的比重平均为1.35%，说明河北省酒饮料和精制茶制造业上市公司在河北省制造业中所占份额较小。对于营运资金，从纵向来看，2011～2015年，河北省酒饮料和精制茶制造业上市公司营运资金呈现持续增长趋势但是增长缓慢，表明河北省酒饮料和精制茶制造业企业营运资金情况有所改善但是改善不太明显。在河北省制造业同期营运资金为负数的情况下，河北省酒饮料和精制茶制造业营运资金情况较为乐观。从流动资产占总资产的比重以及流动负债占总负债的比重来看，河北省酒饮料和精制茶制造业各项指标值均高于河北省制造业平均水平。

表 3－21　河北省酒饮料和精制茶制造业与河北省制造业营运资金对比

单位：亿元，%

		流动资产	流动负债	营运资金	流动资产占总资产比	流动负债占总负债比
2011 年	酒饮料和精制茶制造业	18.38	15.73	2.65	62	95
	制造业	1531.36	1689.00	－157.64	43	77
	占比	1.20	0.93	—	—	—
2012 年	酒饮料和精制茶制造业	19.78	16.32	3.46	61	91
	制造业	1714.67	2040.11	－325.44	42	79
	占比	1.15	0.80	—	—	—
2013 年	酒饮料和精制茶制造业	24.01	20.15	3.86	64	97
	制造业	2020.03	2256.41	－236.38	43	76
	占比	1.19	0.89	—	—	—
2014 年	酒饮料和精制茶制造业	27.44	20.31	7.13	67	97
	制造业	2078.57	2444.43	－365.86	42	78
	占比	1.32	0.83	—	—	—
2015 年	酒饮料和精制茶制造业	38.35	21.09	17.26	75	97
	制造业	2146.09	2661.89	－515.80	54	81
	占比	1.79	0.79	—	—	—
平均值	酒饮料和精制茶制造业	25.59	18.72	6.87	66	96
	制造业	1898.14	2218.37	－320.22	45	78
	占比	1.35	0.84	—	—	—

通过表 3－22 中的数据还可以分析河北省酒饮料和精制茶制造业上市公司营运效率情况。2011～2015 年，河北省酒饮料和精制茶制造业应收账款周转天数明显少于河北省制造业平均水平，平均值比制造业平均水平少约 38 天，说明河北省酒饮料和精制茶制造业应收账款周转速度较快，平均收账期较短。然而，河北省酒饮料和精制茶制造业存货周转天数和营业周期却明显高于河北省制造业平均水平，说明河北省酒饮料和精制茶制造业存货的周转速度较慢，存货管理效率低。从营业周期看，除了 2015 年外，河北省酒饮料和精制茶制造业上市公司其余各年营业周期都高于河北省制造业总体水平，说明河北省酒饮料和精制茶制造业上市公司总体营运效率较低。另外，从流动比率、速动比率和现金比率来看，河北省酒饮料和精制茶制造业

流动比率和现金比率都略高于河北省制造业总体水平，但是速动比率略低于河北省制造业平均水平，说明河北省酒饮料和精制茶制造业存货库存量较高，短期偿债能力较差。

表 3－22　河北省酒饮料和精制茶制造业与河北省制造业营运效率对比

单位：天

		应收账款周转天数	存货周转天数	营业周期	流动比率	速动比率	现金比率
2011 年	酒饮料和精制茶制造业	0.09	176.15	176.24	1.17	0.47	0.39
	制造业	13.61	61.16	74.77	0.91	0.63	0.26
	差额	－13.52	114.99	101.47	0.26	－0.16	0.13
2012 年	酒饮料和精制茶制造业	0.27	201.72	202.00	1.21	0.47	0.37
	制造业	17.24	66.19	83.42	0.84	0.59	0.21
	差额	－16.97	135.53	118.58	0.37	－0.12	0.16
2013 年	酒饮料和精制茶制造业	0.28	195.31	195.58	1.19	0.46	0.37
	制造业	52.86	30.39	83.25	0.90	0.78	0.23
	差额	－52.58	164.92	112.33	0.29	－0.32	0.14
2014 年	酒饮料和精制茶制造业	2.31	228.04	230.35	1.35	0.56	0.44
	制造业	20.74	80.57	101.31	0.85	0.60	0.21
	差额	－18.43	147.47	129.04	0.50	－0.04	0.23
2015 年	酒饮料和精制茶制造业	2.38	264.34	266.73	2.06	1.44	1.18
	制造业	92.72	204.05	296.78	2.90	2.27	0.89
	差额	－90.34	60.29	－30.05	－0.84	－0.83	0.29
平均值	酒饮料和精制茶制造业	1.07	213.11	214.18	1.40	0.68	0.55
	制造业	39.43	88.47	127.91	1.28	0.97	0.36
	差额	－38.37	124.64	86.27	0.12	－0.29	0.19

（二）河北省农副食品加工业与河北省制造业对比分析

河北省农副食品加工业上市公司只有 1 家企业（晨光生物）。下面分别从流动资产、流动负债、营运资金、流动资产占总资产比和流动负债占总负债比来分析其营运资金，分别从应收账款周转天数、存货周转天数、营业周期、流动比率、速动比率、现金比率分析其营运效率。

表 3－23　河北省农副食品加工业与河北省制造业营运资金对比

单位：亿元，%

		流动资产	流动负债	营运资金	流动资产占总资产比	流动负债占总负债比
2011 年	农副食品加工业	7. 12	1. 36	5. 76	64	93
	制造业	1531. 36	1689. 00	－157. 64	43	77
	占比	0. 46	0. 08	—	—	—
2012 年	农副食品加工业	8. 89	4. 25	4. 64	62	95
	制造业	1714. 67	2040. 11	－325. 44	42	79
	占比	0. 52	0. 21	—	—	—
2013 年	农副食品加工业	10. 09	5. 83	4. 26	62	91
	制造业	2020. 03	2256. 41	－236. 38	43	76
	占比	0. 50	0. 26	—	—	—
2014 年	农副食品加工业	9. 05	4. 45	4. 60	60	89
	制造业	2078. 57	2444. 43	－365. 86	42	78
	占比	0. 44	0. 18	—	—	—
2015 年	农副食品加工业	13. 48	5. 07	8. 41	68	90
	制造业	2146. 09	2661. 89	－515. 80	54	81
	占比	0. 63	0. 19	—	—	—
平均值	农副食品加工业	9. 73	4. 19	5. 53	63	91
	制造业	1898. 14	2218. 37	－320. 22	45	78
	占比	0. 51	0. 19	—	—	—

通过表 3－23 中的数据可以分析河北省农副食品加工业营运资金情况。2011～2015 年，河北省农副食品加工业上市公司流动资产占河北省制造业上市公司流动资产的比重为 0. 51%，说明河北省农副食品加工业上市公司在河北省制造业中所占份额较小。2011～2015 年，河北省农副食品加工业上市公司的营运资金一直维持正值且平均为 5. 53 亿元，而河北省制造业同期营运资金却为负数，说明河北省农副食品加工业营运资金较充足。从流动资产占总资产的比重以及流动负债占总负债的比重来看，河北省农副食品加工业均高于河北省制造业平均水平。

表 3－24　河北省农副食品加工业与河北省制造业营运效率对比

单位：天

		应收账款周转天数	存货周转天数	营业周期	流动比率	速动比率	现金比率
2011 年	农副食品加工业	26.31	131.06	157.37	5.22	3.00	1.10
	制造业	13.61	61.16	74.77	0.91	0.63	0.26
	差额	12.70	69.90	82.60	4.31	2.37	0.84
2012 年	农副食品加工业	27.45	212.69	240.15	2.09	0.62	0.09
	制造业	17.24	66.19	83.42	0.84	0.59	0.21
	差额	10.21	146.50	156.73	1.25	0.03	－0.12
2013 年	农副食品加工业	22.34	230.33	252.67	1.73	0.57	0.14
	制造业	52.86	30.39	83.25	0.90	0.78	0.23
	差额	－30.52	199.94	169.42	0.83	－0.21	－0.09
2014 年	农副食品加工业	23.88	206.02	229.90	2.03	0.84	0.30
	制造业	20.74	80.57	101.31	0.85	0.60	0.21
	差额	3.14	125.45	128.59	1.18	0.24	0.09
2015 年	农副食品加工业	30.24	221.92	252.16	2.66	1.08	0.51
	制造业	92.72	204.05	296.78	2.90	2.27	0.89
	差额	－62.48	17.87	－44.62	－0.24	－1.19	－0.38
平均值	农副食品加工业	26.04	200.40	226.45	2.75	1.22	0.43
	制造业	39.43	88.47	127.91	1.28	0.97	0.36
	差额	－13.39	111.93	98.54	1.47	0.25	0.07

通过表 3－24 中的数据可以分析河北省农副食品加工业营运效率情况。2011～2015 年，河北省农副食品加工业应收账款周转天数低于河北省制造业总体水平，比河北省制造业平均数少了约 13 天，说明河北省农副食品加工业应收账款周转速度快，收账时间短。河北省农副食品加工业存货周转天数和营业周期都显著高于河北省制造业总体水平，说明河北省农副食品加工业存货周转速度慢，营运效率相对较低。所以要提高河北省农副食品加工业的营运效率，应该从提高存货的周转速度入手。另外，河北省农副食品加工业的流动比率、速动比率和现金比率都高于河北省制造业平均水平，说明河北省农副食品加工业与河北省制造业相比，短期偿债能力较强。

（三）河北省非金属矿物制品业与河北省制造业对比分析

河北省非金属矿物制品业上市公司只有1家——冀东水泥。下面分别从流动资产、流动负债、营运资金、流动资产占总资产比和流动负债占总负债比来分析其营运资金，分别从应收账款周转天数、存货周转天数、营业周期、流动比率、速动比率、现金比率分析其营运效率。

表3－25　河北省非金属矿物制品业与河北省制造业营运资金对比

单位：亿元，%

		流动资产	流动负债	营运资金	流动资产占总资产比	流动负债占总负债比
2011年	非金属矿物制品业	92.47	143.28	-50.81	24	58
	制造业	1531.36	1689.00	-157.64	43	77
	占比	6.04	8.48	32.23	—	—
2012年	非金属矿物制品业	100.16	136.14	-35.98	24	48
	制造业	1714.67	2040.11	-325.44	42	79
	占比	5.84	6.67	11.06	—	—
2013年	非金属矿物制品业	98.20	142.79	-44.59	23	49
	制造业	2020.03	2256.41	-236.38	43	76
	占比	4.86	6.33	18.86	—	—
2014年	非金属矿物制品业	104.08	197.70	-93.62	24	65
	制造业	2078.57	2444.43	-365.86	42	78
	占比	5.01	8.09	25.59	—	—
2015年	非金属矿物制品业	87.61	205.71	-118.10	21	69
	制造业	2146.09	2661.89	-515.80	54	81
	占比	4.08	7.73	927.54	—	—
平均值	非金属矿物制品业	96.50	165.12	-68.62	23	58
	制造业	1898.14	2218.37	-320.22	45	78
	占比	5.08	7.44	31.25	—	—

通过表3－25可以分析河北省非金属矿物制品业上市公司营运资金情况。2011～2015年，河北省非金属矿物制品业上市公司流动资产占河北省制造业上市公司流动资产的比重为5.08%，说明河北省非金属矿物制品业

上市公司在河北省制造业中占较大的比重。2011～2015 年，河北省非金属矿物制品业上市公司营运资金均为负，表明河北省非金属矿物制品业上市公司营运资金能力较差。从流动资产占总资产的比重以及流动负债占总负债的比重来看，河北省非金属矿物制品业均低于河北省制造业平均水平。

表 3－26　河北省非金属矿物制品业与河北省制造业营运效率对比

单位：天

		应收账款周转天数	存货周转天数	营业周期	流动比率	速动比率	现金比率
2011 年	非金属矿物制品业	13.81	65.23	79.05	0.65	0.47	0.23
	制造业	13.61	61.16	74.77	0.91	0.63	0.26
	差额	0.20	4.07	4.28	－0.26	－0.16	－0.03
2012 年	非金属矿物制品业	19.42	75.33	94.75	0.74	0.58	0.25
	制造业	17.24	66.19	83.42	0.84	0.59	0.21
	差额	2.18	9.14	11.33	－0.10	－0.01	0.04
2013 年	非金属矿物制品业	48.64	32.79	81.42	0.69	0.61	0.19
	制造业	52.86	30.39	83.25	0.90	0.78	0.23
	差额	－4.22	2.40	－1.83	－0.21	－0.17	－0.04
2014 年	非金属矿物制品业	33.18	60.87	94.05	0.53	0.42	0.16
	制造业	20.74	80.57	101.31	0.85	0.60	0.21
	差额	12.44	－19.70	－7.26	－0.32	－0.18	－0.05
2015 年	非金属矿物制品业	53.34	70.38	123.72	0.43	0.35	0.09
	制造业	92.72	204.05	296.78	2.90	2.27	0.89
	差额	－39.38	－133.67	－173.06	－2.47	－1.92	－0.80
平均值	非金属矿物制品业	33.68	60.92	94.60	0.61	0.49	0.18
	制造业	39.43	88.47	127.91	1.28	0.97	0.36
	差额	－5.75	－27.55	－33.31	－0.67	－0.48	－0.18

通过表 3－26 可以分析河北省非金属矿物制品业上市公司营运效率情况。2011～2015 年，河北省非金属矿物制品业上市公司应收账款周转天数、存货周转天数和营业周期呈现不规则变化，这三个指标的 5 年平均值都低于河北省制造业平均水平，说明河北省非金属矿物制品业营运能力较强。另外，从流动比率、速动比率和现金比率来看，河北省非金属矿物制品业上市

公司平均值均低于河北省制造业平均水平，说明河北省非金属矿物制品业短期偿债能力略有不足。

（四）河北省黑色金属冶炼及压延加工业与河北省制造业对比分析

河北省黑色金属冶炼及压延加工业上市公司只有 1 家，即河北钢铁。下面分别从流动资产、流动负债、营运资金、流动资产占总资产比和流动负债占总负债比来分析其营运资金，分别从应收账款周转天数、存货周转天数、营业周期、流动比率、速动比率、现金比率分析其营运效率。

表 3－27　河北省黑色金属冶炼及压延加工业与河北省制造业营运资金对比

单位：亿元，%

		流动资产	流动负债	营运资金	流动资产占总资产比	流动负债占总负债比
2011 年	黑色金属冶炼和压延加工业	489.88	811.02	－321.14	35	84
	制造业	1531.36	1689.00	－157.64	43	77
	占比	31.99	48.02	203.72	—	—
2012 年	黑色金属冶炼和压延加工业	529.19	1049.83	－520.64	34	95
	制造业	1714.67	2040.11	－325.44	42	79
	占比	30.86	51.46	159.98	—	—
2013 年	黑色金属冶炼和压延加工业	594.82	1076.92	－482.10	36	88
	制造业	2020.03	2256.41	－236.38	43	76
	占比	29.45	47.73	203.95	—	—
2014 年	黑色金属冶炼和压延加工业	560.78	1102.52	－541.74	33	88
	制造业	2078.57	2444.43	－365.86	42	78
	占比	26.98	45.10	148.08	—	—
2015 年	黑色金属冶炼和压延加工业	546.01	1258.81	－712.80	31	94
	制造业	2146.09	2661.89	－515.80	54	81
	占比	25.44	47.29	5597.95	—	—
平均值	黑色金属冶炼和压延加工业	544.14	1059.82	－515.68	34	90
	制造业	1898.14	2218.37	－320.22	45	78
	占比	28.67	47.77	234.82	—	—

通过表3-27可以分析河北省黑色金属冶炼及压延加工业上市公司营运资金情况。2011~2015年，河北省黑色金属冶炼及压延加工业上市公司流动资产占河北省制造业上市公司流动资产的比重为28.67%，说明河北省黑色金属冶炼及压延加工业在河北省制造业中占据较大份额。另外，河北省黑色金属冶炼及压延加工业流动负债占河北省制造业总负债的比重高达47.77%，说明河北省黑色金属冶炼及压延加工业的负债对河北省整个制造业具有较大影响。从数据上来看，2011~2015年，河北省黑色金属冶炼及压延加工业上市公司营运资金均为负值，且各年指标值均远高于河北省制造业平均水平，说明河北省黑色金属冶炼及压延加工业营运能力较差。营运资金不足已成为困扰河北省黑色金属冶炼及压延加工业上市公司的重要问题，也成为对河北省制造业有重大影响的行业。

表3-28　河北省黑色金属冶炼及压延加工业与河北省制造业营运效率对比

单位：天

		应收账款周转天数	存货周转天数	营业周期	流动比率	速动比率	现金比率
2011年	黑色金属冶炼和压延加工业	2.06	69.44	71.51	0.60	0.33	0.14
	制造业	13.61	61.16	74.77	0.91	0.63	0.26
	差额	-11.55	8.28	-3.26	-0.31	-0.30	-0.12
2012年	黑色金属冶炼和压延加工业	3.44	82.53	85.97	0.50	0.28	0.10
	制造业	17.24	66.19	83.42	0.84	0.59	0.21
	差额	-13.80	16.34	2.55	-0.34	-0.31	-0.11
2013年	黑色金属冶炼和压延加工业	88.92	3.29	92.22	0.55	0.55	0.11
	制造业	52.86	30.39	83.25	0.90	0.78	0.23
	差额	36.06	-27.10	8.97	-0.35	-0.23	-0.12
2014年	黑色金属冶炼和压延加工业	4.73	123.18	127.91	0.51	0.24	0.11
	制造业	20.74	80.57	101.31	0.85	0.60	0.21
	差额	-16.01	42.61	26.60	-0.34	-0.36	-0.10
2015年	黑色金属冶炼和压延加工业	9.82	161.73	171.55	0.43	0.22	0.08
	制造业	92.72	204.05	296.78	2.90	2.27	0.89
	差额	-82.90	-42.32	-125.23	-2.47	-2.05	-0.81
平均值	黑色金属冶炼和压延加工业	21.79	88.03	109.83	0.52	0.32	0.11
	制造业	39.43	88.47	127.91	1.28	0.97	0.36
	差额	-17.64	-0.44	-18.08	-0.76	-0.65	-0.25

通过表3－28中的数据可以分析河北省黑色金属冶炼及压延加工业上市公司营运效率情况。2011～2015年，河北省黑色金属冶炼及压延加工业应收账款周转天数、存货周转天数和营业周期都低于河北省制造业平均水平，河北省黑色金属冶炼及压延加工业上市公司营运效率远高于河北省制造业上市公司平均水平，河北省黑色金属冶炼及压延加工业营运效率较高。另外，从流动比率、速动比率和现金比率来看，河北省黑色金属冶炼及压延加工业上市公司平均值均显著低于制造业平均水平，说明河北省黑色金属冶炼及压延加工业上市公司短期偿债能力较差。

（五）河北省金属制品业与河北省制造业对比分析

河北省金属制品业上市公司共有两家，分别是新兴铸管和巨力索具。下面分别从流动资产、流动负债、营运资金、流动资产占总资产比和流动负债占总负债比来分析其营运资金，分别从应收账款周转天数、存货周转天数、营业周期、流动比率、速动比率、现金比率分析其营运效率。

表3－29　河北省金属制品业与河北省制造业营运资金对比

单位：亿元，%

		流动资产	流动负债	营运资金	流动资产占总资产比	流动负债占总负债比
2011年	金属制品业	194.41	140.94	53.47	53	68
	制造业	1531.36	1689.00	－157.64	43	77
	占比	12.70	8.34	—	—	—
2012年	金属制品业	215.77	196.40	19.37	49	70
	制造业	1714.67	2040.11	－325.44	42	79
	占比	12.58	9.63	—	—	—
2013年	金属制品业	282.20	260.23	21.97	51	73
	制造业	2020.03	2256.41	－236.38	43	76
	占比	13.97	11.53	—	—	—
2014年	金属制品业	281.43	291.33	－9.90	49	78
	制造业	2078.57	2444.43	－365.86	42	78
	占比	13.54	11.92	2.70	—	—

续表

		流动资产	流动负债	营运资金	流动资产占总资产比	流动负债占总负债比
2015 年	金属制品业	249.32	241.03	8.29	46	83
	制造业	2146.09	2661.89	-515.80	54	81
	占比	11.62	9.05	—	—	—
平均值	金属制品业	244.63	225.99	18.64	50	74
	制造业	1898.14	2218.37	-320.22	45	78
	占比	12.89	10.19	—	—	—

通过表 3-29 中的数据可以分析河北省金属制品业上市公司营运资金情况。2011~2015 年，河北省金属制品业上市公司流动资产总体呈增长趋势，流动资产占河北省制造业上市公司流动资产的比重平均为 12.89%，说明河北省金属制品业在河北省制造业中占具有较大比重。另外可以看到，2011~2015 年，金属制品业上市公司流动负债也基本呈增长趋势。从数据上来看，除了 2014 年以外，河北省金属制品业营运资金其他各年度均为正值，表明河北省金属制品业营运资金能力与河北省制造业相比较强。

表 3-30　河北省金属制品业与河北省制造业营运效率对比

单位：天

		应收账款周转天数	存货周转天数	营业周期	流动比率	速动比率	现金比率
2011 年	金属制品业	9.97	35.29	45.26	1.38	1.01	0.35
	制造业	13.61	61.16	74.77	0.91	0.63	0.26
	差额	-3.64	-25.87	-29.51	0.47	0.38	0.09
2012 年	金属制品业	9.83	36.60	46.43	1.10	0.79	0.23
	制造业	17.24	66.19	83.42	0.84	0.59	0.21
	差额	-7.41	-29.59	-36.99	0.26	0.20	0.02
2013 年	金属制品业	40.66	11.43	52.09	1.08	1.01	0.30
	制造业	52.86	30.39	83.25	0.90	0.78	0.23
	差额	-12.20	-18.96	-31.16	0.18	0.23	0.07
2014 年	金属制品业	12.62	46.61	59.23	0.97	0.73	0.25
	制造业	20.74	80.57	101.31	0.85	0.60	0.21
	差额	-8.12	-33.96	-42.08	0.12	0.13	0.04

续表

		应收账款周转天数	存货周转天数	营业周期	流动比率	速动比率	现金比率
2015 年	金属制品业	99.86	139.24	239.10	1.16	0.79	0.20
	制造业	92.72	204.05	296.78	2.90	2.27	0.89
	差额	7.14	-64.81	-57.68	-1.74	-1.48	-0.69
平均值	金属制品业	34.59	53.83	88.42	1.14	0.87	0.27
	制造业	39.43	88.47	127.91	1.28	0.97	0.36
	差额	-4.84	-34.64	-39.49	-0.14	-0.10	-0.09

通过表 3－30 中的数据可以分析河北省金属制品业营运效率情况。2011～2015 年，河北省金属制品业上市公司应收账款周转天数、存货周转天数和营业周期呈现不规则变化，5 年平均值都略低于河北省制造业平均水平，尤其是存货周转天数和营业周期明显低于河北省制造业平均水平，说明河北省金属制品业上市公司营运能力较强。另外从流动比率、速动比率和现金比率来看，河北省金属制品业都略低于河北省制造业平均水平，说明河北省金属制品业上市公司短期偿债能力低于河北省制造业总体水平。

（六）河北省专用设备制造业与河北省制造业对比分析

河北省专用设备制造业上市公司共有 5 家，分别是冀东装备、河北宣工、天业通联、石中装备、汇金股份。下面分别从流动资产、流动负债、营运资金、流动资产占总资产比和流动负债占总负债比来分析其营运资金，分别从应收账款周转天数、存货周转天数、营业周期、流动比率、速动比率、现金比率分析其营运效率。

通过表 3－31 中的数据可以分析河北省专用设备制造业上市公司的营运资金情况。2011～2015 年，河北省专用设备制造业上市公司流动资产占河北省制造业上市公司流动资产的比重为 2.39%，说明河北省专用设备制造业上市公司在河北省制造业中占有较大的份额。从数据上来看，2011～2015 年，河北省专用设备制造业营运资金均为正数但是总体金额较小。与河北省制造业同期营运资金都为负数相比，河北省专用设备制造业上市公司营运资

表 3－31　河北省专用设备制造业与河北省制造业营运资金对比

单位：亿元，%

		流动资产	流动负债	营运资金	流动资产占总资产比	流动负债占总负债比
2011 年	专用设备制造业	38.45	28.06	10.39	74	97
	制造业	1531.36	1689.00	－157.64	43	77
	占比	2.51	1.66	—	—	—
2012 年	专用设备制造业	44.55	34.94	9.61	68	94
	制造业	1714.67	2040.11	－325.44	42	79
	占比	2.60	1.71	—	—	—
2013 年	专用设备制造业	44.60	36.90	7.70	68	96
	制造业	2020.03	2256.41	－236.38	43	76
	占比	2.21	1.64	—	—	—
2014 年	专用设备制造业	51.40	32.88	18.52	69	94
	制造业	2078.57	2444.43	－365.86	42	78
	占比	2.47	1.35	—	—	—
2015 年	专用设备制造业	47.70	33.43	14.27	63	91
	制造业	2146.09	2661.89	－515.80	54	81
	占比	2.22	1.26	—	—	—
平均值	专用设备制造业	45.34	33.24	12.10	68	95
	制造业	1898.14	2218.37	－320.22	45	78
	占比	2.39	1.50	—	—	—

金情况还是较为乐观的。从流动资产占总资产的比重以及流动负债占总负债的比重来看，河北省专用设备制造业上市公司均高于河北省制造业平均水平。

通过表 3－32 中的数据可以分析河北省专用设备制造业上市公司营运效率情况。2011～2015 年，河北省专用设备制造业上市公司应收账款周转天数、存货周转天数和营业周期都在不断增加，2012 年和 2015 年出现较大幅度的增加。这可能与河北省传统专业转型升级有关。总体来看，5 年间河北省专用设备制造业上市公司应收账款周转天数、存货周转天数和营业周期都大幅高于河北省制造业平均水平，说明河北省专用设备制造业上市公司营运效率较低。另外从流动比率、速动比率和现金比率来看，河北省专用设备制造业上市公司平均值均高于河北省制造业平均水平，说明河北省专用设备制造业上市公司短期偿债能力高于河北省制造业总体水平。

表 3-32　河北省专用设备制造与河北省制造业营运效率对比

单位：天

		应收账款周转天数	存货周转天数	营业周期	流动比率	速动比率	现金比率
2011 年	专用设备制造业	101.86	145.48	247.34	1.37	0.90	0.17
	制造业	13.61	61.16	74.77	0.91	0.63	0.26
	差额	88.25	84.32	172.57	0.46	0.27	-0.09
2012 年	专用设备制造业	172.26	219.97	392.23	1.27	0.87	0.25
	制造业	17.24	66.19	83.43	0.84	0.59	0.21
	差额	155.02	153.78	308.80	0.43	0.28	0.04
2013 年	专用设备制造业	182.45	220.96	403.41	1.21	0.81	0.19
	制造业	52.86	30.39	83.25	0.90	0.78	0.23
	差额	129.59	190.57	320.16	0.31	0.03	-0.04
2014 年	专用设备制造业	194.93	208.66	403.59	1.56	1.13	0.40
	制造业	20.74	80.57	101.31	0.85	0.60	0.21
	差额	174.19	128.09	302.28	0.71	0.53	0.19
2015 年	专用设备制造业	274.25	388.53	662.78	3.44	2.59	1.07
	制造业	92.72	204.05	296.77	2.90	2.27	0.89
	差额	181.53	184.48	366.01	0.54	0.32	0.18
平均值	专用设备制造业	185.15	236.72	421.87	1.77	1.26	0.42
	制造业	39.43	88.47	127.91	1.28	0.97	0.36
	差额	145.72	148.25	293.96	0.49	0.29	0.06

（七）河北省通用设备制造业与河北省制造业对比分析

河北省通用设备制造业上市公司只有博深工具。下面分别从流动资产、流动负债、营运资金、流动资产占总资产比和流动负债占总负债比来分析其营运资金，分别从应收账款周转天数、存货周转天数、营业周期、流动比率、速动比率、现金比率分析其营运效率。

表 3-33 河北省通用设备制造业与河北省制造业营运资金对比

单位：亿元，%

		流动资产	流动负债	营运资金	流动资产占总资产比	流动负债占总负债比
2011 年	通用设备制造业	6.53	2.17	4.36	60	78
	制造业	1531.36	1689.00	-157.64	43	77
	占比	0.43	0.13	—	—	—
2012 年	通用设备制造业	6.04	4.16	1.88	50	100
	制造业	1714.67	2040.11	-325.44	42	79
	占比	0.35	0.20	—	—	—
2013 年	通用设备制造业	5.82	2.29	3.53	54	76
	制造业	2020.03	2256.41	-236.38	43	76
	占比	0.29	0.10	—	—	—
2014 年	通用设备制造业	5.42	1.91	3.51	53	89
	制造业	2078.57	2444.43	-365.86	42	78
	占比	0.26	0.08	—	—	—
2015 年	通用设备制造业	5.72	2.48	3.24	55	98
	制造业	2146.09	2661.89	-515.80	54	81
	占比	0.27	0.09	—	—	—
平均值	通用设备制造业	5.91	2.60	3.30	55	88
	制造业	1898.14	2218.37	-320.22	45	78
	占比	0.31	0.12	—	—	—

从表 3-33 可以分析河北省通用设备制造业上市公司营运资金情况。2011~2015 年，河北省通用设备制造业上市公司流动资产占河北省制造业上市公司流动资产的比重为 0.31%，说明河北省通用设备制造业上市公司在河北省制造业中占的份额较小。从数据上来看，2011~2015 年河北省通用设备制造业上市公司营运资金均为正数但是数额极小，与河北省制造业同期营运资金都为负数相比，河北省通用设备制造业上市公司营运资金情况还是较为乐观的，但是需要关注其营运能力。从流动资产占总资产的比重以及流动负债占总负债的比重来看，河北省通用设备制造业上市公司均略高于河北省制造业平均水平。

表 3-34　河北省通用设备制造业与河北省制造业营运效率对比

单位：天

		应收账款周转天数	存货周转天数	营业周期	流动比率	速动比率	现金比率
2011 年	通用设备制造业	95.88	139.44	235.32	3.01	2.26	0.67
	制造业	13.61	61.16	74.77	0.91	0.63	0.26
	差额	82.27	78.28	160.55	2.10	1.63	0.41
2012 年	通用设备制造业	147.74	159.82	307.56	1.45	1.03	0.16
	制造业	17.24	66.19	83.43	0.84	0.59	0.21
	差额	130.50	93.63	224.15	0.61	0.44	-0.05
2013 年	通用设备制造业	159.32	147.19	306.51	2.54	1.84	0.43
	制造业	52.86	30.39	83.25	0.90	0.78	0.23
	差额	106.46	116.80	223.26	1.64	1.06	0.20
2014 年	通用设备制造业	174.00	155.28	329.28	2.83	1.97	0.44
	制造业	20.74	80.57	101.31	0.85	0.60	0.21
	差额	153.26	74.71	227.97	1.98	1.37	0.23
2015 年	通用设备制造业	213.69	203.68	417.37	2.30	1.69	0.40
	制造业	92.72	204.05	296.77	2.90	2.27	0.89
	差额	120.97	-0.37	120.59	-0.60	-0.58	-0.49
平均值	通用设备制造业	158.13	161.08	319.21	2.43	1.76	0.42
	制造业	39.43	88.47	127.91	1.28	0.97	0.36
	差额	118.70	72.61	191.30	1.15	0.79	0.06

通过表 3-34 中的数据可以分析河北省通用设备制造业上市公司营运效率情况。2011~2015 年，河北省通用设备制造业上市公司应收账款周转天数、存货周转天数和营业周期不断增加且增加速度较快。这可能与河北省传统专业转型升级有关。河北省通用设备制造业上市公司应收账款周转天数、存货周转天数和营业周期都大幅高于河北省制造业平均水平，说明河北省通用设备制造业上市公司营运效率较低。另外从流动比率、速动比率和现金比率来看，河北省通用设备制造业上市公司平均值均高于河北省制造业平均水平，说明河北省通用设备制造业上市公司短期偿债能力略高于河北省制造业总体水平。

（八）河北省计算机通信和其他电子设备制造业与河北省制造业对比分析

2015 年之前，河北省计算机通信和其他电子设备制造业上市公司有两家，分别是东旭光电和同方同芯。2015 年，恒天天鹅被华讯方舟重组，行业变更为计算机通信和其他电子设备制造业，所以 2015 年河北省计算机通信和其他电子设备制造业上市公司共有 3 家，分别是东旭光电、同方同芯和华讯方舟。下面分别从流动资产、流动负债、营运资金、流动资产占总资产比和流动负债占总负债比来分析河北省计算机通信和其他电子设备制造业营运资金，分别从应收账款周转天数、存货周转天数、营业周期、流动比率、速动比率、现金比率分析河北省计算机通信和其他电子设备制造业营运效率。

表 3－35　河北省计算机通信和其他电子设备制造业与河北省制造业营运资金对比

单位：亿元，%

		流动资产	流动负债	营运资金	流动资产占总资产比	流动负债占总负债比
2011 年	计算机通信和其他电子设备制造业	7.47	2.67	4.80	59	95
	制造业	1531.36	1689.00	－157.64	43	77
	占比	0.49	0.16	—	—	—
2012 年	计算机通信和其他电子设备制造业	48.38	17.63	30.75	71	46
	制造业	1714.67	2040.11	－325.44	42	79
	占比	2.82	0.86	—	—	—
2013 年	计算机通信和其他电子设备制造业	151.19	19.55	131.64	72	28
	制造业	2020.03	2256.41	－236.38	43	76
	占比	7.48	0.87	—	—	—
2014 年	计算机通信和其他电子设备制造业	179.65	51.58	128.07	63	40
	制造业	2078.57	2444.43	－365.86	42	78
	占比	8.64	2.11	—	—	—
2015 年	计算机通信和其他电子设备制造业	207.94	87.72	120.22	54	65
	制造业	2146.09	2661.89	－515.80	54	81
	占比	9.69	3.30	—	—	—
平均值	计算机通信和其他电子设备制造业	118.93	35.83	83.10	64	55
	制造业	1898.14	2218.37	－320.22	45	78
	占比	6.27	1.62	—	—	—

通过表3－35中的数据可以分析河北省计算机通信和其他电子设备制造业上市公司营运资金情况。2011～2015年，河北省计算机通信和其他电子设备制造业上市公司流动资产占河北省制造业上市公司流动资产的比重为6.27%，说明河北省计算机通信和其他电子设备制造业上市公司在河北省制造业中占有重要地位。从数据上来看，2011～2015年，河北省计算机通信和其他电子设备制造业上市公司营运资金均为正值。与河北省制造业同期营运资金都为负数相比，河北省计算机通信和其他电子设备制造业上市公司营运资金情况还是较为乐观的。河北省计算机通信和其他电子设备制造业流动资产占总资产的比重高于河北省制造业平均水平，流动负债占总负债的比重则低于河北省制造业平均水平，说明河北省计算机通信和其他电子设备制造业上市公司营运资金高于河北省制造业总体水平。

表3－36　河北省计算机通信和其他电子设备制造业与河北省制造业营运效率对比

单位：天

		应收账款周转天数	存货周转天数	营业周期	流动比率	速动比率	现金比率
2011年	计算机通信和其他电子设备制造业	64.86	352.62	417.48	2.80	1.50	0.36
	制造业	13.61	61.16	74.77	0.91	0.63	0.26
	差额	51.25	291.46	342.71	1.89	0.87	0.10
2012年	计算机通信和其他电子设备制造业	143.23	146.72	289.95	2.74	2.43	0.62
	制造业	17.24	66.19	83.43	0.84	0.59	0.21
	差额	125.99	80.53	206.52	1.90	1.84	0.41
2013年	计算机通信和其他电子设备制造业	247.01	174.35	421.36	7.73	7.32	3.11
	制造业	52.86	30.39	83.25	0.90	0.78	0.23
	差额	194.15	143.96	338.11	6.83	6.54	2.88
2014年	计算机通信和其他电子设备制造业	138.75	131.51	270.26	3.48	3.22	1.39
	制造业	20.74	80.57	101.31	0.85	0.60	0.21
	差额	118.01	50.94	168.95	2.63	2.62	1.18
2015年	计算机通信和其他电子设备制造业	87.56	152.18	239.74	2.33	1.93	1.03
	制造业	92.72	204.05	296.78	2.90	2.27	0.89
	差额	－5.16	－51.87	－57.04	－0.57	－0.34	0.15

续表

		应收账款周转天数	存货周转天数	营业周期	流动比率	速动比率	现金比率
平均值	计算机通信和其他电子设备制造业	136.28	191.48	327.76	3.82	3.28	1.30
	制造业	39.43	88.47	127.91	1.28	0.97	0.36
	差额	96.85	103.01	199.85	2.54	2.31	0.94

通过表3－36中的数据可以分析河北省计算机通信和其他电子设备制造业上市公司营运效率情况。2011～2015年，河北省计算机通信和其他电子设备制造业上市公司应收账款周转天数、存货周转天数和营业周期都大幅高于河北省制造业平均水平，说明河北省计算机通信和其他电子设备制造业上市公司营运效率较低，应该加强应收账款管理和存货管理，以提高营运效率。另外从流动比率、速动比率和现金比率来看，河北省计算机通信和其他电子设备制造业上市公司平均值均高于河北省制造业平均水平，说明河北省计算机通信和其他电子设备制造业短期偿债能力较强。

（九）河北省仪器仪表制造业与河北省制造业对比分析

河北省仪器仪表制造业上市公司共有两家，分别是先河环保和汇中股份。下面分别从流动资产、流动负债、营运资金、流动资产占总资产比和流动负债占总负债比来分析其营运资金，分别从应收账款周转天数、存货周转天数、营业周期、流动比率、速动比率、现金比率分析其营运效率。

表3－37　河北省仪器仪表制造业与河北省制造业营运资金对比

单位：亿元，%

		流动资产	流动负债	营运资金	流动资产占总资产比	流动负债占总负债比
2011年	仪器仪表制造业	8.05	0.49	7.56	87	92
	制造业	1531.36	1689.00	－157.64	43	77
	占比	0.53	0.03	—	—	—

续表

		流动资产	流动负债	营运资金	流动资产占总资产比	流动负债占总负债比
2012 年	仪器仪表制造业	8.22	0.79	7.43	82	89
	制造业	1714.67	2040.11	-325.44	42	79
	占比	0.48	0.04	—	—	—
2013 年	仪器仪表制造业	10.69	1.58	9.11	81	92
	制造业	2020.03	2256.41	-236.38	43	76
	占比	0.53	0.07	—	—	—
2014 年	仪器仪表制造业	12.60	1.80	10.80	74	93
	制造业	2078.57	2444.43	-365.86	42	78
	占比	0.61	0.07	—	—	—
2015 年	仪器仪表制造业	14.23	2.57	11.66	64	93
	制造业	2146.09	2661.89	-515.80	54	81
	占比	0.66	0.10	—	—	—
平均值	仪器仪表制造业	10.76	1.45	9.31	78	92
	制造业	1898.14	2218.37	-320.22	45	78
	占比	0.57	0.07	—	—	—

通过表 3-37 中的数据可以分析河北省仪器仪表制造业上市公司营运资金情况。2011~2015 年，河北省仪器仪表制造业上市公司流动资产占河北省制造业上市公司流动资产的比重为 0.61%，说明河北省仪器仪表制造业上市公司在河北省制造业中所占的份额不大。从数据上来看，2011~2015 年，河北省仪器仪制造业上市公司营运资金均为正数。与河北省制造业同期营运资金都为负数相比，河北省仪器仪表制造业上市公司营运资金情况还是较为乐观的，但是金额极小，所以应该加强营运资金管理，提高营运资金额度。河北省仪器仪表制造业流动资产占总资产的比重和流动负债占总负债的比重则均高于河北省制造业平均水平。

表 3-38　河北省仪器仪表制造业与河北省制造业营运效率对比

单位：天

		应收账款周转天数	存货周转天数	营业周期	流动比率	速动比率	现金比率
2011 年	仪器仪表制造业	319.35	233.23	552.58	16.51	15.67	11.56
	制造业	13.61	61.16	74.77	0.91	0.63	0.26
	差额	305.74	172.07	477.81	15.60	15.04	11.30

续表

		应收账款周转天数	存货周转天数	营业周期	流动比率	速动比率	现金比率
2012 年	仪器仪表制造业	289.44	205.06	494.50	10.40	9.44	5.98
	制造业	17.24	66.19	83.43	0.84	0.59	0.21
	差额	272.20	138.87	411.07	9.56	8.85	5.77
2013 年	仪器仪表制造业	157.51	216.97	374.48	6.77	5.71	3.40
	制造业	52.86	30.39	83.25	0.90	0.78	0.23
	差额	104.65	186.58	291.23	5.87	4.93	3.17
2014 年	仪器仪表制造业	142.72	247.16	389.88	6.98	5.62	3.49
	制造业	20.74	80.57	101.31	0.85	0.60	0.21
	差额	121.98	166.59	288.57	6.13	5.02	3.28
2015 年	仪器仪表制造业	125.10	244.38	369.48	6.53	5.34	1.59
	制造业	92.72	204.05	296.77	2.90	2.27	0.89
	差额	32.38	40.33	72.69	3.63	3.07	0.70
平均值	仪器仪表制造业	206.82	229.36	436.18	9.44	8.36	5.20
	制造业	39.43	88.47	127.91	1.28	0.97	0.36
	差额	167.39	140.89	308.27	8.16	7.39	4.84

通过表 3－38 中的数据可以分析河北省仪器仪表制造业上市公司营运效率情况。2011～2015 年，河北省仪器仪表制造业上市公司应收账款周转天数、存货周转天数和营业周期都显著高于河北省制造业平均水平，说明河北省仪器仪表制造业上市公司营运效率较低。另外从流动比率、速动比率和现金比率来看，河北省仪器仪表制造业上市公司平均值均显著高于河北省制造业平均水平，说明河北省仪器仪表类上市公司短期偿债能力较强。

（十）河北省电气机械及器材制造业与河北省制造业对比分析

河北省电气机械及器材制造业上市公司共有两家，分别是风帆股份、保变电器。下面分别从流动资产、流动负债、营运资金、流动资产占总资产比和流动负债占总负债比来分析河北省电气机械及器材制造业上市公司营运资金，分别从应收账款周转天数、存货周转天数、营业周期、流动比率、速动比率、现金比率分析河北省电气机械及器材制造业上市公司营运效率。

通过表 3－39 可以分析河北省电气机械及器材制造业上市公司营运资金

情况。2011 ~2015 年，河北省电气机械及器材制造业流动资产占河北省制造业上市公司流动资产的比重为 4.36%，流动负债占河北省制造业上市公司流动负债的比重为 2.89%，说明河北省电气机械及器材制造业在河北省制造业中所占的份额较大。从数据上来看，2011 ~2015 年，河北省电气机械及器材制造业上市公司营运资金各年均为正数。与河北省制造业同期营运资金都为负数相比，河北省电气机械及器材制造业营运资金情况还是较为乐观的。从河北省电气机械及器材制造业流动资产占总资产的比重高于河北省制造业平均水平，而流动负债占总负债的比重则低于河北省制造业平均水平，说明河北省电气机械及器材制造业资产结构较为合理，短期偿债能力较强。

表 3 -39　河北省电气机械及器材制造业与河北省制造业营运资金对比

单位：亿元，%

		流动资产	流动负债	营运资金	流动资产占总资产比	流动负债占总负债比
2011 年	电气机械及器材制造业	108.42	63.90	44.52	53	54
	制造业	1531.36	1689.00	-157.64	43	77
	占比	7.08	3.78	—	—	—
2012 年	电气机械及器材制造业	89.49	65.45	24.04	48	57
	制造业	1714.67	2040.11	-325.44	42	79
	占比	5.22	3.21	—	—	—
2013 年	电气机械及器材制造业	84.15	71.84	12.31	60	61
	制造业	2020.03	2256.41	-236.38	43	76
	占比	4.17	3.18	—	—	—
2014 年	电气机械及器材制造业	74.91	63.78	11.13	58	66
	制造业	2078.57	2444.43	-365.86	42	78
	占比	3.60	2.61	—	—	—
2015 年	电气机械及器材制造业	56.81	55.31	1.50	70	70
	制造业	2146.09	2661.89	-515.80	54	81
	占比	2.65	2.08	—	—	—
平均值	电气机械及器材制造业	82.76	64.06	18.70	58	61
	制造业	1898.15	2218.37	-320.22	45	78
	占比	4.36	2.89	—	—	—

通过表3－40中的数据可以分析河北省电气机械及器材制造业上市公司营运效率。2011～2015年，河北省电气机械及器材制造业上市公司应收账款周转天数、存货周转天数和营业周期都显著高于河北省制造业平均水平，说明河北省电气机械及器材制造业上市公司营运效率较低。另外从流动比率、速动比率和现金比率来看，河北省电气机械及器材制造业上市公司平均值均高于河北省制造业平均水平，说明河北省电气机械及器材制造业上市公司短期偿债能力较强。

表3－40　河北省电气机械及器材制造业与河北省制造业营运效率对比

单位：天

		应收账款周转天数	存货周转天数	营业周期	流动比率	速动比率	现金比率
2011年	电气机械及器材制造业	124.42	139.46	263.88	1.70	1.24	0.37
	制造业	13.61	61.16	74.77	0.91	0.63	0.26
	差额	110.81	78.30	189.10	0.79	—	—
2012年	电气机械及器材制造业	146.28	157.91	304.19	1.37	0.92	0.29
	制造业	17.24	66.19	83.43	0.84	0.59	0.21
	差额	129.04	91.72	220.78	0.53	—	—
2013年	电气机械及器材制造业	103.75	126.85	230.60	1.17	0.78	0.31
	制造业	52.86	30.39	83.25	0.90	0.78	0.23
	差额	50.89	96.46	147.35	0.27	0	0.08
2014年	电气机械及器材制造业	88.40	122.52	210.92	1.17	0.77	0.30
	制造业	20.74	80.57	101.31	0.85	0.60	0.21
	差额	67.66	41.95	109.61	0.32	0.17	0.09
2015年	电气机械及器材制造业	140.32	137.14	277.46	2.72	2.38	1.42
	制造业	92.72	204.05	296.77	2.90	2.27	0.89
	差额	47.60	-66.91	-19.32	-0.18	0.11	0.53
平均值	电气机械及器材制造业	120.63	136.78	257.41	1.63	1.22	0.54
	制造业	39.43	88.47	127.91	1.28	0.97	0.36
	差额	81.20	48.31	129.50	0.35	0.25	0.18

（十一）河北省汽车制造业与河北省制造业对比分析

河北省汽车制造业上市公司共有凌云股份、长城汽车两家公司。下面分别从流动资产、流动负债、营运资金、流动资产占总资产比和流动负债占总负债比来分析其营运资金，分别从应收账款周转天数、存货周转天数、营业周期、流动比率、速动比率、现金比率分析其营运效率。

表 3－41　河北省汽车制造业与河北省制造业营运资金对比

单位：亿元，%

		流动资产	流动负债	营运资金	流动资产占总资产比	流动负债占总负债比
2011 年	汽车制造业	239.12	168.91	70.21	62	89
	制造业	1531.36	1689.00	－157.64	43	77
	占比	15.61	10.00	—	—	—
2012 年	汽车制造业	295.73	221.90	73.83	61	91
	制造业	1714.67	2040.11	－325.44	42	79
	占比	17.25	10.88	—	—	—
2013 年	汽车制造业	350.32	267.10	83.22	59	94
	制造业	2020.03	2256.41	－236.38	43	76
	占比	17.34	11.84	—	—	—
2014 年	汽车制造业	396.96	296.35	100.61	58	91
	制造业	2078.57	2444.43	－365.86	42	78
	占比	19.10	12.12	—	—	—
2015 年	汽车制造业	456.01	351.37	104.64	57	84
	制造业	2146.09	2661.89	－515.80	54	81
	占比	21.25	13.20	—	—	—
平均值	汽车制造业	347.63	261.13	86.50	59	90
	制造业	1898.14	2218.37	－320.22	45	78
	占比	18.31	11.77	—	—	—

通过表 3－41 中的数据可以分析河北省汽车制造业上市公司营运资金情况。2011～2015 年，河北省汽车制造业上市公司流动资产占河北省制造业上市公司流动资产的比重为 18.31%，流动负债占河北省制造业上市公司流动负债的比重为 11.77%，说明河北省汽车制造业上市公司在河北省制造业中所占的份额较大。从数据上来看，2011～2015 年，河北省汽车制造业上市公司营运资金均为正数。与河北省制造业同期营运资金都为负数相比，河北省汽车制造业营运资金情况还是较为乐观的。另外从流动资产占总资产的

比重、流动负债占总负债的比重来看，河北省汽车制造业都高于河北省制造业平均水平，说明河北省汽车制造业总体营运资金较好。

表 3－42　河北省汽车制造业与河北省制造业营运效率对比

单位：天

		应收账款周转天数	存货周转天数	营业周期	流动比率	速动比率	现金比率
2011 年	汽车制造业	13.69	47.24	60.93	1.42	1.20	0.48
	制造业	13.61	61.16	74.77	0.91	0.63	0.26
	差额	0.08	－13.92	－13.84	0.51	0.57	0.22
2012 年	汽车制造业	12.98	36.95	49.93	1.33	1.17	0.32
	制造业	17.24	66.19	83.43	0.84	0.59	0.21
	占比	－4.26	－29.24	－33.50	0.49	0.58	0.11
2013 年	汽车制造业	11.19	29.85	41.04	1.31	1.17	0.29
	制造业	52.86	30.39	83.25	0.90	0.78	0.23
	差额	－41.67	－0.54	－42.21	0.41	0.39	0.06
2014 年	汽车制造业	9.93	30.34	40.27	1.34	1.19	0.16
	制造业	20.74	80.57	101.31	0.85	0.60	0.21
	差额	－10.81	－50.23	－61.04	0.49	0.59	－0.05
2015 年	汽车制造业	31.48	50.32	81.80	1.41	1.15	0.27
	制造业	92.72	204.05	296.77	2.90	2.27	0.89
	差额	－61.24	－153.73	－214.97	－1.49	－1.12	－0.62
平均值	汽车制造业	15.85	38.94	54.79	1.36	1.18	0.30
	制造业	39.43	88.47	127.91	1.28	0.97	0.36
	差额	－23.58	－49.53	－73.12	0.08	0.21	－0.06

通过表 3－42 中的数据可以分析河北省汽车制造业上市公司营运效率情况。2011～2015 年，河北省汽车制造业上市公司应收账款周转天数、存货周转天数和营业周期都显著低于河北省制造业平均水平，说明河北省汽车制造业上市公司营运效率较高。另外从流动比率、速动比率和现金比率来看，河北省汽车制造业除了现金比率平均值略低于河北省制造业平均水平，另外两个指标值均高于河北省制造业平均水平，说明河北省汽车制造业上市公司短期偿债能力相对较强。

（十二）河北省医药制造业与河北省制造业对比分析

河北省医药制造业上市公司有常山药业、华药制药、以岭药业 3 家公司。下面分别从流动资产、流动负债、营运资金、流动资产占总资产比和流动负债占总负债比来分析河北省医药制造业营运资金，分别从应收账款周转天数、存货周转天数、营业周期、流动比率、速动比率、现金比率分析河北省医药制造业营运效率。

表 3－43　河北省医药制造业与河北省制造业营运资金对比

单位：亿元，%

		流动资产	流动负债	营运资金	流动资产占总资产比	流动负债占总负债比
2011 年	医药制造业	89. 15	69. 48	19. 67	53	65
	制造业	1531. 36	1689. 00	－157. 64	43	77
	占比	5. 82	4. 11	—	—	—
2012 年	医药制造业	90. 97	60. 93	30. 04	48	61
	制造业	1714. 67	2040. 11	－325. 44	42	79
	占比	5. 31	2. 99	—	—	—
2013 年	医药制造业	94. 45	76. 74	17. 71	45	69
	制造业	2020. 03	2256. 41	－236. 38	43	76
	占比	4. 68	3. 40	—	—	—
2014 年	医药制造业	94. 08	97. 43	－3. 35	41	85
	制造业	2078. 57	2444. 43	－365. 86	42	78
	占比	4. 53	3. 99	0. 92	—	—
2015 年	医药制造业	102. 72	93. 04	9. 68	48	83
	制造业	2146. 09	2661. 89	－515. 80	54	81
	占比	4. 79	3. 50	—	—	—
平均值	医药制造业	94. 27	79. 52	14. 75	47	73
	制造业	1898. 14	2218. 37	－320. 22	45	78
	占比	4. 97	3. 58	—	—	—

根据表 3－43 中的数据可以分析河北省医药制造业上市公司营运资金情况。2011～2015 年，河北省医药制造业上市公司流动资产占河北省制造业上市公司流动资产的比重为 4. 97%，流动负债占河北省制造业上市公司流

动负债的比重为3.58%，说明河北省医药制造业上市公司在河北省制造业中所占的份额较大。从数据上来看，河北省医药制造业上市公司营运资金除了2014年为负值外，其余年份均为正值，但不论是正值还是负值，金额都较小。与河北省制造业同期营运资金都为负数相比，河北省医药制造业上市公司营运资金情况优于河北省同期制造业的平均水平。河北省医药制造业上市公司流动资产占总资产的比重略高于河北省制造类总体水平，流动负债占总负债的比重略低于河北省制造业总体水平，说明河北省医药制造业整体资产结构较好，短期偿债能力较强。

表3-44 河北省医药制造业与河北省制造业营运效率对比

单位：天

		应收账款周转天数	存货周转天数	营业周期	流动比率	速动比率	现金比率
2011年	医药制造业	30.70	52.23	82.93	1.28	1.01	0.60
	制造业	13.61	61.16	74.77	0.91	0.63	0.26
	差额	17.09	-8.93	8.16	0.37	0.38	0.34
2012年	医药制造业	40.07	69.01	109.08	1.49	1.14	0.60
	制造业	17.24	66.19	83.43	0.84	0.59	0.21
	差额	22.83	2.82	25.65	0.65	0.55	0.39
2013年	医药制造业	42.81	69.49	112.30	1.23	0.90	0.26
	制造业	52.86	30.39	83.25	0.90	0.78	0.23
	差额	-10.05	39.10	29.05	0.33	0.12	0.03
2014年	医药制造业	54.59	111.09	165.68	0.97	0.64	0.20
	制造业	20.74	80.57	101.31	0.85	0.60	0.21
	差额	33.85	30.52	64.37	0.12	0.04	-0.01
2015年	医药制造业	51.75	421.91	473.66	2.04	1.06	0.32
	制造业	92.72	204.05	296.77	2.90	2.27	0.89
	差额	-40.97	217.86	176.89	-0.86	-1.21	-0.57
平均值	医药制造业	43.98	144.75	188.73	1.40	0.95	0.40
	制造业	39.43	88.47	127.91	1.28	0.97	0.36
	差额	4.55	56.28	60.82	0.12	-0.02	0.04

通过表3-44中的数据可以分析河北省医药制造业上市公司营运效率情况。2011~2015年，河北省医药制造业上市公司应收账款周转天数、存货

周转天数和营业周期都高于河北省制造业平均水平，说明河北省医药制造业上市公司营运效率较低，其中存货周转天数明显高于河北省制造业总体水平，所以要想提高河北省医药制造业总体营运效率，应从加强存货管理入手。另外从流动比率、速动比率和现金比率来看，除了速动比率外，河北省医药制造业上市公司另外两个指标平均值均略高于河北省制造业平均水平，说明河北省医药制造类上市公司短期偿债能力略高于河北省制造业平均水平。

（十三）河北省纺织业与河北省制造业对比分析

河北省纺织业上市公司有常山股份和晨光生物两家。下面分别从流动资产、流动负债、营运资金、流动资产占总资产比和流动负债占总负债比来分析河北省纺织业上市公司营运资金，分别从应收账款周转天数、存货周转天数、营业周期、流动比率、速动比率、现金比率分析河北省纺织业上市公司营运效率。

表 3－45　河北省纺织业与河北省制造业营运资金对比

单位：亿元，%

		流动资产	流动负债	营运资金	流动资产占总资产比	流动负债占总负债比
2011 年	纺织业	27.70	28.37	－0.67	52	99
	制造业	1531.36	1689.00	－157.64	43	77
	占比	1.81	1.68	0.42	—	—
2012 年	纺织业	30.76	25.86	4.90	54	79
	制造业	1714.67	2040.11	－325.44	42	79
	占比	1.79	1.27	—	—	—
2013 年	纺织业	30.82	26.52	4.30	53	80
	制造业	2020.03	2256.41	－236.38	43	76
	占比	1.53	1.18	—	—	—
2014 年	纺织业	27.31	29.37	－2.06	49	95
	制造业	2078.57	2444.43	－365.86	42	78
	占比	1.31	1.20	0.56	—	—
2015 年	纺织业	59.67	51.39	8.28	55	93
	制造业	2146.09	2661.89	－515.80	54	81
	占比	2.78	1.93	—	—	—
平均值	纺织业	35.25	32.30	2.95	53	89
	制造业	1898.14	2218.37	－320.22	45	78
	占比	1.86	1.46	—	—	—

通过表3－45中的数据可以分析河北省纺织业上市公司营运资金情况。2011～2015年，河北省纺织业上市公司流动资产占河北省制造业上市公司流动资产的比重为1.86%，流动负债占河北省制造业上市公司流动负债的比重为1.46%，说明河北省纺织业上市公司在河北省制造业中所占的份额较小。从数据上来看，河北省纺织业上市公司营运资金除了2011年和2014年为负值外，其余年份均为正值，但不论是正值还是负值，金额都较小。与河北省制造业同期营运资金都为负数相比，河北省纺织业上市公司营运资金情况优于同期河北省制造业的平均水平。河北省纺织业上市公司流动资产占总资产的比重和流动负债占总负债的比重都略高于河北省制造业总体水平，说明河北省纺织业整体资产结构较好。

表3－46　河北省纺织业与河北省制造业营运效率对比

单位：天

		应收账款周转天数	存货周转天数	营业周期	流动比率	速动比率	现金比率
2011年	纺织业	7.89	72.38	80.27	0.98	0.62	0.22
	制造业	13.61	61.16	74.77	0.91	0.63	0.26
	差额	－5.72	11.22	5.50	0.07	－0.01	－0.04
2012年	纺织业	5.22	82.68	87.90	1.19	0.74	0.31
	制造业	17.24	66.19	83.43	0.84	0.59	0.21
	差额	－12.02	16.49	4.47	0.35	0.15	0.10
2013年	纺织业	5.39	85.89	91.28	1.16	0.59	0.15
	制造业	52.86	30.39	83.25	0.90	0.78	0.23
	差额	－47.47	55.50	8.03	0.26	－0.19	－0.08
2014年	纺织业	4.22	82.35	86.57	0.93	0.45	0.09
	制造业	20.74	80.57	101.31	0.85	0.60	0.21
	差额	－16.52	1.78	－14.74	0.08	－0.15	－0.12
2015年	纺织业	26.88	75.04	101.92	1.16	0.77	0.18
	制造业	92.72	204.05	296.77	2.90	2.27	0.89
	差额	－65.84	－129.01	－194.85	－1.74	－1.50	－0.71
平均值	纺织业	9.92	79.67	89.59	1.08	0.63	0.19
	制造业	39.43	88.47	127.91	1.28	0.97	0.36
	差额	－29.51	－8.80	－38.32	－0.20	－0.34	－0.17

通过表3－46中的数据可以分析河北省纺织业上市公司营运效率情况。2011～2015年，河北省纺织业上市公司应收账款周转天数、存货周转天数和营业周期都显著低于河北省制造业平均水平，说明河北省纺织业上市公司营运效率较高。另外从流动比率、速动比率和现金比率来看，河北省纺织业上市公司平均值均略低于河北省制造业平均水平，说明河北省纺织业短期偿债能力较弱。

（十四）河北省皮革毛皮羽毛及其制品和制鞋业与河北省制造业对比分析

河北省皮革毛皮羽毛及其制品和制鞋业上市公司包括华斯股份和恒天天鹅。下面分别从流动资产、流动负债、营运资金、流动资产占总资产比和流动负债占总负债比来分析河北省皮革毛皮羽毛及其制品和制鞋业上市公司营运资金，分别从应收账款周转天数、存货周转天数、营业周期、流动比率、速动比率、现金比率分析河北省皮革毛皮羽毛及其制品和制鞋业上市公司营运效率。

表3－47　河北省皮革毛皮羽毛及其制品和制鞋业与河北省制造业营运资金对比

单位：亿元，%

		流动资产	流动负债	营运资金	流动资产占总资产比	流动负债占总负债比
2011年	皮革毛皮羽毛及其制品和制鞋业	9.11	0.45	8.66	89	78
	制造业	1531.36	1689.00	－157.64	43	77
	占比	0.59	0.03	—	—	—
2012年	皮革毛皮羽毛及其制品和制鞋业	7.49	0.45	7.04	69	74
	制造业	1714.67	2040.11	－325.44	42	79
	占比	0.44	0.02	—	—	—
2013年	皮革毛皮羽毛及其制品和制鞋业	6.29	2.74	3.55	44	73
	制造业	2020.03	2256.41	－236.38	43	76
	占比	0.31	0.12	—	—	—

续表

		流动资产	流动负债	营运资金	流动资产占总资产比	流动负债占总负债比
2014 年	皮革毛皮羽毛及其制品和制鞋业	11.68	3.15	8.53	55	43
	制造业	2078.57	2444.43	-365.86	42	78
	占比	0.56	0.13	—	—	—
2015 年	皮革毛皮羽毛及其制品和制鞋业	9.36	4.58	4.78	41	52
	制造业	2146.09	2661.89	-515.80	54	81
	占比	0.44	0.17	—	—	—
平均值	皮革毛皮羽毛及其制品和制鞋业	8.79	2.27	6.51	59	64
	制造业	1898.14	2218.37	-320.22	45	78
	占比	0.46	0.10	—	—	—

通过表 3-47 中的数据可以分析河北省皮革毛皮羽毛及其制品和制鞋业上市公司营运资金情况。2011~2015 年，河北省皮革毛皮羽毛及其制品和制鞋业上市公司流动资产占河北省制造业上市公司流动资产的比重为 0.46%，流动负债占河北省制造业上市公司流动负债的比重为 0.10%，说明河北省皮革毛皮羽毛及其制品和制鞋业上市公司在河北省制造业中所占的份额较小。从数据上来看，2011~2015 年，河北省皮革毛皮羽毛及其制品和制鞋业上市公司营运资金均为正值。与河北省制造业同期营运资金都为负值相比，河北省皮革毛皮羽毛及其制品和制鞋业营运资金较高，但是金额都极小，说明河北省皮革毛皮羽毛及其制品和制鞋业上市公司应该重视营运资金的管理。

通过表 3-48 中的数据可以分析河北省皮革毛皮羽毛及其制品和制鞋业上市公司营运效率情况。2011~2015 年，河北省皮革毛皮羽毛及其制品和制鞋业上市公司应收账款周转天数略低于河北省制造业平均水平，而存货周转天数和营业周期都显著高于河北省制造业平均水平，说明河北省皮革毛皮羽毛及其制品和制鞋业上市公司营运效率较低，营运效率低的原因是存货周转速度慢。另外从流动比率、速动比率和现金比率来看，河北省皮革毛皮羽毛及其制品和制鞋业上市公司平均值均显著高于河北省制造业平均水平，说明河北省皮革毛皮羽毛及其制品和制鞋业上市公司短期偿债能力较强。

表 3－48　河北省皮革毛皮羽毛及其制品和制鞋业与河北省制造业营运效率对比

单位：天

		应收账款周转天数	存货周转天数	营业周期	流动比率	速动比率	现金比率
2011 年	皮革毛皮羽毛及其制品和制鞋业	13.71	244.34	258.05	20.30	15.12	13.42
	制造业	13.61	61.16	74.77	0.91	0.63	0.26
	差额	0.10	183.18	183.28	19.39	14.49	13.16
2012 年	皮革毛皮羽毛及其制品和制鞋业	15.76	240.70	256.46	16.62	10.08	8.99
	制造业	17.24	66.19	83.43	0.84	0.59	0.21
	差额	－1.48	174.51	173.03	15.78	9.49	8.78
2013 年	皮革毛皮羽毛及其制品和制鞋业	25.37	244.90	270.27	2.30	1.13	0.76
	制造业	52.86	30.39	83.25	0.90	0.78	0.23
	差额	－27.49	214.51	187.02	1.40	0.35	0.53
2014 年	皮革毛皮羽毛及其制品和制鞋业	41.74	277.64	319.38	3.71	1.95	1.22
	制造业	20.74	80.57	101.31	0.85	0.60	0.21
	差额	21.00	197.07	218.07	2.86	1.35	1.01
2015 年	皮革毛皮羽毛及其制品和制鞋业	79.99	474.47	554.46	2.04	0.94	0.45
	制造业	92.72	204.05	296.77	2.90	2.27	0.89
	差额	－12.73	270.42	257.69	－0.86	－1.33	－0.44
平均值	皮革毛皮羽毛及其制品和制鞋业	35.31	296.41	331.72	8.99	5.84	4.97
	制造业	39.43	88.47	127.91	1.28	0.97	0.36
	差额	－4.12	207.94	203.82	7.71	4.87	4.61

（十五）河北省化学纤维制造业与河北省制造业对比分析

河北省化学纤维制造业上市公司只有 1 家，即恒天天鹅。2015 年 4 月，恒天天鹅（现更名为华讯方舟）进行重组，被置入控股股东华讯方舟全部军事通信及配套业务，并将原有传统业务置出，行业变更为计算机通信和其他电子设备制造业。因此，下面分别从流动资产、流动负债、营运资金、流动资产占总资产比和流动负债占总负债比来分析其2011～2014年营运资金，分别从应收账款周转天数、存货周转天数、营业周期、流动比率、速动比率、现金比率分析其2011～2014年营运效率。

表3－49　河北省化学纤维制造业与河北省制造业营运资金对比

单位：亿元，%

		流动资产	流动负债	营运资金	流动资产占总资产比	流动负债占总负债比
2011年	化学纤维制造业	9.88	4.47	5.41	53	58
	制造业	1531.36	1689.00	－157.64	43	77
	占比	0.65	0.26	—	—	—
2012年	化学纤维制造业	15.01	4.90	10.11	52	39
	制造业	1714.67	2040.11	－325.44	42	79
	占比	0.88	0.24	—	—	—
2013年	化学纤维制造业	12.12	5.71	6.41	45	47
	制造业	2020.03	2256.41	－236.38	43	76
	占比	0.60	0.25	—	—	—
2014年	化学纤维制造业	10.95	5.92	5.03	43	63
	制造业	2078.57	2444.43	－365.86	42	78
	占比	0.53	0.24	—	—	—
平均值	化学纤维制造业	9.59	4.20	5.39	48	52
	制造业	1468.93	1685.99	－217.06	34	62
	占比	0.65	0.25	—	—	—

通过表3－49中的数据可以分析河北省化学纤维制造业上市公司营运资金情况。2011～2014年，河北省化学纤维制造业上市公司流动资产占河北省制造业上市公司流动资产的比重为0.65%，流动负债占河北省制造业上市公司流动负债的比重为0.25%，说明河北省化学纤维制造业在河北省制造业中所占的份额较小。从数据上来看，河北省化学纤维制造业营运资金2011～

2014 年均为正值。与河北省制造业同期营运资金都为负值相比，河北省化学纤维制造业营运资金高于河北省同期制造业平均水平。另外，从流动资产占总资产的比重来看，河北省化学纤维制造业略高于河北省制造业总体水平，而河北省化学纤维制造业流动负债占总负债的比重略低于河北省制造业总体水平，说明河北省化学纤维制造业流动资产结构较为合理。

表 3－50　河北省化学纤维制造业与河北省制造业营运效率对比

单位：天

		应收账款周转天数	存货周转天数	营业周期	流动比率	速动比率	现金比率
2011 年	化学纤维制造业	9.62	143.12	152.74	2.21	1.37	0.26
	制造业	13.61	61.16	74.77	0.91	0.63	0.26
	差额	－3.99	81.96	77.97	1.30	0.74	0
2012 年	化学纤维制造业	17.06	176.12	193.18	3.06	2.24	1.53
	制造业	17.24	66.19	83.43	0.84	0.59	0.21
	差额	－0.18	109.93	109.75	2.22	1.65	1.32
2013 年	化学纤维制造业	21.38	178.69	200.07	2.12	1.52	0.36
	制造业	52.86	30.39	83.25	0.90	0.78	0.23
	差额	－31.48	148.30	116.83	1.22	0.74	0.13
2014 年	化学纤维制造业	18.03	167.73	185.76	1.85	1.40	0.52
	制造业	20.74	80.57	101.31	0.85	0.60	0.21
	差额	－2.71	87.16	84.45	1.00	0.80	0.31
平均值	化学纤维制造业	13.22	133.13	146.35	2.31	1.63	0.66
	制造业	20.89	47.66	68.55	0.70	0.52	0.18
	差额	－7.67	85.47	77.80	1.61	1.11	0.48

通过表 3－50 中的数据可以分析河北省化学纤维制造业上市公司营运效率情况。2011～2014 年，河北省化学纤维制造业应收账款周转天数略低于河北省制造业总体水平，而存货周转天数和营业周期都显著高于河北省制造业平均水平，说明河北省化学纤维制造业上市公司营运效率较低，应从加强存货管理入手提高营运效率。另外从流动比率、速动比率和现金比率来看，

河北省化学纤维制造业上市公司平均值均略高于河北省制造业平均水平，说明河北省化学纤维制造业上市公司短期偿债能力较强。

（十六）河北省橡胶和塑料制品业与河北省制造业对比分析

河北省橡胶和塑料制品业上市公司包括沧州明珠和宝硕股份。下面分别从流动资产、流动负债、营运资金、流动资产占总资产比和流动负债占总负债比来分析其营运资金，分别从应收账款周转天数、存货周转天数、营业周期、流动比率、速动比率、现金比率分析其营运效率。

表 3－51　河北省橡胶和塑料制品业与河北省制造业营运资金对比

单位：亿元，%

		流动资产	流动负债	营运资金	流动资产占总资产比	流动负债占总负债比
2011 年	橡胶和塑料制品业	10.47	16.25	-5.78	51	90
	制造业	1531.36	1689.00	-157.64	43	77
	占比	0.68	0.96	3.67	—	—
2012 年	橡胶和塑料制品业	12.14	18.92	-6.78	49	96
	制造业	1714.67	2040.11	-325.44	42	79
	占比	0.71	0.93	2.08	—	—
2013 年	橡胶和塑料制品业	29.49	24.60	4.89	75	93
	制造业	2020.03	2256.41	-236.38	43	76
	占比	1.46	1.09	—	—	—
2014 年	橡胶和塑料制品业	33.13	25.11	8.02	75	95
	制造业	2078.57	2444.43	-365.86	42	78
	占比	1.59	1.03	—	—	—
2015 年	橡胶和塑料制品业	13.84	8.96	4.88	56	96
	制造业	2146.09	2661.89	-515.80	54	81
	占比	0.64	0.34	—	—	—
平均值	橡胶和塑料制品业	19.81	18.77	1.86	61	94
	制造业	1898.14	2218.37	-320.22	45	78
	占比	1.04	0.85	—	—	—

通过表 3－51 中的数据可以分析河北省橡胶和塑料制品业上市公司营运资金情况。2011～2015 年，河北省橡胶和塑料制品业上市公司流动资产占

河北省制造业上市公司流动资产的比重为1.04%，流动负债占河北省制造业上市公司流动负债的比重为0.85%，说明河北省橡胶和塑料制品业在河北省制造业中所占的份额较小。从数据上来看，2011～2012年河北省橡胶和塑料制品业营运资金均为负值，2013～2015年变成正值。与河北省制造业同期营运资金都为负值相比，河北省橡胶和塑料制品业上市公司营运资金高于河北省同期制造业平均水平，并且有逐渐向好的迹象。

表3－52　河北省橡胶和塑料制品业与河北省制造业营运效率对比

单位：天

		应收账款周转天数	存货周转天数	营业周期	流动比率	速动比率	现金比率
2011年	橡胶和塑料制品业	36.29	40.25	76.54	0.64	0.50	0.12
	制造业	13.61	61.16	74.77	0.91	0.63	0.26
	差额	22.68	－20.91	1.77	－0.27	－0.13	－0.14
2012年	橡胶和塑料制品业	66.44	39.30	105.74	0.64	0.55	0.16
	制造业	17.24	66.19	83.43	0.84	0.59	0.21
	差额	49.20	－26.89	22.31	－0.20	－0.04	－0.05
2013年	橡胶和塑料制品业	94.88	195.00	289.88	1.20	0.54	0.15
	制造业	52.86	30.39	83.25	0.90	0.78	0.23
	差额	42.02	164.61	206.63	0.30	－0.24	－0.08
2014年	橡胶和塑料制品业	90.20	286.58	376.78	1.32	0.67	0.26
	制造业	20.74	80.57	101.31	0.85	0.60	0.21
	差额	69.46	206.01	275.47	0.47	0.07	0.05
2015年	橡胶和塑料制品业	105.20	419.98	525.18	1.90	1.63	0.51
	制造业	92.72	204.05	296.77	2.90	2.27	0.89
	差额	12.48	215.93	228.41	－1.01	－0.64	－0.37
平均值	橡胶和塑料制品业	78.60	196.22	274.82	1.14	0.78	0.24
	制造业	39.43	88.47	127.91	1.28	0.97	0.36
	差额	39.16	107.75	146.91	－0.14	－0.19	－0.12

通过表3－52中的数据可以分析河北省橡胶和塑料制品业营运效率情况。2011～2015年，河北省橡胶和塑料制品业上市公司应收账款周转天数、存货周转天数和营业周期都显著高于河北省制造业平均水平，说

明河北省橡胶和塑料制品业上市公司营运效率较低。另外从流动比率、速动比率和现金比率来看，河北省橡胶和塑料制品业上市公司平均值均略低于河北省制造业平均水平，说明河北省橡胶和塑料制品业上市公司短期偿债能力较差。

（十七）河北省石油加工炼焦和核燃料加工业与河北省制造业对比分析

河北省石油加工炼焦和核燃料加工业上市公司只有开滦股份一家公司。下面分别从流动资产、流动负债、营运资金、流动资产占总资产比和流动负债占总负债比来分析其营运资金，分别从应收账款周转天数、存货周转天数、营业周期、流动比率、速动比率、现金比率分析其营运效率。

表3－53　河北省石油加工炼焦和核燃料加工业与河北省制造业营运资金对比

单位：亿元，%

		流动资产	流动负债	营运资金	流动资产占总资产比	流动负债占总负债比
2011年	石油加工炼焦和核燃料加工业	88.71	90.71	－2.00	46	81
	制造业	1531.36	1689.00	－157.64	43	77
	占比	5.79	5.37	1.27	—	—
2012年	石油加工炼焦和核燃料加工业	92.51	72.08	20.43	44	58
	制造业	1714.67	2040.11	－325.44	42	79
	占比	5.40	3.53	—	—	—
2013年	石油加工炼焦和核燃料加工业	69.37	68.95	0.42	34	59
	制造业	2020.03	2256.41	－236.38	43	76
	占比	3.43	3.06	—	—	—
2014年	石油加工炼焦和核燃料加工业	75.35	55.45	19.90	35	43
	制造业	2078.57	2444.43	－365.86	42	78
	占比	3.63	2.27	—	—	—

续表

		流动资产	流动负债	营运资金	流动资产占总资产比	流动负债占总负债比
2015 年	石油加工炼焦和核燃料加工业	68.89	63.46	5.43	34	52
	制造业	2146.09	2661.89	-515.80	54	81
	占比	3.21	2.38	—	—	—
平均值	石油加工炼焦和核燃料加工业	78.97	70.13	8.84	39	59
	制造业	1898.14	2218.37	-320.22	45	78
	占比	4.16	3.16	—	—	—

通过表 3-53 中的数据可以分析河北省石油加工炼焦和核燃料加工业上市公司营运资金情况。2011～2015 年，河北省石油加工炼焦和核燃料加工业流动资产占河北省制造业流动资产的比重为 4.16%，流动负债占河北省制造业流动负债的比重为 3.16%，说明河北省石油加工炼焦和核燃料加工业在河北省制造业中所占的份额较大。从数据上来看，2011 年河北省石油加工炼焦和核燃料加工业营运资金为负值，从 2012 年开始变成正值但是金额一直较小。与河北省制造业同期营运资金都为负值相比，河北省石油加工炼焦和核燃料加工业营运资金高于河北省同期制造业平均水平，并且有逐渐向好的迹象。另外河北省石油加工炼焦和核燃料加工业流动资产占总资产的比重以及流动负债占总负债的比重都略低于河北省制造业总体水平，说明其资产流动性不足。

表 3-54　河北省石油加工炼焦和核燃料加工业与河北省制造业营运效率对比

单位：天

		应收账款周转天数	存货周转天数	营业周期	流动比率	速动比率	现金比率
2011 年	石油加工炼焦和核燃料加工业	11.97	32.38	44.35	0.98	0.78	0.31
	制造业	13.61	61.16	74.77	0.91	0.63	0.26
	差额	-1.64	-28.78	-30.42	0.07	0.15	0.05

续表

		应收账款周转天数	存货周转天数	营业周期	流动比率	速动比率	现金比率
2012 年	石油加工炼焦和核燃料加工业	20.11	37.04	57.15	1.28	1.06	0.46
	制造业	17.24	66.19	83.43	0.84	0.59	0.21
	差额	2.87	-29.15	-26.28	0.44	0.47	0.25
2013 年	石油加工炼焦和核燃料加工业	27.95	35.10	63.05	1.01	0.82	0.26
	制造业	52.86	30.39	83.25	0.90	0.78	0.23
	差额	-24.91	4.71	-20.20	0.11	0.04	0.03
2014 年	石油加工炼焦和核燃料加工业	42.59	35.06	77.65	1.36	1.16	0.50
	制造业	20.74	80.57	101.31	0.85	0.60	0.21
	差额	21.85	-45.51	-23.66	0.51	0.56	0.29
2015 年	石油加工炼焦和核燃料加工业	58.03	40.21	98.24	1.09	0.92	0.45
	制造业	92.72	204.05	296.77	2.90	2.27	0.89
	差额	-34.69	-163.84	-198.53	-1.81	-1.35	-0.44
平均值	石油加工炼焦和核燃料加工业	32.13	35.96	68.09	1.14	0.95	0.40
	制造业	39.43	88.47	127.91	1.28	0.97	0.36
	差额	-7.31	-52.51	-59.82	-0.14	-0.02	0.04

通过表 3-54 中的数据可以分析河北省石油加工炼焦和核燃料加工业上市公司营运效率情况。2011～2015 年，河北省石油加工炼焦和核燃料加工业应收账款周转天数、存货周转天数和营业周期都低于河北省制造业平均水平，说明河北省石油加工炼焦和核燃料加工业营运效率较高。其中存货周转天数显著低于河北省制造业总体水平，说明河北省石油加工炼焦和核燃料加工业上市公司存货管理较好，营运效率较高。另外从流动比率、速动比率和现金比率来看，除了现金比率外，河北省石油加工炼焦和核燃料加工业另外两个指标平均值均略低于河北省制造业平均水平，说明河北省石油加工炼焦和核燃料加工业短期偿债能力略有不足。

（十八）河北省化学原料及化学制品制造业与河北省制造业对比分析

河北省化学原料及化学制品制造业上市公司共有7家，分别是龙星化工、建新股份、乐凯胶片、沧州大化、三友化工、金牛化工、新奥股份。下面分别从流动资产、流动负债、营运资金、流动资产占总资产比和流动负债占总负债比来分析河北省化学原料及化学制品制造业上市公司营运资金，分别从应收账款周转天数、存货周转天数、营业周期、流动比率、速动比率、现金比率分析河北省化学原料及化学制品制造业上市公司营运效率。

表3－55　河北省化学原料及化学制品制造业与河北省制造业营运资金对比

单位：亿元，%

		流动资产	流动负债	营运资金	流动资产占总资产比	流动负债占总负债比
2011年	化学原料及化学制品制造业	86.05	100.75	-14.70	35	65
	制造业	1531.36	1689.00	-157.64	43	77
	占比	5.62	5.97	9.33	—	—
2012年	化学原料及化学制品制造业	99.60	109.16	-9.56	34	64
	制造业	1714.67	2040.11	-325.44	42	79
	占比	5.81	5.35	2.94	—	—
2013年	化学原料及化学制品制造业	121.41	145.98	-24.57	30	62
	制造业	2020.03	2256.41	-236.38	43	76
	占比	6.01	6.47	10.40	—	—
2014年	化学原料及化学制品制造业	122.37	163.37	-41.00	29	64
	制造业	2078.57	2444.43	-365.86	42	78
	占比	5.89	6.68	11.21	—	—
2015年	化学原料及化学制品制造业	140.30	165.92	-25.62	47	79
	制造业	2146.09	2661.89	-515.80	54	81
	占比	6.54	6.23	201.20	—	—

续表

		流动资产	流动负债	营运资金	流动资产占资产比	流动负债占总负债比
平均值	化学原料及化学制品制造业	113.95	137.04	-23.09	35	67
	制造业	1898.14	2218.37	-320.22	45	78
	占比	6.00	6.18	10.52	—	—

通过表3-55中的数据可以分析河北省化学原料及化学制品制造业上市公司营运资金情况。2011~2015年，河北省化学原料及化学制品制造业上市公司流动资产占河北省制造业上市公司流动资产的比重为6.00%，流动负债占河北省制造业上市公司流动负债的比重为6.18%，说明河北省化学原料及化学制品制造业在河北省制造业中所占的份额较大。从数据上来看，2011~2015年河北省化学原料及化学制品制造业营运资金均为负值，与河北省制造业同期营运资金都为负值基本一致。从资产流动性看，河北省化学原料及化学制品制造业流动资产占总资产的比重和流动负债占总负债的比重都略低于河北省制造业总体水平，说明河北省化学原料及化学制品制造业资产流动性略低于河北省制造业总体水平。

表3-56　河北省化学原料及化学制品制造业与河北省制造业营运效率对比

单位：天

		应收账款周转天数	存货周转天数	营业周期	流动比率	速动比率	现金比率
2011年	化学原料及化学制品制造业	14.74	43.56	58.30	0.85	0.64	0.32
	制造业	13.61	61.16	74.77	0.91	0.63	0.26
	差额	1.13	-17.60	-16.47	-0.06	0.01	0.06
2012年	化学原料及化学制品制造业	16.63	47.01	63.64	0.91	0.70	0.34
	制造业	17.24	66.19	83.43	0.84	0.59	0.21
	差额	-0.61	-19.18	-19.78	0.07	0.11	0.13

续表

		应收账款周转天数	存货周转天数	营业周期	流动比率	速动比率	现金比率
2013 年	化学原料及化学制品制造业	15.49	46.75	62.24	0.83	0.64	0.35
	制造业	52.86	30.39	83.25	0.90	0.78	0.23
	差额	-37.37	16.36	-21.01	-0.07	-0.14	0.12
2014 年	化学原料及化学制品制造业	16.92	49.64	66.56	0.75	0.57	0.31
	制造业	20.74	80.57	101.31	0.85	0.60	0.21
	差额	-3.82	-30.93	-34.75	-0.10	-0.03	0.10
2015 年	化学原料及化学制品制造业	45.17	77.80	122.97	4.13	3.58	1.31
	制造业	92.72	204.05	296.77	2.90	2.27	0.89
	差额	-47.55	-126.25	-173.80	1.23	1.31	0.42
平均值	化学原料及化学制品制造业	21.79	52.95	74.74	1.49	1.23	0.53
	制造业	39.43	88.47	127.91	1.28	0.97	0.36
	差额	-17.64	-35.52	-53.17	0.21	0.26	0.17

通过表 3-56 中的数据可以分析河北省化学原料及化学制品制造业上市公司营运效率。2011～2015 年，河北省化学原料及化学制品制造业应收账款周转天数、存货周转天数和营业周期都明显低于河北省制造业平均水平，说明河北省化学原料及化学制品制造业营运效率较高。另外从流动比率、速动比率和现金比率来看，河北省化学原料及化学制品制造业平均值均高于河北省制造业平均水平，说明河北省化学原料及化学制品制造业短期偿债能力较强。

（十九）河北省有色冶炼及压延加工业与河北省制造业对比分析

河北省有色冶炼及压延加工业上市公司共有 1 家，即河钢股份。该公司 2015 年上市。下面分别从流动资产、流动负债、营运资金、流动资产占总资产比和流动负债占总负债比来分析其2015年营运资金，分别从应收账款周转天数、存货周转天数、营业周期、流动比率、速动比率、现金比率分析其2015年营运效率。

表3-57 2015年河北省有色冶炼及压延加工业与河北省制造业营运能力对比

单位：亿元，%

		有色冶炼及压延加工业	制造业	占比/差距
营运资金	流动资产	4.95	2146.09	0.23
	流动负债	0.58	2661.89	0.02
	营运资金	4.37	-12.73	—
	流动资产占总资产比	0.70	0.54	—
	流动负债占总负债比	0.80	0.81	—
营运效率	应收账款周转天数	48.19	92.72	-44.53
	存货周转天数	38.87	204.05	-165.18
	营业周期	87.05	296.78	-209.73
	流动比率	8.57	2.90	—
	速动比率	7.34	2.27	—
	现金比率	2.49	0.89	—

通过表3-57中的数据可以分析有色冶炼及压延加工业上市公司2015年营运资金和营运效率情况。2015年，河北省有色冶炼及压延加工业上市公司流动资产占河北省制造业上市公司流动资产的比重为0.23%，流动负债占河北省制造业上市公司流动负债的比重为0.02%，说明河北省有色冶炼及压延加工业在河北省制造业中所占的份额较小。从数据上来看，河北省有色冶炼及压延加工业2015年营运资金为正值，与河北省制造业同期营运资金都为负值相比情况较好。从资产流动性看，河北省有色冶炼及压延加工业流动资产占总资产的比重略高于河北省制造业总体水平，流动负债占总负债的比重略低于河北省制造业总体水平，说明河北省有色冶炼及压延加工业资产流动性略高于河北省制造业总体水平。

从营运效率来看，河北省有色冶炼及压延加工业应收账款周转天数、存货周转天数和营业周期都明显低于河北省制造业平均水平，说明河北省有色冶炼及压延加工业营运效率较高。另外从流动比率、速动比率和现金比率来看，河北省有色冶炼及压延加工业平均值均明显高于河北省制造业平均水平，说明河北省有色冶炼及压延加工业短期偿债能力较强。

（二十）河北省铁路船舶航空航天和其他运输设备制造业与河北省制造业对比分析

河北省铁路船舶航空航天和其他运输设备制造业上市公司共有 1 家，即中国动力。该公司 2015 年上市。下面分别从流动资产、流动负债、营运资金、流动资产占总资产比和流动负债占总负债比来分析其 2015 年营运资金，分别从应收账款周转天数、存货周转天数、营业周期、流动比率、速动比率、现金比率分析其 2015 年营运效率。

表 3－58　2015 年河北省铁路船舶航空航天和其他运输设备制造业与河北省制造业营运能力对比

单位：亿元，%

		铁路船舶航空航天和其他运输设备制造业	制造业	占比/差距
营运资金	流动资产	23.19	2146.09	1.08
	流动负债	9.38	2661.89	0.35
	营运资金	13.81	－12.73	—
	流动资产占总资产比	0.53	0.54	—
	流动负债占总负债比	0.44	0.81	—
营运效率	应收账款周转天数	29.50	92.72	－63.22
	存货周转天数	77.76	204.05	－126.29
	营业周期	107.26	296.78	－189.52
	流动比率	2.47	2.90	—
	速动比率	1.42	2.27	—
	现金比率	0.62	0.89	—

通过表 3－58 中的数据可以分析河北省铁路船舶航空航天和其他运输设备制造业 2015 年营运资金和营运效率情况。2015 年，河北省铁路船舶航空航天和其他运输设备制造业占河北省制造业上市公司流动资产的比重为

1.08%，流动负债占河北省制造业上市公司流动负债的比重为0.35%，说明河北省铁路船舶航空航天和其他运输设备制造业在河北省制造业中所占的份额较小。从数据上来看，2015年河北省铁路船舶航空航天和其他运输设备制造业营运资金为正值，与河北省制造业同期营运资金为负值相比情况较好。从资产流动性看，河北省铁路船舶航空航天和其他运输设备制造业流动资产占总资产的比重和流动负债占总负债的比重均略低于河北省制造业总体水平，说明河北省铁路船舶航空航天和其他运输设备制造业流动性略高于河北省制造业总体水平。

从营运效率来看，河北省铁路船舶航空航天和其他运输设备制造业应收账款周转天数、存货周转天数和营业周期都显著低于河北省制造业平均水平，说明河北省铁路船舶航空航天和其他运输设备制造业营运效率较高。另外从流动比率、速动比率和现金比率来看，河北省铁路船舶航空航天和其他运输设备制造业平均值均略低于河北省制造业平均水平，说明河北省铁路船舶航空航天和其他运输设备制造业短期偿债能力较差。

四　营运能力分析

（一）河北省上市公司总体情况

2011～2015年，河北省上市公司流动资产占全国流动资产的比重为2.65%，流动负债占全国流动负债的比重为3.02%，营运资金占全国营运资金的比重为0.20%。河北省上市公司营运资金占全国的比重显著低于流动资产占全国流动资产的比重，说明河北省上市公司营运资金不足，明显低于全国上市公司平均水平。从流动资产占总资产的比重来看，河北省5年平均约为49%，低于全国3个百分点，总体较为合理；另外从流动负债占总负债的比重来看，河北省5年平均值为78%，低于全国1个百分点，流动负债占总负债的比重略低于全国平均水平。

2011～2015年，河北省上市公司应收账款周转天数平均为70.13天，全国上市公司平均值是91.76天，河北省比全国少21.63天；河北省上市公司存货周转天数平均为214.60天，全国上市公司存货周转天数平均为367.36天，河北省比全国少152.76天；河北省上市公司营业周期的平均天数为282.98天，全国上市公司平均营业周期为447.61天，河北省比全国少164.63天。这说明河北省上市公司资产周转速度较快，营运周期较短。另外，河北省上市公司平均流动比率、速动比率和现金比率分别为2.78、2.12、1.12，均略低于全国上市公司平均水平，说明河北省上市公司短期偿债能力略低于全国总体水平。

（二）河北省各行业与全国同行业对比情况

1. 农林牧渔业

2011～2015年，河北省农林牧渔业上市公司流动资产占全国同行业上市公司流动资产的比重为1.29%，流动负债占全国同行业上市公司流动负债的比重为0.67%，在5年内流动负债占全国流动负债的比重保持平稳，且远低于河北省所有上市公司流动资产占全国流动资产的比例。从数据上来看，2011～2015年河北省上市公司营运资金均为正数，说明其企业有较好的营运能力。从流动资产占总资产的比重来看，河北省农林牧渔业上市公司平均约为42%，略低于全国同行业总体水平，但总体较为合理；但是河北省农林牧渔业上市公司流动负债占总负债的比重5年平均为83%，高于全国同行业同比例15个百分点。因此，建议河北省降低流动负债的比率以降低短期财务风险。

2011～2015年，河北省农林牧渔业上市公司平均营业周期为191.32天，全国同行业营业周期平均为395.95天，河北省与全国同行业相比少了204.63天。河北省农林牧渔业营业周期短的主要原因是存货周转天数较少，存货周转天数与全国同行业平均值相比少了214.57天。虽然河北省农林牧渔业上市公司应收账款周转天数略高于全国同行业平均水平，但是存货周转速度快的优势弥补了应收账款周转速度慢的不足。从流动比率、速动比率和现金比率来看，河北省农林牧渔业各项指标都略低于全国同行业平均水平，说明河北省农林牧渔业上市公司短期偿债能力略有不足，低于全国同行业平均水平。

2. 采矿业

2011～2015 年，河北省采矿业上市公司流动资产占全国同行业上市公司流动资产的比重平均值为 1.18%，河北省采矿业上市公司流动负债占全国同行业上市公司流动负债的比重平均值为 0.8%，2011～2015 年，2013 年和 2015 年营运资金都为负数，其他年份虽然为正数，但是金额都非常小，说明企业营运资金不足。另外，全国同行业营运资金都为负数，说明营运资金不足是全国采矿业面临的共同问题。从流动资产占总资产的比重来看，河北省采矿业 5 年平均约为 31%，高于全国同行业总体水平，但是低于河北省总体水平；另外从流动负债占总负债的比重来看，河北省采矿业总体流动负债占比高于全国同行业平均水平，但低于河北省总体平均水平。这说明河北省采矿业流动资产结构优于全国同行业整体水平，但是跟河北省其他行业相比仍有一定差距。

2011～2015 年，河北省采矿业营业周期的平均天数为 69.21 天，全国同行业平均营业周期为 184.56 天，河北省与全国相比少了 115.36 天。通过分析可见，河北省采矿业上市公司营业周期较短的原因，一是应收账款周转速度快，应收账款周转天数较少，跟全国平均数相比少了 24.95 天。二是河北省采矿业上市公司存货周转天数也较少，跟全国平均数相比少了 91.69 天。分析结果显示河北省采矿业上市公司营运效率较高。另外从流动比率、速动比率和现金比率来看，河北省采矿业平均值都显著低于全国同行业平均水平，说明河北省采矿业上市公司短期偿债能力较差。

3. 制造业

2011～2015 年，河北省制造业上市公司流动资产占全国同行业上市公司流动资产的比重为 3.15%，流动负债占全国同行业上市公司流动负债的比重为 4.47%。另外从数据上看，2011～2015 年，河北省制造业上市公司各年度营运资金都为负数，说明河北省制造业上市公司营运资金不足，但是全国同行业同期营运资金都为正数，说明营运资金不足是困扰河北省制造业的突出问题。从流动资产占总资产的比重来看，河北省制造业上市公司5年平均约为37%，低于全国同行业总体水平，也低于河北省总体水平；所以流动资产不足是导致河北省制造业营运资金不足的主要因素。另外从流动负债占总负债的比重来看，河北省总体流动负债占比略低于全国同行业平均水平，也低于河北省所有上市公司的总体平均水平，说明河北省制造业流动负债总体较为合理，但是流动资产不足导致营运资金不足。因此，河北省应从增加流动资产的比重入手，以提高其制造业企业的营运能力。

2011～2015年，河北省制造业营业周期的平均天数为255.65天，全国同行业营业周期平均值为259.65天，河北省与全国相比仅少了4天。进一步分析发现，河北省制造业上市公司营业周期较短的原因是其应收账款周转天数比全国同行业少，河北省制造业上市公司应收账款回收期较短，所以营运管理水平较高。另外，河北省制造业上市公司流动比率与全国基本持平，而速动比率和现金比率都略低于全国同行业平均水平，说明河北省制造业上市公司短期偿债能力跟全国同行业相比略低。

4. 电力、热力、燃气及水生产和供应业

2011～2015年，河北省电力、热力、燃气及水生产和供应业流动资产占全国同行业上市公司流动资产的比重平均为1.05%，流动负债占全国同行业上市公司流动负债的比重平均为0.88%。2011～2015年，河北省每年的营运资金均为负数，说明河北省电力、热力、燃气及水生产和供应业营运资金不足，而且全国同行业同期营运资金都为负数，说明营运资金不足是困扰全国电气、燃气行业的普遍问题。从流动资产占总资产的比重以及流动负债占总负债的比重来看，河北省电力、热力、燃气及水生产和供应业与全国同行业总体水平基本持平。无论是流动资产占总资产比还是流动负债占总负债比，河北省电力、热力、燃气及水生产和供应业都低于河北省总体平均水平。因此，应从增加流动资产的比重和调节负债结构入手提高河北省电力、热力、燃气及水生产和供应业的营运能力。

2011～2015年，河北省电力、热力、燃气及水生产和供应业上市公司营业周期平均为73.89天，全国同行业平均为119.14天，河北省低于全国平均水平。另外河北省电力、热力、燃气及水生产和供应业应收账款周转天数、存货周转大数和营业周期都明显低于全国同行业平均水平，说明河北省电力、热力、燃气及水生产和供应业营运效率较高。另外，从流动比率、速动比率和现金比率来看，河北省电力、热力、燃气及水生产和供应业都低于全国同行业平均水平，说明河北省电力、热力、燃气及水生产和供应业短期偿债能力低于全国同行业平均水平。

5. 批发和零售业

2011～2015 年，河北省批发和零售业上市公司流动资产占全国同行业上市公司流动资产的比重为 5.82%，流动负债占全国流动负债的比重为 6.98%。河北省批发和零售业各年度营运资金都为负数，说明河北省批发和零售业营运资金不足。在全国同行业同期营运资金为正数的情况下，河北省批发和零售业营运资金为负，说明营运资金不足是困扰河北省批发和零售业的重要问题。从流动资产占总资产的比重以及流动负债占总负债的比重来看，河北省批发和零售业都略高于全国同行业总体水平。同河北省所有上市公司数据比较看，无论流动资产占总资产比还是流动负债占总负债比，河北省批发和零售业都高于河北省总体平均水平。因此，应从调节负债结构和筹资方式入手提高河北省批发和零售业企业的营运能力。

2011～2015 年，河北省批发和零售业的营业周期平均为 206.94 天，全国同行业营业周期平均为 162.61 天，河北省比全国多 44.33 天。另外，河北省批发和零售业应收账款周转天数、存货周转天数均略高于全国同行业平均水平，说明河北省批发和零售业整体营运效率不高。另外与全国同行业的流动比率、速动比率和现金比率相比较，河北省批发和零售业的指标值都略高于全国同行业平均水平，说明河北省批发和零售业与全国同行业相比，偿债能力较强。

6. 交通运输、仓储和邮政业

2011～2015 年，河北省交通运输、仓储和邮政业上市公司流动资产占全国同行业上市公司流动资产的比重为 0.72%，流动负债占全国同行业上市公司流动负债的比重为 0.70%。对于营运资金，从数据上来看，河北省交通运输、仓储和邮政业上市公司营运资金除了2015年是正数外，其他年度都为负数，说明河北省交通运输、仓储和邮政业营运资金不足。在全国同行业同期营运资金为负数的情况下，河北省交通运输、仓储和邮政业营运资金也几乎为负，说明营运资金不足是困扰全国交通运输行业的普遍问题。从流动资产占总资产的比重以及流动负债占总负债的比重来看，河北省交通运输、仓储和邮政业流动资产占总资产的比重略低于全国同行业平均水平，而流动负债占总负债的比重略高于全国同行业总体水平，说明河北省交通运输、仓储和邮政业短期偿债能力低于全国同行业平均水平。

2011～2015年，河北省交通运输、仓储和邮政业上市公司平均营业周期为53.51天，全国同行业上市公司平均营业周期为186.06天，河北省交通运输、仓储和邮政业上市公司平均营业周期比全国同行业营业周期少132.54天。另外，2011～2015年，河北省交通运输、仓储和邮政业的应收账款周转天数、存货周转天数和营业周期都低于全国同行业平均水平，说明河北省交通运输、仓储和邮政业营运效率相对较高。另外与全国同行业的流动比率、速动比率和现金比率相比较，河北省交通运输、仓储和邮政业的指标值都略低于全国同行业平均水平，说明河北省交通运输、仓储和邮政业与全国同行业相比，偿债能力较差。

7. 房地产业

2011～2015年，河北省房地产业上市公司流动资产占全国同行业流动资产的比重为5.49%，流动负债占全国同行业流动负债的比重为2.91%。对于营运资金，河北省房地产业上市公司平均为398.59，且5年均为正数，说明河北省房地产业营运资金较为充足，营业能力较强。从流动资产占总资产的比重以及流动负债占总负债的比重来看，河北省房地产业流动资产占总资产的比重和流动负债占总负债的比重都略高于全国同行业总体水平，说明河北省房地产业的营运形势与全国形势基本一致。同河北省所有上市公司数据比较看，无论流动资产占总资产的比重还是流动负债占总负债的比重，河北省房地产业都高于河北省上市公司总体平均水平。另外流动资产占总资产比重较高也是房地产行业的一个突出特点，河北省应当促进存量库存的销售，使流动资产在总资产中保持合理的比例。

2011 ~2015 年，河北省房地产业上市公司平均营业周期为 1068. 00 天，全国同行业平均营业周期为 3861. 36 天，河北省房地产业营业周期比全国同行业少 2793. 35 天。另外，2011 ~2015 年，河北省房地产业的应收账款周转天数、存货周转天数均明显低于全国同行业平均水平，尤其是存货周转天数比全国同行业平均水平少 2782. 39 天，说明河北省房地产业营运效率相对较高。另外与全国同行业的流动比率、速动比率和现金比率相比较，除了速动比率外，河北省房地产业上市公司的指标值都略低于全国同行业平均水平，说明河北省房地产业与全国同行业相比，偿债能力较差。

8. 综合类

2011 ~2015 年，河北省综合类上市公司流动资产占全国同行业上市公司流动资产的比重为 0. 31%，流动负债占全国同行业上市公司流动负债的比重为 0. 08%。对于营运资金，从数据上来看，河北省综合类上市公司 5 年数值都为正数，说明企业营运资金较为充足，但是数额极小。从流动资产占总资产的比重以及流动负债占总负债的比重来看，河北省综合类上市公司流动资产占总资产的比重略低于全国同行业平均水平，而流动负债占总负债的比重略高于全国同行业总体水平，说明河北省综合类上市公司短期偿债能力低于全国同行业平均水平。同河北省所有上市公司数据比较看，无论流动资产占总资产的比重还是流动负债占总负债的比重，河北省综合类上市公司都低于河北省总体平均水平。因此，河北省应从提高流动资产的比例入手提高综合类行业企业的营运能力。

2011 ~2015 年，河北省综合类上市公司平均营业周期为 979. 33 天，全国同行业为 542. 31 天。河北省综合类上市公司营业周期比全国多 437. 02 天。另外，2011 ~2015 年，河北省综合类上市公司应收账款周转天数、存货周转天数和营业周期都远高于全国同行业平均水平，说明河北省综合类上市公司营运效率相对较低。另外与全国同行业的流动比率、速动比率和现金比率比较来看，河北省综合类上市公司的三项指标值均明显高于全国同行业平均水平，说明河北省综合类上市公司与全国同行业相比，偿债能力较强。

9. **信息传输、软件和信息技术服务业**

河北省信息传输、软件和信息技术服务业流动资产占全国同行业流动资产的比重为0.36%，流动负债占全国同行业流动负债的比重为0.10%，说明河北省信息传输、软件和信息技术服务业流动资产占全国的比重高于流动负债的比重，说明其短期偿债能力较强。另外从营运资金也可以发现，在全国营运资金为负数的情况下，河北省信息传输、软件和信息技术服务业营运资金为正值，说明其短期偿债能力较强。

河北省信息传输、软件和信息技术服务业应收账款周转天数和存货周转天数以及营业周期都远远低于全国同行业平均水平，说明河北省信息传输、软件和信息技术服务业营运能力较强。但是从流动比率、速动比率和现金比率看，河北省信息传输、软件和信息技术服务业三个指标都低于全国总体水平，说明其短期偿债能力较差。

根据以上分析数据，按照各行业上市公司流动资产占全国同行业上市公司总流动资产的比重进行排序，可以发现河北省上市公司在全国同行业上市公司中的重要性排序如表3－59所示。

表3－59　河北省各行业在全国同行业重要性排序

单位：%

行业名称	河北省各行业流动资产占全国同行业上市公司总流动资产比例	排序
批发和零售业	5.82	1
房地产业	5.49	2
制造业	3.15	3
农林牧渔业	1.29	5
采矿业	0.31	8
电力、热力、燃气及水生产和供应业	1.22	4
交通运输、仓储和邮政业	0.72	6
信息传输、软件和信息技术服务业	0.36	7
综合类	0.31	8

从以上分析数据可以看出，按照河北省各行业流动资产占全国同行业流动资产的比重重要性排序，分别是批发和零售业，房地产业，制造业，农林

牧渔业，采矿业，电力、热力、燃气及水生产和供应业，交通运输、仓储和邮政业，信息传输、软件和信息技术服务业和综合类。

营业周期是衡量企业营运效率的重要指标，按照各行业营业周期与全国同行业的对比情况，可以分析河北省各行业的营运效率，如表3-60所示。

表3-60　河北省各行业营业周期与全国同行业对比

行业名称	河北省各行业营业周期	全国同行业营业周期	对比情况
农林牧渔业	191.32	395.95	营运效率高
采矿业	69.21	184.56	营运效率高
制造业	255.65	259.65	营运效率高
电力、热力、燃气及水生产和供应业	73.89	119.14	营运效率高
批发和零售业	206.94	162.61	营运效率低
交通运输、仓储和邮政业	53.51	186.06	营运效率高
信息传输、软件和信息技术服务业	99.12	279.32	营运效率高
房地产业	1068.00	3861.36	营运效率高
综合类	979.33	542.31	营运效率低

从以上对比分析可见，河北省除了批发和零售业、综合类上市公司营运效率低于全国同行业平均水平外，其他行业营运效率都显著高于全国同行业平均水平。

（三）对河北制造业深入分析

1. 营运资金分析

以下按照各细分行业流动资产占河北省制造业流动资产比率来分析各细分行业在河北省制造业中的重要性程度。研究结果发现，河北省制造业细分行业排序为：黑色金属冶炼及压延加工业（28.67%）、汽车制造业（18.31%）、金属制品业（12.89%）、计算机通信和其他电子设备制造业（6.27%）、化学原料及化学制品制造业（6.00%）、非金属矿物制品业（5.08%）、医药制造业（4.97%）、电气机械及器材制造业（4.36%）、石油加工炼焦和核燃料加工业（4.16%）、专用设备制造业（2.39%）、纺织业（1.86%）、酒饮料和精制茶制造业（1.35%）、铁路船舶航空航天和其他运输设备制造业（1.08%）、橡胶和塑料制品业（1.04%）、化学纤维制造业（0.65%）、仪器仪表制造业（0.57%）农副食品加工业（0.51%）、皮革毛皮羽毛及其制品和制鞋业（0.46%）、通用设备制造业（0.31%）、有色冶炼及压延加工业（0.23%）。从以上分析可发现，河北省制造业流动资产排在前三位的行业分别是黑色金属冶炼及压延加工业（28.67%）、汽车制造业（18.31%）、金属制品业（12.89%），传统行业在制造业中占的比重较大，河北省制造业转型升级任务较重。具体如表3－61所示。

表3－61　河北省制造业细分行业流动资产在制造业流动资产中所占比重排序

单位：%

行业名称	流动资产占制造业流动资产比率	排序
黑色金属冶炼及压延加工业	28.67	1
汽车制造业	18.31	2
金属制品业	12.89	3
计算机通信和其他电子设备制造业	6.27	4
化学原料及化学制品制造业	6.00	5
非金属矿物制品业	5.08	6
医药制造业	4.97	7
电气机械及器材制造业	4.36	8
石油加工炼焦和核燃料加工业	4.16	9
专用设备制造业	2.39	10
纺织业	1.86	11
酒饮料和精制茶制造业	1.35	12
铁路船舶航空航天和其他运输设备制造业	1.08	13
橡胶和塑料制品业	1.04	14
化学纤维制造业	0.65	15
仪器仪表制造业	0.57	16
农副食品加工业	0.51	17
皮革毛皮羽毛及其制品和制鞋业	0.46	18
通用设备制造业	0.31	19
有色冶炼及压延加工业	0.23	20

2. 营运效率分析

按照营业周期对河北省制造业细分行业进行排序，从高到低依次为：仪器仪表制造业（436.18 天）、专用设备制造业（421.87 天）、皮革毛皮羽毛及其制品和制鞋业（331.72 天）、计算机通信和其他电子设备制造业（327.76 天）、通用设备制造业（319.21 天）、橡胶和塑料制品业（274.82 天）、电气机械及器材制造业（257.41 天）、农副食品加工业（226.45 天）、酒饮料和精制茶制造业（214.18 天）、医药制造业（188.73 天）、化学纤维制造业（146.35 天）、黑色金属冶炼及压延加工业（109.83 天）、铁路船舶航空航天和其他运输设备制造业（107.26 天）、非金属矿物制品业（94.60 天）、纺织业（89.59 天）、金属制品业（88.42 天）、有色冶炼及压延加工业（87.05 天）、化学原料及化学制品制造业（74.74 天）、石油加工炼焦和核燃料加工业（68.09 天）、汽车制造业（54.79 天）。具体如表 3-62 所示。

表 3-62 河北省制造业细分行业营业周期排序

单位：天

行业名称	营业周期	从低到高排序
汽车制造业	54.79	1
石油加工炼焦和核燃料加工业	68.09	2
化学原料及化学制品制造业	74.74	3
有色冶炼及压延加工业	87.05	4
金属制品业	88.42	5
纺织业	89.59	6
非金属矿物制品业	94.60	7
铁路船舶航空航天和其他运输设备制造业	107.26	8
黑色金属冶炼及压延加工业	109.83	9
化学纤维制造业	146.35	10
医药制造业	188.73	11
酒饮料和精制茶制造业	214.18	12
农副食品加工业	226.45	13
电气机械及器材制造业	257.41	14
橡胶和塑料制品业	274.82	15
通用设备制造业	319.21	16

续表

行业名称	营业周期	从低到高排序
计算机通信和其他电子设备制造业	327.76	17
皮革毛皮羽毛及其制品和制鞋业	331.72	18
专用设备制造业	421.87	19
仪器仪表制造业	436.18	20

从表3－62可见，营业周期从高到低排在前三位的分别是仪器仪表制造业（436.18天）、专用设备制造业（421.87天）、皮革毛皮羽毛及其制品和制鞋业（331.72天）。所以要提高河北省制造业营运效率，应从调整行业结构入手。

分报告四
河北上市公司业绩发展报告

业绩是企业经营的最终成果，也是企业持续发展的基础和价值支撑。河北省上市公司的业绩状况直接影响到省域经济增长以及经济发展水平。对上市公司进行业绩状况分析和评价，有助于了解河北省上市公司的总体经营水平，判别这些公司未来的努力方向，促进经济发展和市场资源的有效合理配置。

本报告从市值业绩、主要财务指标及综合业绩三个方面分析了河北省上市公司业绩情况。首先，针对河北省上市公司2015年市值状况及个股投资回报率水平与全国各省份比较，分析市值业绩水平；其次，针对2011～2015年河北省上市公司业绩构成的主要财务指标与全国上市公司进行对比分析；最后在上述基础上，运用国务院国资委对央企进行财务绩效评价所采取的指标体系，计算河北省上市公司2015年综合业绩得分，并对上市公司业绩得分进行排序和分类，分析评价河北省上市公司的综合业绩水平。

一　河北上市公司市值分析

河北省上市公司的市值业绩分析，主要通过市值状况和个股投资回报率两个指标来进行。

（一）河北省上市公司市值状况

截至2015年底，河北省上市公司的市值总额为8038.73亿元，其中A

股市值8015.77亿元，B股市值22.96亿元[①]。A股自由流通市值3304.64亿元，全年股票交易总额41605.5535亿元，上市公司平均市值154.15亿元，较2014年度分别增长39.55%、53.98%、196.83%和31.49%（见表4-1）。

表4-1　河北省A股上市公司2015年市值状况

单位：亿元，%

年度	总市值	自由流通市值	股票交易总额	平均市值
2014	5744.16	2146.15	14016.6329	117.23
2015	8015.77	3304.64	41605.5535	154.15
比上年增长	39.55	53.98	196.83	31.49

相较于其他省份，河北省A股上市公司总市值在全国排名第14位，处于中等偏上水平，但是与各省份平均数17080.2682亿元还有比较大的差距；从A股上市公司平均市值情况看，河北省平均市值在全国各省份排名中居第9位，比总市值排名靠前，而且与全国平均值155.91亿元比较接近（见表4-2）。另外，从反映上市公司市场溢价的市净率指标看，河北省A股上市公司的平均市净率为7.72，在各省份平均市净率排名中居第13位，基本处于全国中等水平。这表明河北省A股上市公司在资本市场的溢价情况比较正常，上市公司的市场价值与账面价值关系比较密切，具有较好的市场投资价值。

2015年，河北省A股上市公司共涉及9个大的行业类别。从图4-1中的各行业情况看，2015年河北省A股上市公司中行业市值总额最高的是制造业，为5451.35亿元。这是由于制造业上市公司数量最多，共40家。从图4-2中的行业平均市值看，房地产业创造了最高的上市公司平均市值，2家A

① 市值总额指个股市值的总和，个股市值=个股发行总股数×年收盘价。其中B股市值在年收盘价基础上按照当日交易币种对人民币汇率中间价调整为人民币价格；因为对上市公司业绩分析中，我们剔除了B股上市公司，故以下各项业绩分析中均指2015年52家A股上市公司的业绩状况，与全国其他省份的横向比较也均指A股上市公司。鉴于河北省暂无金融业上市公司，而金融业属于特殊行业，故除市值计算含金融业，其他计算均剔除了金融业。

表 4-2　2015 年各省份 A 股上市公司市值状况

省份	A 股上市公司数量(个)	总市值(亿元)	总市值排名	平均市值(亿元)	平均市值排名	平均市净率*
北京	265	134152.4844	1	506.24	1	8.01
广东	423	82478.3277	2	194.98	5	9.09
上海	219	57135.9077	3	260.89	3	7.06
浙江	298	41199.0822	4	138.25	15	6.98
江苏	273	35156.4181	5	128.78	19	5.85
山东	160	18632.1512	6	116.45	27	6.44
福建	98	15538.8195	7	158.56	6	9.18
四川	103	13761.1030	8	133.60	16	13.05
湖北	87	11072.2037	9	127.27	21	10.95
安徽	88	10897.6792	10	123.84	23	4.70
湖南	82	10143.5895	11	123.70	24	7.88
辽宁	74	9388.7364	12	126.87	22	5.93
河南	72	8556.9796	13	118.85	26	16.13
河北	52	8015.7704	14	154.15	9	7.72
陕西	43	6793.4619	15	157.99	8	5.48
重庆	42	6361.9517	16	151.48	10	5.44
天津	42	6207.8214	17	147.81	11	7.99
新疆	43	6078.5902	18	141.36	12	5.65
山西	37	5852.9263	19	158.19	7	6.54
贵州	20	5279.2955	20	263.96	2	5.32
内蒙古	25	5251.7496	21	210.07	4	4.51
吉林	40	4946.4111	22	123.66	25	6.74
黑龙江	35	4893.9237	23	139.83	14	4.71
广西	35	4074.5220	24	116.41	28	15.85
云南	30	3875.9529	25	129.20	18	4.41
江西	35	3819.6985	26	109.13	29	5.42
海南	27	3525.4231	27	130.57	17	8.97
甘肃	27	2846.4580	28	105.42	30	5.51
青海	10	1409.8037	29	140.98	13	5.71
西藏	11	1407.4919	30	127.95	20	8.29
宁夏	11	733.5812	31	66.69	31	36.59
平均值	—	17080.2682	—	155.91	—	8.45

注：平均市净率为各省份个股市净率的平均值。其中，个股市净率 = 年个股总市值/年末净资产。如遇个股净资产为负，则不计入平均值。

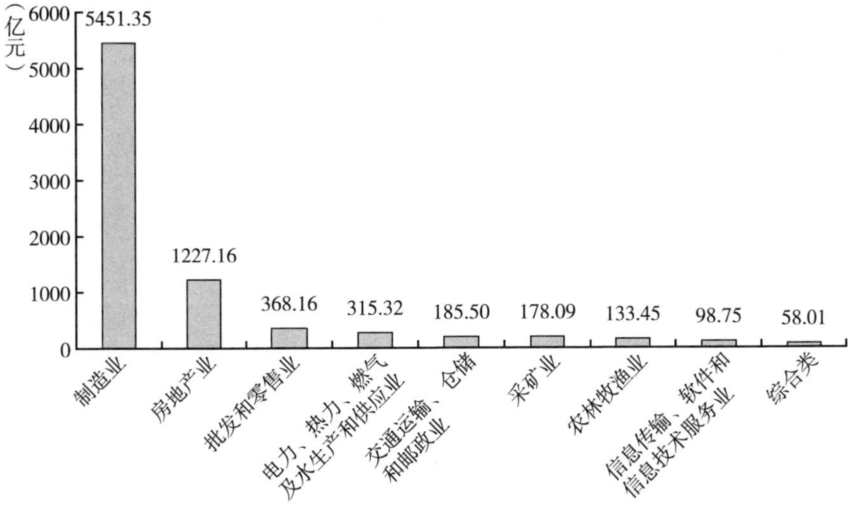

图 4－1　2015 年河北省上市公司行业市值总额

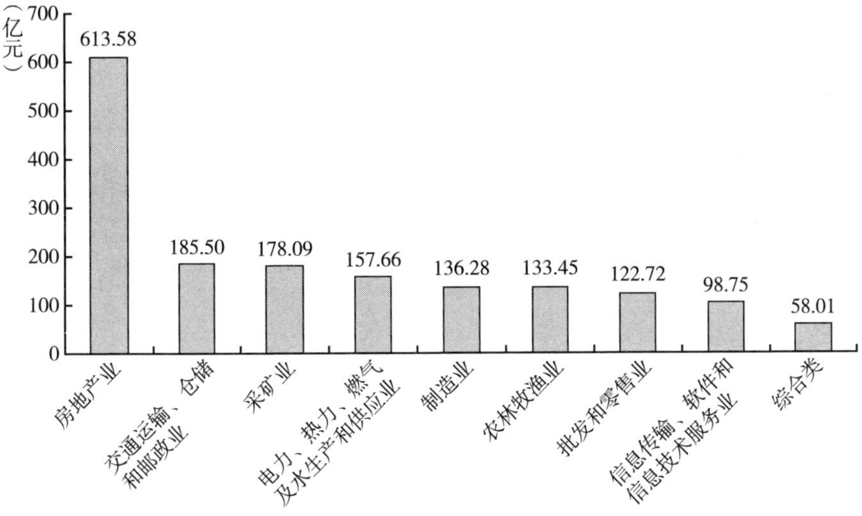

图 4－2　2015 年河北省上市公司行业平均市值

股房地产业上市公司平均市值为 613.58 亿元；其次是交通运输、仓储和邮政业，该行业只有 1 家上市公司唐山港，创造了 185.50 亿元的市值；采矿业居第 3 位，1 家采矿业上市公司（冀中能源）创造了 178.09 亿元的市值；

制造业平均市值在行业中排名第5位，仅次于建投能源、东方能源2家电力、热力、燃气及水生产和供应业公司所创造的平均市值。

从上市公司个股情况看，2015年华夏幸福个股市值为812.78亿元，居河北省上市公司第1名；长城汽车、荣盛发展、紫光国芯、河钢股份则分别排名第2名至第5名。通合科技的市值最低，为12.07亿元，该公司2015年全年交易额为零。河北省上市公司最高市值与最低市值差距较大，相差66倍（具体数据见表4－3）。此外，由个股市净率指标看，河钢股份、冀中能源、开滦股份3家上市公司的市净率均低于1，2015年其市场价值被低估；其余49家A股上市公司市净率则高于1，其中*ST金源的市净率高达64.96，廊坊发展、保变电气的市净率也比较高，分别为27.72和26.24。这三家上市公司的市场溢价偏高，市场投资风险相对较大。

表4－3　2015年河北省上市公司个股市值状况

证券代码	证券简称	个股交易金额（亿元）	个股流通市值（亿元）	个股总市值（亿元）	总市值排名	个股市净率
600340	华夏幸福	1965.15	812.78	812.78	1	3.17
601633	长城汽车	1212.01	725.74	725.74	2	1.89
002146	荣盛发展	1616.58	320.41	414.38	3	1.88
002049	紫光国芯	1100.76	289.33	365.00	4	12.44
000709	河钢股份	2696.67	353.54	353.60	5	0.78
000413	东旭光电	2655.53	183.35	325.53	6	2.24
000158	常山股份	1108.28	146.29	258.74	7	4.76
601258	庞大集团	2008.63	254.02	254.02	8	2.03
600482	中国动力	838.55	246.70	252.42	9	11.50
000778	新兴铸管	1828.11	236.43	236.45	10	1.29
000687	华讯方舟	767.59	143.63	204.64	11	17.97
002603	以岭药业	836.93	161.13	204.44	12	4.24
000600	建投能源	542.61	116.20	190.99	13	1.52
601000	唐山港	1633.63	167.50	185.50	14	1.63
000937	冀中能源	902.77	144.61	178.09	15	0.89
600803	新奥股份	398.59	85.57	156.35	16	3.18
300368	汇金股份	471.50	42.71	154.26	17	13.01
000401	冀东水泥	1208.38	146.84	146.88	18	1.30

续表

证券代码	证券简称	个股交易金额（亿元）	个股流通市值（亿元）	个股总市值（亿元）	总市值排名	个股市净率
600409	三友化工	1171.27	143.40	143.40	19	2.11
600812	华北制药	743.11	118.70	140.41	20	2.66
600550	保变电气	810.33	120.82	135.05	21	26.24
600965	福成股份	450.88	61.95	133.45	22	8.19
000958	东方能源	519.53	64.42	124.33	23	5.36
000848	承德露露	838.88	124.14	124.20	24	7.30
002108	沧州明珠	1308.20	108.57	109.28	25	6.10
600559	老白干酒	392.16	84.24	105.43	26	6.83
000889	茂业通信	264.34	70.72	98.75	27	4.39
002494	华斯股份	783.81	65.49	92.35	28	6.51
300255	常山药业	476.77	57.59	82.48	29	5.25
002442	龙星化工	237.67	43.02	82.32	30	7.81
600135	乐凯胶片	792.50	74.08	80.79	31	4.97
002459	天业通联	239.28	39.03	76.34	32	6.28
600480	凌云股份	717.52	61.17	76.25	33	1.75
002342	巨力索具	785.75	62.63	73.06	34	3.03
300137	先河环保	970.32	58.88	72.15	35	5.14
600155	宝硕股份	109.84	61.79	71.40	36	19.53
300446	乐凯新材	234.21	17.75	70.78	37	16.61
600997	开滦股份	408.25	68.89	68.89	38	0.85
300081	恒信移动	579.12	43.62	64.11	39	7.80
600722	金牛化工	102.31	59.94	59.94	40	5.58
600149	廊坊发展	1568.65	58.01	58.01	41	27.72
002282	博深工具	350.95	29.69	54.27	42	6.94
000408	*ST金源	507.67	50.03	50.03	43	64.96
300428	四通新材	268.48	12.19	48.75	44	7.73
002691	冀凯股份	224.48	47.12	47.52	45	5.61
600230	*ST沧大	323.72	45.63	45.63	46	3.73
300371	汇中股份	206.73	12.74	43.79	47	8.50
300107	建新股份	316.98	27.39	43.67	48	4.87
300138	晨光生物	244.77	29.34	38.27	49	2.68
000923	河北宣工	611.79	35.90	35.90	50	8.52
000856	*ST冀装	253.04	32.92	32.92	51	11.12
300491	通合科技	0	3.02	12.07	52	3.05

（二）河北省上市公司个股投资回报率

上市公司个股投资回报率指投资者对公司股票进行投资的回报率，以考虑现金红利再投资的年个股投资回报率表示。其计算公式为：

$$r_{n,t} = \frac{P_{n,t}}{P_{n,t-1}} - 1$$

其中：$P_{n,t}$为股票 n 在 t 年最后一个交易日考虑现金红利再投资的日收盘价的可比价格；

$P_{n,t-1}$为股票 n 在（$t-1$）年最后一个交易日考虑现金红利再投资的日收盘价的可比价格。

从图 4－3 中 2011～2015 年上市公司个股投资回报率情况看，河北省上市公司个股投资回报率与全国上市公司个股投资回报率在 2011 年、2012 年大体相当。2013 年，河北省上市公司个股投资回报率（12.58%）低于全国上市公司个股投资回报率（28.70%）；2014 年，河北省上市公司个股投资回报率（61.07%）高于全国上市公司个股投资回报率（44.85%）；2015 年，河北省上市公司个股投资回报率为 65.67%，又重新低于全国上市公司个股投资回报率（78.60%）。但是，无论是河北省上市公司还是全国上市公司，2011～2015 年的个股投资回报率均呈上涨趋势，说明上市公司为投资者带来了较高的投资收益。

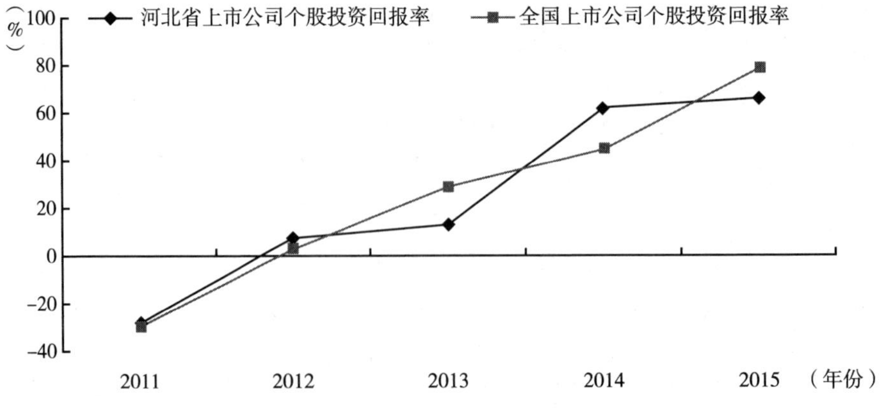

图 4－3　2011～2015 年上市公司个股投资回报率

从行业个股投资回报率看，2015 年，河北省农林牧渔业上市公司的投资者获得了最高的个股投资回报率（82.41%）；制造业、批发和零售业上市公司个股投资回报率分别位列第二、第三；交通运输、仓储和邮政业，采矿业两个行业的个股投资回报率较低，均小于 0。尤其是采矿业上市公司，受宏观环境影响，其投资回报率最低，为 -20.80%（见图 4-4）。

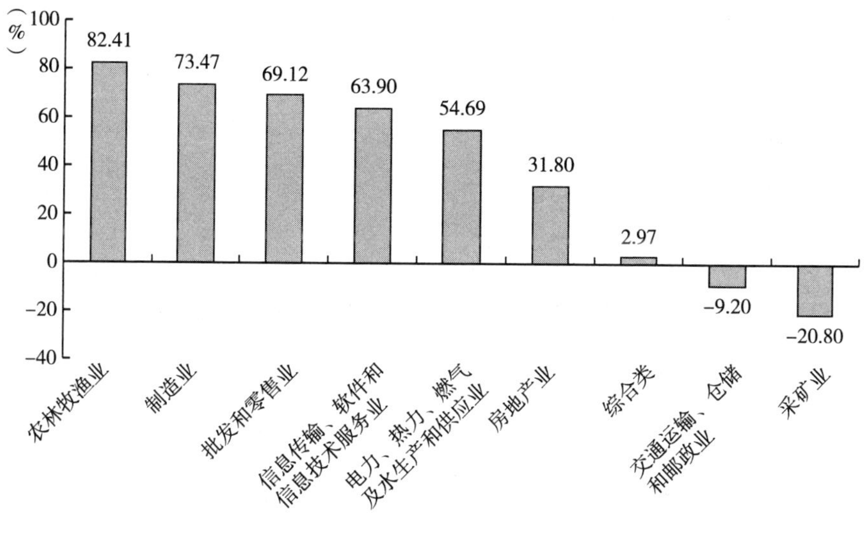

图 4-4　2015 年河北省不同行业上市公司个股投资回报率

图 4-5 呈现了 2015 年河北省各行业上市公司个股投资回报率与全国同行业上市公司之间的比较。除农林牧渔业，电力、热力、燃气及水生产和供应业这两个行业外，河北省其余 7 个行业上市公司的个股投资回报率均低于全国同行业上市公司水平。尤其是综合类行业，交通运输、仓储和邮政业，采矿业这三个行业差距较大。全国上市公司个股投资回报率最高的是信息传输、软件和信息技术服务业。作为河北省首家该行业的上市公司，茂业通信的个股投资回报率与全国平均水平相差 1 倍多。

2015 年河北省各上市公司的个股投资回报率见表 4-4。个股投资回报率最高的是华讯方舟，为 400.37%，最低的是开滦股份，为 -22.15%，差距非常大。个股投资回报率排在前五名的包括华讯方舟、华斯股份、中国动力、汇

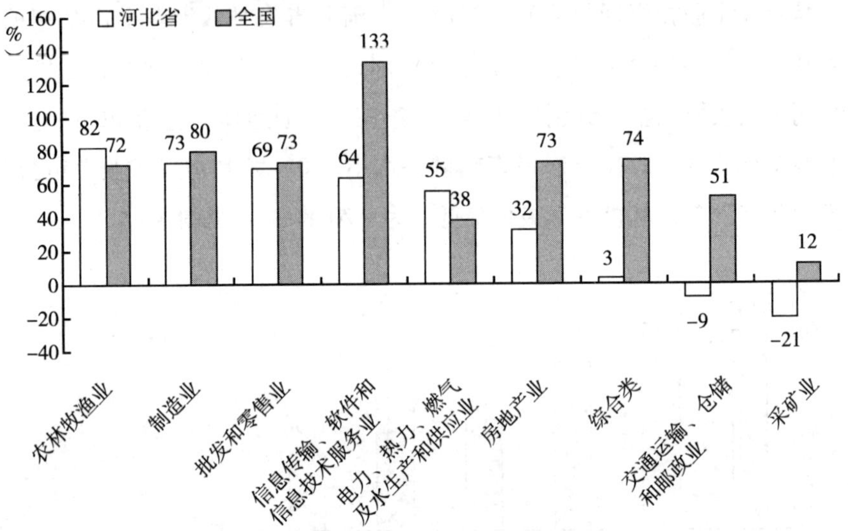

图4－5　2015年河北省不同行业上市公司个股投资回报率与全国同行业上市公司比较

金股份、紫光国芯；排在最后六名的包括开滦股份、冀中能源、冀东水泥、河钢股份、长城汽车和唐山港，其个股投资回报率均小于0。

表4－4　2015年河北省上市公司个股投资回报率

单位：%

证券代码	证券简称	个股投资回报率	排名	证券代码	证券简称	个股投资回报率	排名
000687	华讯方舟	400.37	1	000923	河北宣工	93.70	12
002494	华斯股份	289.71	2	600722	金牛化工	91.11	13
600482	中国动力	270.97	3	000856	*ST冀装	88.56	14
300368	汇金股份	162.98	4	300081	恒信移动	87.98	15
002049	紫光国芯	151.11	5	000408	*ST金源	87.61	16
002108	沧州明珠	126.25	6	600965	福成股份	82.41	17
002442	龙星化工	112.78	7	300371	汇中股份	72.17	18
000158	常山股份	112.20	8	000889	茂业通信	63.90	19
000958	东方能源	102.52	9	300107	建新股份	63.42	20
600135	乐凯胶片	99.40	10	002459	天业通联	55.63	21
300138	晨光生物	93.89	11	002691	冀凯股份	55.48	22

续表

证券代码	证券简称	个股投资回报率	排名	证券代码	证券简称	个股投资回报率	排名
002282	博深工具	43.66	23	600559	老白干酒	22.22	37
600340	华夏幸福	42.59	24	002146	荣盛发展	21.00	38
300137	先河环保	41.67	25	000413	东旭光电	19.43	39
600812	华北制药	39.10	26	000848	承德露露	13.26	40
600230	*ST 沧大	36.77	27	000600	建投能源	6.86	41
601258	庞大集团	31.76	28	000778	新兴铸管	5.38	42
600803	新奥股份	31.56	29	600149	廊坊发展	2.97	43
600550	保变电气	31.54	30	601000	唐山港	-9.20	44
600480	凌云股份	30.38	31	601633	长城汽车	-11.14	45
600409	三友化工	27.08	32	000709	河钢股份	-13.05	46
600155	宝硕股份	25.67	33	000401	冀东水泥	-16.20	47
002342	巨力索具	24.81	34	000937	冀中能源	-20.80	48
002603	以岭药业	24.58	35	600997	开滦股份	-22.15	49
300255	常山药业	24.03	36	平均值	—	65.67	—

注：2015 年，河北省 52 家 A 股上市公司中，四通新材（300428）、乐凯新材（300446）、通合科技（300491）上市时间为 2015 年年中，无法计算年个股投资回报率。故 2015 年河北省上市公司个股投资回报率数据只包括其他 49 家上市公司。

二　河北上市公司财务指标分析

河北省上市公司的财务指标，指对上市公司进行业绩分析时所采取的基本财务指标。此处，我们比照国务院国资委对中央企业进行财务绩效评价的指标体系，选取净资产收益率（ROE）、总资产报酬率（ROA）、总资产周转率、应收账款周转率、资产负债率、已获利息倍数、销售（营业）增长率、资本保值增值率共四大类八个基本财务指标进行具体分析。其中，净资产收益率、总资产报酬率属于赢利指标，总资产周转率、应收账款周转率属于资产质量指标，资产负债率、已获利息倍数属于债务风险指标，销售（营业）增长率、资本保值增值率属于经营增长指标。

（一）净资产收益率和总资产报酬率

1. 2011～2015年总体状况

通过图4－6、图4－7可以看出河北省上市公司与全国上市公司主要赢利指标2011～2015年的发展变化。首先看净资产收益率：2011～2015年，全国上市公司净资产收益率比较平稳，尤其是2011～2013年，在6%左右徘徊；自2014年开始缓慢下降，2015年为4.50%。相对于全国上市公司，河北省上市公司净资产收益率发生了较大变动：2011年为11.11%，2012年为8.48%，明显高于全国水平；2013年、2014年分别下降为3.34%和3.42%，低于同期全国水平；2015年为5.52%，高于同期全国水平。再看总资产报酬率：无论是全国上市公司还是河北省上市公司，2011～2015年总资产报酬率均呈下降趋势。全国下降较平缓，河北省2011～2012年下降幅度比较大，自2013年开始也趋于平稳下降。2013～2015年，河北省总资产报酬率与全国基本持平。2015年，河北省上市公司总资产报酬率为4.14%，略低于全国上市公司的平均水平（4.33%）。

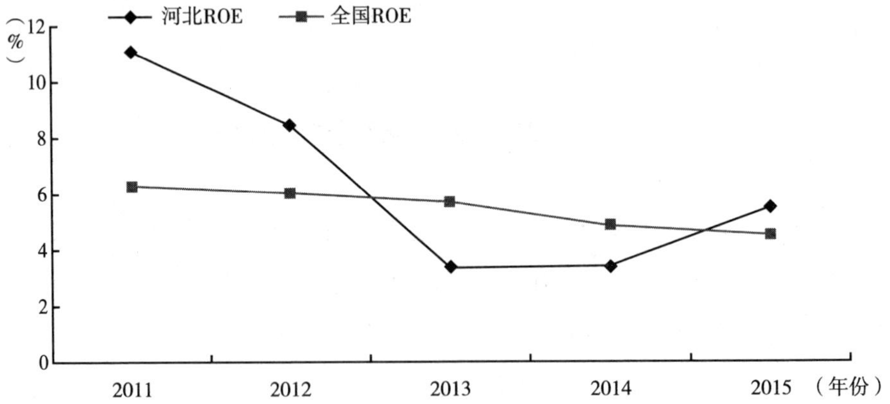

图4－6　2011～2015年上市公司净资产收益率

2. 2015年分行业情况

2015年，河北省52家A股上市公司共涉及9个行业。其中40家制造

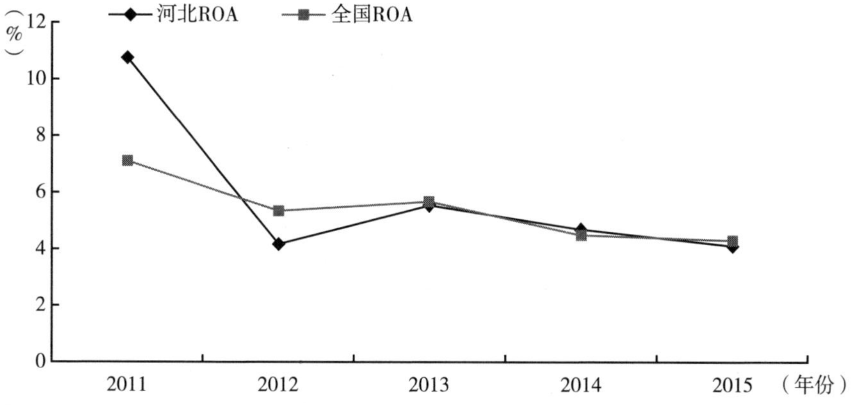

图 4-7　2011~2015 年上市公司总资产报酬率

业公司，3 家批发和零售业公司，2 家房地产业公司，2 家电力、热力、燃气及水生产和供应业公司，农林牧渔业，交通运输、仓储和邮政业，信息传输、软件和信息技术服务业，采矿业以及综合类公司各 1 家。这些不同行业公司的赢利指标情况见表 4-5。

表 4-5　2015 年各行业上市公司主要赢利指标

单位：%

行业名称	主要赢利指标	河北省上市公司	全国上市公司
制造业	净资产收益率	5.85	2.72
	总资产报酬率	4.74	4.41
批发和零售业	净资产收益率	-17.65	0.87
	总资产报酬率	-3.77	3.90
房地产业	净资产收益率	27.62	4.59
	总资产报酬率	3.31	1.86
电力、热力、燃气及水生产和供应业	净资产收益率	21.96	8.83
	总资产报酬率	11.36	6.08
农林牧渔业	净资产收益率	10.61	-0.28
	总资产报酬率	8.86	1.00
交通运输、仓储和邮政业	净资产收益率	13.85	28.27
	总资产报酬率	9.06	5.72

续表

行业名称	主要赢利指标	河北省上市公司	全国上市公司
信息传输、软件和信息技术服务业	净资产收益率	7.05	10.17
	总资产报酬率	4.94	6.45
采矿业	净资产收益率	1.92	-3.82
	总资产报酬率	2.32	0.96
综合类	净资产收益率	-26.65	-2.93
	总资产报酬率	-17.61	-3.44

（1）制造业

河北省40家制造业上市公司的总资产报酬率平均为4.74%，略高于全国同行业上市公司平均水平（4.41%）；净资产收益率平均为5.85%，是全国同行业上市公司平均水平的2倍左右。这说明河北省制造业上市公司的基本赢利能力比较好。

再看制造业各细分行业的主要赢利指标情况（见表4-6）。40家制造业上市公司涉及的细分行业共19个，其中赢利指标表现最好的是橡胶和塑料制品业，净资产收益率和总资产报酬率分别高出河北省制造业上市公司平均值47.32个百分点和10.92个百分点；其次是酒饮料和精制茶制造业、电气机械及器材制造业、汽车制造业、有色金属冶炼及压延加工业，这4个行业的净资产收益率高出河北省制造业上市公司平均值7个百分点以上，总资产报酬率则高出3个百分点以上。赢利指标值较低的是非金属矿物制品业、专用设备制造业、石油加工炼焦及核燃料加工业，这3个行业的净资产收益率和总资产报酬率均以较大幅度低于河北省制造业上市公司平均值。

表4-6　2015年河北省制造业细分行业上市公司主要赢利指标

单位：%，百分点

细分行业	净资产收益率		总资产报酬率	
	数值	行业差	数值	行业差
橡胶和塑料制品业	53.17	47.32	15.66	10.92
酒饮料和精制茶制造业	18.89	13.04	12.34	7.60
电气机械及器材制造业	14.88	9.03	7.76	3.02

续表

细分行业	净资产收益率		总资产报酬率	
	数值	行业差	数值	行业差
汽车制造业	13.81	7.96	9.07	4.33
有色金属冶炼及压延加工业	13.40	7.55	9.98	5.24
仪器仪表制造业	10.51	4.66	9.12	4.38
铁路船舶航空航天和其他运输设备制造业	8.23	2.38	5.23	0.49
医药制造业	7.12	1.27	6.11	1.37
纺织业	6.31	0.46	4.69	-0.05
农副食品加工业	5.68	-0.17	4.27	-0.47
化学原料及化学制品制造业	5.19	-0.66	5.27	0.53
金属制品业	2.35	-3.50	2.62	-2.12
黑色金属冶炼及压延加工业	1.32	-4.53	2.80	-1.94
皮革毛皮羽毛及其制品和制鞋业	1.29	-4.56	1.10	-3.64
通用设备制造业	0.84	-5.01	1.38	-3.36
计算机通信和其他电子设备制造业	0.80	-5.05	1.84	-2.90
石油加工炼焦及核燃料加工业	-6.15	-12.00	-0.73	-5.47
专用设备制造业	-14.77	-20.62	-3.35	-8.09
非金属矿物制品业	-15.70	-21.55	-1.68	-6.42

注：行业差=各细分行业指标值-行业平均指标值。

按照产权性质将河北省制造业上市公司分为两大类后发现，国有制造业上市公司（共18家）的两个主要赢利指标均大幅低于非国有制造业上市公司（共22家）（见图4-8）。这说明在利润获取能力上，国有企业明显存在不足。

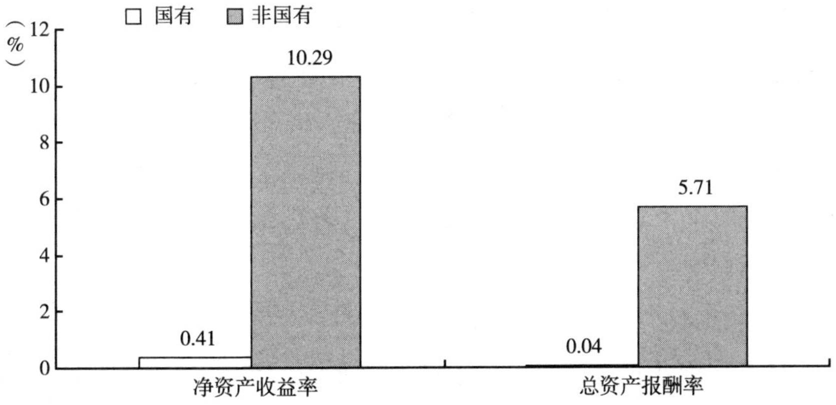

图4-8　2015年河北省制造业不同产权上市公司主要赢利指标

（2）批发和零售业

2015 年，河北省批发和零售业上市公司的主要赢利指标值相对于全国同行业上市公司平均水平明显偏低。全国同行业上市公司净资产收益率、总资产报酬率分别为 0.87%、3.90%，河北省 3 家批发和零售业（全部为非国有）上市公司的两个指标值均小于 0。这说明河北省该行业上市公司的赢利水平存在较大问题，应探寻原因加以改进，否则在未来可能会遭遇困境。

（3）房地产业

2015 年，河北省房地产业上市公司的主要赢利指标值高于全国上市公司平均水平。河北省 2 家民营房地产上市公司的净资产收益率平均为 27.62%、总资产报酬率平均为 3.31%，显著高于全国同行业平均水平（4.59% 和 1.86%）。2 家公司中的华夏幸福（600340），净资产收益率高达 41.17%。在当前整个房地产行业不景气的情况下，河北省房地产业上市公司实现了较高的报酬水平。

（4）电力、热力、燃气及水生产和供应业

当前，河北省共有 2 家电力、热力、燃气及水生产和供应业上市公司：建投能源和东方能源，且均为国有企业。2015 年，这两家上市公司创造了较高的赢利水平，净资产收益率是全国同行业上市公司平均水平的 2.48 倍，总资产报酬率超出全国同行业上市公司平均水平近 1 倍。

（5）农林牧渔业

2015 年，河北省农林牧渔业上市公司只有福成五丰（福成股份）一家，无论是总资产报酬率还是净资产收益率，均远高于全国同行业上市公司平均水平。尤其是净资产收益率，在全国同行业上市公司指标值为负数的情况下，福成五丰创造了 10.61% 的自有资金报酬水平。这缘于该公司“绿色、健康、安全”的产品理念与消费者当前需求的契合，这为公司股东创造了较高的价值回报。

（6）交通运输、仓储和邮政业

2015 年，河北省交通运输、仓储和邮政业上市公司只有唐山港一家。相较于全国同行业上市公司平均水平，唐山港的净资产收益率不尽如人意，仅相当于全国同行业上市公司平均水平的一半左右，但净资产收益率为9.06%，高于全国同行业上市公司平均水平（5.72%）。

（7）信息传输、软件和信息技术服务业

2015年11月，茂业物流因实施重大资产重组而发生主业变更，由交通运输、仓储业变为通信服务行业。这也是河北省首家信息传输、软件和信息技术服务业上市公司。2015年，公司两个基本赢利指标均为正数（净资产收益率为7.05%，总资产报酬率为4.94%），但相较于全国同行业上市公司平均水平（10.17%和6.45%）明显偏低。

（8）采矿业

2015年，河北省采矿业上市公司只有冀中能源一家。该上市公司在赢利水平上较2014年度有所好转①，高于全国同行业上市公司平均水平。受全球经济增速放缓、产业结构调整、能源结构变化和环保压力影响，2015年国内煤炭经济运行形势比较严峻。在全国同行业上市公司净资产收益率为负的情况下，冀中能源获得了1.92%的净资产收益水平。

（9）综合类

2015年，河北省唯一一家综合类上市公司（廊坊发展）的赢利水平也不尽如人意。其净资产收益率、总资产报酬率均大幅低于全国同行业上市公司平均水平。两个指标处于同行业的“较差”档次。

（二）总资产周转率和应收账款周转率

1. 2011～2015年总体状况

从图4-9可以看出，2011～2015年，河北省上市公司与全国上市公司的总资产周转率均呈下降趋势。河北省上市公司总资产周转率除2011年略高于全国平均水平外，其他年份均低于全国平均水平，但差别不大。2015年，河北省上市公司总资产周转率为0.54%，略低于全国上市公司平均水

① 2014年，冀中能源总资产报酬率相当于全国同行业上市公司平均水平的36.9%，净资产收益率小于0。

平（0.61%）。图 4－10 显示的应收账款周转率差别则较为明显：2011 年河北省应收账款周转率高于全国平均水平，但 2012～2015 年连续四个年度，河北省应收账款周转率均低于全国平均水平，其中 2014 年差距稍小，2012 年、2013 年、2015 年差距较大。2015 年，河北省上市公司应收账款周转率为 57.27%，全国上市公司应收账款周转率平均为 265.03%，是河北省的 4.6 倍。这说明河北省上市公司对应收账款的回收管理不理想，其资产运营和管理能力有待加强。

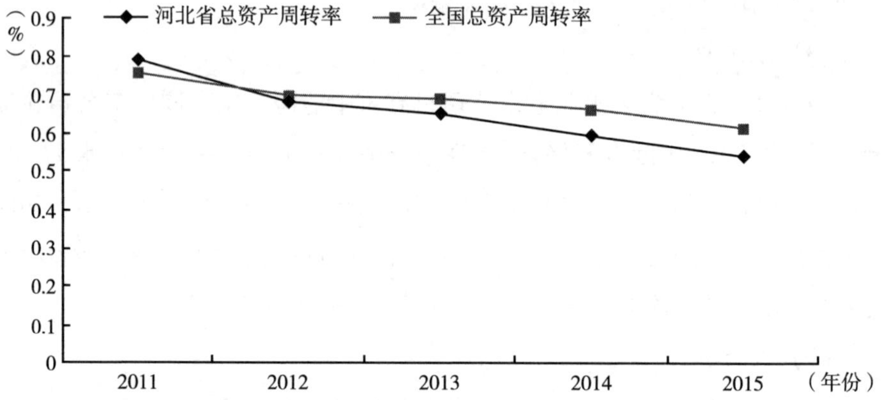

图 4－9　2011～2015 年上市公司总资产周转率

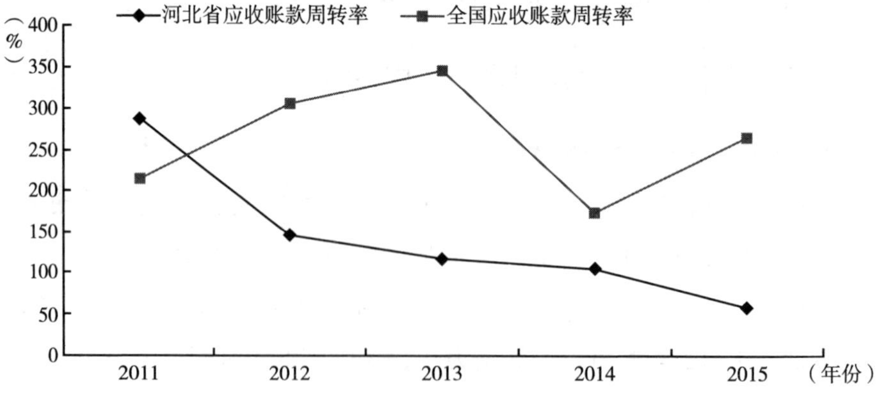

图 4－10　2011～2015 年上市公司应收账款周转率

2. 2015年分行业情况

2015 年，河北省 52 家 A 股上市公司包括：40 家制造业公司，3 家批发和零售业公司，2 家房地产业公司，2 家电力、热力、燃气及水生产和供应业公司，1 家农林牧渔业公司，1 家交通运输、仓储和邮政业公司，1 家信息传输、软件和信息技术服务业公司，1 家采矿业公司，1 家综合类公司。这些公司的主要资产质量指标情况见表 4 -7。

表 4 -7　2015 年各行业上市公司主要资产质量指标

单位：%

行业名称	主要资产质量指标	河北省上市公司	全国上市公司
制造业	总资产周转率	0.58	0.63
	应收账款周转率	69.80	45.71
批发和零售业	总资产周转率	0.54	1.27
	应收账款周转率	25.13	326.75
房地产业	总资产周转率	0.27	0.22
	应收账款周转率	29.28	4237.99
电力、热力、燃气及水生产和供应业	总资产周转率	0.43	0.35
	应收账款周转率	9.15	19.89
农林牧渔业	总资产周转率	0.70	0.49
	应收账款周转率	11.72	37.72
交通运输、仓储和邮政业	总资产周转率	0.32	0.45
	应收账款周转率	9.89	43.29
信息传输、软件和信息技术服务业	总资产周转率	0.71	0.62
	应收账款周转率	8.31	91.76
采矿业	总资产周转率	0.30	0.45
	应收账款周转率	2.78	249.73
综合类	总资产周转率	0.03	0.30
	应收账款周转率	1.14	18.79

（1）制造业

2015 年，河北省制造业上市公司总资产周转率略低于全国制造业上市公司总资产周转水平，但相差不大；在应收账款周转方面，河北省制造业上市公司应收账款周转率明显高于全国制造业上市公司平均水平。其中资产质量最好的是酒饮料和精制茶制造业，总资产周转率高出行业平均值0.51个百分点，应收账款周转率则高出行业平均值967.11个百分点。这是由于承德露露在2015年度创造了高达1994.15的应收账款周转次数，拉高了该细分行业的应收账款周转水平；也正是该公司应收账款周转率的极端值，使19个细分行业中，只有该细分行业的总资产周转率、应收账款周转率均高于行业平均值。铁路船舶航空航天和其他运输设备制造业、有色金属冶炼及压延加工业的总资产周转率虽然在细分行业中居第一、第二位，比酒饮料和精制茶制造业还要高，但其应收账款周转率却低于行业平均值。这说明在制造业中，除酒饮料和精制茶制造业的资产质量较高，其余18个细分行业的资产质量，尤其是应收账款管理质量还有待提升。具体情况见表4-8。

表4-8 2015年河北省制造业细分行业上市公司主要资产质量指标

单位：%，百分点

细分行业	总资产周转率		应收账款周转率	
	数值	行业差	数值	行业差
铁路船舶航空航天和其他运输设备制造业	1.32	0.74	12.37	-57.43
有色金属冶炼及压延加工业	1.25	0.67	7.57	-62.23
酒饮料和精制茶制造业	1.09	0.51	1036.91	967.11
纺织业	1.08	0.50	13.58	-56.22
汽车制造业	1.01	0.43	57.08	-12.72
农副食品加工业	0.72	0.14	12.07	-57.73
金属制品业	0.65	0.07	16.96	-52.84
橡胶和塑料制品业	0.57	-0.01	3.50	-66.30
化学原料及化学制品制造业	0.53	-0.05	49.67	-20.13
医药制造业	0.50	-0.08	7.67	-62.13
石油加工炼焦及核燃料加工业	0.49	-0.09	6.29	-63.51
电气机械及器材制造业	0.48	-0.10	2.70	-67.10
通用设备制造业	0.42	-0.16	1.71	-68.09
仪器仪表制造业	0.42	-0.16	2.93	-66.87
黑色金属冶炼及压延加工业	0.42	-0.16	37.17	-32.63
专用设备制造业	0.34	-0.24	1.62	-68.18
计算机通信和其他电子设备制造业	0.29	-0.29	7.13	-62.67
非金属矿物制品业	0.26	-0.32	6.84	-62.96
皮革毛皮羽毛及其制品和制鞋业	0.26	-0.32	4.56	-65.24

注：行业差=各细分行业指标值-行业平均指标值。

（2）批发和零售业

2015 年，河北省批发和零售业上市公司的总资产周转率和应收账款周转率均低于全国同行业上市公司平均水平。其中，全国批发和零售业上市公司的总资产周转率是河北省同行业上市公司的 2.35 倍，应收账款周转率是河北省同行业上市公司的 13 倍。这说明河北省批发和零售业上市公司的资产管理质量较全国同行业平均水平偏低。

（3）房地产业

2015 年，河北省房地产业上市公司的总资产周转率略高于全国同行业上市公司平均水平，应收账款周转率却远低于全国同行业上市公司：河北为 29.28%，全国则高达 4237.99%。2 家房地产业上市公司中：荣盛发展（002146）2015 年度应收账款周转率为 52.34%；华夏幸福（600340）仅为 6.23%，应收账款回收期为 58 天左右。鉴于房地产企业经营特点以及全国房地产业上市公司的应收账款回收快等现实情况，河北省房地产业上市公司在应收账款管理上应加以关注。

（4）电力、热力、燃气及水生产和供应业

2015 年，河北省电力、热力、燃气及水生产和供应业上市公司的总资产周转率与全国同行业上市公司平均水平相差不大，河北省略高；应收账款周转率则差距不小，河北省偏低，相当于全国平均水平的 46% 左右。

（5）农林牧渔业

2015 年，河北省唯一一家农林牧渔业上市公司福成五丰的总资产周转率高于全国同行业上市公司平均水平，但应收账款周转率却低于全国上市公司平均水平，约为全国的 31% 左右。

（6）交通运输、仓储和邮政业

2015 年，河北省交通运输、仓储和邮政业唯一一家上市公司唐山港的总资产周转率略低于全国同行业上市公司平均水平，但应收账款周转率却仅为全国同行业上市公司平均水平的 22.85%。这表明交通运输、仓储和邮政业上市公司的应收账款管理水平也低于全国同行业平均水平。

（7）信息传输、软件和信息技术服务业

2015年，河北省信息传输、软件和信息技术服务业上市公司的主要资产质量指标与农林牧渔业相似。即总资产周转率高于全国同行业上市公司平均水平，但应收账款周转率却较大幅度低于全国同行业上市公司平均水平，约为全国同行业上市公司平均水平的9.1%左右。

（8）采矿业

2015年，河北省采矿业上市公司冀中能源的总资产周转率略低于全国同行业上市公司平均水平，但应收账款周转率却差距较大：全国同行业上市公司平均水平为249.73%，河北冀中能源仅为2.78%。这说明河北省采矿业上市公司应收账款的管理水平较低。

（9）综合类

2015年，河北省综合类上市公司（廊坊发展）的两个资产质量指标均较大幅度低于全国同行业上市公司平均水平：其中总资产周转率相当于全国同行业上市公司平均水平的10%，应收账款周转率相当于全国同行业上市公司平均水平的6%左右。

由以上分析可知，河北省上市公司的资产质量指标表现不佳。尤其是应收账款管理上，除了制造业应收账款管理水平高于全国同行业上市公司平均水平，其他8个行业的应收账款管理水平均较全国同行业上市公司平均水平偏低，尤其是房地产业上市公司与全国同行业上市公司平均水平差距极大。

（三）资产负债率和已获利息倍数

1. 2011～2015年总体状况

从图4－11、图4－12可以看出河北省上市公司与全国上市公司主要债务风险指标近5年的发展变化。2011～2015年，河北省上市公司资产负债率比全国上市公司资产负债率均略高，但总体水平差距不大，尤其是2014年、2015年两个年度基本持平。已获利息倍数方面，河北省上市公司与全国上市公司相比，呈现较为波动的变化趋势：2011年度，河北省上市公司已获利息倍数高于全国上市公司平均水平；2012年、2013年则略低于全国上市公司平均水平，但差别不大；2014 年较大幅度低于全国上市公司平均水平；2015 年明显高于全国上市公司平均水平（90.11 倍）。这是由于河北省上市公司中的华夏幸福（600340）在 2015 年度实现了较高的营业总收入和利润总额，且财务费用较低，已获利息倍数高达 5322.77 倍，拉高了河北省已获利息倍数整体水平。如果将华夏幸福已获利息倍数这个极高值去掉，计算河北省其他 51 家 A 股上市公司已获利息倍数，则变为 68.44 倍，全国为 88.21 倍，双方差别变小。

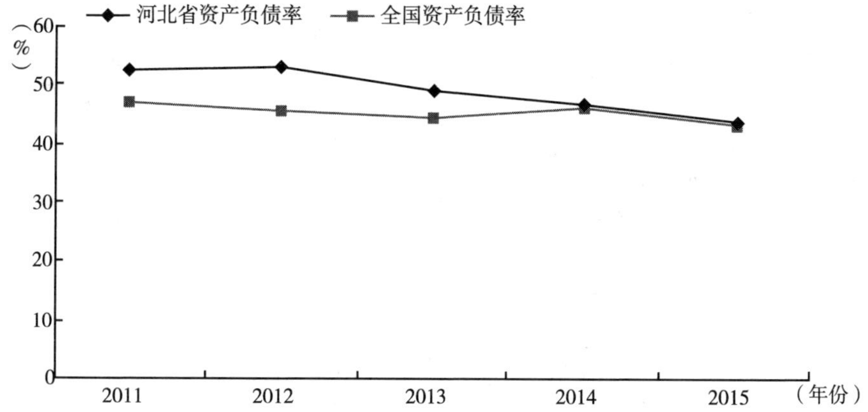

图 4－11　2011～2015 年上市公司资产负债率

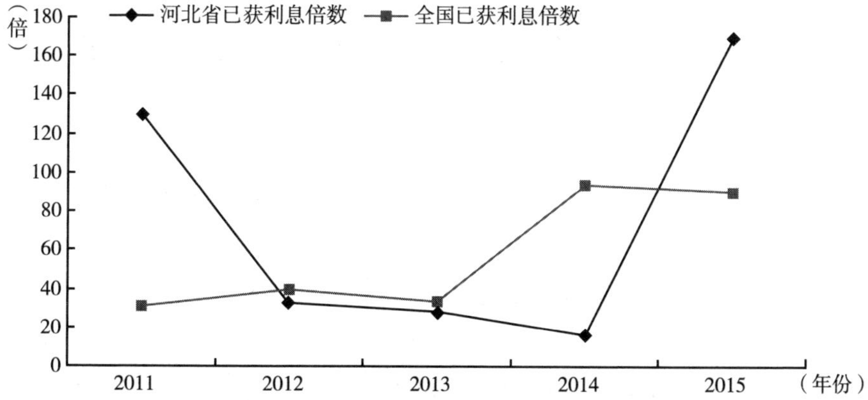

图 4－12　2011～2015 年上市公司已获利息倍数

2．2015年分行业情况

2015年，河北省各行业上市公司的资产负债率和已获利息倍数指标情况见表4－9。

表4－9　2015年各行业上市公司主要债务风险指标

单位：%，倍

行业名称	主要债务风险指标	河北省上市公司	全国上市公司
制造业	资产负债率	41.28	39.87
	已获利息倍数	60.60	86.07
批发和零售业	资产负债率	59.80	54.35
	已获利息倍数	－23.49	226.52
房地产业	资产负债率	81.70	63.96
	已获利息倍数	2670.46	48.24
电力、热力、燃气及水生产和供应业	资产负债率	53.80	54.95
	已获利息倍数	6.94	6.97
农林牧渔业	资产负债率	19.22	43.48
	已获利息倍数	46.73	11.65
交通运输、仓储和邮政业	资产负债率	31.65	43.53
	已获利息倍数	11.53	31.46
信息传输、软件和信息技术服务业	资产负债率	33.68	31.55
	已获利息倍数	1061.53	78.30
采矿业	资产负债率	50.96	46.32
	已获利息倍数	1.24	6.56
综合类	资产负债率	46.10	55.23
	已获利息倍数	－16.22	－0.91

（1）制造业

由表4－9可以看出：2015年，河北省制造业上市公司的资产负债率略高于全国同行业上市公司平均水平，已获利息倍数却低于全国同行业上市公司平均水平。2015年，河北省制造业上市公司已获利息倍数为60.60倍，相当于全国同行业上市公司平均水平（86.07倍）的70%左右。这说明相较于全国同行业，河北省制造业以略高的财务风险获取了较低的利润。

再看河北省制造业细分行业的债务风险指标状况，见表4－10。两个指标的行业差值均高于 0 的只有 1 个细分行业：医药制造业；资产负债率最低的是有色金属冶炼及压延加工业，但其已获利息倍数却低于行业值；已获利息倍数高于行业值的细分行业有两个：医药制造业，电气机械及器材制造业。债务风险最高的是黑色金属冶炼及压延加工业，不仅资产负债率比制造业平均水平高出 33.22 个百分点，已获利息倍数更是较制造业平均水平低 59.48 个百分点，说明其在较高债务规模的基础上，并未创造相应的收益水平，债务风险较高。

表 4－10　2015 年河北省制造业细分行业上市公司主要债务风险指标

细分行业	资产负债率(%)		已获利息倍数(倍)	
	数值	行业差（百分点）	数值	行业差
有色金属冶炼及压延加工业	10.29	30.99	31.45	－29.15
仪器仪表制造业	11.03	30.25	25.62	－34.98
通用设备制造业	24.53	16.75	1.94	－58.66
农副食品加工业	28.33	12.95	13.51	－47.09
橡胶和塑料制品业	36.16	5.12	6.16	－54.44
化学原料及化学制品制造业	37.67	3.61	48.75	－11.85
医药制造业	38.33	2.95	514.64	454.04
酒饮料和精制茶制造业	38.33	2.95	21.46	－39.14
皮革毛皮羽毛及其制品和制鞋业	38.35	2.93	3.06	－57.54
专用设备制造业	40.46	0.82	4.60	－56.00
计算机通信和其他电子设备制造业	45.01	－3.73	5.24	－55.36
汽车制造业	48.78	－7.50	36.86	－23.74
铁路船舶航空航天和其他运输设备制造业	49.54	－8.26	4.74	－55.86
纺织业	50.35	－9.07	3.08	－57.52
金属制品业	50.96	－9.68	1.63	－58.97
电气机械及器材制造业	59.22	－17.94	104.75	44.15
石油加工炼焦及核燃料加工业	60.05	－18.77	－0.27	－60.87
非金属矿物制品业	72.55	－31.27	－0.21	－60.81
黑色金属冶炼及压延加工业	74.50	－33.22	1.12	－59.48

注：行业差＝各细分行业指标值－行业平均指标值。此处，由于资产负债率为逆指标，故计算“各细分行业资产负债率－制造业资产负债率”后，取其负数作为行业差。

（2）批发和零售业

2015 年，河北省批发和零售业上市公司的资产负债率为 59.80%，比全国同行业平均水平（54.35%）略高，表明河北省该行业总体债务水平稍高（见表 4－9）。但是已获利息倍数方面，河北省批发和零售业上市公司的已获利息倍数却低至－23.49 倍，而同期全国同行业平均水平为 226.52 倍，说明河北省该行业上市公司所获税前利润已经不足以弥补其财务费用的需要，债务风险较高。

（3）房地产业

2015 年，河北省房地产业上市公司的债务风险指标表现尚可。尽管资产负债率高达 81.70%，高于全国同行业平均水平，但其已获利息倍数较全国同行业平均水平高出很多。但是，依然需要关注债务规模过高所带来的流动性风险。尤其是在房地产行业紧缩的环境下，一旦公司销售量下滑，很可能引致已获利息倍数大幅度降低，增加公司财务风险。

（4）电力、热力、燃气及水生产和供应业

2015 年，河北省电力、热力、燃气及水生产和供应业上市公司的资产负债率、已获利息倍数与全国同行业平均水平相差不大：其中河北省资产负债率为 53.80%，全国同行业为 54.95%；已获利息倍数为 6.94 倍，全国同行业为 6.97 倍。

（5）农林牧渔业

2015 年，河北省农林牧渔业上市公司福成五丰的资产负债率和已获利息倍数分别低于和高于全国同行业平均水平。其中资产负债率是全国同行业平均水平的 44%左右，已获利息倍数则是全国同行业平均水平的 4 倍左右。由此可见，福成五丰的税前利润获取能力及偿债能力都高于全国同行业平均水平。

（6）交通运输、仓储和邮政业

2015 年，河北省交通运输、仓储和邮政业上市公司唐山港的资产负债率与已获利息倍数均低于全国同行业平均水平。其中唐山港的资产负债率为 31.65%，已获利息倍数为 11.53 倍；全国同行业平均水平的资产负债率为 43.53%，已获利息倍数为 31.46 倍。唐山港尽管以较低的资产负债率降低了财务风险，但其收益对财务费用的保障能力却低于全国同行业平均水平。

（7）信息传输、软件和信息技术服务业

2015 年，河北省信息传输、软件和信息技术服务业的债务风险指标表现与房地产业相似：资产负债率略高于全国同行业平均水平，已获利息倍数却高出全国同行业平均水平 12.55 倍之多。不过，该行业资产负债率 2015 年度为 33.68%，尽管比全国同行业平均水平略高，却依然在非常安全的范围之内。这说明河北省该行业上市公司以较低的债务风险获取了较高的利润总额。

（8）采矿业

2015 年，河北省采矿业上市公司冀中能源的债务风险指标表现与制造业相似：资产负债率略高于全国同行业平均水平，已获利息倍数却低于全国同行业平均水平。其中资产负债率为 50.96%，全国同行业平均水平为 46.32%；已获利息倍数为 1.24 倍，全国同行业平均水平为 6.56 倍。这说明相较于全国同行业，河北省采矿业以略高的财务风险获取了较低的利润。

（9）综合类

2015 年，河北省综合类上市公司廊坊发展的资产负债率（46.10%）较全国同行业平均水平（55.23%）略低；已获利息倍数（-16.22 倍）较大幅度低于全国同行业平均水平（-0.91 倍）。这说明无论是全国还是河北省，综合类上市公司的利息保障效果均不理想，尤其是河北省的廊坊发展，其利润收益对财务费用的保障堪忧。

（四）销售（营业）增长率与资本保值增值率

1. 2011～2015年总体状况

从图 4-13、图 4-14 可以看出，河北省上市公司的销售（营业）增长率与全国有较大差异，尤其是 2011 年、2012 年、2015 年。这三年，全国上市公司销售（营业）增长率均较大幅度高于河北省上市公司。2015 年，全国上市公司销售（营业）增长率为 17.88%，河北省该指标为 2.99%，相差 5 倍左右，说明 2015 年河北省上市公司营业增长情况不乐观；资本保值增值方面，河北省上市公司资本保值增值率 2013 年稍高于全国上市公司水平，

2011 年、2012 年、2014 年、2015 年则均低于全国上市公司水平，但差距不大。详细数据见表 4－11。

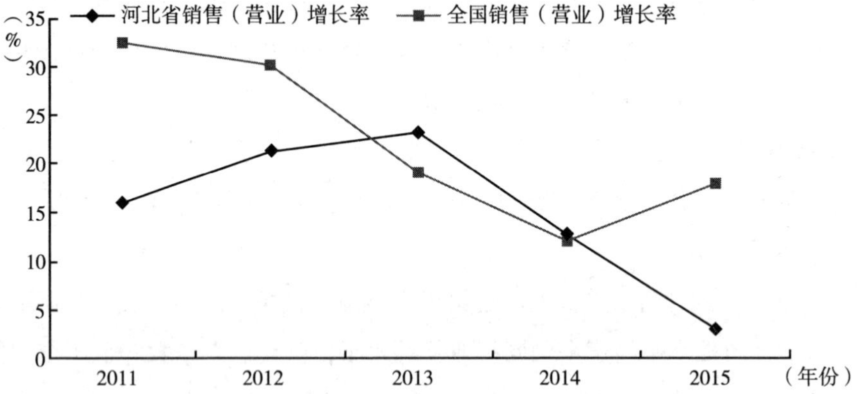

图 4－13　2011～2015 年上市公司销售（营业）增长率

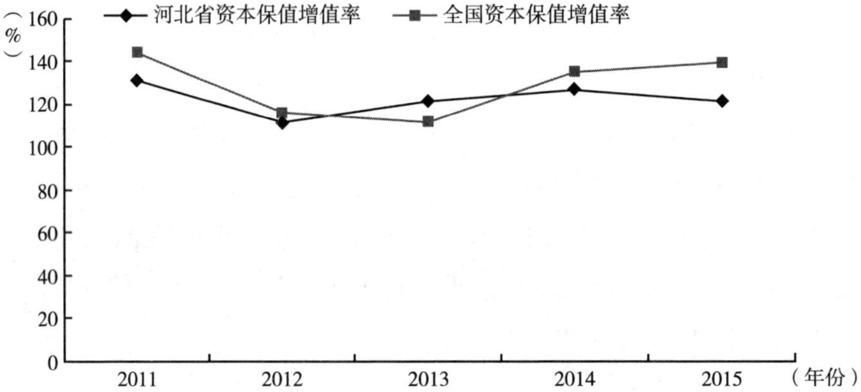

图 4－14　2011～2015 年上市公司资本保值增值率

表 4－11　2011～2015 年上市公司经营增长状况

单位：%

年份	河北省销售(营业)增长率	全国销售(营业)增长率	河北省资本保值增值率	全国资本保值增值率
2011	15.98	32.39	130.98	144.05
2012	21.33	30.10	111.71	115.89
2013	23.30	19.11	121.13	112.05
2014	12.74	12.01	126.63	135.22
2015	2.99	17.88	121.12	139.19

2. 2015年分行业情况

2015 年，河北省和全国各行业上市公司的主要经营增长指标情况见表4－12。

表 4－12　2015 年各行业上市公司主要经营增长指标

单位：%

行业名称	主要经营增长指标	河北省上市公司	全国上市公司
制造业	销售（营业）增长率	1.33	13.48
	资本保值增值率	123.74	130.98
批发和零售业	销售（营业）增长率	25.43	55.92
	资本保值增值率	87.05	159.08
房地产业	销售（营业）增长率	21.97	33.68
	资本保值增值率	144.79	119.22
电力、热力、燃气及水生产和供应业	销售（营业）增长率	－7.92	1.46
	资本保值增值率	132.80	118.29
农林牧渔业	销售（营业）增长率	9.81	19.53
	资本保值增值率	107.88	135.58
交通运输、仓储和邮政业	销售（营业）增长率	0.60	4.43
	资本保值增值率	145.38	115.72
信息传输、软件和信息技术服务业	销售（营业）增长率	15.41	33.74
	资本保值增值率	106.59	155.23
采矿业	销售（营业）增长率	－31.33	1.51
	资本保值增值率	96.15	106.33
综合类	销售（营业）增长率	－70.42	－12.77
	资本保值增值率	76.45	123.94

（1）制造业

由表4－12 可以看出：河北省制造业上市公司 2015 年经营增长指标均低于全国同行业平均水平。这说明河北省制造业上市公司 2015 年的经营增长状况一般。再看细分行业：计算机通信和其他电子设备制造业销售（营业）增长率虽然比河北省制造业高出最多，但其资本保值增值率与河北省制造业的差值却为负。河北省制造业中 2 个经营增长指标均高于行业平均值的行业包括：纺织业、汽车制造业、电气机械及器材制造业、有色金属冶炼及压延加工业、酒饮料和精制茶制造业、农副食品加工业；仪器仪表制造业与计算机通信和其他电子设备制造业情况相似，销售（营业）增长率较行业平均水平表现好，但其资本保值增值率却略低于行业平均水平。详情见表4－13。

表4－13　2015年河北省制造业细分行业上市公司主要经营增长指标

单位：%，百分点

细分行业	销售(营业)增长率		资本保值增值率	
	数值	行业差	数值	行业差
计算机通信和其他电子设备制造业	51.16	49.83	112.95	-10.79
纺织业	35.52	34.19	219.61	95.87
仪器仪表制造业	23.94	22.61	123.43	-0.31
汽车制造业	16.00	14.67	131.63	7.89
电气机械及器材制造业	13.53	12.20	132.13	8.39
有色金属冶炼及压延加工业	7.19	5.86	213.25	89.51
酒饮料和精制茶制造业	5.44	4.11	179.08	55.34
农副食品加工业	5.01	3.68	141.51	17.77
医药制造业	2.00	0.67	106.58	-17.16
专用设备制造业	0.95	-0.38	105.47	-18.27
铁路船舶航空航天和其他运输设备制造业	0.05	-1.28	106.41	-17.33
橡胶和塑料制品业	-5.40	-6.73	178.14	54.40
化学原料及化学制品制造业	-12.42	-13.75	114.28	-9.46
金属制品业	-15.91	-17.24	102.26	-21.48
通用设备制造业	-20.80	-22.13	97.97	-25.77
黑色金属冶炼及压延加工业	-25.60	-26.93	100.77	-22.97
石油加工炼焦及核燃料加工业	-27.12	-28.45	91.68	-32.06
非金属矿物制品业	-29.09	-30.42	84.34	-39.40
皮革毛皮羽毛及其制品和制鞋业	-32.02	-33.35	100.43	-23.31

注：行业差＝各细分行业指标值－行业平均指标值。

（2）批发和零售业

2015年，河北省批发和零售业上市公司的销售（营业）增长率和资本保值增值率均低于全国平均水平，大概相当于全国平均水平的一半左右。这表明河北省该行业上市公司的增长情况也和全国存在差距。

（3）房地产业

2015 年，河北省房地产业上市公司的销售（营业）增长率比全国稍低，但资本保值增值率比全国稍高。2 家房地产公司中，华夏幸福的销售（营业）增长率高达 42.58%，高于全国平均水平；荣盛发展的销售（营业）增长率则比较低（1.35%）。但这 2 家公司的资本保值增值率均在 140% 以上。

（4）电力、热力、燃气及水生产和供应业

2015 年，河北省电力、热力、燃气及水生产和供应业上市公司的销售（营业）增长率低于全国同行业平均水平，且为负数；资本保值增值率略高于全国同行业平均水平。这说明该行业上市公司的营业收入相对于 2014 年有所缩减，但权益增长正常。

（5）农林牧渔业

2015 年，河北省农林牧渔业上市公司的经营增长表现也一般，销售（营业）增长率与资本保值增值率 2 个指标均低于全国同行业平均水平。这表明河北省该行业上市公司的经营增长情况比全国同行业差。

（6）交通运输、仓储和邮政业

2015 年，河北省交通运输、仓储和邮政业上市公司的销售（营业）增长率低于全国同行业平均水平，资本保值增值率却高于全国同行业平均水平。河北省该行业销售（营业）增长率为 0.60%，全国为 4.43%，表明河北省该行业上市公司营业收入较上年度增长较少，资本增加尚可。

（7）信息传输、软件和信息技术服务业

2015 年，河北省信息传输、软件和信息技术服务业的经营增长指标和农林牧渔业相似：其销售（营业）增长率与资本保值增值率 2 个指标均低于全国同行业平均水平。其中销售（营业）增长率相当于全国同行业平均水平的一半左右，资本保值增值率相当于全国同行业平均水平的 68% 左右。

（8）采矿业

2015 年，河北省采矿业上市公司销售（营业）增长率比较低，为 -31.33%，较大幅度低于全国同行业平均水平（1.51%）；资本保值增值率也不乐观，为 96.15%，比全国同行业平均水平略低。

（9）综合类

2015年，全国与河北省相同的9个行业中，唯一一个经营增长指标为负的是综合类，其销售（营业）增长率为-12.77%，说明全国该行业上市公司2015年度营业收入实现了负增长，但其资本保值增值率依然为正，且高于100%。河北省该行业只有1家公司——廊坊发展，其销售（营业）增长率更低，为-70.42%，远低于全国同行业平均水平；其资本保值增值率也低于全国同行业平均水平，且低于100%，说明该公司2015年度营业收入与资本较上年度均出现缩水。

从以上分析可知，河北省上市公司在2015年度经营增长情况不乐观。除了房地产行业与全国同行业平均水平相差不大，其他行业均存在较大差距。尽管有些行业的资本保值增值情况比全国同行业略好，但总体增长情况和全国同行业存在较大差距。

三　河北上市公司综合业绩分析

我们采用国务院国资委对央企进行财务绩效评价时所用的指标体系，对河北省上市公司进行综合业绩分析，计分方法采取功效系数法。依据A股所有上市公司的指标数据情况，确定不同指标不同档次的标准值，计算每个公司的各部分得分，算出公司业绩总得分，并对上市公司业绩得分进行排序和分类。

（一）总体业绩分析

1. 总体状况

由表4-14可知：2015年，河北省上市公司业绩最高分为88.59分，最低分为11.30分，均值为53.05分，中位数为61.36分。业绩排名第一的乐凯新材业绩得分属于优秀类别，第二名至第六名的上市公司业绩得分均为良好类别。业绩得分前五强均为制造业上市公司（乐凯新材、承德露露、长城汽车、四通新材、汇中股份），其中两家属于2015年新上市公司（乐凯新材、四通新材）。排名第六位的福成股份，业绩得分也在70分以上，属于良好等级。60分以上的上市公司合计28家，占河北省上市公司总数的53.85%；13家上市公司的业绩得分低于40分，业绩类型为差，占河北省上市公司总数的25%。

表4－14　2015年河北省上市公司业绩得分

单位：分

证券代码	证券简称	所属行业	业绩得分	业绩排名	业绩类型
300446	乐凯新材	制造业	88.59	1	优
000848	承德露露	制造业	81.04	2	良
601633	长城汽车	制造业	78.84	3	良
300428	四通新材	制造业	75.91	4	良
300371	汇中股份	制造业	75.06	5	良
600965	福成股份	农林牧渔业	71.46	6	良
000600	建投能源	电力、热力、燃气及水生产和供应业	68.53	7	中
601000	唐山港	交通运输、仓储和邮政业	68.49	8	中
002603	以岭药业	制造业	68.40	9	中
600722	金牛化工	制造业	67.65	10	中
002049	紫光国芯	制造业	67.27	11	中
000889	茂业通信	信息传输、软件和信息技术服务业	67.04	12	中
600482	中国动力	制造业	67.01	13	中
000413	东旭光电	制造业	66.88	14	中
300491	通合科技	制造业	66.64	15	中
000958	东方能源	电力、热力、燃气及水生产和供应业	66.28	16	中
600155	宝硕股份	制造业	65.76	17	中
600559	老白干酒	制造业	65.48	18	中
000158	常山股份	制造业	65.35	19	中
600340	华夏幸福	房地产业	65.29	20	中
300107	建新股份	制造业	64.63	21	中
600135	乐凯胶片	制造业	63.33	22	中
002108	沧州明珠	制造业	62.99	23	中
300137	先河环保	制造业	62.66	24	中
300138	晨光生物	制造业	61.61	25	中
300368	汇金股份	制造业	61.10	26	中
300255	常山药业	制造业	60.70	27	中

续表

证券代码	证券简称	所属行业	业绩得分	业绩排名	业绩类型
600803	新奥股份	制造业	60.16	28	中
600480	凌云股份	制造业	59.28	29	中
600409	三友化工	制造业	56.66	30	中
002146	荣盛发展	房地产业	55.91	31	中
000778	新兴铸管	制造业	53.09	32	中
002691	冀凯股份	制造业	50.05	33	中
300081	恒信移动	批发和零售业	47.87	34	低
600812	华北制药	制造业	45.26	35	低
000709	河钢股份	制造业	43.06	36	低
002342	巨力索具	制造业	43.01	37	低
002282	博深工具	制造业	42.84	38	低
002494	华斯股份	制造业	42.09	39	低
601258	庞大集团	批发和零售业	39.31	40	差
600550	保变电气	制造业	37.30	41	差
000937	冀中能源	采矿业	35.10	42	差
600997	开滦股份	制造业	31.88	43	差
002442	龙星化工	制造业	29.72	44	差
000923	河北宣工	制造业	27.01	45	差
000687	华讯方舟	制造业	25.21	46	差
600230	*ST沧大	制造业	21.19	47	差
000401	冀东水泥	制造业	16.83	48	差
002459	天业通联	制造业	15.58	49	差
000856	*ST冀装	制造业	13.11	50	差
000408	*ST金源	批发和零售业	11.86	51	差
600149	廊坊发展	综合业	11.30	52	差

注：表中“业绩类型”的判断依据为《中央企业综合绩效实施细则》第七章第49条规定。以下业绩得分表格此列分类依据相同。

接下来，再看河北省上市公司业绩各类别状况（见图4-15）。2015年，河北省52家A股上市公司中：1家公司业绩水平优秀，占比1.92%；5家公司业绩水平良好，占比9.62%；27家公司业绩水平中等，占比51.92%；6家公司业绩水平较低，占比11.54%；13家公司业绩水平较差，占比 25.00%。因此，河北省上市公司 2015 年度业绩表现一般，优秀业绩水平的上市公司仅 1 家，业绩得分平均水平刚刚够中等。

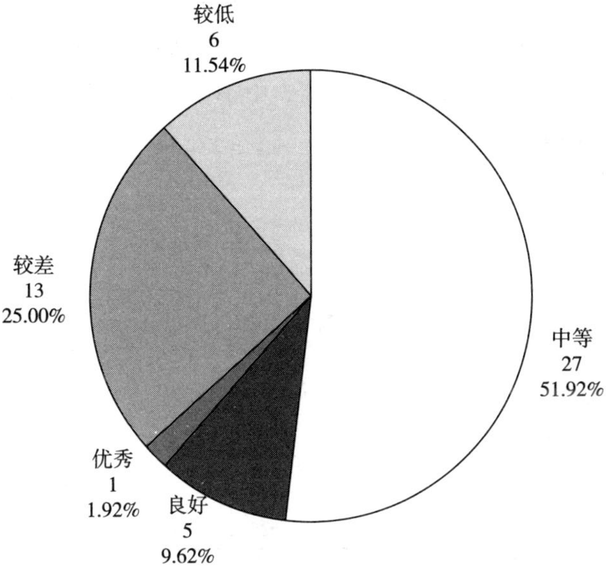

图 4－15　2015 年河北省上市公司业绩各类别状况

表 4－15 显示了不同性质上市公司的业绩状况：2015 年，河北省 52 家 A 股上市公司中，国有上市公司 23 家，平均得分 49.52 分；民营上市公司 29 家，平均得分 55.99 分。23 家国有上市公司中，1 家公司业绩类别为优，占比 4.35%；良好业绩类别的上市公司没有；8 家上市公司业绩类别为差，占比 34.78%。29 家民营上市公司中，5 家公司业绩类别为良，占比 17.24%；5 家公司业绩类别为差，占比 17.24%。总体来说，河北省民营上市公司业绩水平好于国有上市公司业绩水平。

表 4－15　2015 年河北省不同性质上市公司业绩状况

性质	优		良		中		低		差		合计数量/平均分（个，分）
	个数（个）	比重（%）	个数（个）	比重（%）	个数（个）	比重（%）	个数（个）	比重（%）	个数（个）	比重（%）	
国有	1	4.35	0	0	12	52.17	2	8.70	8	34.78	23(49.52)
民营	0	0	5	17.24	15	51.72	4	13.79	5	17.24	29(55.99)

2. 分板块情况

2015年，河北省52家A股上市公司包括32家主板公司、10家中小板公司以及10家创业板公司。这三个板块上市公司的业绩得分情况见图4-16：主板公司平均得分50.50分，中小板平均得分48.20分，创业板平均得分66.48分。其中创业板得分最高，中小板得分最低，主板得分居于中间水平，较创业板低15.98分。

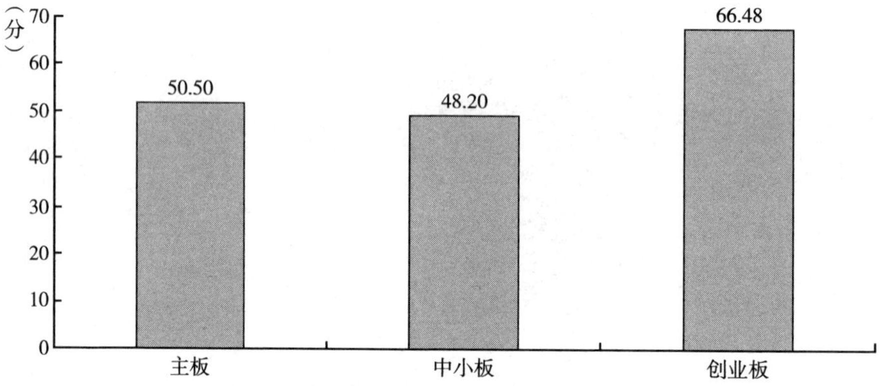

图4-16　2015年河北省不同板块上市公司业绩得分

3. 分行业情况

图4-17显示了2015年河北省各行业上市公司业绩得分均值。农林牧渔业排名第一，业绩得分均值为71.46分；综合类排名最后，业绩得分均值为11.30分；公司数量最多的制造业上市公司业绩得分均值排名第六，为53.86分。河北省业绩得分均值最高行业与最低行业相差5倍左右。

表4-16至表4-21显示了2015年河北省各行业上市公司业绩得分排名情况。2015年，河北省制造业上市公司的业绩最高分为88.59分，最低分13.11分，平均53.76分，见表4-16。40家制造业上市公司中：1家优秀等级，4家良好等级，21家中等等级，5家较低等级，9家较差等级，见图4-18。再看制造业细分行业的业绩得分情况，见表4-17。19个细分行业中，有色金属冶炼及压延加工业排名第1位，业绩得分75.91分；酒饮料和精制茶制造业排名第2位，业绩得分73.26分；汽车制造业、仪器仪表制

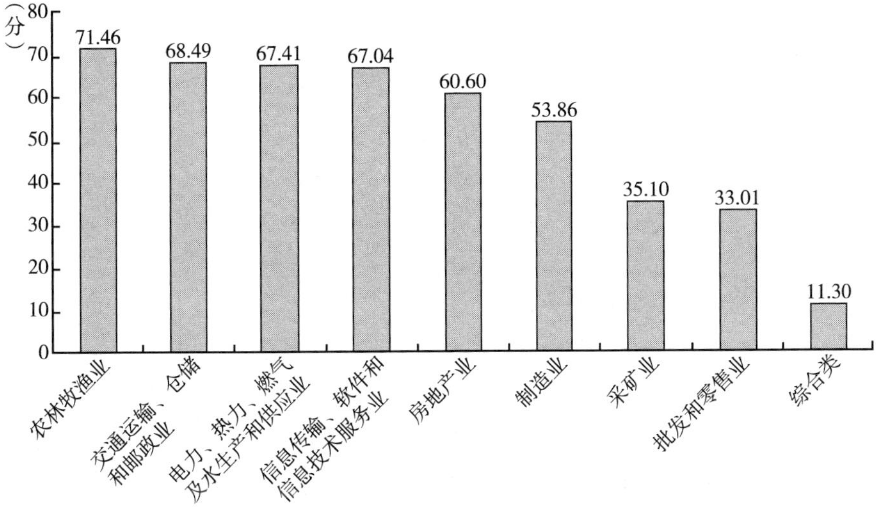

图4-17　2015年河北省各行业上市公司业绩得分均值

造业、铁路船舶航空航天和其他运输设备制造业分别以69.06分、68.86分、67.01分居第3位至第5位。制造业细分行业中，业绩得分最低的是非金属矿物制品业，得分为16.83分。制造业细分行业业绩得分最高与最低之间相差3.5倍左右。

表4-16　2015年河北省制造业上市公司业绩得分

单位：分

证券代码	证券简称	业绩得分	业绩排名	业绩类型
300446	乐凯新材	88.59	1	优
000848	承德露露	81.04	2	良
601633	长城汽车	78.84	3	良
300428	四通新材	75.91	4	良
300371	汇中股份	75.06	5	良
002603	以岭药业	68.40	6	中
600722	金牛化工	67.65	7	中
002049	紫光国芯	67.27	8	中
600482	中国动力	67.01	9	中
000413	东旭光电	66.88	10	中
300491	通合科技	66.64	11	中

续表

证券代码	证券简称	业绩得分	业绩排名	业绩类型
600155	宝硕股份	65.76	12	中
600559	老白干酒	65.48	13	中
000158	常山股份	65.35	14	中
300107	建新股份	64.63	15	中
600135	乐凯胶片	63.33	16	中
002108	沧州明珠	62.99	17	中
300137	先河环保	62.66	18	中
300138	晨光生物	61.61	19	中
300368	汇金股份	61.10	20	中
300255	常山药业	60.70	21	中
600803	新奥股份	60.16	22	中
600480	凌云股份	59.28	23	中
600409	三友化工	56.66	24	中
000778	新兴铸管	53.09	25	中
002691	冀凯股份	50.05	26	中
600812	华北制药	45.26	27	低
000709	河钢股份	43.06	28	低
002342	巨力索具	43.01	29	低
002282	博深工具	42.84	30	低
002494	华斯股份	42.09	31	低
600550	保变电气	37.30	32	差
600997	开滦股份	31.88	33	差
002442	龙星化工	29.72	34	差
000923	河北宣工	27.01	35	差
000687	华讯方舟	25.21	36	差
600230	*ST 沧大	21.19	37	差
000401	冀东水泥	16.83	38	差
002459	天业通联	15.58	39	差
000856	*ST 冀装	13.11	40	差
制造业上市公司平均得分		53.76	—	—

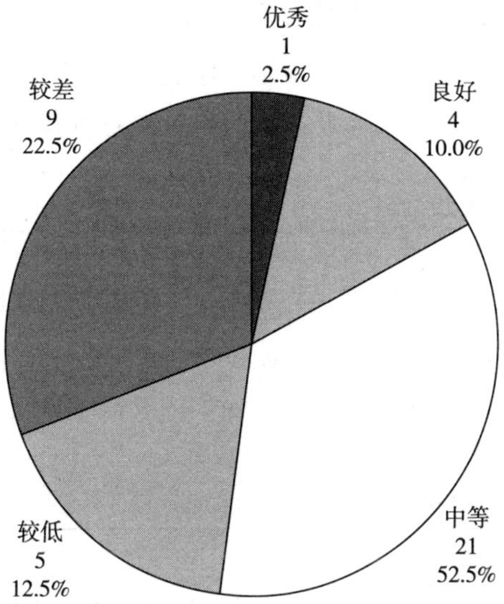

图 4-18　2015 年河北省制造业上市公司业绩类别状况

表 4-17　2015 年河北省制造业细分行业上市公司业绩得分

单位：分

制造业细分行业	业绩得分	业绩排名
有色金属冶炼及压延加工业	75.91	1
酒饮料和精制茶制造业	73.26	2
汽车制造业	69.06	3
仪器仪表制造业	68.86	4
铁路船舶航空航天和其他运输设备制造业	67.01	5
纺织业	65.35	6
橡胶和塑料制品业	64.38	7
农副食品加工业	61.61	8
医药制造业	58.12	9
化学原料及化学制品制造业	56.49	10
计算机通信和其他电子设备制造业	53.12	11
电气机械及器材制造业	51.97	12
金属制品业	48.05	13
通用设备制造业	46.94	14
黑色金属冶炼及压延加工业	43.06	15
皮革毛皮羽毛及其制品和制鞋业	42.09	16
专用设备制造业	33.37	17
石油加工炼焦及核燃料加工业	31.88	18
非金属矿物制品业	16.83	19

从表4－18可见，河北省批发和零售业上市公司的业绩得分均值为33.01分，其中最高分47.87，最低分11.86。3家批发和零售业上市公司中：1家较低等级，2家较差等级；该行业上市公司的整体业绩水平较差。

表4－18　2015年河北省批发和零售业上市公司业绩得分

单位：分

证券代码	证券简称	业绩得分	业绩排名	业绩类型
300081	恒信移动	47.87	1	低
601258	庞大集团	39.31	2	差
000408	*ST金源	11.86	3	差
批发和零售业上市公司平均得分		33.01	—	—

从表4－19可见河北省房地产业上市公司的业绩情况：均值为60.60分，2家公司的业绩得分均为中等类别，相差10分左右。

表4－19　2015年河北省房地产业上市公司业绩得分

单位：分

证券代码	证券简称	业绩得分	业绩排名	业绩类型
600340	华夏幸福	65.29	1	中
002146	荣盛发展	55.91	2	中
房地产业上市公司平均得分		60.60	—	—

从表4－20可见河北省电力、热力、燃气及水生产和供应业上市公司业绩情况：均值为67.41分，2家公司的业绩得分也均为中等类别，相差比较小。

表4－20　2015年河北省电力、热力、燃气及水生产和供应业上市公司业绩得分

单位：分

证券代码	证券简称	业绩得分	业绩排名	业绩类型
000600	建投能源	68.53	1	中
000958	东方能源	66.28	2	中
该行业上市公司平均得分		67.41	—	—

剩余5个行业的上市公司业绩情况见表4－21：农林牧渔业的福成股份排名较为靠前，得分71.46，为良好水平；交通运输、仓储和邮政业的唐山港排名其次，得分68.49，为中等水平；信息传输、软件和信息技术服务业的茂业通信排名第三，得分67.04，为中等水平；采矿业的冀中能源排名第四，得分35.10，为较差水平；综合类的廊坊发展排名最后，得分11.30，为较差水平。

表4－21　2015年河北省其他行业上市公司业绩得分

单位：分

证券代码	证券简称	所属行业	业绩得分	业绩总排名	业绩类型
600965	福成股份	农林牧渔业	71.46	6	良
601000	唐山港	交通运输、仓储和邮政业	68.49	8	中
000889	茂业通信	信息传输、软件和信息技术服务业	67.04	12	中
000937	冀中能源	采矿业	35.10	42	差
600149	廊坊发展	综合类	11.30	52	差

（二）分项业绩分析

1. 总体状况

从表4－22可见2015年河北省上市公司分项业绩情况：四方面分项业绩均表现较好的公司少见，基本上每家公司都存在一两个方面的短板。综合业绩排名第一位的乐凯新材，其赢利能力、债务风险排名均为第二名，比较靠前，但其资产质量排名第19位，相对靠后。2015年，乐凯新材的应收账款周转率为4.23%，与河北省上市公司平均水平（57.27%）差距较大，造成该公司资产质量得分排名相对靠后，说明该公司在应收账款的管理控制上应再接再厉。综合业绩排名第二位的承德露露，其赢利能力、资产质量、债务风险排名分别为第七、第五、第五位，但其经营增长排名第17位，相对落后。综合业绩排名第三位的长城汽车，其资产质量排名第一位，但其赢利能力、债务风险、经营增长排名分别为第13位、第12位、第14位。综合业绩排名第四位的四通新材，其资产质量、债务风险排名尽管分别为第六位、第四位，但其赢利能力排名第22位，比较靠后。综合业绩排名第五位的汇中股份，其债务风险、赢利能力排名分别为第一、第四位。

表4-22　2015年河北省上市公司分项业绩状况

单位：分

证券代码	赢利能力		资产质量		债务风险		经营增长		综合业绩	
	得分	排名	得分	排名	得分	排名	得分	排名	得分	排名
300446	34.98	2	14.79	19	24.79	2	14.02	9	88.59	1
000848	29.74	7	18.24	5	20.61	5	12.44	17	81.04	2
601633	25.79	13	23.30	1	17.07	12	12.68	14	78.84	3
300428	21.83	22	17.93	6	22.24	4	13.90	11	75.91	4
300371	31.44	4	7.23	42	24.93	1	11.47	21	75.06	5
600965	24.26	17	17.25	9	18.12	9	11.83	20	71.46	6
000600	32.89	3	15.86	15	11.92	29	7.86	34	68.53	7
601000	29.90	6	13.59	26	12.96	24	12.05	19	68.49	8
002603	22.73	18	15.43	16	17.75	10	12.48	16	68.40	9
600722	31.26	5	13.93	23	16.99	13	5.47	41	67.65	10
002049	28.00	9	6.06	45	18.75	8	14.46	8	67.27	11
000889	21.29	23	16.22	13	16.52	15	13.01	13	67.04	12
600482	20.78	25	22.26	2	13.34	22	10.63	27	67.01	13
000413	27.88	11	6.62	44	12.00	27	20.38	1	66.88	14
300491	25.33	15	11.04	33	19.06	6	11.21	23	66.64	15
000958	26.76	12	16.20	14	11.92	28	11.39	22	66.28	16
600155	35.23	1	6.87	43	12.56	25	11.10	24	65.76	17
600559	21.20	24	17.04	10	13.26	23	13.97	10	65.48	18
000158	18.23	32	17.77	7	10.37	35	18.98	2	65.35	19
600340	28.00	10	10.02	34	10.80	34	16.48	5	65.29	20
300107	17.87	34	13.86	24	23.60	3	9.31	29	64.63	21
600135	16.33	39	14.28	22	16.73	14	15.99	6	63.33	22
002108	22.70	19	14.98	18	14.68	18	10.62	28	62.99	23
300137	21.92	21	7.28	41	18.76	7	14.69	7	62.66	24
300138	18.64	30	12.44	28	13.48	21	17.05	3	61.61	25
300368	22.37	20	7.89	38	14.30	20	16.55	4	61.10	26
300255	25.58	14	12.11	30	10.89	33	12.12	18	60.70	27
600803	28.07	8	14.99	17	11.29	32	5.80	40	60.16	28
600480	19.75	27	16.65	12	9.84	37	13.04	12	59.28	29

续表

证券代码	赢利能力		资产质量		债务风险		经营增长		综合业绩	
	得分	排名	得分	排名	得分	排名	得分	排名	得分	排名
600409	19.84	26	19.71	3	6.27	43	10.84	26	56.66	30
002146	24.79	16	11.90	31	6.60	41	12.61	15	55.91	31
000778	18.14	33	18.87	4	8.41	38	7.66	36	53.09	32
002691	17.61	35	4.31	48	17.09	11	11.05	25	50.05	33
300081	13.51	43	14.41	20	16.16	16	3.79	45	47.87	34
002282	18.30	31	7.53	40	14.65	19	6.47	37	46.94	35
600812	16.27	40	13.69	25	7.37	39	7.94	33	45.26	36
000709	19.17	28	16.66	11	2.81	48	4.42	42	43.06	37
002342	17.31	36	6.03	46	11.72	30	7.95	32	43.01	38
002494	16.70	38	8.95	36	12.07	26	4.38	43	42.09	39
601258	15.48	41	12.34	29	3.28	47	8.20	30	39.31	40
600550	19.05	29	7.84	39	2.72	49	7.70	35	37.30	41
000937	17.14	37	5.30	47	10.21	36	2.45	46	35.10	42
600997	11.10	45	14.37	21	6.41	42	0	49	31.88	43
002442	11.42	44	13.10	27	5.20	45	0	50	29.72	44
000923	14.64	42	0	50	6.00	44	6.37	38	27.01	45
000687	0	47	11.86	32	7.15	40	6.20	39	25.21	46
600230	0	48	17.50	8	3.69	46	0	51	21.19	47
000401	7.77	46	9.06	35	0	50	0	52	16.83	48
002459	0	49	0	51	15.58	17	0	47	15.58	49
000856	0	50	8.84	37	0	51	4.28	44	13.11	50
000408	0	51	3.81	49	0	52	8.05	31	11.86	51
600149	0	52	0	52	11.30	31	0	48	11.30	52

2. 分板块情况

2015 年，河北省不同板块上市公司分项业绩情况见图 4－19。创业板公司的综合业绩得分、赢利能力得分、债务风险得分、经营增长得分均为最高，资产质量得分居第二位；中小板公司的债务风险得分为第二位，其余分项业绩得分均为第三位；主板公司的资产质量得分最高，赢利能力、经营增长以及综合业绩得分均为第二位，但其债务风险得分居第三位。即 2015 年度，河北省不同板块的业绩情况为：创业板公司赢利水平最高、债务风险最低，经营增长最快，资产质量较主板稍差，综合业绩得分最高；中小板的赢利水平最低，资产质量最差，债务风险居中，综合业绩得分最低；主板的赢利水平、经营增长、综合业绩均处于中间水平，债务风险最低，资产质量表现最好。

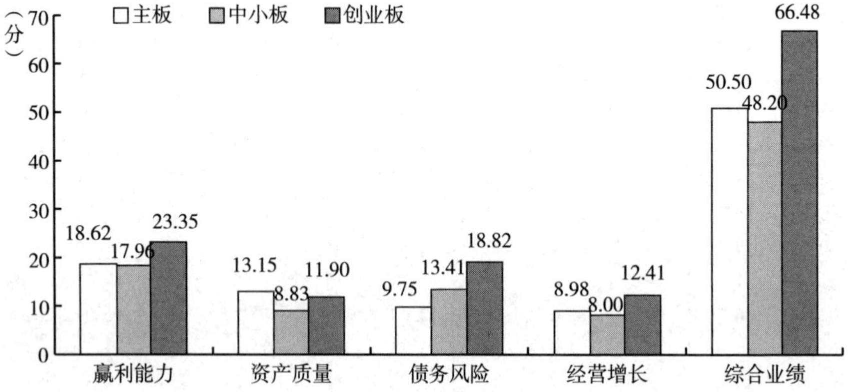

图4－19　2015年河北省不同板块上市公司分项业绩得分状况

3. 分行业情况

图4－20至图4－23分别呈现了河北省各行业上市公司在赢利能力、资产质量、债务风险、经营增长四个方面的得分情况。

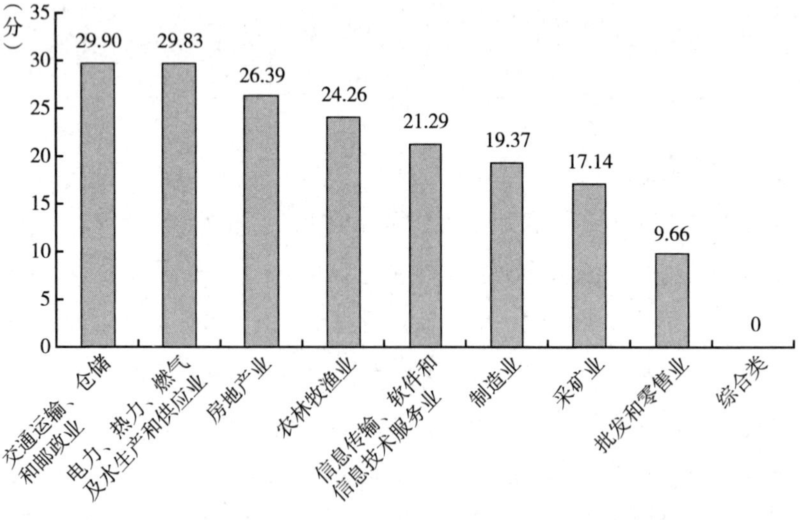

图4－20　2015年河北省各行业上市公司赢利能力得分

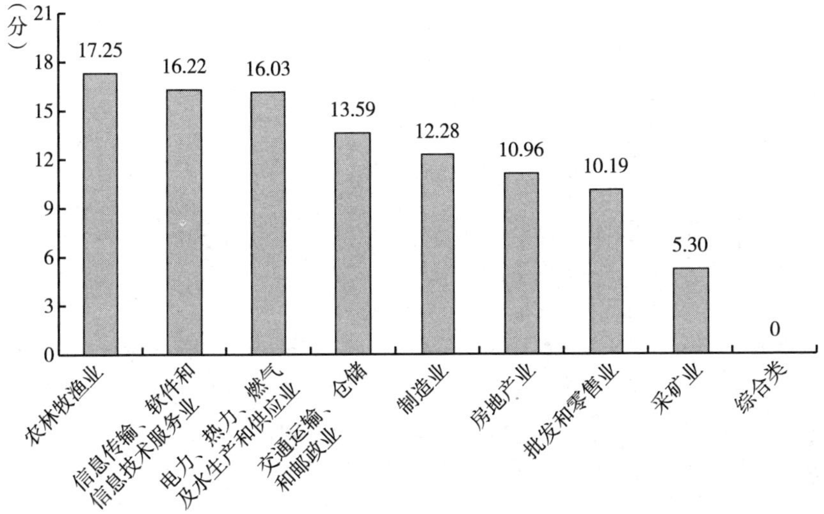

图 4－21　2015 年河北省各行业上市公司资产质量得分

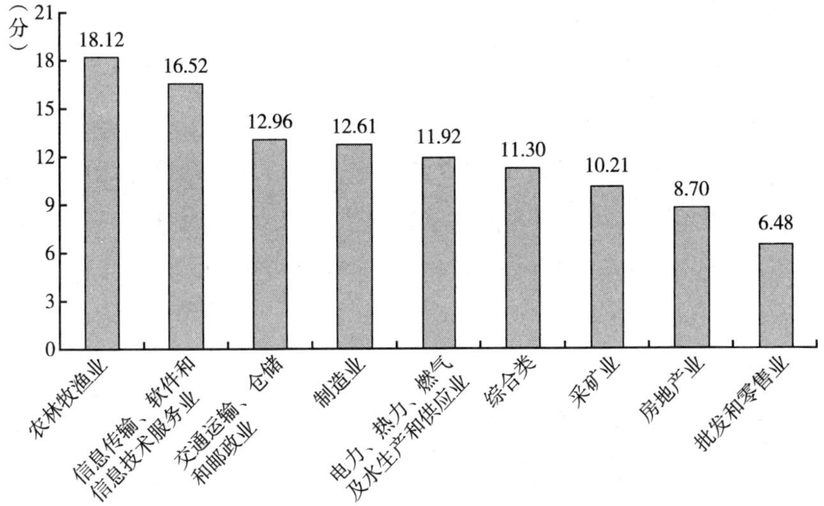

图 4－22　2015 年河北省各行业上市公司债务风险得分

交通运输、仓储和邮政业上市公司的赢利能力得分最高，其债务风险得分和经营增长得分排名第三，资产质量得分排名第四，说明该行业上市公司的总体业绩状况较好。

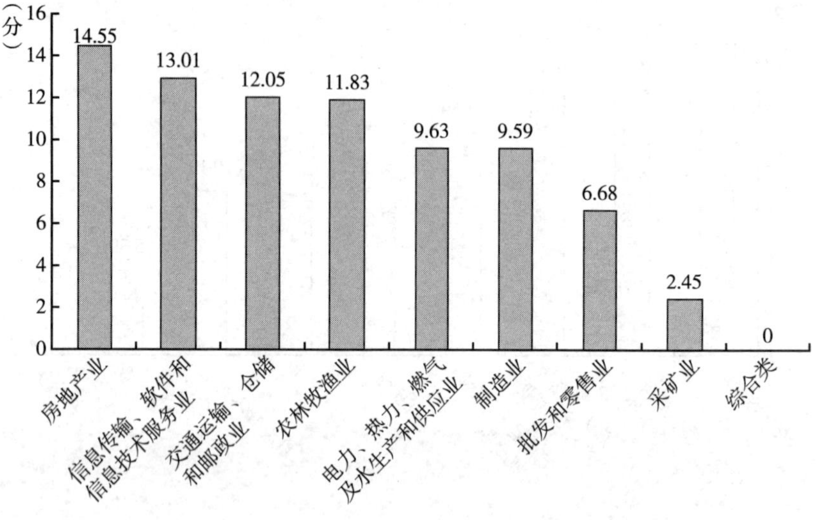

图4－23　2015年河北省各行业上市公司经营增长得分

电力、热力、燃气及水生产和供应业上市公司的赢利能力得分排名第二，资产质量得分排名第三，债务风险及经营增长得分均排名第五，各分项业绩表现相对均衡。

房地产业上市公司的经营增长能力得分排名第一，赢利能力得分排名第三，名次比较靠前。但其资产质量得分排名第六，债务风险得分排名第八，说明该行业上市公司在2015年度尽管实现了资产的高速增长，也取得了较高的利润水平，但存在资产质量弱化，尤其是债务风险较高的隐患。

农林牧渔业上市公司的资产质量和债务风险得分排名均为第一，其赢利能力和经营增长排名第四，说明该行业上市公司总体业绩状况相对较好。

信息传输、软件和信息技术服务业的资产质量、债务风险、经营增长得分均为第二位，赢利能力得分排名第五位，说明该行业上市公司的资产质量较好、债务风险小、资产增长快速，但其赢利能力和赢利水平有待增强。

制造业上市公司的赢利能力、经营增长排名第六，资产质量排名第五，债务风险排名第四，各分项得分相对均衡，说明该行业上市公司的各方面业绩状况不理想，这也与河北省上市公司中制造业数量最多有关。

采矿业在2015年度只有冀中能源一家上市公司，其赢利能力、债务风险得分排名第七位，资产质量和经营增长得分排名第八位。这表明采矿业上市公司赢利能力差、资产管理水平弱、债务风险较高，存在发展后劲不足的相应问题。

批发和零售业上市公司的赢利能力得分排名第八（倒数第二），资产质量、经营增长得分排名第七，债务风险得分排名第九。这说明该行业上市公司的资产管理水平较弱，债务风险高，赢利能力和发展能力差。

综合类上市公司的赢利能力、资产质量和经营增长得分排名均为最末位（第九），债务风险得分排名为第六位。该行业2015年度只有廊坊发展一家上市公司，其净资产收益率-26.65%、总资产报酬率-17.61%，总资产周转率3.03%、应收账款周转率1.14%，销售（营业）增长率-70.42%、资本保值增值率76.45%，均大大低于河北省平均水平（5.52%，4.14%；0.54%，57.27%；2.99%，121.12%）（总资产周转率除外）。这说明该公司的赢利能力弱、资产质量差、发展能力差。

（1）制造业

表4-23显示了2015年河北省制造业上市公司各项得分情况。赢利能力排名第一的是宝硕股份，但其资产质量、债务风险、经营增长得分较低，导致其综合业绩得分在40家制造业上市公司中排名第12位；资产质量得分排名第一的是长城汽车，债务风险得分排名第一的是汇中股份，这两家上市公司综合业绩得分均在75分以上，属良好等级，排名分别为第三、第五；经营增长排名第一的是东旭光电，但其资产质量和债务风险得分太低，导致其综合业绩得分在40家制造业上市公司中排名第10位；赢利能力得分排名前五名的分别为宝硕股份、乐凯新材、汇中股份、金牛化工、承德露露，这5家公司里，除了宝硕股份的综合业绩得分被其资产质量和债务风险拉低之外，其余4家公司的综合业绩得分排名分别为第一、第五、第七、第二。从

综合业绩与其他分项业绩之间的关系看：尽管各个公司在不同分项业绩上的表现有差异，但综合业绩水平较高的公司其赢利能力一般较高，表明赢利能力是综合业绩的最有力支撑。

表 4－23　2015 年河北省制造业上市公司分项业绩状况

单位：分

证券简称	赢利能力		资产质量		债务风险		经营增长		综合业绩	
	得分	排名	得分	排名	得分	排名	得分	排名	得分	排名
乐凯新材	34.98	2	14.79	15	24.79	2	14.02	8	88.59	1
承德露露	29.74	5	18.24	5	20.61	5	12.44	14	81.04	2
长城汽车	25.79	9	23.30	1	17.07	11	12.68	12	78.84	3
四通新材	21.83	16	17.93	6	22.24	4	13.90	10	75.91	4
汇中股份	31.44	3	7.23	33	24.93	1	11.47	16	75.06	5
以岭药业	22.73	12	15.43	12	17.75	9	12.48	13	68.40	6
金牛化工	31.26	4	13.93	18	16.99	12	5.47	32	67.65	7
紫光国芯	28.00	7	6.06	36	18.75	8	14.46	7	67.27	8
中国动力	20.78	18	22.26	2	13.34	19	10.63	21	67.01	9
东旭光电	27.88	8	6.62	35	12.00	23	20.38	1	66.88	10
通合科技	25.33	11	11.04	25	19.06	6	11.21	17	66.64	11
宝硕股份	35.23	1	6.87	34	12.56	21	11.10	18	65.76	12
老白干酒	21.20	17	17.04	9	13.26	20	13.97	9	65.48	13
常山股份	18.23	25	17.77	7	10.37	27	18.98	2	65.35	14
建新股份	17.87	27	13.86	19	23.60	3	9.31	23	64.63	15
乐凯胶片	16.33	31	14.28	17	16.73	13	15.99	5	63.33	16
沧州明珠	22.70	13	14.98	14	14.68	15	10.62	22	62.99	17
先河环保	21.92	15	7.28	32	18.76	7	14.69	6	62.66	18
晨光生物	18.64	23	12.44	22	13.48	18	17.05	3	61.61	19
汇金股份	22.37	14	7.89	29	14.30	17	16.55	4	61.10	20
常山药业	25.58	10	12.11	23	10.89	26	12.12	15	60.70	21
新奥股份	28.07	6	14.99	13	11.29	25	5.80	31	60.16	22
凌云股份	19.75	20	16.65	11	9.84	28	13.04	11	59.28	23
三友化工	19.84	19	19.71	3	6.27	33	10.84	20	56.66	24
新兴铸管	18.14	26	18.87	4	8.41	29	7.66	27	53.09	25
冀凯股份	17.61	28	4.31	38	17.09	10	11.05	19	50.05	26
博深工具	18.30	24	7.53	31	14.65	16	6.47	28	46.94	27
华北制药	16.27	32	13.69	20	7.37	30	7.94	25	45.26	28

续表

证券简称	赢利能力		资产质量		债务风险		经营增长		综合业绩	
	得分	排名	得分	排名	得分	排名	得分	排名	得分	排名
河钢股份	19.17	21	16.66	10	2.81	37	4.42	33	43.06	29
巨力索具	17.31	29	6.03	37	11.72	24	7.95	24	43.01	30
华斯股份	16.70	30	8.95	27	12.07	22	4.38	34	42.09	31
保变电气	19.05	22	7.84	30	2.72	38	7.70	26	37.30	32
开滦股份	11.10	35	14.37	16	6.41	32	0	37	31.88	33
龙星化工	11.42	34	13.10	21	5.20	35	0	38	29.72	34
河北宣工	14.64	33	0	39	6.00	34	6.37	29	27.01	35
华讯方舟	0	37	11.86	24	7.15	31	6.20	30	25.21	36
*ST 沧大	0	38	17.50	8	3.69	36	0	39	21.19	37
冀东水泥	7.77	36	9.06	26	0	39	0	40	16.83	38
天业通联	0	39	0	40	15.58	14	0	36	15.58	39
*ST 冀装	0	40	8.84	28	0	40	4.28	35	13.11	40

图 4－24 则显示了 2015 年河北省不同性质制造业上市公司各项业绩的差异情况。40 家制造业上市公司中，包括 18 家国有公司和 22 家民营公司。其中，国有制造业公司除了在资产质量得分上高于民营公司以外（13.85 > 11.00），其赢利能力、债务风险、经营增长得分和综合业绩得分均低于民营制造业上市公司，表明河北省国有制造业上市公司的整体业绩水平低于民营上市公司。

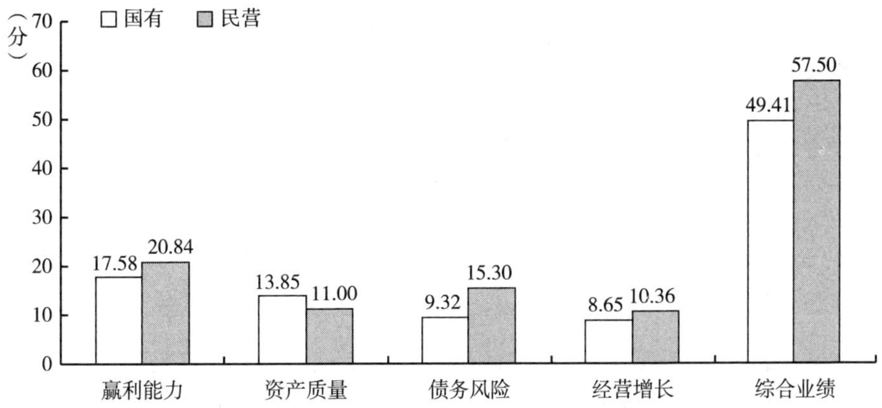

图 4－24　2015 年河北省不同性质制造业上市公司分项业绩得分情况

表4－24显示了2015年河北省制造业各细分行业上市公司分项得分情况：综合业绩排名第一的有色金属冶炼及压延加工业，其赢利能力、资产质量、债务风险、经营增长得分分别排名第六、第三、第一、第三；综合业绩排名第二的酒饮料和精制茶制造业，其赢利能力和债务风险得分排名第三，其资产质量和经营增长得分排名第五；综合业绩排名第三的汽车制造业，其赢利能力、资产质量、债务风险、经营增长得分分别排名第四、第二、第八、第七。从综合业绩与其他分项业绩之间的关系看：尽管各细分行业上市公司在不同分项业绩上的表现有差异，但综合业绩水平高的公司其赢利能力一般较高（见表4－24：综合业绩排名前5位的细分行业，其赢利能力得分排名均在前8位），债务风险和经营增长表现也很好（综合业绩排名前5位的细分行业，其债务风险和经营增长得分排名均在前10位，仪器仪表制造业的资产质量除外）。综合业绩排名第四的仪器仪表制造业，其资产质量得分排名第18位，名次比较靠后，说明公司在提升业绩水平的基础上也应该关注资产质量和资产管理水平的提高。综合业绩排名最后3位的细分行业是非金属矿物制品业、石油加工炼焦及核燃料加工业、专用设备制造业，这三个行业的赢利能力得分排名也较靠后，分别为第19位、第17位、第18位。

表4－24　2015年河北省制造业细分行业上市公司分项业绩状况

单位：分

制造业细分行业	赢利能力		资产质量		债务风险		经营增长		综合业绩	
	得分	排名	得分	排名	得分	排名	得分	排名	得分	排名
有色金属冶炼及压延加工业	21.83	6	17.93	3	22.24	1	13.90	3	75.91	1
酒饮料和精制茶制造业	25.47	3	17.64	5	16.94	3	13.20	5	73.26	2
汽车制造业	22.77	4	19.97	2	13.45	8	12.86	7	69.06	3
仪器仪表制造业	26.68	2	7.25	18	21.85	2	13.08	6	68.86	4
铁路船舶航空航天和其他运输设备制造业	20.78	8	22.26	1	13.34	9	10.63	10	67.01	5
纺织业	18.23	14	17.77	4	10.37	15	18.98	1	65.35	6
橡胶和塑料制品业	28.97	1	10.92	12	13.62	5	10.86	8	64.37	7
农副食品加工业	18.64	11	12.44	11	13.48	7	17.05	2	61.61	8

续表

制造业细分行业	赢利能力		资产质量		债务风险		经营增长		综合业绩	
	得分	排名	得分	排名	得分	排名	得分	排名	得分	排名
医药制造业	21.53	7	13.75	9	12.00	12	10.85	9	58.12	9
化学原料及化学制品制造业	19.97	9	15.27	7	13.57	6	7.68	13	56.49	10
计算机通信和其他电子设备制造业	18.63	12	8.18	16	12.63	10	13.68	4	53.12	11
电气机械及器材制造业	22.19	5	9.44	13	10.89	13	9.45	11	51.97	12
金属制品业	17.73	15	12.45	10	10.06	16	7.80	12	48.05	13
通用设备制造业	18.30	13	7.53	17	14.65	4	6.47	15	46.94	14
黑色金属冶炼及压延加工业	19.17	10	16.66	6	2.81	18	4.42	16	43.06	15
皮革毛皮羽毛及其制品和制鞋业	16.70	16	8.95	15	12.07	11	4.38	17	42.09	16
专用设备制造业	10.92	18	4.21	19	10.59	14	7.65	14	33.37	17
石油加工炼焦及核燃料加工业	11.10	17	14.37	8	6.41	17	0	18	31.88	18
非金属矿物制品业	7.77	19	9.06	14	0	19	0	19	16.83	19

（2）批发和零售业

2015 年，河北省共 3 家批发和零售业上市公司，且均为民营企业。这 3 家公司的分项业绩与综合业绩基本一致（见表 4－25、图 4－25）：综合业绩得分排名第一的恒信移动，其资产质量、债务风险得分均为第一位，赢利能力排名第二，各分项表现都比较好；综合业绩得分排名第二的庞大集团，其赢利能力、经营增长得分为第一位，资产质量、债务风险排名第二；综合业绩排名第三位的＊ST 金源，其经营增长得分排名中间，其余的三个分项赢利能力、资产质量、债务风险得分排名均为第三位。2015 年，河北省批发和零售业上市公司综合业绩最高分 47.87，最低分 11.86，平均分 33.01。恒信移动业绩水平为“较低”等级，其余两家公司业绩水平均为“较差”等级。2015 年，河北省批发和零售业整体业绩水平较低。这一点从图 4－26 也可以看出：无论是四个分项业绩得分还是综合业绩得分，批发和零售业上市公司的平均水平均低于河北省上市公司平均水平。

表 4－25　2015 年河北省批发和零售业上市公司各项业绩状况

单位：分

证券简称	赢利能力		资产质量		债务风险		经营增长		综合业绩	
	得分	排名	得分	排名	得分	排名	得分	排名	得分	排名
恒信移动	13.51	2	14.41	1	16.16	1	3.79	3	47.87	1
庞大集团	15.48	1	12.34	2	3.28	2	8.20	1	39.31	2
*ST 金源	0	3	3.81	3	0	3	8.05	2	11.86	3

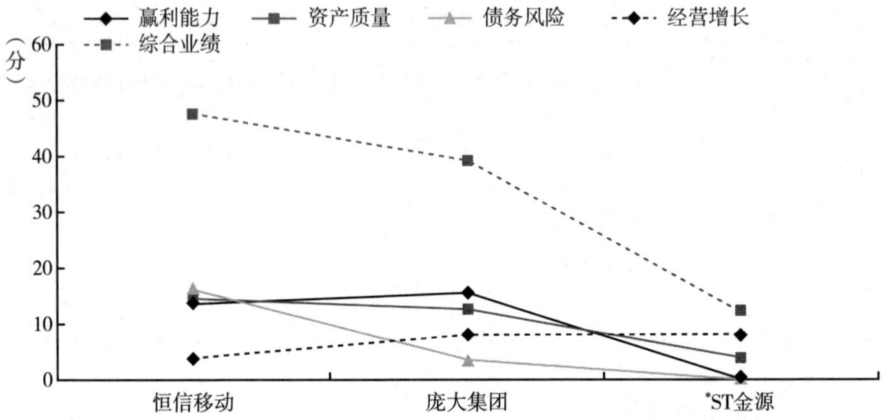

图 4－25　2015 年河北省批发和零售业上市公司各项业绩得分情况

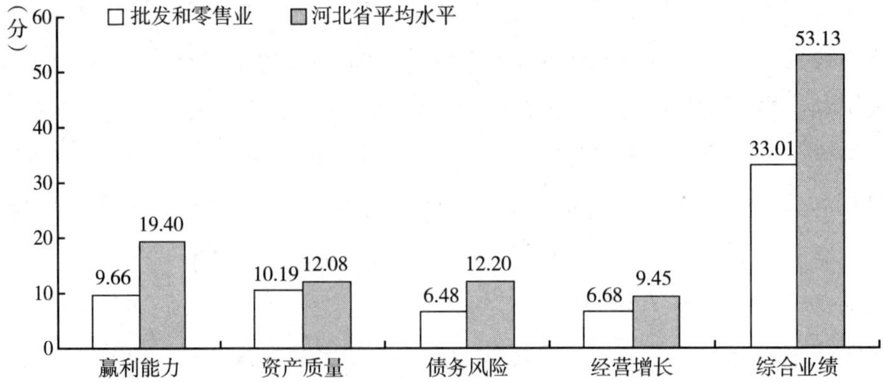

图 4－26　2015 年河北省批发和零售业上市公司各项业绩得分与全省情况对比

（3）房地产业

2015 年，河北省共有两家房地产业上市公司：华夏幸福和荣盛发展，均为民营企业。这两家上市公司的整体业绩均处于“中等”等级，见表 4－26 和图 4－27。华夏幸福在赢利能力、债务风险、经营增长方面均居于行业领先地位，荣盛发展的资产质量得分比华夏幸福略高，但两者差异不大。从图 4－28 可以看出房地产业上市公司的业绩优势：其赢利能力、经营增长、综合业绩得分均高于河北省上市公司平均水平，但在资产质量和债务风险方面则低于河北省上市公司平均水平，说明河北省房地产业上市公司应关注自身的债务风险及资产管理。

表 4－26　2015 年河北省房地产业上市公司各项业绩状况

单位：分

证券简称	赢利能力		资产质量		债务风险		经营增长		综合业绩	
	得分	排名	得分	排名	得分	排名	得分	排名	得分	排名
华夏幸福	28.00	1	10.02	2	10.80	1	16.48	1	65.29	1
荣盛发展	24.79	2	11.90	1	6.60	2	12.61	2	55.91	2

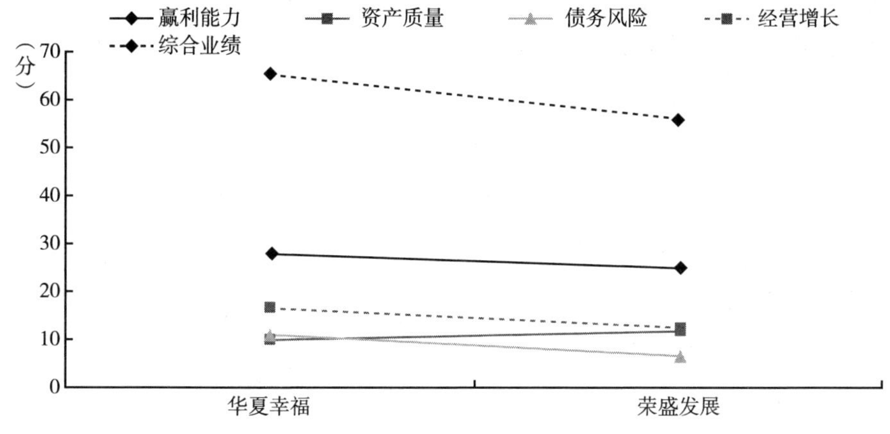

图 4－27　2015 年河北省房地产业上市公司各项业绩得分情况

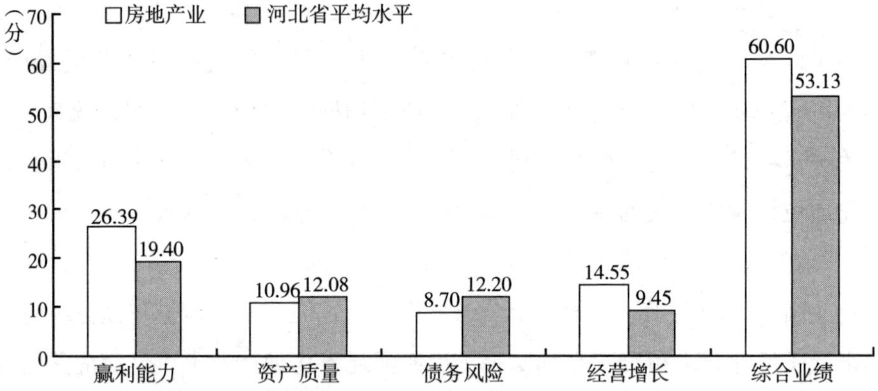

图 4－28　2015 年河北省房地产业上市公司各项业绩得分与全省情况对比

（4）电力、热力、燃气及水生产和供应业

2015 年，河北省共两家电力、热力、燃气及水生产和供应业上市公司：建投能源和东方能源，均为国有企业。由表 4－27 和图 4－29 可见：这两家上市公司在各分项业绩指标方面互有所长，差距不大。它们的整体业绩水平均处于“中等”水平。其中，建投能源赢利能力得分高，导致其综合业绩得分高；东方能源的资产质量、债务风险、经营增长好一些，其综合业绩得分排名第二。相对于河北省上市公司平均水平，该行业的各分项业绩和综合业绩均表现较好，详情见图 4－30。

表 4－27　2015 年河北省电力、热力、燃气及水生产和供应业上市公司各项业绩状况

单位：分

证券简称	赢利能力		资产质量		债务风险		经营增长		综合业绩	
	得分	排名	得分	排名	得分	排名	得分	排名	得分	排名
建投能源	32.89	1	15.86	2	11.918	2	7.86	2	68.53	1
东方能源	26.76	2	16.20	1	11.922	1	11.39	1	66.28	2

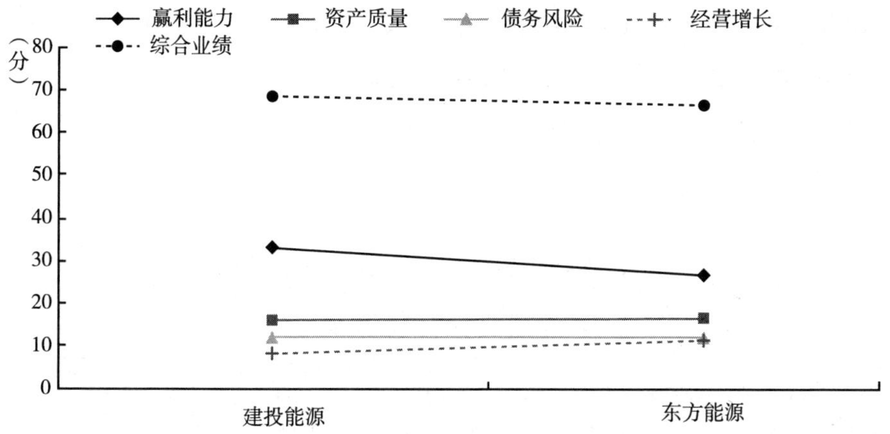

图 4－29　2015 年河北省电力、热力、燃气及水生产和供应业上市公司各项业绩得分情况

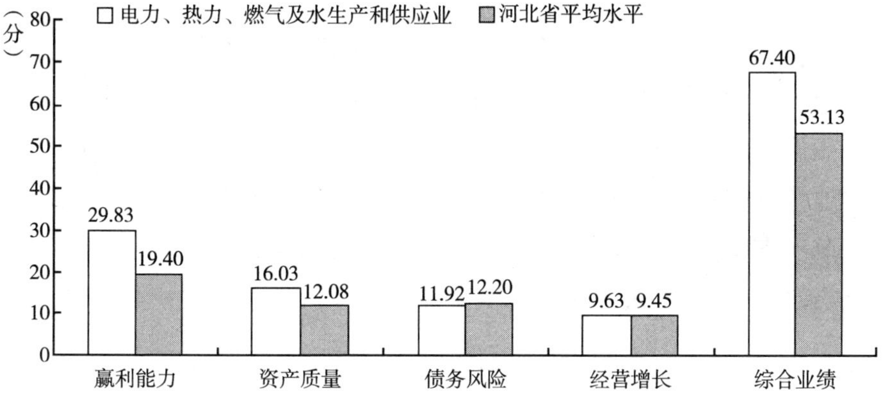

图 4－30　2015 年河北省电力、热力、燃气及水生产和供应业上市公司各项业绩得分与全省情况对比

（5）其他行业

河北省其他行业的 5 家公司各分项业绩状况见表 4－28。福成股份、唐山港、茂业通信的综合业绩在河北省全部上市公司中的排名分别为第六、第八、第十二位。这三家公司各分项业绩表现也处于中等或偏上水平，整体业绩状况较好。冀中能源、廊坊发展的综合业绩水平则比较低，在河北省全部上市公司中的排名分别为第42位、第52位，这两家公司各分项业绩得分均处于中等偏下水平。尤其是廊坊发展，其赢利能力、资产质量排名最末位（第52位），债务风险排第31位，经营增长排第48位，综合业绩倒数第一，业绩表现很差。

表4－28　2015年河北省其他行业上市公司各项业绩状况

单位：分

证券简称	赢利能力		资产质量		债务风险		经营增长		综合业绩	
	得分	总排名	得分	总排名	得分	总排名	得分	总排名	得分	总排名
福成股份	24.26	17	17.25	9	18.12	9	11.83	20	71.46	6
唐山港	29.90	6	13.59	26	12.96	24	12.05	19	68.49	8
茂业通信	21.29	23	16.22	13	16.52	15	13.01	13	67.04	12
冀中能源	17.14	37	5.30	47	10.21	36	2.45	46	35.10	42
廊坊发展	0	52	0	52	11.30	31	0	48	11.30	52

图4－31至图4－35则分别显示了其他行业的这5家上市公司各分项业绩与河北省平均水平的比较情况：农林牧渔业，交通运输、仓储和邮政业，信息传输、软件和信息技术服务业这3家公司，无论是综合业绩得分还是各分项业绩得分，均高于河北省上市公司平均水平；采矿业、综合类两家公司的各分项业绩及综合业绩得分均低于河北省上市公司平均水平，表明了这两家公司的低获利能力现状。

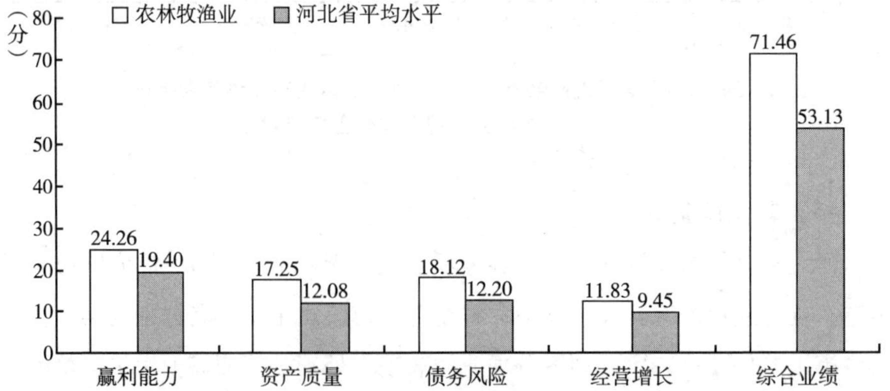

图4－31　2015年河北省农林牧渔业上市公司各项业绩得分与全省情况对比

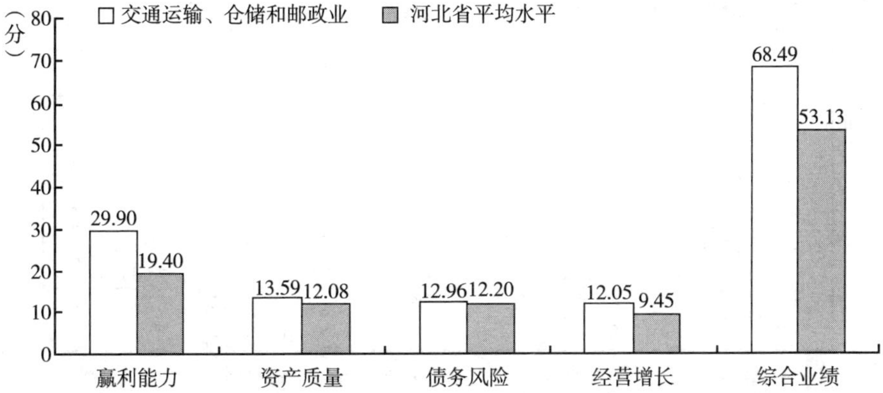

图 4－32　2015 年河北省交通运输、仓储和邮政业上市公司各项业绩得分与全省情况对比

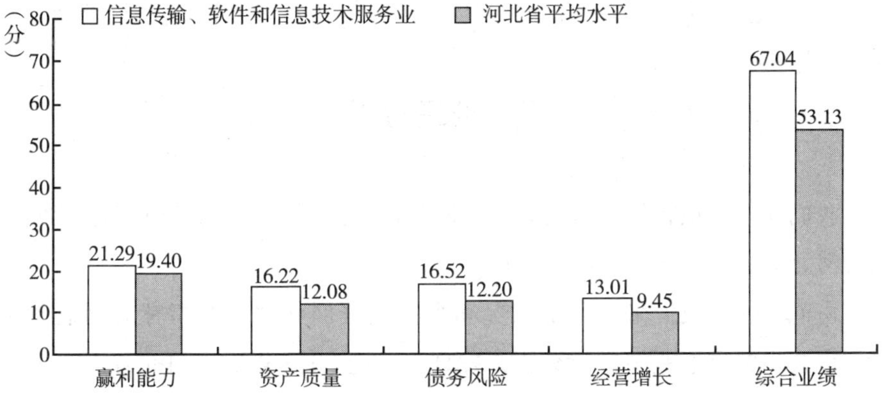

图 4－33　2015 年河北省信息传输、软件和信息技术服务业上市公司各项业绩得分与全省情况对比

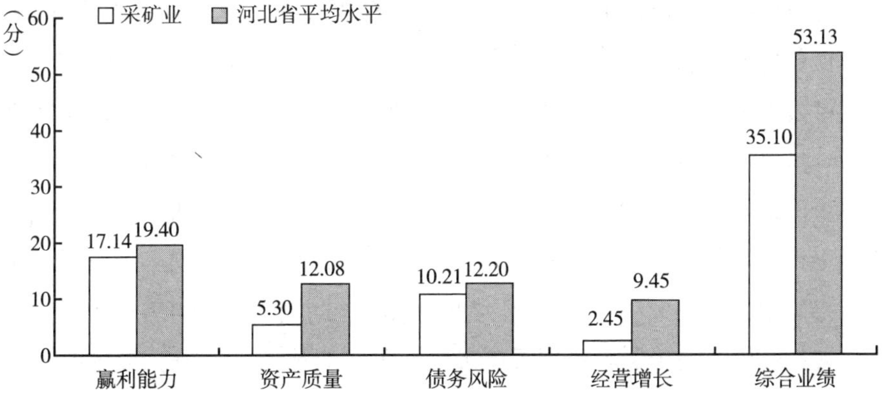

图 4－34　2015 年河北省采矿业上市公司各项业绩得分与全省情况对比

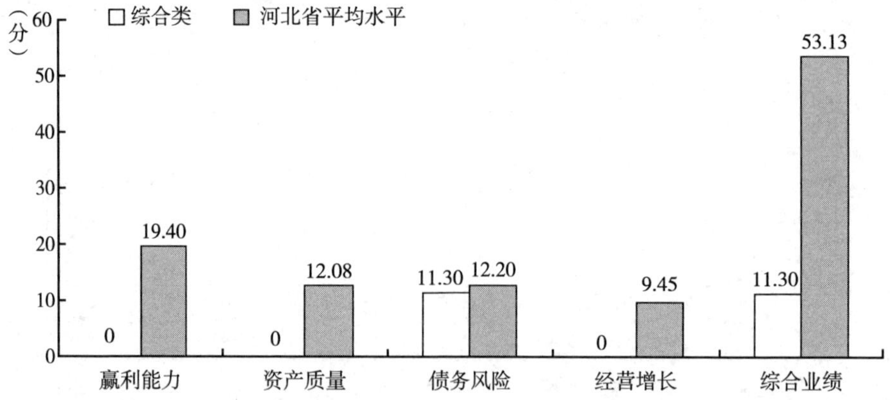

图 4-35　2015 年河北省综合类上市公司各项业绩得分与全省情况对比

四　业绩分析

我们在本分报告采取市值分析、财务指标分析、综合及分项业绩计分方法对河北省上市公司业绩状况进行了分析。

市值方面，我们采用市值状况和个股投资回报率两个指标对河北省 A 股上市公司的市值业绩进行分析，发现：截至 2015 年底，河北省上市公司市值总额为 8038.73 亿元，平均市值为 154.15 亿元，在全国各省份中排名分别为第 14 位、第 9 位。其中，市值总额排名在全国居中等偏上水平，但是与各省份平均总市值 17080.2682 亿元还有较大的差距；河北省平均市值比市值总额排名靠前，与全国平均值 155.91 亿元比较接近。河北省 52 家 A 股上市公司涉及的 9 个行业中，制造业市值总额最高，房地产业的平均市值最高。华夏幸福（600340）的个股总市值最高，通合科技（300491）的个股总市值最低。从 2011～2015 年的个股投资回报率看，河北省上市公司与全国上市公司的个股投资回报率均呈上涨趋势，其中 2015 年河北上市公司个股投资回报率（65.67%）低于全国上市公司水平（78.60%）。9 个行业中，农林牧渔业的个股投资回报率最高，采矿业最低。其中，农林牧渔业，电力、热力、燃气及水生产和供应业这两个行业个股投资回报率高于全国同行业水平，其余7个行业的个股投资回报率低于全国同行业水平。河北省52家A股上市公司中，2015年个股投资回报率最高的为华讯方舟（000687），最低的为开滦股份（600997）。

从主要财务指标看，赢利指标方面，河北省上市公司2011年、2012年赢利指标与全国有较明显差异，2013～2015年，河北省上市公司总资产报酬率与全国基本一致，净资产收益率则存在一定差距：全国净资产收益率缓慢下降，河北省净资产收益率逐渐上升。资产质量指标方面，2011～2015年，河北省上市公司总资产周转率与全国上市公司整体差别不大，2012～2015年略低于全国水平；应收账款周转率在2011年高于全国，2012～2015年低于全国，其中2014年差距稍小，2012年、2013年、2015年差距较大。债务风险指标方面，2011～2015年，河北省上市公司资产负债率略高于全国上市公司，但差距不大；已获利息倍数则呈现较为波动的变化趋势：2011年高于全国，2012年、2013年略低于全国，2014年较大幅度低于全国，2015年较大幅度高于全国。经营增长指标方面，2011～2015年，河北省上市公司资本保值增值率与全国基本持平，但销售（营业）增长率与全国差异较大，2011年、2012年、2015年，河北省销售（营业）增长率较大幅度低于全国。

从综合业绩看，河北省上市公司2015年度整体表现一般，优秀业绩水平的上市公司仅1家，业绩得分平均水平为中等。52家上市公司中：1家公司业绩水平优秀，5家公司业绩水平良好，13家公司业绩水平较差。分板块看，创业板得分最高，主板次之，中小板最低。在河北省上市公司所涉及的9个行业中，农林牧渔业业绩排名第一，综合类排名最后，制造业排名第6位。19个制造业细分行业中，有色金属冶炼及压延加工业排名第1位，非金属矿物制品业排名最末位。制造业、批发和零售业内部公司业绩差距较大，其他行业差距较小。

从构成综合业绩的赢利能力、资产质量、债务风险、经营增长分项业绩看：河北省上市公司四方面业绩均表现较好的公司较少，基本上每个公司都存在一两个方面的短板。四个分项业绩中，赢利能力是综合业绩最有力的支撑，赢利能力好的上市公司基本上综合业绩水平也较高。各个板块情况为：创业板公司赢利水平最高、债务风险最低、经营增长最快、资产质量较主板稍差；中小板的赢利水平最低、资产质量最差、债务风险居中；主板的赢利水平、债务风险、经营增长均处于中间水平，资产质量最好。

从行业情况的分项业绩看，交通运输、仓储和邮政业上市公司的赢利能力得分最高，债务风险、经营增长排名第三，资产质量排名第四，说明该行业上市公司的总体业绩状况较好；电力、热力、燃气及水生产和供应业上市公司的赢利能力排名第二，资产质量第三，债务风险及经营增长排名第五，各分项业绩表现相对均衡；房地产业上市公司的经营增长排名第一，赢利能力第三，名次比较靠前，但资产质量排名第六，债务风险第八，说明该行业在 2015 年度尽管实现了资产的高速增长，也取得了较高的利润水平，但存在资产质量弱化，尤其是债务风险较高的隐患；农林牧渔业上市公司的资产质量、债务风险得分排名第一，赢利能力和经营增长排名第四，说明该行业上市公司总体业绩状况相对较好；信息传输、软件和信息技术服务业的资产质量、债务风险、经营增长得分均为第二，赢利能力排名第五，说明该行业上市公司的资产质量较好、债务风险小、资产增长快速，但其赢利能力和赢利水平有待增强；制造业上市公司的赢利能力、经营增长排名第六，资产质量排名第五，债务风险排名第四，各分项得分相对均衡，业绩状况不理想；采矿业赢利能力、债务风险排名第八，资产质量和经营增长排名第七，表明该行业赢利能力差、资产管理水平低、债务风险较高，存在发展后劲不足的问题；批发和零售业上市公司的赢利能力排名第八，资产质量、经营增长第七，债务风险排名第九，说明该行业上市公司的资产管理水平较低，债务风险高，赢利能力和发展能力差；综合类 2015 年只有廊坊发展一家公司，其赢利能力、资产质量和经营增长得分排名均为最末位，债务风险排名第六，说明该公司的赢利能力弱、资产质量差、发展能力差。

分报告五
河北上市公司社会责任发展报告

本报告以《企业内部控制应用指引第4号——社会责任》（由财政部会同证监会、审计署、银监会、保监会等五部委在2010年联合制定）为基本依据，构建了包含三个层级40个三级指标的社会责任评价指标体系，并进一步采用专家打分法确定了第一层级指标权重，并在借鉴以往研究成果的基础上，对第二层级指标和第三层级指标采用等权重法赋值，最后采用评分法确定了各指标值。在此基础上，本报告计算了河北省各上市公司的社会责任得分，对各公司的社会责任情况进行了综合评价，并分板块、分行业、分地区进行了具体分析。

一　河北上市公司社会责任履行情况总体分析

按照前述企业社会责任评价指标体系，利用河北省上市公司数据资料，我们对每家公司2011～2015年的各层次指标分别进行了打分，并按照相应的权重进行了汇总和评价。本部分对全样本评价结果进行总体分析。

（一）河北省上市公司社会责任评价指标体系

指标设置的具体情况和各指标所占权重以及评分标准的确定见表5－1。

（二）河北省上市公司社会责任总体评价

下面将从河北省上市公司2011～2015年社会责任综合评分情况、每年综合评价前10名比较情况等两个方面对相关公司的社会责任履行情况进行总体评价。

表5-1　河北省上市公司社会责任评价指标体系

一级指标	二级指标	三级指标	占上级对应指标权重	评分标准
整体层面（30%）	社会责任组织概况（1/2）	1. 官网是否设社会责任专栏	（1/3）	是为100分，否为0分
		2. 是否有社会责任组织体系	（1/3）	是为100分，否为0分
		3. 是否有明确的社会责任规划	（1/3）	是为100分，否为0分
	社会责任报告（1/2）	4. 是否定期披露社会责任报告	（1/3）	是为100分，否为0分
		5. 社会责任报告是否经中介机构鉴证	（1/3）	是为100分，否为0分
		6. 社会责任报告内容的完整性	（1/3）	每披露业务层面二级指标中的一类得17分，最高得100分
业务层面（70%）	安全生产责任（1/7）	7. 是否建立安全生产管理制度	（1/4）	是得100分，否得0分
		8. 是否设立安全管理部门	（1/4）	是得100分，否得0分
		9. 是否进行安全生产投入	（1/4）	是得100分，否得0分
		10. 是否发生生产安全事故，是否妥善处理安全事故	（1/4）	未发生事故得100分，发生事故并妥善处理得50分，发生事故未妥善处理得0分
	产品质量和消费者责任（1/7）	11. 是否有产品质量控制和检验制度	（1/6）	是得100分，否得0分
		12. 是否获得产品质量认证证书	（1/6）	每一个认证证书得25分，最高100分
		13. 是否获得产品质量荣誉证书	（1/6）	每一个荣誉证书得25分，最高100分
		14. 是否有客户关系管理制度	（1/6）	是得100分，否得0分
		15. 是否有售后服务体系	（1/6）	是得100分，否得0分
		16. 售后是否发现存在严重质量缺陷、隐患的产品；如发生，是否妥善处理	（1/6）	未发生得100分，发生并妥善处理得50分，发生未妥善处理造成社会危害得0分
	环保与资源节约责任（1/7）	17. 是否建立环境保护和资源节约制度	（1/6）	是得100分，否得0分
		18. 是否有环境认证相关证书	（1/6）	有1个相关证书得25分，最高得100分
		19. 是否进行节能环保方面的投资	（1/6）	是得100分，否得0分
		20. 是否取得环保有关的荣誉	（1/6）	每1项得25分，最高100分
		21. 是否进行环保技术研发与应用	（1/6）	是得100分，否得0分
		22. 是否有年度节能减排目标并完成	（1/6）	无目标0分，有节能减排目标得50分，进行节能减排得50分，有目标且完成得100分

续表

一级指标	二级指标	三级指标	占上级对应指标权重	评分标准
	促进就业与员工责任（1/7）	23. 是否与员工签订劳动合同	（1/6）	是为100分，否为0分
		24. 是否为员工办理社会保险	（1/6）	是为100分，否为0分
		25. 是否建立职工代表大会与工会组织	（1/6）	两者都建立为100分，建一个50分，两者均否为0分
		26. 是否建立职业健康安全管理体系	（1/6）	是为100分，否为0分
		27. 是否有员工成长激励制度	（1/6）	是为100分，否为0分
		28. 女性高级管理人员比例	（1/6）	无女性高管得0分，女性高管比例在10%以内者得20分，20%以内者40分，30%以内者60分，40%以内者80分，超过40%者100分
	公益慈善责任（1/7）	29. 是否关心公益事业并进行公益慈善捐赠	（1/3）	是为100分，否为0分
		30. 是否组织公益主题活动	（1/3）	是为100分，否为0分
		31. 是否参与公益主题活动	（1/3）	是为100分，否为0分
	中小投资者权益维护责任（1/7）	32. 是否为股东创造了投资回报	（1/6）	每股收益为正得100分，每股收益为负得0分
		33. 当年是否进行红利分配	（1/6）	是为100分，否为0分
		34. 是否建立了公开可查的投资者关系管理制度	（1/6）	是为100分，否为0分
		35. 是否及时披露年度财务报告	（1/6）	4月30日（不含30日）之后的为0分，其他为100分
		36. 会计师事务所审计意见	（1/6）	意见为否定的0分，无法表示意见的20分，带强调事项的保留意见40分，保留意见60分，带强调事项的无保留意见80分，标准无保留意见100分
		37. 是否发布更正公告或补充公告	（1/6）	是为0分，否为100分

续表

一级指标	二级指标	三级指标	占上级对应指标权重	评分标准
	其他社会责任（1/7）	38. 是否有违法违规	（1/3）	否为100分，是为0分
		39. 受处罚类型	（1/3）	“市场禁入”和“取消营业许可”为0分，“罚款、没收非法所得”为25分；“警告、批评、谴责、其他”为50分，无处罚为100分
		40. 其他负面信息	（1/3）	有得0分，无负面信息得100分

注：1. 括号内数字是以百分数或分数表示的本指标对于上一层级指标的权重值。2. 本报告所使用的上市公司数据资料，除中小投资者权益维护责任和其他社会责任两个指标的相关数据主要来自国泰安数据库外，其他指标的相关数据则主要来自企业官网、企业社会责任报告、企业年报等公开资料，大部分数据为手工方式收集。

1. 河北省上市公司社会责任综合评价

表5－2列示了2011～2015年河北省上市公司社会责任的变化趋势。

表5－2　2011～2015年河北省上市公司社会责任综合评价

单位：分，家

年份	最大值	最小值	中位数	平均值	标准差	公司数量
2011	82.75	22.00	39.25	44.18	15.76	46
2012	77.42	23.67	41.17	46.66	14.87	47
2013	83.25	18.00	45.17	47.71	16.57	47
2014	82.83	23.17	43.50	47.84	14.37	49
2015	87.00	22.00	45.25	47.94	15.32	52

从表5－2所示的得分结果来看，从2011年起，河北省上市公司社会责任综合得分整体呈上升趋势，各年均值从2011年的44.18分上升到2015年的47.94分，上升幅度为8.5%；但环比增长速度却逐年放缓，从2012年的5.61%下降到2015年的0.21%。5年中，河北省上市公司社会责任综合得分最大值从2011年的82.75分提高到2015年的87.00分，提高幅度为5.14%；最小值则在轻微波动后回到最初水平，基本保持未变。同时，各年

上市公司社会责任综合得分的最大值、最小值、中位数呈现与均值变化基本相同的趋势。各年的标准差在14和16之间，说明不同公司履行社会责任的水平差异较大，样本公司社会责任得分的分布相对分散。

以上数据表明，总体上来讲，河北省上市公司社会责任意识普遍提高，社会责任水平稳步提升，对履行社会责任越来越重视。

图5－1更直观地体现了河北省上市公司近5年来社会责任履行水平逐年提升的变化趋势。

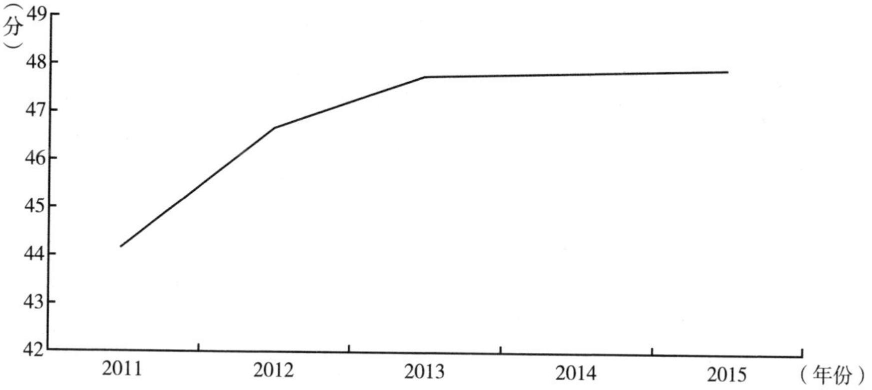

图5－1　河北省上市公司社会责任履行水平变化趋势

2. 各年度社会责任综合评价前10名情况

由表5－3可见，2011～2015年5年的前10名中，共涉及17家企业，其中5家（新兴铸管、冀中能源、河北钢铁、开滦股份、冀东水泥）连续5年均在前十之列，另有3家公司（唐山港、三友集团、长城汽车）有4年在列，1家公司（荣盛发展）有3年在列，2家公司（保变电气、新奥股份）有2年在列，还有3家公司（东旭光电、建投能源、博深工具）在2015年首次进入前十行列。唐山港公司在2012年进入前十，并在接下来的三年均在前十行列；荣盛发展在2011年、2012年和2013年三次入前十后，即退出，没能再进入前十；新奥股份则是在2011年进入前十，之后退出，2015年重新杀回前十。而三友化工和长城汽车则是在2011～2014年均在前十，2015年退出前十行列。

表 5－3　各年度河北省上市公司社会责任综合评价排名前 10 位企业

单位：分

	2011 年		2012 年		2013 年		2014 年		2015 年	
	证券简称	得分	证券简称	得分	证券简称	得分	证券简称	得分	证券简称	得分
1	三友化工	82.75	冀中能源	77.42	冀中能源	82.83	冀中能源	82.83	冀中能源	87.00
2	冀中能源	79.92	冀东水泥	76.50	冀东水泥	81.92	冀东水泥	78.17	新兴铸管	85.25
3	新兴铸管	77.42	新兴铸管	76.17	三友化工	79.08	新兴铸管	77.00	东旭光电	79.92
4	河北钢铁	76.25	荣盛发展	72.33	荣盛发展	77.33	唐山港	76.83	河钢股份	78.75
5	冀东水泥	72.42	三友化工	71.50	新兴铸管	74.92	三友化工	76.08	新奥股份	69.83
6	荣盛发展	67.42	河北钢铁	67.50	河北钢铁	69.58	河北钢铁	72.50	开滦股份	67.17
7	长城汽车	59.42	唐山港	63.58	唐山港	69.33	长城汽车	68.08	建投能源	65.25
8	开滦股份	58.67	长城汽车	61.50	长城汽车	68.08	保变电气	66.50	冀东水泥	64.50
9	乐凯胶片	57.75	华北制药	61.17	保变电气	66.50	开滦股份	63.17	博深工具	60.67
10	新奥股份	57.33	开滦股份	60.67	开滦股份	61.50	恒天天鹅	61.50	唐山港	60.17

注：河北钢铁 2015 年改称河钢股份。

二　河北上市公司社会责任水平分层级统计分析

本报告的指标评分涉及三个层次的具体指标评分。

（一）第一层级指标统计分析

社会责任评价的第一层级指标有两个，分别是整体层面和业务层面。表 5－4 列示了河北省上市公司整体层面社会责任评分的基本情况。

表 5－4　河北省上市公司整体层面社会责任评价

单位：分，个

年份	最大值	最小值	中位数	平均值	标准差	样本数
2011	66.67	0	0	14.28	22.18	46
2012	66.67	0	16.67	17.27	16.57	47
2013	66.67	0	16.67	20.92	22.08	47
2014	66.67	0	16.67	21.09	20.36	49
2015	83.33	0	16.67	19.56	24.88	52

表5－5列示了河北省上市公司业务层面社会责任评分的基本情况。

表5－5　河北省上市公司业务层面社会责任评价

单位：分，个

年份	最大值	最小值	中位数	平均值	标准差	样本数
2011	89.64	30.24	53.81	56.99	14.69	46
2012	89.17	29.05	54.05	59.26	15.52	47
2013	89.76	25.71	56.90	57.40	15.84	47
2014	89.76	33.10	53.33	59.30	14.99	49
2015	88.57	31.43	45.42	60.11	12.73	52

由表5－4和表5－5可以看出，2011～2015年，河北省上市公司整体层面指标得分非常低，平均值在14分和22分之间，最大值为83.33，最小值仅为0，而且数据资料显示，大部分样本公司该项指标每年的得分都为零，2015年情况有所好转，有27家公司该项指标大于零，占公司总数的51.92%。这说明河北省上市公司关于社会责任的网站建设、组织规划、信息披露等制度建设显著缺乏，亟待改进。

业务层面指标的得分均值为56.99～60.11分，虽然不高，却已显著高于整体层面，说明样本公司在具体业务执行方面对社会责任的履行有一定的关注度，也进行了具体实施，但是在制度建设和相关信息披露方面做得十分不够。

另外，第一层级两个指标的变化趋势大致相同，其均值逐年递增，但增长幅度的变化趋势略有不同。两个指标2012年的增长幅度很大，2013年出现分化，整体层面指标上升而业务层面指标有所下降，2014年两者的增长幅度都较小，基本趋于平缓，2015年整体层面指标出现微小下滑，业务层面略有上升。

尤其值得注意的是，2015年整体层面平均得分比2014年降低了1.53分，而标准差增长为24.88，说明企业间整体层面的社会责任水平差距进一步拉大。而业务层面的表现正好相反，平均得分提高了0.81分，标准差则降低为12.73，说明企业间业务层面的社会责任水平差距在缩小。两者的变化趋势如图5－2所示。

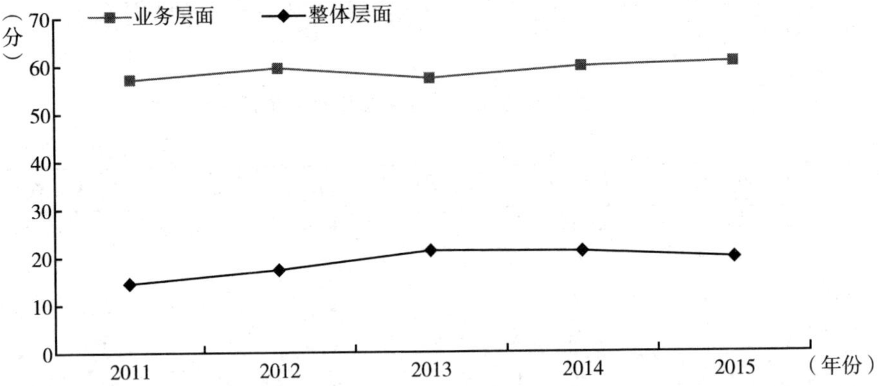

图 5－2　河北省上市公司社会责任评价第一层级指标得分均值分布

（二）第二层级和第三层级指标统计分析

整体层面指标体系由社会责任组织概况和社会责任报告两个二级指标，官网社会责任专栏、发布社会责任报告等 6 个三级指标组成；而业务层面指标体系由安全生产责任、产品质量和消费者责任、环保与资源节约责任等 7 个二级指标，安全生产制度建设、安全生产管理部分、安全生产投入等 34 个三级指标组成。

1. 整体层面指标体系中主要指标分析

整体层面指标下有社会责任组织概况和社会责任报告两个二级指标，每个二级指标下有 3 个三级指标，共 6 个三级指标。本报告选择了整体层面指标体系中在赋值方面不存在任何主观因素的 3 个三级指标进行具体分析，结果如表 5－6。

表 5－6　河北省上市公司社会责任整体层面主要指标评价

单位：个，%

年份	官网社会责任专栏		发布社会责任报告		社会责任报告鉴证		样本数
	数量	占比	数量	占比	数量	占比	
2011	10	21.74	9	19.57	0	0	46
2012	10	21.28	10	21.28	0	0	47
2013	10	21.28	10	21.28	0	0	47
2014	10	20.41	9	18.37	0	0	49
2015	18	34.62	11	21.15	0	0	52

截至2015年，河北省共有18家上市公司在公司官网设立了社会责任专栏，占上市公司总数的34.62%，与2014年的10家公司（20.41%的比例）相比有了可喜的变化。发布社会责任报告的公司在2015年为11家，占21.15%，虽然没有社会责任专栏指标那么高，但是已经比2014年9家的占比上升了2.78个百分点。

发布社会责任报告的公司在2011年为9家，占当年上市公司总数的19.57%；2012年和2013年上升为10家，占比上升到21.28%。有一家公司（荣盛发展）在5年中只有2014年中断发布社会责任报告，其他四年均有社会责任报告发布，因此2014年发布社会责任报告的公司降为9家，比例降为18.37%。随着社会责任意识的提高，2015年荣盛发展重新发布社会责任报告，并且东旭光电和晨光生物两家公司也加入发布社会责任报告的行列，使发布报告的比例上升为21.15%。但遗憾的是，5年中没有一家公司的社会责任报告接受了第三方鉴证。

整体层面这些指标的具体体现表明河北省上市公司的社会责任意识虽然在不断提升，但是与全国平均水平相比仍有较大差距（2013年全国共有673家A股上市公司披露了社会责任报告，占全部A股上市公司的26.79%，其中有40家公司对其社会责任报告进行了鉴证，占披露报告公司数的5.94%①）。河北省与发达地区相比，差距也较大。如2015年12月21日，《上海上市公司企业社会责任蓝皮书（2015）》发布。该研究结果显示，在上海注册的上市公司，超三成发布社会责任报告，不足三成企业官网设置社会责任专栏②，而该两项指标在河北省分别为21.15%和34.62%，说明河北省上市公司在社会责任报告的编制和披露方面还有很大差距。

在公司官网设置社会责任专栏和披露社会责任报告的河北省上市公司基本情况如表5－7所示。

---

① 李灵琛：《我国上市公司自愿鉴证社会责任报告的影响因素研究》，硕士学位论文，河北经贸大学，2015，第18～19页。

② 徐金忠：《上海发布上市公司企业社会责任蓝皮书》，《中国证券报》2015年12月22日。

表 5-7　2015 年设置社会责任专栏和披露社会责任报告的河北省上市公司

序号	官网社会责任专栏		发布社会责任报告	
	证券代码	证券简称	证券代码	证券简称
1	000937	冀中能源	000937	冀中能源
2	000778	新兴铸管	000778	新兴铸管
3	000413	东旭光电	000413	东旭光电
4	000709	河钢股份	000709	河钢股份
5	600803	新奥股份	600997	开滦股份
6	600997	开滦股份	600409	三友化工
7	000600	建投能源	601000	唐山港
8	000401	冀东水泥	002146	荣盛发展
9	002282	博深工具	601633	长城汽车
10	600812	华北制药	300138	晨光生物
11	600409	三友化工	600550	保变电气
12	600482	中国动力		
13	600135	乐凯胶片		
14	300137	先河环保		
15	300446	四通新材		
16	600480	凌云股份		
17	000958	东方能源		
18	600149	廊坊发展		

2. 业务层面指标体系中主要指标分析

业务层面指标下有安全生产责任、产品质量和消费者责任等 7 个二级指标，有安全生产管理制度等 34 个三级指标。本报告选择了业务层面指标体系中 7 个二级指标的均值进行具体分析，结果如表 5-8。另外，图 5-3 直观地比较了 2011~2015 年业务层面 7 个二级指标的变化趋势。

表 5-8　河北省上市公司社会责任评价业务层面二级指标均值评价

单位：分

序号	指标名称	2011 年	2012 年	2013 年	2014 年	2015 年	5 年均值
1	安全生产责任	46.74	47.34	51.06	49.48	55.29	49.98
2	产品质量和消费者责任	51.36	52.84	53.10	55.44	54.89	53.53
3	环保与资源节约责任	28.89	30.23	34.22	34.10	31.28	31.74

续表

序号	指标名称	2011 年	2012 年	2013 年	2014 年	2015 年	5 年均值
4	促进就业与员工责任	58.22	62.34	63.40	65.65	66.28	63.18
5	公益慈善责任	36.23	41.13	35.46	36.12	36.54	37.10
6	中小投资者权益维护责任	88.55	88.01	88.79	87.76	86.09	87.84
7	其他社会责任	88.95	92.91	88.30	87.59	90.38	89.63

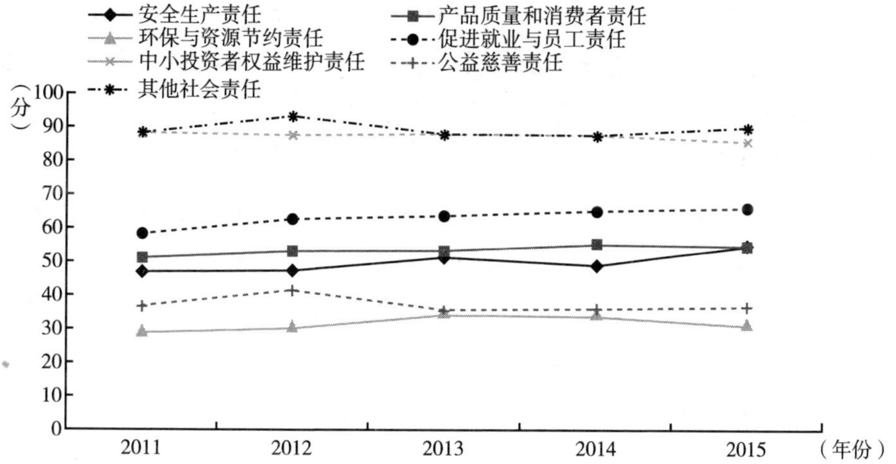

图 5－3　2011～2015 年社会责任评价业务层面二级指标变化趋势

由表 5－8 和图 5－3 可见，业务层面各二级指标的逐年变化趋势并不相同。7 个二级指标中，指标 1 和指标 4（安全生产责任、促进就业与员工责任）均呈逐年递增趋势，说明这几项指标得到企业越来越多的重视，企业在相应领域的表现越来越好。指标 2（产品质量和消费者责任）则是在前 4 年逐年上升，2015 年出现了微弱下降，说明河北省上市公司在产品质量和消费者责任方面有待提高。指标 3（环保与资源节约责任）则是从 2014 年起下降，2015 年更是比 2014 年降低了 2.82 分，说明河北省内公司的环保责任意识急需加强。这也与河北省上市公司较多钢铁、水泥、制药等污染型企业有关。指标 5（公益慈善责任）在 2012 年达到最大值，之后开始降低，自 2013 年之后基本持平。指标 6（中小投资者权益维护责任）在 5 年间的得分基本是逐年下降的态势，从 2011 年的 88.55 分降到 2015 年的 86.09 分，均值为 87.84 分。其他社会责任主要体现了企业有无违法违规的行为，这一指标在 2012 年达到最大值，之后有所降低，在 2015 年又有所提高，5 年均值为 89.63 分，这可能是由于 2013 年以来证监会对上市公司的查处力度逐渐加大。

7 个二级指标中，其他社会责任指标和中小投资者权益维护责任指标得分一直是居前两位的指标。这说明这两个方面的社会责任一直是上市公司最为重视的，各家公司都在努力加大对中小投资者的投入，约束自身行为，降低违法违规的概率，以获取更好的资本市场形象，从而提升企业市场价值。这与市场的基本情况吻合。

7 个二级指标中，数值较小的两个指标是环保与资源节约责任指标和公益慈善责任指标，其均值分别为 31.74 分和 37.10 分，仅为前两大指标值的 35% ~42%，说明企业对这两个方面的社会责任是最不重视的，最不愿意在这两个方面采取具体行动，进行实际投入，这也是企业在日后的社会责任建设中急需加强的两个方面。

三　河北上市公司社会责任水平分行业统计分析

下面对河北省上市公司社会责任履行情况进行分行业的统计分析。按照证监会行业分类，河北省上市公司共涉及 28 个行业（涉及行业的具体情况见附录），行业分布较广。其中有 13 个行业包含两家或两家以上数量的公司，另有 15 个行业在河北省样本中分别仅有一家企业，鉴于一家企业的数据无法代表行业数据，所以本报告中将这 15 家企业涉及的 15 个行业统一归为其他类行业。

（一）各行业分层面统计分析

各行业 2015 年的一级指标和综合评价结果（各指标取均值）见表 5 - 9。行业间社会责任综合得分均值分布见图 5 -4 所示。

表 5－9　河北省上市公司 2015 年社会责任分行业评价

单位：分

序号	行业	整体层面得分	业务层面得分	社会责任综合得分
1	金属制品业	58.34	76.79	71.25
2	计算机通信和其他电子设备制造业	38.89	65.08	57.22
3	电力、热力、燃气及水生产和供应业	33.33	58.99	51.29
4	汽车制造业	25.00	58.69	48.59
5	房地产业	25.00	58.16	48.21
6	医药制造业	16.67	60.60	47.42
7	化学原料和化学制品制造业	17.38	59.58	46.92
8	电气机械和器材制造业	14.00	56.01	43.41
9	仪器仪表制造业	8.34	56.67	42.17
10	橡胶和塑料制品业	0	59.59	41.71
11	专用设备制造业	3.33	51.31	36.92
12	酒饮料和精制茶制造业	0	48.99	34.29
13	零售业	0	48.93	34.25
14	其他行业	—	—	—

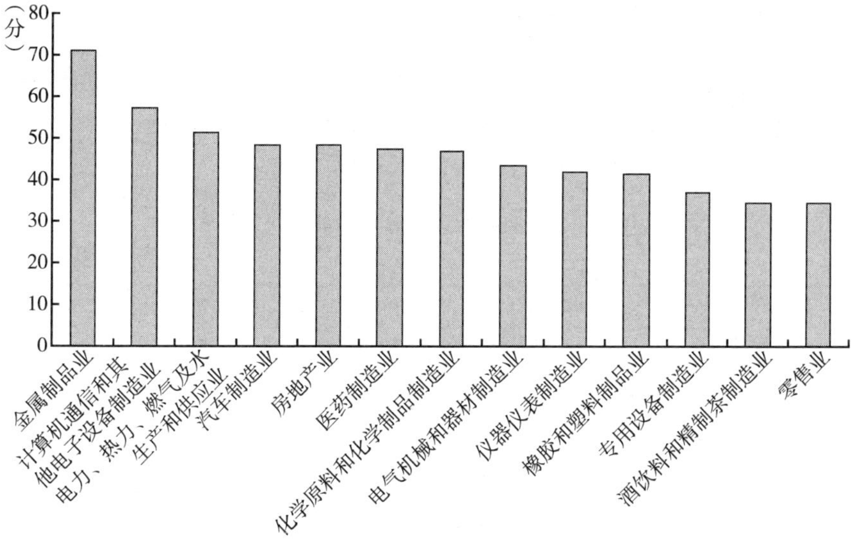

图 5－4　2015 年河北省各行业社会责任综合评价得分分布

由表5-9和图5-4可知，河北省上市公司社会责任履行情况最好的是金属制品行业（涉及2家公司：新兴铸管、巨力索具），综合评价平均得分为71.25分；其次分别为计算机通信和其他电子设备制造业（涉及3家公司：东旭光电、华讯方舟、紫光国芯），电力、热力、燃气及水生产和供应业（涉及2家公司：建投能源、东方能源），平均得分分别为57.22分和51.29分。综合得分最低的行业为零售业（庞大集团、恒信移动），平均得分为34.25分，仅为最高分金属制品业的48.07%。

具体来看，金属制品业在整体层面和业务层面均为最高得分，分别为58.34分和76.79分。整体层面表现最差的行业有三个，分别是橡胶和塑料制品业（沧州明珠、宝硕股份）、酒饮料和精制茶制造业（承德露露、老白干酒）和零售业（庞大集团、恒信移动），得分均为零分。这表明河北省这些行业的公司在社会责任制度建设方面存在较大的缺陷。业务层面表现最差的行业为零售业，得分为48.93分，仅为该层面最高得分的63.72%。可见，零售业的社会责任在整体层面、业务层面和综合得分方面均是最差的，亟须提高。

（二）各行业分年度统计分析

为了了解各行业社会责任水平的年度差异和变化趋势，本报告对各行业进行了分年度统计分析。各行业分年度综合评价统计分析结果见表5-10。

表5-10　河北省各行业上市公司社会责任分年度评价

单位：分，%

序号	行业	2011年	2012年	2013年	2014年	2015年	5年均值	5年增长率
1	金属制品业	64.42	63.82	65.69	69.03	71.25	66.84	10.60
2	计算机通信和其他电子设备制造业	32.83	36.50	39.17	42.00	57.22	41.54	74.29
3	电力、热力、燃气及水生产和供应业	34.42	39.00	42.17	40.92	51.29	41.56	49.01
4	汽车制造业	55.13	53.88	59.25	60.09	48.59	55.39	-11.86
5	房地产业	55.75	60.08	62.58	51.13	48.21	55.55	-13.52
6	医药制造业	36.67	38.44	38.28	38.45	47.42	39.85	29.32

续表

序号	行业	2011 年	2012 年	2013 年	2014 年	2015 年	5 年均值	5 年增长率
7	化学原料和化学制品制造业	42.40	43.98	44.57	46.98	46.92	44.97	10.66
8	电气机械和器材制造业	47.46	48.25	52.42	57.43	43.41	49.79	-8.53
9	仪器仪表制造业	35.67	32.33	37.33	37.33	42.17	36.97	18.22
10	橡胶和塑料制品业	35.42	39.83	40.42	35.42	41.71	38.56	17.76
11	专用设备制造业	32.17	34.21	34.58	38.03	36.92	35.18	14.77
12	酒饮料和精制茶制造业	36.17	34.50	39.42	40.34	34.29	36.94	-5.20
13	零售业	32.89	36.50	35.39	36.22	34.25	35.05	4.13
14	其他行业	—	—	—	—	—	—	—

从行业发展趋势角度来看，2011～2015 年绝大部分行业的社会责任履行情况保持向上提升的态势。金属制品业的社会责任水平 5 年中一直处于领跑地位，但其增长率并不显著。从增长率来看，计算机通信和其他电子设备制造业在所有行业中增长幅度最大，5 年间综合得分共增长 24.39 分，增长率达到 74.29%。其次是电力、热力、燃气及水生产和供应业，5 年共增长了 16.87 分，增长率为 49.01%。

不可忽视的是，在多数行业稳步向前的趋势中，也出现了社会责任水平负增长的企业。负增长的行业有汽车制造业（长城汽车、凌云股份）、房地产业（荣盛发展、华夏幸福）、电气机械和器材制造业（保变电气、通合科技）及酒饮料和精制茶制造业（承德露露、老白干酒），行业得分分别减少了 6.54 分、7.54 分、4.05 分和 1.88 分，降低幅度分别为 11.86%、13.52%、8.53% 和 5.20%。另外，化学原料和化学制品制造业、专用设备制造业和零售业 2015 年也出现了负增长。

四　河北上市公司社会责任水平分板块统计分析

上市公司处于不同的交易市场，会受到不同社会责任履行和披露规则的约束，因而其交易板块不同，社会责任履行水平也可能会有所不同。

（一）各板块分层面统计分析

各板块2015年的各层面得分和综合评价结果（各指标取均值）见表5-11和图5-5。

表5-11　2015年河北省上市公司社会责任分板块评价

单位：家，分

板块	上市公司数	整体层面得分	业务层面得分	社会责任综合得分
沪市主板	18	20.39	57.51	46.37
深市主板	14	33.33	65.22	55.65
中小板	10	13.33	61.15	46.28
创业板	10	5.00	56.58	41.11
各板块均值	—	18.01	60.12	47.35

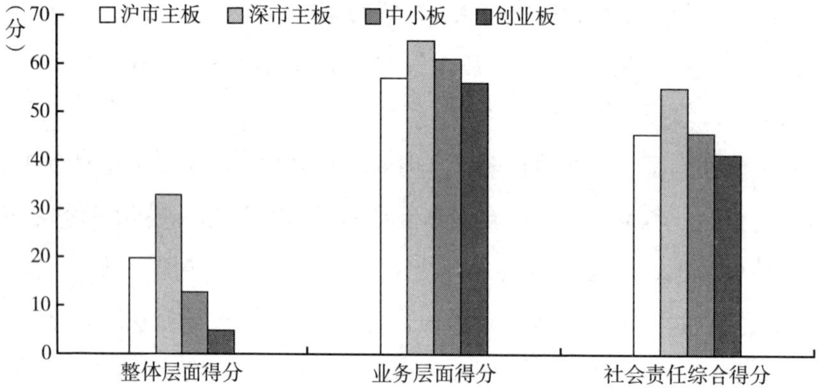

图5-5　2015年河北省上市公司各层面社会责任均值分板块统计

由表5-11和图5-5可见，在整体层面得分部分，创业板明显低于其他板块，其平均得分仅为5.00分。河北省创业板上市公司仅有两家在官网建立了社会责任专栏，仅有一家发布社会责任报告，这充分说明创业板上市公司对社会责任的关注意识亟待提高。

对于主板上市公司来讲，深市主板的各方面平均得分均高于沪市主板，深市社会责任综合得分55.65分，比沪市的46.37分高出20.01%，说明深市的上市公司在社会责任意识方面要明显强于沪市的上市公司。具体来看，整体层面，深市主板得分高于沪市主板12.94分，高出63.5%；业务层面两者的差距有所缓和，不过分值差也达到7.71分，幅度达到13.41%。对比2014年不难发现，深市的上市公司在社会责任方面较2014年有明显的进步，而沪市的社会责任层面基本维持原状，故深市社会责任综合得分要明显高于沪市。

比较结果显示，创业板和中小板上市公司在整体层面与主板上市公司有较大差距，而业务层面差距较小，并且创业板和中小板2015年业务层面得分较2014年已有明显改善。因此，中小板和创业板若要进一步提高社会责任水平，需要更多地从整体层面做出努力。主板上市公司虽然在综合得分和两个层面上均高于创业板和中小板（除沪布主板在业务层面得分低于中小板外），但沪市主板需要在整体层面付出更多努力才能赶上深市主板，这也是决定一个公司社会责任意识和行动的根基。

（二）各板块分年度统计分析

表5－12和图5－6列示了不同板块上市公司各年度社会责任水平的基本情况。

表5－12　河北省上市公司各年度社会责任分板块均值评价

单位：分

序号	板块	2015年底公司数量（家）	2011年	2012年	2013年	2014年	2015年	5年均值	5年增长率（%）
1	沪市主板	18	46.34	49.19	49.58	49.68	46.37	48.23	0.06
2	深市主板	14	44.22	47.72	48.82	50.34	55.65	49.35	25.85
3	中小板	10	41.66	43.18	46.22	46.25	46.28	44.72	11.09
4	创业板	10	36.20	36.10	36	37.45	41.11	37.37	13.56

截至2015年12月31日，河北省在沪市主板上市的公司共有18家，共涉及15个行业；在深市主板上市交易的公司共有14家，涉及14个行业；

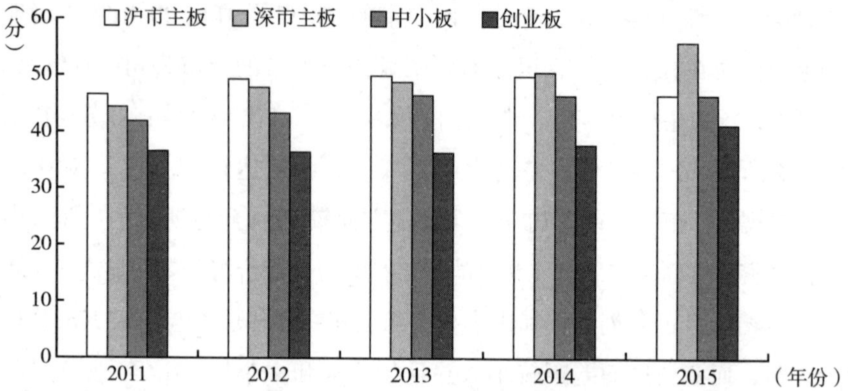

图5－6　河北省不同板块上市公司各年度社会责任均值统计

在深市中小板上市的共有10家，涉及9个行业；在深市创业板上市的共有10家，涉及8个行业。可见，河北省上市公司在不同板块间的行业分布非常分散。由表5－12可知，2011～2015年各个板块的企业社会责任表现情况均为持续改善的态势。企业社会责任履行情况表现最好的板块是深市主板，5年平均得分为49.35分；其次是沪市主板，平均得分为48.23分，稍低于深市主板。深市主板2015年得分为55.65分，大幅超过沪市主板的46.37分。创业板各年度的表现在几个板块中都是最低的。进步最大的板块为深市主板，5年涨幅达到25.85%，其在2014年已经超越沪市主板，成为各板块的领跑者；增长率居于第二的是创业板，涨幅达到13.56%；中小板紧随其后，增长率为11.09%；沪市主板的涨幅较低，5年涨幅为0.06%，2015年较之前三年略有下滑，总体来讲还是波动上升的。

五　河北上市公司社会责任水平分区域统计分析

上市公司数量在河北省11个地市间的分布非常不均匀。截至2015年12月31日，上市公司数量最多的是省会石家庄，共有14家，占河北省上市公司总量的26.92%。保定在上市公司数量方面排名第二，有10家上市公司。上市公司数量最少的是衡水、张家口和承德，各仅有1家公司上市。不同地市上市公司社会责任履行水平也有很大差异。表 5 - 13 和图 5 - 7列示了河北省上市公司的地市分布和各地市上市公司社会责任的履行情况。

表 5 - 13　河北省上市公司社会责任分区域评价

单位：分

序号	所处地市	2015 上市公司数量（家）	2011 年	2012 年	2013 年	2014 年	2015 年	5 年均值	5 年增长率（%）
1	邢台	2	59.63	56.54	63.00	66.33	71.54	63.41	19.97
2	唐山	8	50.82	54.14	57.43	55.38	49.55	53.46	-2.50
3	保定	10	46.55	49.42	52.47	53.41	48.41	50.05	4.00
4	邯郸	3	46.25	46.56	46.03	46.50	54.56	47.98	6.02
5	廊坊	4	43.27	48.56	47.81	42.92	40.85	44.68	1.24
6	石家庄	14	42.39	42.44	42.41	43.71	50.47	44.28	11.56
7	秦皇岛	2	37.33	41.83	42.17	45.04	42.08	41.69	17.97
8	张家口	1	35.33	37.00	46.17	42.00	44.92	41.08	27.14
9	沧州	5	37.07	44.17	42.25	43.23	37.53	40.85	22.99
10	承德	1	33.25	42.83	36.58	36.08	36.58	37.06	10.02
11	衡水	1	35.67	35.67	35.67	33.67	32.00	34.54	-10.29

由表 5 - 13 可见，河北省各地市上市公司社会责任平均得分最高的是邢台，其年均分值为 63.41 分，2015 年得分更是达到 71.54 分；邢台、唐山、保定三个城市 2011 ~2014 年一直稳居河北省前三名，后二者社会责任平均得分分别为 53.46 分和 50.05 分。得分处于后三名的地区为沧州、承德、衡水，其 5 年平均得分分别为 40.85 分、37.06 分、34.54 分。

从整体上看，各地区社会责任履行情况呈逐年好转的趋势，绝大部分地区社会责任履行情况均得到改善。其中发展最快的地区为张家口，该地区仅有一家上市公司河北宣工，其社会责任得分从 2011 年的 35.33 分提高到 2015 年的 44.92 分，提高比例为 27.14%。上升最慢的是衡水和唐山，出现负增长情况，5 年增长率分别为 -10.29% 和 -2.50%。其次是保定，5 年仅增长 4.00%。

为直观了解各地区社会责任履行的得分情况，我们将2015年各地市上市公司社会责任得分和2011～2015年5年间社会责任平均得分绘制如图5－7所示。

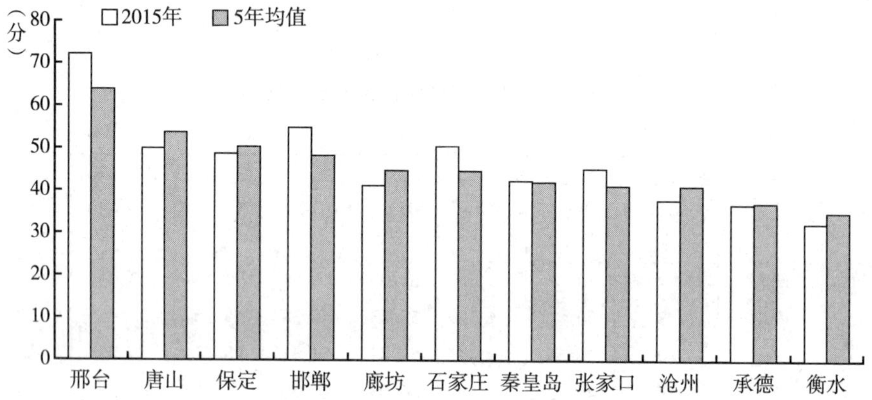

图5－7　河北省各地市上市公司社会责任得分分布

六　社会责任分析

我们对河北省上市公司2011～2015年的社会责任水平进行了综合评价。评价结果显示，河北省上市公司社会责任水平逐年提升，但是提升幅度近两年开始放缓；整体层面的社会责任水平低于业务层面的社会责任水平。整体层面，企业对在本公司官网设置社会责任专栏和定期披露社会责任报告等基本制度建设重视不够，大部分公司没有这些基本制度。业务层面，企业在中小投资者保护和遵守法规方面的责任履行得很好，但是环保责任和公益捐赠等社会责任的履行明显不足；行业方面，金属制品行业和汽车制造业的社会责任履行得最好，酒饮料和精制茶制造业、零售业的社会责任履行得最差；板块方面，主板公司对社会责任的履行优于中小板和创业板，深市主板公司对社会责任的履行优于沪市主板；地域方面，邢台、唐山的公司社会责任履行得较好，衡水、承德地区公司的社会责任履行得较差。各地应充分重视社会责任建设的紧迫性和重要性，努力提升企业社会责任水平。

附　录

附表1　截至2015年末河北省累计上市公司基本情况

上市公司累计数	证券代码	证券名称	上市时间	所属板块	所属行业（大类）	退市时间	备注
1	600803	新奥股份（河北威远;威远生化）	1994-01-03	沪市A股	制造业	—	原名“河北威远”,1999年3月更名为“威远生化”,2015年1月更名为“新奥股份”
2	600812	华北制药	1994-01-14	沪市A股	制造业	—	—
	600892	石劝业	1996-03-15	沪市A股			于2010年6月30日变更注册地为广东深圳
3	000600	建投能源（国际大厦）	1996-06-06	深市A股	电力、热力、燃气及水生产和供应业	—	原名“国际大厦”,2004年6月更名为“建投能源”
4	000401	冀东水泥	1996-06-14		制造业	—	—
5	600722	金牛化工（沧州化工）	1996-06-26	沪市A股	制造业	—	原名“沧州化工”;2008年更名为“金牛化工”;2015年被实施退市风险警示（*ST金化）;2016年1月16日,发布《关于公司股票可能被暂停上市的风险提示公告》
6	000408	金谷源（河北华玉）	1996-06-28	深市A股	批发和零售业	—	原名“河北华玉”,2011年1月更名为“金谷源”
	600716	耀华玻璃	1996-07-02	沪市A股			于2010年1月26日变更注册地为江苏南京

续表

上市公司累计数	证券代码	证券名称	上市时间	所属板块	所属行业（大类）	退市时间	备注
7	000413	东旭光电（宝石A）	1996-09-25	深市A股	制造业	—	原名“宝石A”，2014年1月更名为“东旭光电”
	200413	东旭B（宝石B）		深市B股	制造业	—	原名“宝石B”，2014年1月更名为“东旭B”
8	000687	华讯方舟（保定天鹅；恒天天鹅）	1997-02-21	深市A股	制造业	—	原名“保定天鹅”，2013年4月更名为“恒天天鹅”，2015年10月更名为“华讯方舟”
9	000709	河北钢铁（唐钢股份）	1997-04-16	深市A股	制造业	—	原名“唐钢股份”，2010年1月更名为“河北钢铁”
10	000778	新兴铸管	1997-06-06	深市A股	制造业	—	—
	000783	石炼化	1997-07-31	深市A股			于2007年12月27日变更注册地为湖北武汉
11	000848	承德露露	1997-11-13	深市A股	制造业	—	—
12	000889	茂业通信（华联商城；渤海物流；茂业物流）	1997-12-18	深市A股	批发和零售业	—	原名“华联商城”，2002年8月更名为“渤海物流”，2013年7月更名为“茂业物流”，2015年10月更名为“茂业通信”
13	600135	乐凯胶片	1998-01-22	沪市A股	制造业	—	—
—	600001	邯郸钢铁	1998-01-22	沪市A股	制造业	2009-12-29	2009年12月因合并退市
14	000856	冀东装备（唐山陶瓷）	1998-08-13	深市A股	制造业	—	原名“唐山陶瓷”，2011年7月更名为“冀东装备”
15	600155	宝硕股份	1998-09-18	沪市A股	制造业	—	—
16	000923	河北宣工	1999-07-14	深市A股	制造业	—	—
17	000937	冀中能源（金牛能源）	1999-09-09	深市A股	采矿业	—	原名“金牛能源”，2010年1月更名为“冀中能源”

续表

上市公司累计数	证券代码	证券名称	上市时间	所属板块	所属行业（大类）	退市时间	备注
18	600149	廊坊发展（邢台轧辊；华夏建通；ST建通）	1999-10-14	沪市A股	综合类	—	原名“邢台轧辊”，2003年12月更名为“华夏建通”，2012年3月更名为“廊坊发展”
19	000958	东方能源（东方热电）	1999-12-23	深市A股	电力、热力、燃气及水生产和供应业	—	原名“东方热电”，2014年10月更名为“东方能源”
20	600230	沧州大化	2000-04-06	沪市A股	制造业	—	—
21	000158	常山股份	2000-07-24	深市A股	制造业	—	—
22	200160	南江B（帝贤B；大路股份）	2000-09-29	深市B股	房地产业	—	原名“帝贤B”，2009年11月更名为“大路股份”，2012年9月更名为“南江B”
23	600550	保变电气（天威保变；*ST天威）	2001-02-28	沪市A股	制造业	—	原名“天威保变”；2014年3月被实施退市风险警示（*ST天威）；2015年3月撤销退市风险警示，股票简称变更为“保变电气”
—	600553	太行水泥	2002-08-22	沪市A股	制造业	2011-02-18	因被北京金隅股份首次公开发行A股暨换股吸收合并退市
—	600357	承德钒钛	2002-09-06	沪市A股	制造业	2009-12-29	2009年12月因合并退市
24	600559	老白干酒（裕丰股份）	2002-10-29	沪市A股	制造业	—	原名“裕丰股份”，2007年10月更名为“老白干酒”
25	600409	三友化工	2003-06-18	沪市A股	制造业	—	—
26	600480	凌云股份	2003-08-15	沪市A股	制造业	—	—
27	600340	华夏幸福	2003-12-30	沪市A股	房地产业	—	—

续表

上市公司累计数	证券代码	证券名称	上市时间	所属板块	所属行业（大类）	退市时间	备注
28	600997	开滦股份	2004-06-02	沪市A股	制造业	—	—
29	600965	福成五丰	2004-07-13	沪市A股	农林牧渔业	—	—
30	600482	风帆股份	2004-07-14	沪市A股	制造业	—	—
31	002049	同方国芯（晶源电子）	2005-06-06	中小企业版	制造业	—	原名“晶源电子”，2012年7月更名为“同方国芯”
32	002108	沧州明珠	2007-01-24	中小企业版	制造业	—	—
33	002146	荣盛发展	2007-08-08	中小企业版	房地产业	—	—
34	002282	博深工具	2009-08-21	中小企业版	制造业	—	—
35	002342	巨力索具	2010-01-26	中小企业版	制造业	—	—
36	300081	恒信移动	2010-05-20	创业板	批发和零售业	—	—
37	601000	唐山港	2010-07-05	沪市A股	交通运输、仓储和邮政业	—	—
38	002442	龙星化工	2010-07-06	中小企业版	制造业	—	—
39	002459	天业通联（*ST天业）	2010-08-10	中小企业版	制造业	—	2014年3月17日起被实施“退市风险警示（*ST天业）；2015年4月撤销退市风险警示，股票简称变更为“天业通联”
40	300107	建新股份	2010-08-20	创业板	制造业	—	—
41	002494	华斯股份	2010-11-02	中小企业版	制造业	—	—
42	300138	晨光生物	2010-11-05	创业板	制造业	—	—
43	300137	先河环保	2010-11-05	创业板	制造业	—	—
44	601258	庞大集团	2011-04-28	沪市A股	批发和零售业	—	—

续表

上市公司累计数	证券代码	证券名称	上市时间	所属板块	所属行业（大类）	退市时间	备注
45	002603	以岭药业	2011－07－28	中小企业版	制造业	—	—
46	300255	常山药业	2011－08－19	创业板	制造业	—	—
47	601633	长城汽车	2011－09－28	沪市A股	制造业	—	2003年12月发行H股并在香港联合交易所上市
48	002691	冀凯股份（石中装备）	2012－07－31	中小企业版	制造业	—	原名“石中装备”，2015年7月更名为“冀凯股份”
49	300368	汇金股份	2014－01－23	创业板	制造业	—	—
50	300371	汇中股份	2014－01－23	创业板	制造业	—	—
51	300428	四通新材	2015－03－19	创业板	制造业	—	—
52	300446	乐凯新材	2015－04－23	创业板	制造业	—	—
53	300491	通合科技	2015－12－31	创业板	制造业	—	—

注：1. 证券名称为2015年12月31日的名称，括号中为最初上市时的名称和后续变更的名称。2. 本表统计截止日期为2015年12月31日。

附表2　河北省在境外上市公司一览

序号	股票代码	公司名称	上市时间	上市地点	所属行业	注册地	总部所在地
1	01093	石药集团有限公司	1994－06－21	香港联合交易所	制药	香港	石家庄
2	02688	新奥能源控股有限公司	2002－06－03	香港联合交易所	燃气公用事业	开曼群岛（英属）	廊坊
3	02333	长城汽车股份有限公司	2003－12－15	香港联合交易所	汽车制造	河北保定	保定
4	00581	中国东方集团控股有限公司	2004－03－02	香港联合交易所	钢铁	百慕大	唐山
5	02877	中国神威药业集团有限公司	2004－12－02	香港联合交易所	制药	开曼群岛（英属）	石家庄

续表

序号	股票代码	公司名称	上市时间	上市地点	所属行业	注册地	总部所在地
6	02038	富智康集团有限公司	2005－02－03	香港联合交易所	电子制造服务	开曼群岛（英属）	廊坊
7	03899	中集安瑞科控股有限公司	2006－07－20	香港联合交易所	工业机械	开曼群岛（英属）	石家庄
8	02118	天山发展（控股）有限公司	2010－07－15	香港联合交易所	房地产开发	开曼群岛（英属）	石家庄
9	00956	新天绿色能源股份有限公司	2010－10－13	香港联合交易所	石油与天然气的储存和运输	河北石家庄	石家庄
10	01231	新矿资源有限公司	2011－07－04	香港联合交易所	钢铁	开曼群岛（英属）	邢台
11	03777	中国光纤网络系统集团有限公司	2011－07－14	香港联合交易所	通信设备	开曼群岛（英属）	石家庄
12	08090	中国融保金融集团有限公司	2012－01－06	香港联合交易所	特殊金融服务	开曼群岛（英属）	张家口
13	01281	隆基泰和控股有限公司	2012－01－12	香港联合交易所	房地产开发	开曼群岛（英属）	保定
14	01370	恒实矿业投资有限公司	2013－11－28	香港联合交易所	钢铁	开曼群岛（英属）	保定
15	03369	秦皇岛港股份有限公司	2013－12－12	香港联合交易所	海港与服务	河北秦皇岛	秦皇岛
16	08099	中国优材（控股）有限公司	2014－01－06	香港联合交易所	林业产品	开曼群岛（英属）	邯郸
17	06168	中国优通控股有限公司	2014－08－01	香港联合交易所	建筑与工程	开曼群岛（英属）	石家庄
18	08067	东方大学城控股（香港）有限公司	2015－01－16	香港联合交易所	房地产经营公司	香港	廊坊
19	01301	德基科技控股有限公司	2015－05－27	香港联合交易所	建筑机械与重型卡车	开曼群岛（英属）	廊坊
20	JASO	晶澳太阳能有限公司	2007－02－07	纳斯达克证券交易所	太阳能电池	开曼群岛（英属）	邢台
21	YGE	英利绿色能源控股有限公司	2007－06－08	纽约证券交易所	其他太阳能设备	开曼群岛（英属）	保定
22	ONP	河北省东方造纸有限公司	2009－12－17	美国证券交易所	造纸及纸制品	河北保定	保定
23	AXN	河北奥星集团药业有限公司	2010－04－14	美国证券交易所	制药	美国佛罗里达州	石家庄
24	E94	立中车轮集团有限公司	2005－10－19	新加坡证券交易所	汽车零部件与设备	新加坡	保定

图书在版编目（CIP）数据

河北上市公司财务发展报告．2016／申富平等著
．--北京：社会科学文献出版社，2017.3
ISBN 978-7-5201-0334-3

Ⅰ．①河… Ⅱ．①申… Ⅲ．①上市公司-财务管理-研究报告-河北-2016 Ⅳ．①F279.246

中国版本图书馆CIP数据核字（2017）第028789号

河北上市公司财务发展报告（2016）

著　　者／申富平　袁振兴 等

出 版 人／谢寿光
项目统筹／宋月华　韩莹莹
责任编辑／韩莹莹　马续辉

出　　版／社会科学文献出版社·人文分社（010）59367215
地址：北京市北三环中路甲29号院华龙大厦　邮编：100029
网址：www.ssap.com.cn
发　　行／市场营销中心（010）59367081　59367018
印　　装／北京季蜂印刷有限公司

规　　格／开 本：787mm×1092mm　1/16
印 张：23.25　字 数：354千字
版　　次／2017年3月第1版　2017年3月第1次印刷
书　　号／ISBN 978-7-5201-0334-3
定　　价／128.00元

本书如有印装质量问题，请与读者服务中心（010-59367028）联系